W0094801

dtv

Wolfgang Brenner

Zwischen Ende und Anfang

Nachkriegsjahre in Deutschland

Ausführliche Informationen über
unsere Autoren und Bücher
www.dtv.de

Dieses Buch ist auch als eBook erhältlich.
www.dtv.de/dtvdigital

Mit s/w-Abbildungen

© 2016 dtv Verlagsgesellschaft mbH & Co. KG, München
Das Werk ist urheberrechtlich geschützt.
Sämtliche, auch auszugsweise Verwertungen bleiben vorbehalten.
›Le dernier cri‹, Erich Kästner, S. 184:
© Atrium Verlag, Zürich 1948 und Thomas Kästner
Satz: Fotosatz Amann, Memmingen
Gesetzt aus der Minion
Druck und Bindung: GGP Media GmbH, Pößneck
Gedruckt auf säurefreiem, chlorfrei gebleichtem Papier
Printed in Germany · ISBN 978-3-423-28106-5

Inhalt

1. Der Krieg ist nicht vorbei

Die Not der frühen Jahre

»Bei Bestellung von Hochzeitskutschen legen die Nürnberger
Fuhrunternehmer den Brautpaaren nahe, Futter für die Gäule
mitzubringen. Beim schnellen Hochzeitstrab sei der Kräfte-
verbrauch der Tiere viel größer als bei normalen Fahrten.«
(›Der Spiegel‹ 12/1948)

Meine Mutter ritzte beim Anschneiden immer ein Kreuz in die
flache Seite des Brotlaibs. Sie war nicht sehr religiös: Die Geste
zeigte weniger ihre Frömmigkeit als ihre Demut dem Lebensmittel Brot gegenüber.

Wer in den fünfziger oder Anfang der sechziger Jahre in
Deutschland aufgewachsen ist, hat ähnliche Erfahrungen gemacht. Den Kindern wurde die übersteigerte Bedeutung des
Essens mit aller Macht anerzogen. Es war streng verboten,
Essen wegzuwerfen. Mäkeleien am Essen wurden wie Sünden
geahndet. Wer nicht richtig essen wollte, stand unter dem Verdacht, sich dem Leben zu verweigern, und wurde wie ein
Kranker behandelt. Man befürchtete, dass Mangelerscheinun-
gen auftreten könnten, und setzte alle tauglichen und untaugli-
chen Mittel der Pädagogik ein, um das Kind zum Aufessen zu
bewegen.

Das Alltagsleben hatte damals einen ganz anderen Ton als

heute. Die Menschen waren verbissen. Hauptthemen waren das Vorwärtskommen und die Insignien des Aufstiegs. Dazu gehörten »Statussymbole« wie das Eigenheim und das ausufernde Tafeln. Die Fresswelle kam wie ein Naturereignis über das Land. Niemand fand etwas dabei, die Völlerei genüsslich auszustellen. Büffets wurden mit Schweineköpfen drapiert – und das galt auch noch als stilvoll. Die schiere Masse machte es. Feine Speisen zählten nur als Abrundung der Quantität.

Gleichzeitig herrschte in der häuslichen Speisekammer ein militärisches Regiment. Alles war abgezählt, alles wurde eingeteilt. Schlemmen ja, aber unter der Kuratel einer strengen Hausdomina. Gemeinsamer Genuss beim Essen galt als intensivstes soziales Erlebnis – vor allem in der Familie. Über das Essen gingen Freundschaften in die Brüche, und Familien zerstritten sich, wenn Verwandte nicht luxuriös genug bewirtet wurden oder die luxuriöse Bewirtung nicht zu schätzen wussten. Menschen wurden danach beurteilt, was sie sich zu essen leisten konnten.

Kleidung hatte selten eine ästhetische Funktion. Sie war zweckmäßig, musste haltbar sein und der Massennorm entsprechen, vor allem für Männer und männliche Jugendliche. Die meisten Nachkriegskinder können sich mit Grauen an das peinigende Gefühl erinnern, als Mädchen in ein biederes Kostüm oder als Junge in ein graues Altmänneroutfit gezwängt zu werden und sich damit in der Öffentlichkeit zeigen zu müssen. Kleidung war fast so heilig wie Lebensmittel: Sie durfte nicht beschmutzt werden und keine Gebrauchsspuren aufweisen. Sie galt als unvorstellbar teuer und war das wohl auch angesichts der bescheidenen Möglichkeiten der meisten Familien. Wer Schäden an seiner Kleidung verursachte, wurde hart bestraft. Man warf ihm Undankbarkeit vor – dabei verstanden die meisten Delinquenten nicht einmal, wem sie hätten dafür dankbar sein sollen, dass sie »etwas Anständiges zum Anziehen« hatten, wie man damals sagte. Überhaupt wurde der Nachwuchs immer wieder darauf hingewiesen, wie gut es ihm doch unverdienterweise ginge.

Ab und zu war von den Entbehrungen des Krieges die Rede.

Aber niemand unter den Älteren wollte Fragen dazu beantworten, alle wollten bloß immer wieder unterstreichen, dass sie damals sehr gelitten hatten und dass sich die heutige Generation keinen Begriff davon machen konnte, was die Deutschen während des Krieges hatten durchmachen müssen. Die Nachgeborenen sollten vom Wohlstand profitieren. Schließlich war er auch für sie erworben worden. Aber sie sollten nicht fragen, wieso das alles so war, wie es war.

Die Kinder, die diesen Zwangswohlstand über sich ergehen lassen mussten, glaubten lange, das sei nichts anderes als ein Aufholen der Entbehrungen der Kriegsjahre. Darüber, dass es nach dem Krieg eine Zeit gegeben hatte, in der für die Deutschen der Mangel noch schmerzlicher gewesen war als während des Krieges, wurde nicht geredet. Vor allem deshalb nicht, weil die Not dieser frühen Jahre unter dem Regime einer Besatzungsmacht durchlitten wurde. Und weil sie einen Beigeschmack von Sühne gehabt hatte. Das war den meisten unangenehm, deshalb sprachen sie, wenn überhaupt von ihrer Vergangenheit, lieber vom Krieg.

Politik war ein Reizthema. Es wurde ungern darüber geredet, und wenn, dann in einer Weise, die nahelegte, dass es dabei um Vorgänge ging, die zwar bestimmend für den Alltag der Menschen waren, die aber in einer entrückten Sphäre entschieden wurden, von Fremden, denen man nicht trauen konnte – obwohl es schon im Herbst 1945 deutsche Regierungen auf Länderebene und Parteien gab. Die meisten Deutschen hielten dennoch Distanz und quittierten auch unerhebliche politische Entscheidungen mit tiefem Misstrauen. Lange Jahre hatten bei Wahlen nur die Parteien wirklich Erfolg, die ihren Wählern versprachen, nichts oder fast nichts zu verändern.

In den frühen Jahren gab es eine Zäsur, danach galt nur noch die Zugehörigkeit zum Westen oder zum Osten. Eine Zwischenposition, die sich für ein sensibel an der Nahtstelle der Blöcke gelagertes Land wie das unsere angeboten hätte (und wie sie beispielsweise der Ende der vierziger Jahre einflussreiche und dann in Ungnade gefallene CDU-Politiker Jakob Kaiser angestrebt hatte), war undenkbar. Das galt bis in die siebziger Jahre. Dann tat sich etwas: Die Deutschen verstanden, dass sie an der nuklearen Frontlinie des Kalten Krieges besonders gefährdet waren, und bemühten sich um einen Ausgleich der globalen Gegensätze. Nun kam ihnen die Zeit ihrer politischen Adoleszenz, die sie zuvor noch zur Parteinahme gezwungen hatte, auf eine andere Art zugute. Kein Land in Europa hatte vier Jahre lang die Schule der alliierten Wirrnisse so hautnah und ohnmächtig durchlebt wie die Deutschen. In der Ostpolitik, die Europa verändern sollte, nutzten sie ihre intimen Kenntnisse der Wirkkräfte innerhalb der Besatzungsmächte, um sich wie ausgekochte Kinder im Dschungel des elterlichen Macht- und Emotionsgefüges zu bewegen und zu ihrem Ziel zu kommen.

Zum ersten Mal zahlten sich die in vielen Teilen bitteren Lehren der frühen Besatzungszeit für die Deutschen aus. Richtig zum Zuge kamen die Tugenden und Untugenden, die das Interregnum der Jahre 1945 bis 1949 den Menschen eingeprägt hatte, bei der Wiedervereinigung – als alte Wunden aufbrachen und neue Kräfte erwuchsen und die Wende dennoch ohne großes Blutvergießen herbeigeführt werden konnte.

In den letzten siebzig Jahren schien es so, als wären die am stärksten nachwirkenden Hypotheken der Nationalsozialismus und der Krieg. Dabei gab es zwischen Kriegsende und dem Neubeginn zweier deutscher Staaten eine Phase, die ebenso ihre Wirkung entfaltet hat – bis heute. Über die Nazizeit wurde wenig und über den verlorenen Krieg wurde viel geredet, die Frage der Schuld wurde dabei lange ausgeblendet. Die prägenden Nachkriegsjahre aber blieben weitgehend im Dunkeln. Die Eltern und Großeltern beließen es beim Raunen von Stichworten: die Not, die Ohnmacht, der Neuanfang. Das hatte vor allem damit zu tun, dass die Erfahrung des Krieges alles überlagert hat. Aber das Schweigen und Verschweigen hatte seine Ursache auch darin, dass niemand – ob belastet oder unbelastet – gerne über seinen Zustand in einer Zeit sprach, in der er auf die nackte Existenz zurückgeworfen worden war und für die Verbrechen bezahlen musste, die die Nationalsozialisten in seinem Namen oder mit seiner Billigung begangen hatten. Von vielen wurde diese Zeit als Demütigung und Bloßstellung empfunden. Und so etwas gibt man ungern an seine Kinder weiter.

Dafür wurden die Prägungen dieser Zeit unkommentiert weitergegeben: die Vergötzung des Essens, das Lavieren zwischen den Mächtigen, der militante Materialismus der Not, das Misstrauen gegen die Politik, das Primat des individuellen Überlebenskampfes vor der Solidarität und dem gemeinsamen Handeln.

Nach dem Krieg herrschte ein allseitiges Einverständnis darüber, dass der plumpe Kapitalismus der Vorkriegszeit einen beträchtlichen Teil der Schuld trug an dem Verhängnis des Nationalsozialismus. Alle – linke, liberale, bürgerliche, christliche, konservative Kräfte – waren sich einig darüber, dass nur eine grundlegende Änderung der Gesellschaftsform das Land davor schützen könnte, wieder in ein nationalistisches Fahrwasser oder gar in einen neuen Totalitarismus zu geraten.

Unter den Alliierten kam es bei diesem Thema zu erheblichen Meinungsverschiedenheiten: Einmal dadurch, dass die sowjetische Besatzungsmacht jeden sozialistischen Neuansatz durch ihre an Eigeninteressen orientierte Besatzungspolitik diskreditierte. Dann durch Machtkämpfe im Lager der Westalliierten, aus denen eine Fraktion als Sieger hervorging, die zwar demokratische Veränderungen in der Politik wollte, diese in der Wirtschaft aber strikt ablehnte. Den Deutschen blieb nicht viel übrig, als das jeweilige Resultat als ihre politische Philosophie zu übernehmen.

In dieser vielfältigen Weise hat das Interregnum auf die Bundesrepublik und die Deutsche Demokratische Republik nachgewirkt. Um die Spätfolgen in den Blick zu bekommen, um mit ihnen umgehen und sie nutzen zu lernen, müssen wir uns selbst besser kennen. Das geschieht, indem wir in die Kindheits- und Jugendzeit der beiden Deutschlande eintauchen. Also in die prägenden Jahre zwischen 1945 und 1949.

DAS FREMDE DEUTSCHLAND

»600 Meter über den mächtigsten Kohlevorkommen Europas
erfror in Essen-Rüttenscheid, Friederikenstr. 33 der 65jährige
Klempnermeister Adolf Hardt, der seit Kriegsende in diesem
Kellerloch lebte.« (›Der Spiegel‹ 2/1947)

Das Nachkriegsdeutschland war eine andere Welt. Sie unterschied sich – was das alltägliche Leben angeht – in fast allem von
der Ära des Krieges und der Vorkriegszeit. Die Nachkriegszeit ist
aber auch in kaum etwas vergleichbar mit dem Wirtschaftswunder der fünfziger Jahre, auch wenn sie ganz offiziell erst in den
sechziger Jahren als beendet erklärt wurde. Nämlich zwanzig
Jahre nach Kriegsende, am 10. November 1965, als Ludwig Erhard
zu Beginn seiner zweiten Kanzlerschaft dies in einer Regierungserklärung behauptete. Der Kanzler begründete seine Aussage
damit, dass fast die Hälfte der Deutschen keine Erinnerung mehr
an die Nazizeit und den Krieg habe: Deshalb könnten Krieg und
Nachkriegszeit keine Bezugspunkte für die aktuelle Politik mehr
sein.« Eine Erklärung, die schnell vergessen und von der Tages-
politik der unruhigen endsechziger Jahre überwuchert wurde.
Vielleicht auch deshalb, weil die Deutschen wussten, dass die
eigenartige Spanne zwischen Zusammenbruch und Neubeginn,
zwischen Ende und Anfang in beiden deutschen Staaten noch
eine ganze Weile länger, als Ludwig Erhard glaubte, nachwirken
würde. Es war eine prägende Zeit. Eine Zeit, die sich als unver-
gleichbar herausstellen sollte.

Am ehesten kann man die starke Wirkung dieser Welt vielleicht durch den Blick eines Fremden nachvollziehen, der nach
achtjähriger Abwesenheit in seine alte Heimat zurückkommt
und dort mit einem exotischen Land konfrontiert wird. Diether
Burdenski hatte Deutschland 1938 verlassen, um als Wissenschaftler für eine südamerikanische Regierung zu arbeiten. Während

Ohne Titel. Trümmerfrau beim Steine Abklopfen, vermutlich im Tiergarten, britischer Sektor, Berlin 1945/46.

des Krieges hat er Europa nicht betreten. Nun aber kommt er auf einem Rückwandererschiff in die alte Heimat.

Wir befinden uns im Februar 1946 – in der Hafeneinfahrt von Kiel. Diether Burdenski: »Stundenlang säumten den Einfahrtsweg die Mastspitzen gesunkener Schiffe und deren Aufbauten, die wie stumme Ankläger aus dem Wasser ragten. Dieses Bild eines Friedhofs war ergreifend, besonders für uns Heimkehrer aus Südamerika. Es war die erste Vorbereitung auf das, was wir im Hafen und in der Stadt selbst sehen sollten: Die ausgebrannten und umgeschlagenen Schiffe, die abgebrochenen oder schräg liegenden Kräne, die eingestürzten Werkhallen, die abgedeckten oder zusammengesackten Gebäude, aus denen Treppenflure, Türen, Einrichtungsgegenstände nach außen schauten wie Eingeweide eines verunglückten, verluderten Tieres. (…)

Es ist nicht das äußere Bild der Zerstörung der Häuser und Straßen, was uns im Innersten aufwühlt, sondern die Veränderung, ja Verzauberung des Lebens, die der Krieg hinterlassen hat. Die Straßen sind tot. Nicht einmal lauter Verkehr täuscht schaffendes Leben vor; auch er ist verebbt. Äußerlich scheinbar unberührte Häuser sind leer, und die erste Täuschung wirkt umso schmerzlicher, wenn wir näher herantreten. Decke für Decke ist durchgebrannt, eingestürzt, der Schutt füllt die unterste Wohnung. Aus den noch erhaltenen Trümmern sprießt noch kein neues Leben. (…)

Jetzt komme ich zurück in die Heimat, und sie scheint mir fremder, als jemals das Ausland es mir gewesen ist. Und am allerfremdesten erscheinen mir die Menschen. (…) Die Not hat die Kleidung der Menschen bunt zusammengewürfelt, Uniform oder Zivil, vielfach zerschlissen, besonders bei den Hunderttausenden, die aus dem Osten heranströmten. (…)

Die Unterhaltung kreist um Krieg, Flugzeuge und Panzer; unverständliche Abkürzungen, Ausdrücke aus der Soldatensprache beherrschen den täglichen Sprachschatz. Nach acht Jahren Abwesenheit spüre ich die große Veränderung, die die deutsche Sprache während dieser Zeit durchgemacht hat, und auch hier ist die Sprache nur der Ausdruck einer seelischen Wandlung.

Die Menschen sind unduldsam geworden. Die Gedanken kreisen um die primitivsten Dinge des täglichen Lebens oder verlieren sich leicht in Extremen, und dann kommen die Gerüchte: Überall schwirren Gerüchte in der Luft. Dieses ›soll‹ geschehen, jenes ›soll‹ zu erwarten sein. Nachrichten gibt es nicht, nur noch Andeutungen und Möglichkeiten. (…)

An die Stelle sittlicher Anschauungen ist ein absoluter Utilitarismus getreten, eine kalte, nüchterne Betrachtungsweise, nicht über das, was erlaubt, sondern über das, was nützlich ist. (…) Wie sollen wir, die wir noch aus einer Welt harmonischer Beziehungen der Menschen zueinander kommen, uns in diese Welt des Grauens und des Kampfes um das tägliche Brot hineinfinden? (…)

Dieser Gegensatz reicht über die zerstörten Städte hinaus ins flache Land, selbst dorthin, wo die Zerstörungen des Krieges nicht hingedrungen sind. Dorthin haben die Menschen, Flüchtlinge, entlassene Soldaten, Gehetzte und Verfolgte, die geistige

Welt der Vernichtung getragen. Auch dort sind die Menschen hart, unduldsam geworden.

(…) nicht wir, sondern sie sind das Deutschland von heute.«[1]

MAI '45

»Sir, – kein Verbrecher kann sich bessern, wenn er nicht zunächst seine Schuld bekennt. Aus diesem Grunde muß in sittlicher Hinsicht die Hauptaufgabe für die Alliierten in Deutschland sein, das deutsche Gewissen zu erwecken. Dem Charakter der Deutschen entsprechend kann dies nur so geschehen, daß man sie zu Respekt und Gehorsam zwingt, sie unter politischer Vormundschaft und Abgeschlossenheit hält und der ganzen Nation erklärt, warum sie für ihre Missetaten verantwortlich ist. Auf diese Weise hätten die Alliierten die Fehler vermeiden können, die sie nach dem ersten Weltkrieg gemacht haben.« (Der Schriftsteller Emil Ludwig in: ›Die Zeit‹ 3/1946)

Am 9. Mai 1945, eine Minute nach Mitternacht, herrschte Waffenruhe. Nicht nur in Deutschland, auch in den anderen Gebieten Europas, in denen in den letzten fünfeinhalb Jahren gekämpft worden war. Die meisten Städte waren zerstört. Es gab kaum noch Kommunikationswege. Das Verkehrssystem war zusammengebrochen: Viele Brücken waren gesprengt, die Züge durch Bombenangriffe lahmgelegt, ebenso Gleisstrecken und Bahnhöfe. Die Binnenschifffahrt fiel aus, weil Trümmerteile die Fahrrinnen versperrten.

Allein 25 Millionen Deutsche befanden sich auf der Flucht oder in Kriegsgefangenschaft. In Köln, einer Großstadt von weit über 700 000 Einwohnern, hielten sich noch 40 000 Menschen auf. Wie in den anderen zerbombten Metropolen des Landes hausten sie meist in den Kellern der Ruinen. Die Rote Armee hatte monatelang die Deutschen aus dem Osten vor sich hergetrieben. Insgesamt sollten in den kommenden vier Jahren 14 Millionen Menschen nach Westen fliehen. Zwei Millionen überlebten diese Flucht nicht. Im Sommer des ersten Friedensjahres kamen allein 35 000 Flüchtlinge täglich nach Berlin. Es gab 59 Auffanglager in der ehemaligen Reichshauptstadt. Dort drängten sich im Herbst 1945 bereits 1,3 Millionen Flüchtlinge. Und es wurden jeden Tag mehr.

Die Alliierten hatten die Gefängnisse und Konzentrationslager geöffnet und die noch lebenden Opfer des Nationalsozialismus befreit. Im Mai 1945 irrten nach Schätzung der Westalliierten über vier Millionen ehemalige Häftlinge und Zwangsarbeiter durch die Westzonen. Man hatte schnell einen amtlichen Namen für diese befreiten, aber längst noch nicht freien Menschen gefunden: *displaced persons*. Also Menschen, denen man ihren Platz auf der Welt genommen hatte, die man verschoben oder verschleppt hatte.

In Deutschland war ein Fünftel des Wohnraums durch den Krieg zerstört worden. Wo ehemals Familien lebten, gab es nur noch Schutt. Es herrschte Chaos. Die Schwachen genossen keinen Schutz mehr. Wer etwas haben wollte, nahm es sich. Es wurde auf niemanden Rücksicht genommen, weder auf Kinder noch auf Alte noch auf Frauen. Die, die nicht flink und brutal genug waren, hatten kaum eine Chance gegen diejenigen, die sich mit dem Recht des Stärkeren an ihren wenigen Habseligkeiten vergriffen. Ein Gesetz, das den Umgang der Menschen untereinander regelte, existierte nicht mehr. Keine Polizei, keine intakte Justiz, kein Recht. Und erst recht kein Staat, der das Recht hätte durchsetzen können.

Die Versorgungsströme, die bis in die letzten Kriegstage noch einigermaßen funktioniert hatten, kamen nun ganz zum Erliegen. Die Lebensmittellager des untergegangenen Regimes waren entweder unzugänglich oder schnell leergeräumt. Wirtschaft und Verteilungssysteme standen still. Wer noch etwas zu essen hatte, aß es schnell auf, bevor ein anderer es ihm wegnahm. Aber die meisten hatten längst nichts mehr.

Die Produktionsregionen der Länder, die die Nazis jahrelang

besetzt und ausgebeutet hatten, waren verloren. Die Landwirtschaft des Ostens lieferte nichts mehr ins Reichsgebiet. Die bis weit in die Kriegszeit hinein mit Lebensmitteln versorgten Deutschen mussten nun hungern. Und für die Flüchtlinge hatte erst recht niemand etwas übrig. So kam es, dass der Bischof von Chichester, dessen Land unter dem Terror von Hitlers Bombern und der sogenannten Wunderwaffe V-2 fast 70 000 Menschen verloren hatte, in diesen Tagen einen Appell an die Welt richtete: »Man muss die Flüchtlinge gesehen haben, um beurteilen zu können, was über sie hereingebrochen ist. Es gibt keine Worte, um ihr Elend beschreiben zu können. Sie haben noch das, was sie am Körper tragen, und besitzen weder physische noch geistige Kraft. Sieben oder acht Millionen Menschen werden in dem schmalen Landstreifen zwischen Oder und Elbe von Stadt zu Stadt, von Dorf zu Dorf gejagt, weil niemand sie aufnehmen und ernähren kann.«[2]

Drei Monate zuvor, im Februar 1945, hatten sich die mächtigsten Feinde Hitlerdeutschlands in Jalta getroffen, um sich auf einen Sieges-Plan zu einigen: Amerikaner, Sowjets und Briten. Auf der Krim war noch von drei Zonen die Rede gewesen, in die man das besiegte Hitlerdeutschland einzuteilen beabsichtigte. Jede der drei großen Siegermächte sollte eine dieser Zonen besetzen und sie beherrschen. Man war sich einig darüber, dass diese Herrschaft absolut sein würde. Deutschland hatte die Welt mit einem bis dahin unvorstellbaren Krieg überzogen und millionenfaches Leid verursacht – aus Machtgier und Rassenwahn. Wer dachte da an Vergebung und an Gnade? Nicht Anfang 1945.

Ein Pferd braucht Heu

»Heinz Derzen, ein zehnjähriger Junge aus Duisburg, wurde von der Mailänder Eisenbahnpolizei aufgegriffen. Vor einem Monat hatte er sich mit 14 Schulkameraden nach Süden aufgemacht, um sich einmal satt zu essen. Heinz gelangte als einziger bis Italien. Vor seinem Abtransport zur Grenze durfte er sich noch einmal an Apfelsinen und Mandarinen satt essen, die er bis dahin nur aus Bilderbüchern kannte.« (›Der Spiegel‹ 4/1948)

Als die Alliierten sich auf der Krim trafen, stand die Rote Armee an der Oder, also nicht mehr weit von Berlin entfernt. Das bestimmte den Ton. Stalin – bis vor Kurzem noch Junior-Partner unter den Siegermächten – zeigte, dass er nicht beabsichtigte, etwas aus der Hand zu geben, was er erobert hatte. Sei es durch die Rote Armee oder durch sein fadenscheiniges Übereinkommen mit Hitler aus dem Jahr 1939.

Gut zwei Wochen nach der Krim-Konferenz, am 28. Februar 1945, erklärte der kommunistische Parteiführer Gomulka vor dem Zentralkomitee der Polnischen Arbeiterpartei: »Ein sehr wesentliches Problem, das alle Kräfte auf sich vereinigen und um die Westfragen konzentrieren muss, ist das Problem der Entdeutschung der historisch polnischen Gebiete. Diese große Arbeit erwartet das ganze polnische Volk. Es ist ein riesiges Experiment, das bisher nicht seinesgleichen in der Geschichte besitzt. Es ist klar, dass die Entdeutschung prinzipiell in der Weise erfolgen muss, dass die Deutschen aus diesen Gebieten hinausgeworfen werden und wir in die Westgebiete Polen hereinbringen und dort ansiedeln.«[3] Gomulka sprach das aus, was in Jalta stillschweigend gebilligt worden war. Stalin und Molotow bestanden darauf, dass die Grenze Polens an Oder und westlicher Neiße verlaufen müsse. Das erforderte eine Umsiedlung von elf Millionen Menschen: neun Millionen aus dem Osten Polens und zwei Millionen aus »Altpolen« bzw. dem Warthegau.[4] Nur der britische Premierminister Churchill widersetzte sich Stalin. Seine Sprache war wie immer deftig – und verdeckte ein wenig seine eigentlichen Motive. Angeblich war er gegen diese Verschiebung nach Westen, weil die »polnische Gans« dann so lange gestopft werde, bis sie an »deutschen Verdauungsbeschwerden« starb. In Wirklichkeit fürchtete er aber auch die Reaktionen, die ihn zu Hause erwarteten, wenn bekannt werden würde, dass Millionen Zivilisten aus ihrer Heimat ausgewiesen werden mussten und dann den Westen überschwemmten.[5] Zudem saß die polnische Exilregierung zu der Zeit in London; diese versuchte, Churchills Haltung in ihrem Sinne zu beeinflussen.

Die Amerikaner dachten damals anders als Churchill. Sie wollten endlich Frieden in Europa und keinen neuen Konflikt, vor allem nicht mit ihrem tapfersten Verbündeten des gerade siegreich zu Ende gehenden Weltkrieges, mit der UdSSR. Deshalb stand Churchill in Jalta auf verlorenem Posten. Dass die Briten von 1939 bis 1941 allein gegen Hitlers Wehrmacht gekämpft und sich durch diesen Krieg wirtschaftlich ruiniert hatten, verlieh ihnen allerdings innerhalb der Westalliierten eine gewisse Position. Daher waren die Westalliierten im Februar 1945 noch nicht bereit, Polens Westgrenze verbindlich festzulegen. Sie wussten, dass jedes Zugeständnis gegenüber Polen Stalin zugute kam. Er beherrschte das Land bereits. Die Regierung, die sich soeben in Warschau formiert hatte, war seine Regierung – die Sowjetunion hatte mit der bürgerlichen Exilregierung in London gebrochen und sich für das Lubliner Komitee starkgemacht, das kommunistisch orientiert war.

Zurück zum deutschen Besatzungsgebiet: Die alliierten Staatschefs waren sich darüber klar, dass sie ein so riesiges Industrieland nicht einfach in mehrere Staaten zerstückeln und sich selbst überlassen konnten – obwohl eine besonders verbitterte Fraktion auch das in Erwägung zog. Die wenigsten sperrten sich aus humanitären Erwägungen gegen eine archaische Sühneaktion. Es ging um etwas anderes: Die Sieger wollten entschädigt werden. Entschädigt durch die besiegten Deutschen. Mit den Worten Winston Churchills: »Ein Pferd, das einen Wagen ziehen soll, braucht Heu.«[6] Hinzu kam, dass man allseits seine historischen Erfahrungen mit dem deutschen Expansionsdrang gemacht hatte: Es war schon einmal geschehen, dass sich das Kernland Europas nach einem globalen Strafgericht überraschend schnell wieder aufgerappelt und einen neuen Krieg entfesselt hatte – mit noch mehr Toten als beim ersten Mal.

Man wollte Deutschland also ausbeuten und gleichzeitig dafür Sorge tragen, dass es nie wieder zu Kräften kommen konnte. Zumindest nicht in dem Maße, dass es einen weiteren Feldzug (etwa aus Rache) beginnen könnte. Um diese beiden Ziele zu gewährleisten, sollten die drei Zonen unter die Kontrolle und die Verwaltung einer Zentralkommission gestellt werden. Diese alliierte Institution konnte ihren Sitz nur in der damaligen Reichshauptstadt Berlin haben, und an ihrer Spitze würden erst einmal die drei Oberbefehlshaber der Siegermächte stehen.

Eine vierte Besatzungsmacht – nämlich Frankreich – befand sich zu der Zeit, als die Konferenz von Jalta stattfand, noch nicht in der Lage, einen Vertreter an den Verhandlungstisch zu entsenden. Das Land war erst ein halbes Jahr zuvor mit der Landung der Alliierten in der Normandie befreit worden. 210 000 amerikanische, britische, polnische und kanadische Soldaten hatte (nach Antony Beevor) die Rückeroberung des Landes das Leben gekostet.[7] Die Sowjets wollten Frankreich erst einmal vom Verhandlungstisch fernhalten, weil es in Vichy ein Kollaborationsregime gegeben hatte. Eigentlich plädierten sie sogar dafür, das Land deswegen zu bestrafen. Doch damit konnten sie sich nicht durchsetzen, Charles de Gaulle erwirkte, dass Frankreich den Status einer Siegermacht erhielt.

So wurde Frankreich in Jalta von den drei Mächten aufgefordert, nach dem Sieg über Deutschland eine eigene, vierte Besatzungszone zu übernehmen und ebenfalls in die Kontrollkommission einzutreten, die sich die Oberherrschaft über das niedergerungene Land teilte. Das waren jedoch nur die administrativen Rahmenbedingungen einer zukünftigen Besatzungspolitik.

In den Augen der Besatzungsmächte waren die Deutschen von einem krankhaften Militarismus besessen. Dieser verderbliche Hang zur Verherrlichung des Kampfes hatte zum Nationalsozialismus geführt. Beides sollte ein für allemal ausgerottet werden. Die Alliierten wollten Deutschland so empfindlich schwächen, dass vom Rhein keine Gefahr mehr für den Weltfrieden ausgehen konnte. Auf der Konferenz von Jalta gab es daher folgende Pläne: Die Wehrmacht musste entwaffnet und aufgelöst werden. Zu einem Krieg, wie Hitler ihn geführt hatte, gehörte eine mächtige Rüstungsindustrie, die ebenso skrupellos agierte wie das Militär und sich wesentlich durch die Zwangsarbeit der besiegten Völker am Leben erhalten hatte. Also beschlossen die Sieger auf der Krim, diesen gesamten militärisch-industriellen Komplex, wie das später hieß, zu »beseitigen«. Weiter waren sich Stalin, Roosevelt und Churchill darüber einig, dass alle deutschen Kriegsverbrecher vor Gericht gehörten und dass es harte Urteile in großer Zahl geben musste, wenn man den gemordeten Völkern den Glauben an die Gerechtigkeit zurückgeben wollte. Dazu gehörte auch, dass die Opfer des Angriffskrieges durch die Nazis entschädigt wurden.

Allerdings nahmen Churchill und Roosevelt auf der Krim von dem US-Vorschlag der Teheraner Konferenz Abstand, Deutschland in fünf verschiedene, voneinander unabhängige Staaten zu zerschlagen. Churchill erwog nur noch, Süddeutschland mit Österreich und Ungarn zu vereinigen. Doch davon rückte man sehr schnell wieder ab: Die Westalliierten wollten ein funktionsfähiges Deutschland – funktionsfähig zumindest, was ihre Interessen betraf.

Feindstaat

»Die Herren draußen glauben immer, sie seien die wahren Vertreter des deutschen Geistes. Sie täuschen sich: Deutschland sind wir. Wir wissen, daß wir zu unserem Ruhm das Volk Goethes, zu unserer Schande das Volk Hitlers sind, und daher sind wir reicher: weil wir der Wahrheit nicht ausweichen. Merkwürdig, daß gerade die Prominenten so verstockt zu uns reden, die wir gern aufgeschlossen zuhören würden. Wir haben andere Briefe bekommen von Flüchtlingen im Ausland, denen wir zitternden Herzens hatten mitteilen müssen, daß ihre Eltern oder Geschwister in Auschwitz vergast worden sind. Diese Briefe enthielten kein Wort des Vorwurfs, aber vielen Trost und viel Liebe. Wir wollen uns an die halten, die einfachen Herzens sind, die uns verstehen in unserem Elend, die sich noch immer als unsere Brüder und Schwestern fühlen, auch wenn die Nazis sie ausgestoßen und mißhandelt haben.« (›Die Zeit‹ 3/1946)

Das war die Prämisse, unter der die Besatzungszeit beginnen sollte: Das Sagen hatten die Sieger. Die Besiegten hatten zu gehorchen und das große Strafgericht hinzunehmen. Dennoch rang man sich auf der Krim zu einem Nachsatz durch, der befremdlich wirkt angesichts der massenhaften Morde, die in diesen Monaten noch geschahen. So hieß es in einem fünften Punkt, es sei »nicht unsere Absicht, das deutsche Volk zu vernichten«.[8] Das klingt eigenartig defensiv – obwohl weder die Westalliierten noch die Sowjetunion sich drei Monate vor Kriegsende in der Defensive befanden.

Die Alliierten wollten im Februar 1945 kein finales Strafgericht veranstalten. Die Absicht, mit den Deutschen so zu verfahren, wie Hitler es mit den überfallenen Ländern des Ostens vorhatte und zum Teil auch tat, ist nirgendwo niedergelegt, und sie hat es in den obersten Befehlsrängen der Besatzer nie gegeben (auch wenn untergeordnete Stellen sich manchmal anders verhielten). Natürlich galt für alle Mächte, sich nach einem Sieg nicht auf die Stufe Hitlers, der Wehrmacht und der SS stellen zu wollen. Das wäre auch politisch nicht überall durchsetzbar gewesen. Ganz sicher nicht in Großbritannien, das im Gegensatz zur UdSSR und Frankreich trotz immenser Schäden im Luftkrieg nicht besetzt worden war. Und sicher auch nicht in den USA, wo es sowieso mächtige Strömungen gab, die darauf drängten, sich in Europa die Hände nicht allzu schmutzig zu machen. Zu Beginn des Weltkrieges hatten sich 95 Prozent der US-Amerikaner gegen eine Kriegserklärung an Deutschland ausgesprochen.[9]

Allerdings gab es auch einen viel gewichtigeren Grund, nicht Gleiches mit Gleichem zu vergelten. Die Siegermächte hatten im Krieg schon einen hohen Preis gezahlt. Den höchsten zweifellos die Sowjetunion. Sie hatte weit über 20 Millionen Tote zu beklagen, zehn Prozent der Vorkriegsbevölkerung hatten den

Krieg nicht überlebt. Die Hälfte aller Städte im Westteil war zerstört, ebenso drei Viertel der Dörfer, 32 000 Industriebetriebe, 65 000 Kilometer Eisenbahngleise und 4100 Bahnhöfe.[10]

Die Länder, die gegen Hitler gekämpft und in denen die Nazis gewütet hatten, lagen wirtschaftlich am Boden. Dieser Schaden musste entgolten werden. Das ging aber nur, wenn man Deutschland nicht zerschlug und die Deutschen nicht krepieren ließ, sondern indem man sie verschonte und ihnen Gelegenheit gab, zu arbeiten. Das heißt: Gelegenheit, ihre Schuld zumindest materiell abzutragen. Die Alliierten waren also pragmatisch. Der Sieg versetzte sie nicht in eine sanierte Lage, sie hatten zu Hause alle ihre Kriegslasten zu tragen. Also keine biblische Rache. Aber auch kein neuer Anfang. Dazu waren die Wunden viel zu tief. In der Weisung der vereinigten Stabschefs der USA an die Besatzungstruppen (JCS – *Joint Chief of Staff* – 1067) hieß es im April 1945: »Deutschland wird nicht besetzt zum Zwecke einer Befreiung, sondern als besiegter Feindstaat.«

Die Alliierten hatten nicht vor, einen feinen Unterschied zwischen Hitler und den Nazis auf der einen und dem Rest des deutschen Volkes auf der anderen Seite zu machen. Man kann es ihnen nicht verdenken: Schließlich sahen sie, dass das Grauen der Konzentrationslager sich vor der Tür der Deutschen abgespielt hatte. Die KZ-Opfer wurden inmitten der Gemeinschaft festgehalten und geschunden – wenn auch die großen Massenvernichtungslager weiter im Osten lagen. Aber auch im alten Osten lebten damals Deutsche und in der Umgebung der Kriegsgefangenenlager im Westen und der Arbeitslager wie Dora-Mittelbau, wo in nur 18 Monaten von 60 000 Zwangsarbeitern ein Drittel, also 20 000 Menschen, beim Bau der Wunderwaffe V-2 zugrunde ging, sowieso. Warum also sollten die, die diese Fabriken des Todes betraten und das Elend dort sahen, die Mehrheit der Deutschen von der Schuld an diesem Verbrechen ausnehmen? Die Deutschen, die es meist ohne Murren hingenommen hatten, wenn ihre jüdischen Nachbarn verschwanden. Oder es genossen hatten, dass Kriegsgefangene aus den okkupierten Ländern ihnen die Drecksarbeit abnahmen. Zumal viele unter diesen angeblich

Ahnungslosen – wie man jetzt erfuhr – sich an dem Besitz der Opfer oder ihrer Arbeitskraft bereichert hatten.

Die Alliierten kamen nicht, um die Deutschen zu befreien. Auch wenn viele Deutsche sich das einredeten und es bis heute diese verwirrende Sprachregelung gibt. Warum hätten die Amerikaner, Briten und erst recht die Russen ihre Söhne opfern sollen für ein Volk, das diesen Krieg mit unglaublicher Brutalität in Länder trug, die vorher nicht die Hand gegen es erhoben hatten?

DIE ZÄSUR

»Für eine organisierte deutsche Auswanderung setzte sich Frankreichs Außenminister Bidault in Moskau ein. Bidault sagte dazu: ›Ein Deutschland mit einer unzureichend ausgeglichenen Bevölkerung bedeutet eine Kriegsgefahr. Diese Gefahr wird sich noch verstärken, wenn die deutsche Bevölkerung Schwierigkeiten hat, auf dem zur Verfügung stehenden Raum ihr Brot zu verdienen.‹« (›Der Spiegel‹ 12/1947)

Wie sollte man mit dem eroberten Land umgehen? Was sollte mit den vielen Mitläufern geschehen? Sollte das ehemalige deutsche Reich als Einheit behandelt werden, oder sollte es in einzelne Teile zerschlagen werden?

Nachdem bisher eine gewisse Einigkeit in der Haltung dem besiegten Land gegenüber geherrscht hatte, begann mit der Frage nach dem richtigen Umgang mit dem deutschen Problem die Uneinigkeit zwischen den Alliierten. Das war eine Zäsur, die sich als bestimmend für die Zukunft Deutschlands herausstellen sollte. Dadurch, dass in einer wichtigen Frage (es sollte schnell eine noch wichtigere Frage dazukommen: die der deutschen Zentralgewalt) keine einheitliche Linie mehr zu erreichen war, musste jede Besatzungsmacht einen eigenen Modus des Umgangs mit dem besetzten Land finden. Das führte zu sehr verschiedenen politischen Realitäten in den vier Zonen. Damit waren Unstimmigkeiten vorprogrammiert – und letztlich die Alleingänge, die die endgültige Teilung Deutschlands hervorriefen. »Endgültig« aus der Perspektive von 1949, als die Teilung des Landes in zwei Hälften, ja sogar die Zugehörigkeit zu zwei sich gegenüberstehenden Blöcken im Kalten Krieg festgeschrieben wurde. Dieses »Endgültig« aus der Perspektive von 1949 dauerte trotz aller Bekundungen des Einheitswillens ewig. Bis 1989.

Die Sowjets hatten in diesem Punkt andere Vorstellungen als die Westalliierten. Stalin hatte sich auf einem Treffen mit dem britischen Außenminister Anthony Eden in Moskau im Dezember 1941 noch dafür eingesetzt, das Land in möglichst viele Teile zu zerlegen – und seine wirtschaftliche und politische Kraft damit zu minimieren. Ende November 1943 trafen sich die Alliierten in Teheran. Der amerikanische Präsident hatte einen fertigen Plan zur Teilung Deutschlands in der Tasche. Das, was von Hitlers Reich noch übrig blieb, sollte in fünf autonome deutsche Staaten eingeteilt werden. Fünf Duodez-Fürstentümer also, die zwar unter alliierter Beobachtung standen, ansonsten aber vor sich hinwurschteln konnten und sich gegenseitig so weit wie möglich das Wasser abgraben sollten, so dass kein kriegerischer Gemeinschaftsgeist mehr entstehen konnte.

Die drei Staatschefs konnten sich jedoch in Teheran nicht auf die Details dieser Neugestaltung des zerfallenden Reiches einigen. So wurde die Planung der politischen Zukunft des besiegten Deutschlands an die Europäische Beratungskommission verwiesen. Diese Kommission hatten nur wenige Wochen zuvor die alliierten Außenminister Hull, Eden und Molotow in Moskau eingesetzt und London als ihren Tagungsort bestimmt. So war die Zerschlagung einer staatlichen Struktur trotz der einhelligen Beschlüsse erst einmal vertagt.

Das hatte nicht nur Verfahrensgründe. Es gab eine einflussreiche Gruppe von Deutschlandexperten in den USA, die sich zwischen 1942 und 1944 wissenschaftlich mit den Folgen einer Aufteilung des Hitler-Reiches beschäftigten. Diese Gruppe gewann die Unterstützung des amtierenden US-Außenministers Hull. Cordell Hull dachte wie viele Amerikaner: Ein zukünftiges Deutschland, vor dem Europa und die Welt sicher sein sollten, konnte nur demokratisch strukturiert sein. Demokratisch gewählte Institutionen, Gewaltenteilung, regelmäßige Wahlen – das waren nach der Meinung der Hull-Leute die besten Garantien gegen ein neues Aufkeimen vom Militarismus, gegen Rassismus und Hegemonialstreben. Das *dismembering* – eine diktatorische Teilung des Reiches in viele Einzelteile gegen die Interessen der besiegten Deutschen – würde aber eine Entwicklung hin zu einem demokratischen Gemeinwesen »erheblich behindern«, fanden die Denker um Cordell Hull.

Ein anderer Experte setzte weniger auf die Kraft der demokratischen Ideale als auf die Kniffe der praktischen Politik. Unterstaatssekretär Sumner Welles wurde vom Präsidenten ebenso gehört wie Außenminister Hull, ja, dem Minister sogar manchmal vorgezogen. Welles prophezeite für die Zeit nach der Zerschlagung der Nazistrukturen in Deutschland erhebliche Machtkämpfe, ideologische Differenzen und wirtschaftliche Eifersüchteleien. Wäre es da nicht klug, diese landsmannschaftlich sich formierenden Gruppen »als separatistische Bewegungen zu begünstigen«?[11] Der Unterstaatssekretär Welles hatte nach Roosevelts Meinung die Quadratur des Kreises gefunden: Wenn man mit einer aufgezwungenen Zerteilung des Reiches die Freude der Deutschen an der Demokratie zu schmälern drohte, warum überließ man es ihnen nicht selbst, ihr Land im Streit zu zerschlagen? Danach waren sie sicher, egal, wie die Sache ausging, weit empfänglicher für demokratische Experimente. Meinte jedenfalls Sumner Welles – und mit ihm sein Präsident Roosevelt im Sommer 1944. Also zu der Zeit, als die alliierten Streitkräfte in der Normandie landeten und damit die Aussicht auf einen baldigen Sieg über die Wehrmacht erheblich vergrößerten.

Eine verbindliche Einigung in der Frage der Teilung Deutschlands wurde von Roosevelt und Churchill erst auf der zweiten Quebec-Konferenz erzielt. Auf dieser Konferenz kam ein weiterer amerikanischer Politiker in der Deutschland-Frage zu Wort.

Der US-Finanzminister Henry Morgenthau hatte einen eigenen Plan entworfen – mehr oder weniger an allen einigermaßen strategisch argumentierenden Denkschulen vorbei. Morgenthau empfahl den Staatschefs, das besiegte Reich so weit in die Vergangenheit zurückschrumpfen zu lassen, dass die Menschen nur noch ein archaisches Dasein als Acker- und Weidebauern führen konnten. In einer naiven Naturalwirtschaft musste jeder politische Drang nach mehr Macht einschlafen.

Der britische Konferenzteilnehmer Churchill zeigte sich in Quebec entsetzt angesichts dieses primitiven Denkansatzes. Er hatte vorher schon geäußert, auf keinen Fall dürfte Großbritannien auf diese Weise an »eine lebende Leiche gekettet werden«. US-Präsident Roosevelt aber fand die Vorstellung, dass die Deutschen nach dem Sieg über Hitler in Hütten wohnen, Kühe melken und von Käse leben sollten, verlockend genug, um den Plan seines Finanzministers zu lancieren. Auch gegen Churchills Protest. Deutschland war für die USA weit weg, das Schicksal der Besiegten interessierte sie damals noch recht wenig. Den Briten aber war es nicht geheuer, ein riesiges Volk im Herzen Europas ins Mittelalter zurückzuversetzen und damit unabsehbare Probleme für den Kontinent zu schaffen. Churchill wusste jedoch, dass in einem lebendigen System wie der amerikanischen Regierung eine solche Phantasterei nicht lange Anklang finden würde. Er sollte damit Recht behalten.

Die Konferenz von Quebec beschloss immerhin, dass die chemische Industrie, die Metall- und die Elektroindustrie Deutschlands demontiert werden würden. Die großen Kohlevorkommen und Stahlwerke des Ruhrgebiets und des Saarlandes sollten unter eine strenge internationale Kontrolle gestellt werden.

Es kam schnell so, wie Churchill es vorausgesehen hatte. Nur sechs Wochen später beendete der US-Präsident Roosevelt die Streitereien in seiner Administration mit einem kategorischen Befehl: »Ich bin nicht dafür, Pläne für ein Land zu machen, das wir noch nicht besetzt haben.«[12] Der Morgenthau-Plan war also (erst einmal) vom Tisch. Alle anderen, differenzierteren Überlegungen zum Umgang mit Deutschland aber auch. Vorerst.

BESIEGT UND BESETZT

> »Einen weit schlimmeren Erfolg aber wird die Tatsache haben,
> daß man die Deutschen Umfragen abhalten läßt – etwas, woran
> sie niemals gewohnt waren. Sie sind niemals um ihre Meinung
> gefragt worden, sondern waren stets gewohnt, Befehle entgegen-
> zunehmen. Und sie würden ihr Schuldurteil schweigend schlu-
> cken.« (Emil Ludwig in: ›Die Zeit‹ 3/1946)

Mit dem Phänomen der Besatzung waren die Deutschen durchaus vertraut. Nur kannten sie diesen Zustand bisher ausschließlich von einer Seite: Sie waren in diesem Krieg meistens die Besatzer gewesen. Sie hatten die Annehmlichkeiten dieser Position
genossen. Egal, ob sie vor Ort waren oder an der sogenannten
Heimatfront von billigen Nahrungsmitteln und anderen Produk-
ten profitierten, die aus den okkupierten Ländern in ungeheuren
Mengen ins Reich strömten. Die günstigen Preise erklärten sich
durch Sklavenarbeit oder durch Raub.

Die alliierten Generäle waren empfindlich, wenn die Besetzten den Besatzern erklären wollten, wie man eine richtige Besatzungspolitik machte. Prominentestes Beispiel war der Fall des
bayrischen Ministerpräsidenten Fritz Schäffer, der im September
1945 aus dem Amt gejagt wurde, weil er sich gegen die Entnazifi-
zierungspolitik der Amerikaner gestellt hatte. Das mussten die
Deutschen lernen – und das taten sie schnell.

Nun waren also die Deutschen die Besetzten. Ihre Kapitulation war bedingungslos. Das heißt: Die Alliierten verbaten sich
jegliches Feilschen um Teilsouveränitäten und jeden Einspruch
der Besiegten gegen die absolute Herrschaft der Sieger. Wenn
man sich das Fazit des eben zu Ende gegangenen Krieges vor Augen führt, wird diese Rigorosität verständlich: 60 Millionen Tote
weltweit, davon allein in Europa 45 Millionen. Die Nazis hatten
sechs Millionen Juden und 100 000 Sinti und Roma in ihren Ver-

nichtungslagern ermordet. Drei Millionen russische Kriegsgefangene waren in deutschen Arbeits- und Gefangenenlagern
durch Arbeit, Hunger, Krankheit oder durch die Gewalt der Wachen ums Leben gekommen. In den sowjetischen Großstädten
waren mehr als eine Million Menschen durch Hunger gestorben.
Bisher hatte kein Krieg in der Geschichte so viele Menschenleben
gekostet.[13] In vielen Regionen Europas hatte es Frontverläufe gegeben, viele waren aus der Luft bombardiert worden. Nicht nur
deutsche Großstädte waren verwüstet. Auch in Frankreich hatten
die Kämpfe, die nach der Invasion in der Normandie folgten,
zahlreiche Städte in Trümmer gelegt. In der Sowjetunion hatten
die Invasionstruppen über tausend Städte und Zehntausende
Dörfer dem Erdboden gleichgemacht. Polen war weitgehend verwüstet, die Hauptstadt Warschau war nach den zahlreichen
Kämpfen, die in ihr und um sie geführt worden waren, eine einzige Schutthalde.

Mit dem Waffenstillstand war das Massensterben noch nicht
vorbei. Von den 14 Millionen Deutschen, die aus dem Osten fliehen mussten, starben zwei Millionen auf der Flucht – viele auch
noch nach Kriegsende. Opfer dieser epochalen Bevölkerungsverschiebung waren nicht nur Deutsche; auch Polen, Tschechen,
Slowaken, Ukrainer, Weißrussen, Litauer und Ungarn mussten
ihre Heimat verlassen, weil Osteuropa nach Stalins Willen neu
geordnet wurde. Durch diese Grenzverschiebungen änderten
sich für Millionen Zwangsarbeiter, die die Nazis verschleppt hatten, die Lebensbedingungen in ihrer alten Heimat. So konnten
viele Menschen, die von den Alliierten aus den Lagern befreit
worden waren, nicht mehr in ihre Herkunftsländer heimkehren.
Sie blieben gezwungenermaßen in Deutschland, im Land ihrer
Folterer, bis sie eine neue Heimat gefunden hatten. Die Mehrheit
dieser Unglücklichen waren Juden, die das KZ überlebt hatten.

Deutschland verlor durch den Krieg 6,3 Millionen Menschen:
5,2 Millionen Soldaten der Wehrmacht sind gefallen, und 1,2 Millionen Zivilisten kamen durch die Kämpfe ums Leben. Als die
Sieger immer tiefer ins Reich eindrangen, nahmen sich viele das
Leben; meistens Nationalsozialisten, die die Rache fürchteten,

aber auch Menschen, die das Kriegsgeschehen innerlich so verletzt hatte, dass sie nicht mehr weiterleben konnten – darunter auch viele Frauen nach Massenvergewaltigungen durch Angehörige der Roten Armee. Allein für Berlin geht man von 100 000 Vergewaltigungsopfern aus. Viele davon halbe Kinder. Die Zahlen der vergewaltigten Frauen in Pommern und Schlesien sind nicht bekannt, aber es wird angenommen, dass sie noch viel höher liegen.[14]

Diese Verluste und die andauernden Übergriffe belasteten die Deutschen sehr. Ihr Verhältnis zu den Russen war von Anfang an durch Misstrauen und Hass bestimmt, initiiert durch die Gräuelpropaganda der Nazis im Krieg, die die Bolschewisten als mordende Monster darstellte. Dieses tief sitzende Vorurteil schien sich durch die Erfahrungen der ersten Besatzungszeit nur noch zu verfestigen. Das änderte sich auch nicht, nachdem die militärische Führung der Roten Armee die Übergriffe ihrer Soldaten unterband. Es sind Fälle beobachtet worden, in denen Offiziere oder Kommissare einfache Soldaten, die beim Plündern oder Vergewaltigen erwischt worden waren, auf der Stelle erschossen. Doch da war es schon zu spät: Die Deutschen sahen die Russen als Eindringlinge an, die ihre Frauen vergewaltigten.

Dabei hatten sie mit den russischen Zwangsarbeitern durchaus andere Erfahrungen gemacht. Dr. Wolfgang Weinmann (Berlin) berichtet: »Mein Onkel, der eine Schmiede hatte, der hatte einen Russen als Hilfsarbeiter. Ein Kriegsgefangener. Der war auch Schmied. Und der wurde von meinem Onkel mit Zigaretten und auch mal mit Schnaps versorgt. Vor allem bekam der was zu fressen – das war etwas, was es selten gab. Als die Russen 1945 kamen, erschien auf einmal jener – der hieß auch noch Iwan – bei dem Onkel. Der hat ne Pulle Wodka mitgebracht und dann haben se zusammen einen getrunken und haben sich auf die Schulter geklopft. Und da wurde ein Schild angebracht an dem Tor von der Schmiede: Das ist hier ein Freund der Russen, hier wird nicht geklaut. Und so war es dann auch. Was noch interessant war: Der Russe, der war Offizier. Das wusste natürlich keiner. Wir dachten, das ist ein normaler Muschkote. Wenn er sich als

Offizier zu erkennen gegeben hätte, hätten sie ihn umgelegt. So einfach waren damals die Gesetze der Russen. Die haben das auch nicht gerne gesehen, dass die sich haben gefangen nehmen lassen. Ich habe nur positive Erinnerungen an den Russen. Der hat mir den einen oder anderen Handgriff gezeigt, wie man mit einem Werkzeug umgeht.«

Von den acht bis zehn Millionen Kriegsgefangenen, NS-Zwangsarbeitern und KZ-Häftlingen, die die Alliierten nach und nach befreiten, starben viele in der Freiheit. Obwohl die Alliierten sich um die *displaced persons* kümmerten, überlebten am Anfang der Besatzungszeit Zehntausende die Lager nicht, in denen sie nun untergebracht worden waren. US-Sanitäter bekämpften zwar die Seuchengefahr mit Tonnen von DDT-Pulver. Dennoch betrug die Todesrate unter den ehemaligen KZ-Häftlingen nach der Befreiung bis zu 20 Prozent.[15]

Fünf Millionen sowjetische Kriegsgefangene und Zwangsarbeiter wurden nach Hause geschickt – repatriiert, wie der amtliche Begriff lautete. Bei einer großen Zahl dieser Russen und Ukrainer geschah dies gegen ihren Willen. Sie wussten nicht, was sie in der Heimat erwartete: Nicht nur die Not der Nachkriegsgesellschaft drohte, Stalin ließ viele ehemalige Kriegsgefangene und Zwangsarbeiter nach Sibirien schicken, weil er sie verdächtigte, entweder übergelaufen zu sein oder nicht entschlossen genug gegen die Wehrmacht gekämpft zu haben. Diese unter den Nazis schon gequälten Menschen kamen in »Filtrationslager« des NKWD und mussten noch jahrelang in sibirischen Bergwerken weiter Zwangsarbeit leisten – falls sie diese Tortur überstanden. Die Westalliierten wussten, dass ein Teil der Russen nicht zurück wollte. Aber sie mussten diese Menschen trotzdem repatriieren, weil sie sich gegenüber der UdSSR dazu verpflichtet hatten. Es gibt zahlreiche Berichte über Russen, die sich der Repatriierung entziehen wollten. Diejenigen, die das auf eigene Faust taten, hatten jedoch kaum eine Chance, im Nachkriegsdeutschland zu überleben. In einem Mannheimer Lager kam es Anfang September 1945 sogar zu einem Aufstand unter 600 Ukrainern. Die DPs wehrten sich gegen den drohenden Rücktransport in die Sowjetunion. Man sagte ihnen eine Verschiebung um nur vier Tage zu. Vertreter der Hilfsorganisation UNRRA, die das Lager betrieb, berichteten: »Alle Betroffenen waren überglücklich über diese kurze Gnadenfrist und äußerten ihre Dankbarkeit, indem sie den Offizieren und dem UNRRA-Team die Stiefel küßten.«[16]

Der ehemalige AOK-Mitarbeiter Hermann Catrein berichtet von einem Bauern aus einem Ort im Hunsrück, der keine eigenen Kinder hatte und deshalb einen auf seinem Hof als Knecht beschäftigten Zwangsarbeiter wie einen Sohn behandelte: »Ich kann mich erinnern, dass verschiedene von den Ostarbeitern sich versteckt haben. Die Russen haben die gesucht. Die kamen hierher und haben die gesucht. Ich weiß, dass einige von den Ostarbeitern sich schwer gewehrt haben, wieder nach Russland zu gehen. Da müssen sich furchtbare Szenen abgespielt haben. Und einer ist hier geblieben. Hier im Nachbardorf Odert. Der Bauer hatte keine Kinder und der hat den Russen behandelt wie seinen Sohn. Der wollte natürlich nicht mehr zurück. Aus der Ukraine stammte der. Der ist dort für tot erklärt worden, dessen Namen stand dort auf den Gedenksteinen. Der hat hier in Morbach gelebt. Er ist auch hier gestorben. Ich weiß das genau – damals auf der AOK war der nämlich nicht versichert. Da haben wir den Arbeitgeber kommen lassen und haben ihn befragt. Der Bauer hat erklärt: Den halte ich wie meinen Sohn. Ich habe notariell festgelegt, dass ich im Krankheitsfall und im Sterbefall für ihn aufkomme. Das hat er uns auch gezeigt. Da haben wir nichts unternommen.«[17] Diese Lebensgeschichte ist ein glücklicher Einzelfall.

Da die Repatriierung vieler *displaced persons* auch wegen der komplizierten Bevölkerungsverschiebungen im Osten nicht vollzogen werden konnte, lebten im März 1949 in den Lagern oder angeschlossenen Siedlungen der Westzonen noch 410 000 von ihnen.[18] Zu den 60 000 aus den KZs befreiten Juden kamen bis Ende 1946 noch 100 000 aus Polen dazu, die dort aufgrund der antisemitischen Stimmung nicht mehr leben konnten. Die wenigsten dieser Juden wollten in Deutschland bleiben. Da sich die Ausreise in die für sie infrage kommenden Länder USA und Palästina bzw. (ab Mai 1948) Israel jedoch weiter schwierig gestaltete, mussten sie oft jahrelang in einer unsicheren Situation in dem Land ausharren, dem sie eigentlich schnellstens entfliehen wollten. Im besetzten Deutschland trafen sich alle. Die Lebenden und die Toten. Die Opfer und die Täter. Die Überlebenden und die Mitläufer.

Fast in jeder Familie gab es zivile oder militärische Vermisste. Die Zettel, die in den Großstädten an den Ruinen hingen, zeugten davon: Da teilte ein ehemaliger Bewohner mit, dass er das Bombardement, das das Haus zerstört hatte, überlebt hatte. Oder ein Heimkehrer, der statt seiner Wohnung nur noch einen Schuttberg vorfand, erkundigte sich nach dem Verbleib seiner Familie. Oder ein überlebender Bewohner des Hauses nannte die Notunterkunft, in die er ausgewichen war. Falls einer aus dem Krieg zurückkam und es wissen wollte.

Dann gab es Kriegsheimkehrer, die die Familien ihrer gefallenen Kameraden aufsuchten, um diesen von den letzten Stunden ihres Angehörigen zu berichten. Man möchte sich nicht vorstellen, welche Szenen sich da abspielten, wenn ein zerlumpter Fremder an der Tür stand und erklärte, er sei ein Freund des vermissten Vaters oder Sohnes der Familie. Wie mehrere Zeitzeugen berichten, versuchten besonders verzweifelte Heimkehrer, ein paar Tage Unterkunft und ein bisschen Verpflegung (vielleicht auch ein wenig menschliche Wärme) zu ergattern, indem sie der Familie eines Vermissten eine Gewissheit vorgaukelten, die es gar nicht gab. Aber diejenigen, die seit Monaten ohne Lebenszeichen waren, griffen nach jedem Strohhalm – und glaubten sogar, dass der Vermisste nicht gefallen war, sondern irgendwo in der Gefangenschaft festsaß, auch wenn alles dagegen sprach.

Die Kommunikation war völlig zusammengebrochen. Es wurde keine Post transportiert und Telefonverbindungen funktionierten nur in den seltensten Fällen. Mehr als 30 Millionen Deutsche befanden sich nach dem Krieg nicht an ihrem Wohnort. Aus den Städten waren in den Tagen der Bombardements zehn Millionen Deutsche evakuiert worden. Die befanden sich jetzt irgendwo auf dem Land. Sie konnten in den seltensten Fällen zurück in ihre Wohnungen, da es diese nicht mehr gab und viele Städte aufgrund der katastrophalen Unterbringungs- und Versorgungssituation jeglichen Zuzug von außen unterbanden, auch den Zuzug von Evakuierten. Aber die mussten die Notunterkünfte, in die sie von den Nazis geschleust worden waren, verlassen, da die Landbevölkerung sie für sich selbst und ihre heimkehrenden Söhne und Väter brauchte. Dort, wo sie waren, konnten sie nicht bleiben, dorthin, wo sie herkamen, konnten sie nicht zurück. 1947, also zwei Jahre nach Kriegsende, hatten vier Millionen Evakuierte noch nicht den Weg zurück zu ihren Familien gefunden.[19]

Elf Millionen Wehrmachtsangehörige befanden sich in Kriegsgefangenschaft. Während Briten und Amerikaner es sich leisten konnten, ihre Gefangenen gut zu versorgen – zumindest nachdem sie sich als Besatzungsmächte etabliert hatten, vorher gab es auch in ihren Lagern wie in den berüchtigten Rheinwiesen Hungertote –, waren die Kriegsschäden in Frankreich und in der Sowjetunion so massiv, dass diese beiden Länder ihre Kriegsgefangenen nicht gut behandelten. In den französischen Lagern änderte sich das ab 1946, so dass sich das Land von den Amerikanern sogar Hunderttausende deutscher Kriegsgefangener als »Leihgabe« erbitten konnte, um sie für sich arbeiten zu lassen. In der Sowjetunion, deren Bevölkerung seit dem Krieg katastrophenhafte Hungersnöte auszustehen hatte, war die Lage der deutschen Kriegsgefangenen sehr viel schwieriger. In den Lagern starb etwa eine Million deutscher Soldaten – an Mangelernährung, Kälte und an den extremen Arbeitsbedingungen.

Eins hin. Zwei im Sinn

»Tausende von Särgen hält die US-Armee bereit. Im Oktober beginnt die Heimholung der amerikanischen Gefallenen von den Kriegsschauplätzen Europas und des Fernen Ostens. Fünf Liberty-Schiffe werden mit ihrer ernsten Fracht den Atlantik, und

drei den Pazifik im Pendelbetrieb überqueren. Als erste werden
3000 Tote von Pearl Harbor und 6000 aus Belgien heimkehren.
Weniger Familien, als von der Gräberfürsorge erwartet wurde,
haben die Umbettung ihrer gefallenen Angehörigen beantragt. Ein
Drittel der betroffenen Familien wollen von der Ueberführung
Abstand nehmen.« (›Der Spiegel‹ 34/1947)

Zahlen über Zahlen. Die Nachkriegszeit versinkt im Zahlen-
meer. Wie vorher der Krieg. Zahlen mit vielen Nullen. Je höher
die Zahlen sind, desto unpersönlicher werden die Fakten. Am
Schluss bleibt nur noch reine Mathematik. Rein insofern, als es
kein Blut mehr in diesen Zahlen gibt, sie handeln nur noch von
Verhältnissen. Dennoch müssen wir uns diesen Zahlenkolonnen
stellen. Sie bringen die Wahrheit in den Wust der inkommensu-
rablen Erzählungen.

Zahlen machen das unfassbare Leid vieler Menschen zu Geschichte. Sie verbannen die Opfer in die Archive. Aber sie retten
auch die Fakten vor der Relativierung und der Verdrängung. Sie
konservieren das millionenfache Sterben. Deshalb sind Zahlen
wichtig. Ohne Zahlen werden die individuelle Schuld und das
individuelle Leiden zur Fiktion, sogar zum Genre. Zahlen beginnen zu leben, wenn sie erinnert werden. Und Erzählungen werden zu Anklagen, wenn sie gezählt werden.

Nach dem Krieg sind immer noch eine Million Schicksale von
Vermissten ungeklärt.[20] Im Jahr 2015 sagt eine hundertjährige
Frau in einem Altersheim im saarländischen Namborn jedes
Mal, wenn sie Besuchern vorgestellt wird: »Mein Mann ist ver-
misst. Immer noch.« Siebzig Jahre nach Kriegsende. Das ist
kurios. Aber es zeigt auch die Halbwertszeit der Verhältnisse hinter den glatten Zahlen. Eine Million deutsche Familien mussten
damit weiterleben, dass ihre Väter und Söhne und Brüder in
einem russischen Lager umgekommen sind. Eine Million Familien wussten oder wissen bis heute nicht, ob ihre Vermissten
noch am Leben sind, und wenn nicht, wo und wie sie gestorben
sind. Das hat ihr Leben über viele Jahre bestimmt, in weit größe-

ren Zeiträumen, als wir es uns ausmalen können. Wie man bei der Hundertjährigen aus dem Namborner Heim sieht.

Eins hin. Zwei im Sinn. So rechnen die Kinder in der Grundschule. Eine Zahl wird hingeschrieben, eine andere wird mitgedacht. Zwanzig Millionen Russen haben die deutschen Soldaten und Einsatztruppen während und nach der Operation Barbarossa, dem Überfall auf Sowjetrussland, umgebracht. Darunter viele Zivilisten. Frauen und Kinder. Zwanzig Millionen. Auch deren Familien konnten nicht mehr so weiterleben wie bisher. Das sind die Zahlen. Man kann diese Dimensionen nicht wirklich begreifen. Aber man begreift überhaupt nichts, wenn man nicht alle diese Zahlen kennt und im Sinn behält. Eins hin. Zwei im Sinn.

Von den rund 5,7 Millionen sowjetischen Kriegsgefangenen starben in deutscher Gefangenschaft 3,3 Millionen. Das sind mehr als die Hälfte.[21] Es waren Russen, an denen man im Herbst 1941 das neue Gas »Zyklon B« der Firma Degesch ausprobierte. 700 von ihnen kamen bei dem ersten Test in Auschwitz ums Leben. Drei Millionen deutsche Soldaten sind in diesem Krieg getötet worden und 15 Millionen alliierte Soldaten. Davon waren 13,5 Millionen Sowjetbürger. Bis in die achtziger Jahre lagen in der Zentralen Namenskartei des DRK-Suchdienstes in München noch 3,5 Millionen Unterlagen. 740 000 Anfragen konnten bis dahin nicht endgültig geklärt werden. Damals gingen noch jede Woche bis zu 2000 Briefe an Familien raus, die Nachrichten über den Verbleib ihrer Angehörigen enthielten.[22] Auch das ist die Nachkriegszeit, die Ludwig Erhard zwanzig Jahre früher gerne für beendet erklärt hätte.

Die, die den Kessel von Stalingrad überlebten, gingen in Gefangenschaft. Das waren 115 000 Soldaten der Hitlertruppen. Nur 6000 davon überlebten. Die Verluste der Gegenseite waren beträchtlich höher. »Schicksale aus Dörfern und Städten im Schwarzwald oder in Sachsen, die im Ural oder bei Kiew enden – und Schicksale von Bauern und Arbeitern aus dem Ural oder Kiew, die im Schwarzwald oder in Sachsen enden.«[23]: so beschrieb es der Journalist und Autor Henric L. Wuermeling.

Die meisten deutschen Kriegsgefangenen kehrten bis 1949 in

die Heimat zurück. Aber bis dahin fehlten sie als Männer (es gab einen eklatanten Frauenüberschuss, der die Nachkriegsgesellschaft bestimmte), als Väter und als Arbeitskräfte (der Arbeitskräftemangel war so immens, dass Kriegsheimkehrer wie der in Griechenland stationierte Großvater des Autors, der über ein Jahr durch Europa geirrt war, schon am Morgen nach seiner Rückkehr wieder auf der saarländischen Grube anfuhr).

Vor allem aber bangte man um sie. Ihr Schicksal prägte das Leben ihrer Angehörigen bis 1955, als Adenauer die letzten offiziellen Kriegsgefangenen aus der Sowjetunion heimholte, und noch lange darüber hinaus.

Wie Funktioniert eine Besatzungsregierung?

»Eine Million gesunde und kräftige Katzen will die amerikanische Vereinigung der Katzenfreunde nach Europa schicken. Sie sollen Ratten, die große Mengen Getreide und Lebensmittel verzehren, den Garaus machen. Der amerikanische Tierschutzverein äußerte Bedenken. Nach Ansicht seines Vizepräsidenten ist es sehr grausam, Katzen in Länder zu verschicken, in denen Tierfreunde ihren Lieblingen nicht genügend Futter geben können. Die Katzenfreunde bestehen weiter auf ihrem Plan und bemühen sich um ein Gutachten von Außenminister Marshall.«
(›Der Spiegel‹ 2/1948)

Nach Hitlers Tod war am 1. Mai 1945 Großadmiral Karl Dönitz an die Spitze der geschäftsführenden Reichsregierung und der Wehrmacht getreten. Nur drei Wochen später, am 23. Mai 1945, war der letzte deutsche Reichspräsident samt seiner geschäftsführenden Reichsregierung an einer Polizeikaserne in Flensburg verhaftet worden. Zwei Wochen nach der Verhaftung der Reichsregierung gaben die Oberbefehlshaber der alliierten Besatzungstruppen in Anbetracht der Niederlage Deutschlands eine Erklärung ab: die »Berliner Erklärung« vom 5. Juni 1945. US-General Eisenhower, der sowjetische Marschall Shukow, der britische Feldmarschall Montgomery und der französische General Lattre de Tassigny verkündeten dem deutschen Volk, dass sie die oberste Regierungsgewalt in Deutschland übernommen hatten. Diese Position beinhaltete alle Befugnisse einer deutschen Regierung, eines Oberkommandos über alle deutschen Truppen sowie alle Befugnisse der Länderregierungen, Verwaltungen und Behörden der Länder, Städte und Gemeinden. Die Generäle betonten allerdings, dass die Übernahme der gesamten staatlichen Gewalt nicht die Annektierung Deutschlands bedeute und damit »die deutschen Grenzen nach dem Stande vom 31. Dezember 1937 fortbestehen«. Eine Annektierung hingegen hätte eine endgültige Eingliederung des Landes durch die Siegermächte nach sich gezogen.

Es gab also im untergegangenen deutschen Reich keine andere Gewalt mehr als die der fremden Truppen, die Hitlerdeutschland besiegt hatten. Damit begann das Interregnum – eine vier Jahre andauernde Phase, in der es in Deutschland keine von den Bürgern gewählte inländische Macht gab, zumindest keine, die gesamtstaatliche Befugnisse innegehabt hätte. Außer der der Besatzungstruppen natürlich. Und die war betont provisorisch, unter vier Fahnen geteilt und auch noch uneins.

Die Erklärung der neuen Herren im Land regelte mittels 15 Artikeln die Entwaffnung und Gefangennahme aller deutschen Soldaten und gleichzeitig die Festsetzung der hohen Nazis. Die Oberbefehlshaber der Alliierten müssen selbst gespürt haben, dass sie für eine Allianz, die so viele Jahre lang und unter solch großen Opfern Hitlerdeutschland niedergerungen hatte, eine allzu diplomatische Regelung verkündet hatten. Eine Regelung, die vielleicht bei den Besiegten falsche Hoffnungen wecken könnte – nämlich die, dass man von einer Besatzungsmacht, die sich selbst als vorübergehend ansah, die sich in allen wichtigen Entscheidungen untereinander abstimmen musste und die jetzt schon beträchtliche Meinungsverschiedenheiten in wichtigen Punkten ihrer Herrschaft offenbart hatte, keinen allzu offensiven

Druck zu erwarten hatte. Vor allem aber keine strenge politische Struktur, der sich die Besiegten unbedingt anzupassen hatten.

Also verabschiedeten die hohen Generäle am selben Tag einen Nachsatz zu ihrer gewichtigen Erklärung der Machtübernahme. In dieser bürokratisch verdreht klingenden »Feststellung über das Kontrollverfahren in Deutschland« wurden die Pflöcke für das kommende Interregnum eingeschlagen. So hieß es nun lapidar, dass die oberste Gewalt im Land von den vier Befehlshabern auf Anweisung ihrer Regierung ausgeübt würde – eine eisern klingende Prämisse, die jedoch von den Generälen aus den demokratisch geführten Ländern nicht immer beherzigt werden sollte, meist zum Vorteil der Deutschen.

Weiter hieß es, dass jeder Befehlshaber in seiner Besatzungszone die alleinige Macht ausüben würde. Das ließ die Deutschen aufhorchen: Zwar gab es vier Siegermächte, die über ihr Land herrschten und sich zusammenraufen mussten, aber jede dieser Mächte übte in ihrer Zone vollständige Souveränität aus. Das hieß, dass man sich als Deutscher an die jeweilige Besatzungsmacht zu halten hatte und dass es keine andere Macht gab, die deren Befehle aufheben konnte. Das sollte auch so sein. Schließlich waren die Männer, die in Deutschland soeben die Macht übernommen hatten, Militärs und deshalb gewohnt, dass es klare Zuständigkeiten gab, die niemand horizontal infrage stellen durfte.

Die »Feststellung über das Kontrollverfahren in Deutschland« besagte außerdem, dass Angelegenheiten, die Deutschland als Ganzes betrafen, nur einvernehmlich unter den vier Mächten geregelt werden sollten. Immerhin: Es sollte also solche Angelegenheiten geben. Angelegenheiten, die Deutschland als Ganzes betrafen. Also eine gemeinsame Regierung, eine einheitliche Wirtschaftspolitik, vielleicht irgendwann sogar mal eine Vertretung nach außen, also eine neue Rolle in der Weltgemeinschaft. Das ließ hoffen. Doch gerade dieser Punkt führte später zu den schwersten Verwerfungen während des vierjährigen Interregnums.

Wie sich die Besatzer die nationale Instanz vorstellten, die alles regelte, was das Land als Ganzes betraf, machten sie den Deutschen schnell klar: Es sollte vorerst eine quasi-militärische Struktur auf alle anderen Glieder gesetzt werden. Das wundert nicht weiter: Schließlich war der Krieg erst seit einem Monat beendet, und das Militär trug die Verantwortung für alles, was geschah. So ist das eben in einem Land mit einer Militärregierung. Zivile Gremien haben allenfalls eine beratende Funktion. Die vier Oberbefehlshaber bildeten zusammen den Alliierten Kontrollrat. Dieser Kontrollrat war die eigentliche Regierung des zukünftigen Deutschland.

Der Kontrollrat war keine repräsentative oder konstitutive Einrichtung, in der über eine mögliche einheitliche Wirtschaft oder über eine mögliche einheitliche Außenpolitik nachgedacht werden sollte. Der Kontrollrat kontrollierte. Er kontrollierte das Treiben in den Besatzungszonen und sollte mit Nachdruck einheitliche Regelungen durchsetzen. Er sollte verhindern, dass höchste Anordnungen einer Zone höchsten Anordnungen einer anderen Zone zuwiderliefen. Oder dass sich die Zonenregierungen gegenseitig blockierten. Das war eine kluge Voraussicht. Leider sollte sich jedoch zeigen, dass gerade in für die Wirtschaft und für den Verkehr wichtigen Belangen diese Oberleitung sich nicht durchsetzen konnte. Oder sich nicht durchsetzen wollte.

Und noch eine gut gemeinte, demokratische Bedingung der Kontrollarbeit sollte ernsthafte Probleme schaffen und schließlich auch das Ende dieser höchsten Machtinstanz im besetzten Deutschland herbeiführen: Nach dem Willen der vier Siegermächte sollte der Alliierte Kontrollrat seine Entscheidungen einstimmig treffen. Das klang gut und funktionierte – solange die vier Mächte an einem Strang zogen. Da sich das relativ schnell änderte, blockierte sich in vielen wichtigen Fragen der Kontrollrat letzten Endes selbst.

Natürlich sollte der Kontrollrat auch regieren. Deshalb bekam er einen Koordinationsausschuss, der mit den Vertretern der vier Oberbefehlshaber besetzt war. Weit effektiver war jedoch der Kontrollstab mit seinen zwölf Abteilungen. Jede dieser Abteilungen hatte vier Leiter, die natürlich von den vier Mächten gestellt wurden. Parität war also in der obersten Machtebene bis ins letzte Glied gewährleistet. Das war den Alliierten wichtig, schließlich hatten alle vier große Opfer gebracht, wenn auch nicht im gleichen Maße.

Das wiederum – diese Ungleichheit der Leistungen – führte dazu, dass vor wichtigen Entscheidungen, die die Zukunft der Besatzung betrafen, also die Zukunft Deutschlands, immer wieder auf die Kriegssituation rekurriert wurde. Die verschiedenen Opponenten im Kontrollrat wollten mit diesem Abgleich der Voraussetzungen ihre Position in der zu entscheidenden Frage stärken. So behauptete die UdSSR gerne, ihr stünden weitergehende Rechte, großzügigere Reparationen – auch noch aus allen vier Zonen –, mehr Einfluss in den neuen politischen Gremien zu, da sie unter den Nazis nicht nur am meisten gelitten hatte, sondern ohne ihren Beitrag Hitler nicht hätte geschlagen werden können. Was nicht von der Hand zu weisen war.

Um diese Forderung zu untermauern, setzte der Kreml alles daran, den Anteil des Westens am Sieg über Deutschland zu schmälern. So wurde von Stalin oft genug darauf hingewiesen, dass er den Krieg gegen die Invasoren auf dem Kontinent lange Jahre hatte allein führen müssen, da die Amerikaner gezögert hatten, Truppen nach Europa zu schicken. Und als sie dann Hitlers Wehrmacht endlich an der Peripherie bekämpften, hätten sie lange gezögert, bis sie den entscheidenden Schritt auf das Festland getan hätten. Man muss sich vor Augen führen, dass die Rote Armee die wohl entscheidende Schlacht gegen Nazideutschland im Januar 1943 in Stalingrad allein und unter enormen Verlusten geschlagen hat. Von den mehr als 700 000 Toten (in manchen Quellen ist von einer Million Toten die Rede) waren etwa 20 Prozent Deutsche und mit Hitler Verbündete, die restlichen Opfer stammten aus der Sowjetunion. Allerdings versuchten die Russen auch, die enormen Lieferungen an Kriegsmaterial und an Lebensmitteln, mit denen die Westalliierten die Sowjetunion während ihres Kampfes unterstützten, unter den Tisch fallen zu lassen. Dabei war es unstrittig, dass Moskau bis 1945 25 000 Flugzeuge, 15 000 Panzer, 500 000 Autos und Motorräder, 2000 Lokomotiven, 11 000 Güterwaggons, 90 Schiffe, 105 U-Boot-Jäger, 200 Torpedoboote und 4,7 Millionen Tonnen Lebensmittel vom Westen (USA, Großbritannien, Kanada) erhalten hatte.[24]

Für die Deutschen hatten diese Auseinandersetzungen ganz unterschiedliche Folgen. Einerseits verstärkte sich der bittere Eindruck, dass diejenigen, mit denen man die nächsten Jahre auskommen musste, wenn es um den Aufbau des zerstörten Landes ging, darin wetteiferten, wer der deutschen Bevölkerung mehr Schaden zugefügt und wer durch deutsche Soldaten die meisten Toten zu beklagen hatte. Dieser Eindruck sorgte nicht unbedingt für ein vertrauensvolleres Verhältnis zwischen Besatzern und Besetzten. Andererseits nahm man sehr interessiert zur Kenntnis, dass die Kluft zwischen den Alliierten mit jeder politischen Frage, die die Zukunft Deutschlands betraf, tiefer wurde. Und dass die ehemaligen Verbündeten sich schon so weit voneinander entfremdet hatten, dass sie bei ihren Rivalitäten auch vor profanem *body count* nicht zurückschreckten. Das befeuerte die Taktiker unter den deutschen Politikern. Konrad Adenauer – der erfolgreichste unter ihnen – bezog diese Animositäten ganz bewusst in seine Überlegungen mit ein und profitierte mit jedem Konflikt mehr von seiner Vorgehensweise.

Eine besondere Regelung gab es für Berlin. Die Hauptstadt des ehemaligen Reiches sollte nach dem gleichen Muster regiert werden wie das übrige Land. An der Spitze war eine interalliierte Behörde vorgesehen. Die Alliierte Kommandantur bestand – wie fast alle Institutionen in der Besatzungszeit – aus den höchsten örtlichen Vertretern der Besatzungsmächte, also aus den vier Stadtkommandanten. Dieser interalliierten Behörde unterstand zwar alles, was Berlin betraf. Aber sie selbst war dem Alliierten Kontrollrat untergeordnet. Die Länder, die auf der Seite der Alliierten gegen Nazi-Deutschland gekämpft hatten, aber keinen Sitz im Kontrollrat hatten, konnten Militärmissionen als Vertreter ihrer Interessen in Berlin einrichten.

Die Grenzen der Besatzungszonen verliefen nicht dort, wo die jeweiligen Armeen zum Kriegsende gestanden hatten. So waren die Westalliierten weit über die Grenzen der neuen sowjetischen Besatzungszone nach Osten vorgedrungen, so dass die Amerikaner und Briten sich mit der Roten Armee an der Elbe trafen. Die Gebiete westlich des Flusses, die zur vereinbarten sowjetischen Besatzungszone gehörten, mussten die Westalliierten räumen. So zogen sie sich aus Teilen Mecklenburgs, aus Sachsen und Thüringen zurück. Dafür rückten dann Anfang Juli 1945 die Sowjets in Schwerin, Leipzig, Halle, Weimar und Erfurt ein – diese Städte waren von den Amerikanern bzw. Briten erobert worden. Die Menschen der Region, die den nachsichtigen Besatzungsstil der Amerikaner erlebt hatten, fürchteten sich vor dem Regiment der Roten Armee, deren unnachgiebiges und teilweise schikanöses Verhalten sich bis weit in den Westen herumgesprochen hatte. Westberlin wurde also aus dem sowjetischen Machtbereich ausgegliedert und gegen Halle, Schwerin, Leipzig, Erfurt und Weimar eingetauscht. Die drei Westmächte durften sich nach dieser Rochade den Westteil der Stadt untereinander aufteilen.

Die unklare Perspektive des Umgangs mit Deutschland sorgte weiter für Verstimmung unter den Siegermächten. Wozu das rigorose Vorgehen der Sowjets in Österreich und den Balkanstaaten, wo diese ihren Einfluss viel konsequenter als in Deutschland erweiterten, seinen Teil beitrug. Besonders verärgert zeigte sich der US-Außenminister Byrnes aber darüber, dass die Sowjets die Gebiete östlich von Oder und Neiße, die zu ihrer Besatzungszone gehörten, ohne Rücksprache mit den anderen Siegermächten den Polen zur Verwaltung übergeben hatten. Damit hatte Moskau Tatsachen geschaffen, die kaum noch rückgängig zu machen waren: Das hätte dann auf Kosten der Polen geschehen müssen, was keine der westlichen Siegermächte wollte.

Als Truman und Churchill sich wegen dieser Eigenmächtigkeit bei den Sowjets beschwerten, bekamen sie die Erklärung zu hören, die Deutschen, die vormals diese Gebiete bewohnt hatten, hätten sie auf der Flucht vor der Roten Armee freiwillig geräumt. Insofern habe sich eine Übergabe an die Polen zwangsläufig ergeben.[25] Die Amerikaner wussten, dass das nicht stimmte. In der Region östlich von Oder und Neiße hielten sich nach ihren Erkenntnissen noch zwei Millionen Deutsche auf. Selbst der polnische Präsident Bolesław Bierut gestand in Potsdam ein, dass es noch etwa 1,5 Millionen sein könnten. In Wirklichkeit waren es wohl fünf Millionen.[26]

ROTER STERN ÜBER POTSDAM

>»Der Chor der russischen Besatzungsarmee sang auf einer Gedächtnisfeier für Präsident Roosevelt im Berliner ›Titania‹-Palast, die unter dem Patronat der amerikanischen Kriegsveteranen-Vereinigung stattfand. Der ehemalige Kongreßabgeordnete Charles La Follette forderte den Zusammenschluß aller Menschen im Geiste eines neuen Weltbürgertums. Franklin Delano Roosevelt starb am 12. April 1945.« (›Der Spiegel‹ 16/1947)

Die Unstimmigkeiten sollten auf einer weiteren Konferenz ausgeräumt werden. Diesmal trafen sich die drei Regierungschefs in der Mitte des alten Reiches. Dort, wo der angeblich unselige preußische Geist am stärksten zu spüren gewesen war: in Potsdam. In dem 1916 errichteten malerischen Schloss Cecilienhof am Jungfernsee kamen vom 17. Juli bis zum 2. August 1945 der neue US-Präsident Harry S. Truman, Nachfolger des verstorbenen Roosevelt, mit seinem Außenminister James F. Byrnes, Stalin mit Außenminister Molotow und der britische Premierminister Churchill mit seinem Minister Anthony Eden zusammen.

Der Kronprinz Wilhelm von Preußen, Sohn des letzten deutschen Kaisers, hatte das im englischen Stil erbaute Landschloss seiner Frau Cecilie geschenkt. Es war abgelegen, unzerstört, wohnlich und verfügte über eine funktionierende Beleuchtung. Das Schloss lag in der sowjetischen Zone. Daran erinnerte der riesige rote Stern aus Geranien und Rosen im Innenhof, den Marschall Sokolowski hatte anpflanzen lassen. Kaum jemand in Deutschland wusste, dass sich drei Delegationen der Besatzungsmächte an der Havel trafen.

Potsdam war die letzte der großen Kriegskonferenzen. Die drei Alliierten wollten sich selbst beweisen, dass sie trotz gewisser Reibereien gemeinsam handeln konnten. Die Konferenz erfüllte diesen Zweck jedoch nicht: Anstatt dass die unterschiedlichen Interessen und Strategien harmonisiert worden wären, trat das gegenseitige Misstrauen nur noch krasser zutage. Churchill stritt sich offen mit Stalin, während Truman, der die Leitung übernommen hatte, vergeblich versuchte, gemeinsame Leitlinien herauszuschälen.

Da der britische Premier am 25. Juli wegen der Unterhauswahlen in London abreisen musste und entgegen seiner Erwartung danach durch den Labour-Chef Clement R. Attlee abgelöst wurde, konnten sich Stalin und Molotow leichter durchsetzen: Sie gaben sich als einzig berufene Interpreten der vorausgegangenen Verabredungen mit dem am 12. April 1945 verstorbenen Roosevelt.[27]

Die Franzosen durften wieder nicht dabei sein. Diesmal hatten die Amerikaner dafür gesorgt, dass Frankreich unter seinem forschen provisorischen Regierungschef de Gaulle noch eine Weile schmoren musste. Aus Rache dafür, dass dieser seine Hilfstruppen von Paris aus angefeuert hatte, sich mit der US-Army in Süddeutschland ein bisweilen blutiges Wettrennen um Eroberungen zu liefern. Churchill hatte zwei Wochen zuvor deutliches Grummeln gegen den bereitwilligen Rückzug des Westens vernehmen lassen. Zum ersten Mal war der Begriff »Eiserner Vorhang« gefallen: Churchill warnte davor, dass dieser Vorhang sich »zwischen uns und dem Osten« zu senken drohte.[28]

Es gab keinen Friedensvertrag zwischen den Siegermächten und Deutschland. Hitler war tot, und ein neuer Staatchef, den die Alliierten als Vertragspartner anerkannt hätten, war nicht in Sicht. In Potsdam erklärten die Westmächte deshalb, dass die umstrittene polnisch-deutsche Grenze erst nach einem Friedensvertrag festgelegt werden könnte. Dabei war jedoch allen klar, dass an dieser Grenze nicht mehr zu rütteln war. Das hätte bedeutet, dass die Richtung der Vertreibung von den Siegern umgekehrt worden wäre. Nicht mehr von Ost nach West, sondern von West nach Ost. Die Polen hätten den Deutschen wieder Platz machen müssen. Dennoch taten die Westmächte so, als sei diese Option noch offen und könnte nach einer Normalisierung des Verhältnisses zwischen einer künftigen deutschen und der polnischen Regierung geklärt werden. Der Grund für diese widersprüchliche Position: In London und Washington sah man durchaus, was es für die Zukunft eines neuen Deutschlands hieß, ohne die Gebiete im Osten leben zu müssen. Dem größten Land in Europa fehlte es bei den herrschenden Produktionsbedingungen an genügend landwirtschaftlichen Flächen, um seine Menschen ernähren zu können.

Churchill warnte in Schloss Cecilienhof vor einer Hungerkatastrophe, die Millionen Opfer fordern könnte. US-Präsident Truman argumentierte anders: Ohne das schlesische Industrierevier würde das besetzte Deutschland nicht in der Lage sein, die Reparationen aufzubringen, die ihm als Wiedergutmachung der Kriegsschäden auferlegt worden waren. Diese Argumentation sollte das Eigeninteresse der Sowjets wecken, denen nach der alliierten Übereinkunft von Jalta die Hälfte der zwanzig Milliarden Dollar Reparationen zukommen sollte, also zehn Milliarden. Doch das war nur ein vorgeschobenes Argument. In Wirklichkeit verfolgten die Amerikaner ein anderes Ziel. Es ging ihnen nicht so sehr darum, die alliierten Partner in Unsicherheit darüber zu stürzen, ob sie die erwarteten Entschädigungszahlungen auch erhalten würden, damit die Sowjets ihre geopolitischen Forderungen zurückschraubten. Hinter allem stand ein grundsätzlicher Gedanke. Ein Gedanke, der zentral werden sollte für alle zukünftigen Auseinandersetzungen der Besatzer über ihre Politik gegenüber den Besiegten: Allzu großer Druck (etwa durch eine obstruktive Teilung) behinderte eine demokratische Entwicklung im Herzen Europas. So sollte nach Meinung Trumans, wenn es um die Höhe der zu leistenden Reparationen ging, mit Maß gehandelt werden.

Wieder schien eine changierende Meinungsfront unter den

Alliierten auf, die sich in den nächsten vier Jahren mal stärker, mal schwächer offenbaren sollte und den Grundkonsens unter den Vieren betraf: Auf der einen Seite standen diejenigen, denen unter den Nazis fast die Luft abgeschnürt worden war und die im Krieg bis über die Grenzen ihrer Leistungsfähigkeit hatten gehen müssen. Das waren die Russen, aber auch die Franzosen. Sie forderten eine Entschädigung für ihre Opfer und Bestrafung der Deutschen. Dafür waren sie zu Maximalforderungen bereit. Auf der anderen Seite standen die Kräfte, die als nicht besetzte Kombattanten weniger gelitten hatten und deshalb auch einen weniger von Rache und Trauer getrübten Blick auf Europa werfen konnten.

So sahen die Amerikaner und die Briten die Gefahren einer Überlastung des Besiegten. Sie sahen auch, dass selbst die Rache ihre Grenzen hatte. Politische und moralische Grenzen. Politisch waren sie da, wo dem Rächenden mehr Nachteile als Vorteile entstanden. Moralisch, wo ein demokratisches Volk die hohe Strafe aus humanitären Gründen nicht mehr billigen konnte, selbst wenn sie verhältnismäßig war (und das wäre fast jede Strafe angesichts des Nazi- und Wehrmachtsterrors gewesen).

In Potsdam haben sich die Hardliner durchgesetzt. Weil der Krieg in Europa erst knapp zehn Wochen vorbei war und weil sie (siehe Polen) die besseren Argumente und vorher Fakten geschaffen hatten. So mussten die Briten und die Amerikaner hinnehmen, dass der Kontrollrat eben nicht über Breslau und Stettin herrschen würde, ja dass das ehemals deutsche Gebiet östlich der Neiße dem Einfluss der Westalliierten endgültig entzogen wurde. Dieser ehemalige Teil Deutschlands gehörte nun zu Polen. Stalin hatte zugestanden, dass die Deutschen, die noch in diesen Regionen lebten und »weg mussten«, in »ordnungsgemäßer und humaner Form« überführt werden sollten.

Der Umgang mit Deutschland ergab sich aus dem Problem mit Polen, das eigentlich ein Problem mit Stalin war: Wenn Stalin, um Polen zufriedenzustellen, dessen Grenze nach Westen verschob und das Land zu einem kommunistischen Satellitenstaat machte (was er durch die Bevorzugung des Lubliner Komitees vor der Londoner Exilregierung getan hatte), dann brauchte der Westen einen Sicherheitskordon gegen den sich formierenden Ostblock. Das aber konnte kein Deutschland sein, das in möglichst viele Teilstaaten zerschlagen worden war. Insofern stimmte Churchill in Potsdam mit Stalin für ein Deutschland, das nicht zerstückelt werden würde. Wobei die Zonengrenzen von allen Beteiligten als vorübergehende Hilfslinien zur Klärung der Kompetenzen der Siegermächte angesehen wurden, nicht als zukünftige Staatsgrenzen. Truman, der mit Churchills alter Idee von der Donauföderation von Karlsruhe bis Budapest angereist war, gab diese Phantasterei bereitwillig auf.

Die Grenzen der Zonen galten als ausgemacht. Churchill hatte kurzzeitig geglaubt, er könnte den US-Präsidenten dazu bringen, seine Truppen nicht aus der sowjetisch zu besetzenden Zone zurückzuziehen und so die Russen vorzeitig zu stoppen. Aber der amtierende US-Präsident Truman hielt sich eisern an die Abmachungen, die sein Vorgänger Roosevelt unterschrieben hatte. Dabei war der Vorschlag, den Russen den Osten als Zone zu überantworten, von den Briten gekommen – als Anerkennung für deren Opfer. Es hatte allgemein Erstaunen hervorgerufen, dass Stalin sich damit wirklich zufriedengegeben hatte. Immerhin setzte dieser noch durch, dass der französische Anteil aus der britischen und amerikanischen Zone genommen wurde und die SBZ davon nicht betroffen war. Das nahm der Westen hin.[29]

Das sogenannte Potsdamer Abkommen vom 2.8.1945 sprach eine deutliche Sprache: »Das deutsche Volk fängt an, die furchtbaren Verbrechen zu büßen, die unter der Leitung derer, welche es zur Zeit ihrer Erfolge so offen gebilligt hat und denen es blind gehorcht hat, begangen wurden.« Das war die Basis der Besatzungspolitik drei Monate nach Ende des großen Krieges. Die Deutschen würden die Verbrechen büßen, die in ihrem Namen und mit ihrer Billigung begangen worden waren. Dieses harte Verdikt sollte ebenso wie alles andere, was in Potsdam beschlossen worden war, so lange gelten, bis es einen Friedensvertrag mit Deutschland gab. Danach würden die Karten neu gemischt werden.

Einen Friedensvertrag mit Deutschland aber sollte es erst geben, wenn es in Deutschland auch einen Partner gab, der mit den Alliierten verhandeln oder zumindest den Vertrag unterzeichnen konnte. Also eine gewählte deutsche Regierung. Dazu hieß es im Potsdamer Abkommen: »Bis auf weiteres wird keine zentrale deutsche Regierung errichtet werden.«[30] Was es also gab, war eine voraussichtlich lange währende Zeit ohne deutsche Regierung. In dieser Zeit galt der Kernsatz von Potsdam: Das deutsche Volk sollte zu büßen beginnen.

WARUM ERSCHIESST SIE KEINER?

»›Fünfzig Prozent der Schleswig-Holsteiner Bevölkerung gehen einem langsamen Hungertod entgegen.‹ Vizeluftmarschall Champion de Crepigny, Gouverneur Schleswig-Holsteins: gegenüber Vertretern der amerikanischen Agentur United Press.«
(›Der Spiegel‹ 27/1947)

Bei Kriegsende wussten die Menschen nicht mehr, was sie glauben sollten. Die Meldungen widersprachen sich. Immer abstrusere Durchhaltepropaganda und wüste Drohungen der zurückweichenden Obernazis und Schreckensmeldungen von den angeblichen Gräueln der Mächte, die sich anschickten, das Land zu besetzen, wechselten sich ab. Am 6. Mai, nur zwei Tage vor Kriegsende, hieß es in Süddeutschland, die Wehrmacht habe vor Eisenhower kapituliert, kämpfe aber gegen Russland weiter.[31] Dann war die Rede davon, die Amerikaner hätten an die Sowjets ein Ultimatum gestellt: Sie sollten Ostdeutschland sofort räumen.[32]

Was hatte das zu bedeuten? Dass der Krieg seine Richtung änderte und in einer möglichen neuen Koalition noch Jahre fortgesetzt wurde? Oder dass ein Ende unmittelbar bevorstand – aber nicht als Niederlage, sondern als Verhandlungssieg? Diese

Gerüchte mobilisierten die Fantasie der ausgebrannten Menschen. Sie begannen wieder zu hoffen – sogar auf eine diffuse Erlösung durch die überlebenden Nazi-Paladine.

Doch die Realität sah anders aus. München war durch letzte Luftangriffe vor der Kapitulation noch erheblich zerstört worden – wie viele deutsche Städte kurz vor dem Ende, also ohne zwingenden militärischen Grund. Die Alliierten wollten den psychologischen Druck verstärken und ihre Kontrahenten bei den Kapitulationsverhandlungen mürbe machen. Die Menschen, die diesen überflüssigen Bombenterror ertragen mussten, vergaßen das den Siegermächten nicht. Es war eine Hypothek, die sie in die Besatzungszeit mitnahmen.

Im Mai wurde bereits überall an der Befreiung der Straßen vom Schutt gearbeitet. Aber dort, wo die Trümmer zur Seite geschafft werden konnten – selten mit Baggern, meistens durch Handarbeit – trat das Ausmaß der Zerstörung des Wohnraumes erst richtig zutage. Alfred Döblin, der als französischer Offizier den Südwesten bereiste, notierte: »Soweit ich herumkam, habe ich bis zur ersten Hälfte des Jahres 1946 keinerlei nennenswerten Aufbau gesehen. Die Häuserskelette warten noch auf die Niederlegung und überall starren die Kulissen-Straßen.«[33]

In den großen Städten türmten sich haushohe Geröllberge. Ab und an schien ein Haus wie durch einen Zauber unversehrt geblieben zu sein. Beim Nähertreten stellte man jedoch fest, dass nur freistehende Fassaden zu sehen waren. Der jüdische Romanist Victor Klemperer beschreibt in seinen Tagebüchern einen Gang durch München: »… aber die einzelnen Stockwerke, die einzelnen Zimmer mit ihren verschiedenartigen Tapeten sind noch da, irgendwo ist ein Waschbecken erhalten, schwebt ein Tisch, steht ein Ofen, Häuser, die innen ausgebrannt sind. (…) Aber den furchtbarsten Eindruck erhielt ich am Sonnabend nachmittag, als wir jenseits (westlich) der Bahnstrecke von Laim kommend die Erzgießereistraße anstrebten. Längs der Strecke liegen (oder lagen) große Gebäude des Zolls, des Eisenbahnverkehrs etc. Hier ist alles zerstört, die ungeheuren Schuttmassen versperren den Weg, und die brüchigen Ruinen und die schwebenden und phantastisch hängenden Balken, Betonklötze, Blechdächer drohen bei jedem Windstoß zu stürzen. Vor uns und gegenüber, im Norden und Osten, war blaugrauer Gewitterhimmel, gegen den grauweißlich das Ruinenbild der Stadt stand. Ein heftiger Gewitterregen brach los, alles war in Staub gehüllt, alles nahm eine fahle Farbe an, alles drohte. Das gab wahrhaftig einigermaßen die Vorstellung eines anbrechenden Jüngsten Gerichtes. Und durch den Staub, den Schutt, das Lärmen des Sturms rasten immerfort die Cars der Amerikaner: Ihr Rasen brachte erst die entscheidende Kulmination des Höllenbildes; sie sind die Engel des Gerichts oder die Zentauren am Blutstrom oder etwas derartiges; und sie sind die frohlockenden und vergnügten Sieger und Herren. Sie fahren eilig und nonchalant, und die Deutschen trotten demütig zu Fuß; sie spucken überall die Fülle ihrer Zigarettenstummel, und die Deutschen sammeln die Stummel auf. (…) Merkwürdiger Konflikt in mir: ich freue mich der Rache Gottes an den Henkersknechten des 3. Reiches (…) und ich empfinde es doch als grausam, wie nun die Sieger und Rächer durch die von ihnen so höllisch zugerichtete Stadt jagen.«[34]

Die Amerikaner wirkten wie Außerirdische auf die Deutschen. Die Wehrmacht war all die Jahre in feldgrauer Uniform präsent gewesen, preußisch korrekt gekleidet zuerst, danach mehr und mehr in einem vernachlässigten Feldhabitat. Die GIs jedoch erschienen, wenn sie nicht mit Stahlhelmen und Ballonseide-Anoraks auf Panzern saßen, vielen wie Pioniere, also gar nicht gefechtsmäßig, eher wie Cowboys beim Ausgang. Klemperer, dessen seit 1995 unter dem Titel ›Ich will Zeugnis ablegen bis zum letzten (1933–1945)‹ herausgegebene Tagebücher die Zeit des Nationalsozialismus eindrücklich schildern, beschreibt sie so: »Sie tragen keine Uniformen, sondern Monteuranzüge, Overalls oder Overallähnliche Kombinationen aus hochreichender Hose und Bluse in graugrüner Farbe, sie tragen kein Seitengewehr, nur eine kurze Flinte oder einen langen, griffbereiten Revolver, der Stahlhelm sitzt ihnen bequem wie ein Zivilhut auf dem Kopf, nach vorne oder hinten gerückt, wie es ihnen paßt.«[35]

Das amerikanische Militär hatte einen langen Weg hinter sich.

Vom äußersten Westen des Kontinents, an dem es unter großem Blutzoll die Strände überwunden und die Klippen erklommen hatte, quer durch das besetzte Frankreich und durch das zerstörte Deutschland. Dennoch wirkten die Amerikaner nicht angestrengt oder ausgelaugt. Ihr Geheimnis war ein nonchalanter Gebrauch der Technik. Sie taten keinen Schritt, den sie vermeiden konnten, sie leisteten keinen Handgriff, den nicht eine Maschine besser konnte. Klemperer schreibt: »Marschieren habe ich noch nicht die kleinste Gruppe sehen: alle fahren (…). Auch der Verkehrs-schutzmann hat nicht die straffe Haltung und Bewegung des Deutschen. Er raucht im Dienst, er bewegt den ganzen Körper, wenn er mit schwungvollen Armbewegungen die Wagen dirigiert, er erinnert mich an Filmaufnahmen von Boxkämpfern, vielmehr von Schiedsrichtern, die um die Kämpfenden kreisen, sie trennen, auszählen …«[36]

Doch diese lässigen Besatzer waren weit weg von dem, was die Deutschen beschäftigte. Sie zeigten sich oft teilnahmslos und taten fast so, als seien die Menschen, die ihnen begegneten, auch schon Trümmer. Sie bewegten sich in einer toten Stadt. »… aber die Müdigkeit und völlige Zerschlagenheit geht für uns von München aus. Dieser Albdruck aus Vernichtung, Staub, rasenden Cars der Amerikaner, aus Mangel an allem und vor allem aus absoluter Ungewißheit, Unzuverlässigkeit, Qualligkeit – dieser im buchstäblichen und metaphorischen Sinn fürchterliche Gallert aus Schutt, Geröll und Staub.«[37]

Das war der Eindruck aller großen Städte. Doch diejenigen, die aus diesen Staubhöllen flohen, erwartete auf dem Land kaum anderes. Zumindest da, wo Verkehrsadern vorbeiliefen und wo um Stellungen gekämpft worden war. Klemperers Momentauf-nahme aus der Nähe von Dietersheim bei Garching: »Oft sah man Kampfreste, und das gilt mehr oder minder für die ganze Strecke München–Dresden: verbogene, ausgebrannte, irgendwie gescheiterte Automobile, Panzer, MGs. Lagerfeuerasche, zer-streute Munition, zersplitterte Bäume, halb und ganz zerstörte Gehöfte, tiefe Furchen oder Wegbruch eines Teils der Straßen-decke; überall (…) ist großes Leben auf der Landstraße. Die Amerikaner fahren und fahren, in welcher Fülle und verschwenderischen Üppigkeit, das wird mir erst am Gegensatz der Russenzone ganz deutlich werden: zu ihren Militär- und Materialtransporten kommen die Camions, in denen ausländische Arbeiter und deutsche Soldaten fortgeschafft werden.«

Dieses tote Land wurde überschwemmt. Überschwemmt von Soldaten, deren Einheiten sich aufgelöst hatten, aber auch von ehemaligen Insassen der Konzentrationslager und Gefängnisse der Nazis. Vor allem aber von Vertriebenen, die in täglich wachsender Zahl aus dem von der Roten Armee besetzten Osten Europas nach Deutschland strömten. Die zerbombten Straßen und kleinen Gemeinden füllten sich mit kraftlosen, zerlumpten Menschen auf der Flucht. Auf der Flucht vor marodierenden SS-Verbänden, vor den Greiftrupps der Besatzer, aber meistens auf der Flucht vor dem Hunger und dem Elend eines Daseins ohne Unterschlupf und ohne Sicherheit.

Mit den Soldaten waren Wehrmachtshelferinnen auf dem Weg nach Hause oder dahin, wo sie noch ihr Zuhause vermuteten. Kleine Gruppen hatten ihr Hab und Gut zusammengeworfen und auf Handwagen geladen, die sie über Stock und Stein mit sich führten. Unter diese oft orientierungslosen Gruppen mischten sich Häftlinge in den weiß-blauen Leinenanzügen der KZs und Nazigefängnisse. Einige davon berichteten Klemperer von den Grausamkeiten, die in diesen schlimmsten Kammern des Nazireiches noch kurz vor dem Untergang geschahen: »Täglich ›abgehackte Köpfe‹. Später Hungersterben. Absicht, alle hinzumachen … wenn die Amerikaner nur eine kleine Weile später kamen, dann wären wir alle hin.«

Alle Umherirrenden wussten: Um 21 Uhr mussten sie einen Unterschlupf gefunden haben oder sich irgendwo in Erdlöchern oder Hecken verstecken. Dann war Sperrstunde, und selbst die sonst lässigen Amis schossen scharf. Die wütenden Franzosen, die es auch schon vereinzelt bis München geschafft hatten und sich bei Stuttgart wahre Wettrennen mit den GIs lieferten, sowieso. Sie mussten den Amerikanern, mit denen sie im Clinch um die eroberten Terrains lagen, beweisen, wie ernst sie es meinten.

Die Amerikaner beschlagnahmten Hotels für ihre eigenen Leute. Unterkünfte für die *displaced persons*, also für die aus den Lagern und sonstigen Zwangseinrichtungen entkommenen Opfer der Nazis, wurden nur in seltenen Fällen zur Verfügung gestellt. Selbst Juden, die sich nach ihrer Befreiung nun auf Wanderschaft befanden, wurden überall, wo sie unterschlüpfen wollten, weggeschickt. Erst wenn die Reisenden weit genug von den Städten entfernt waren, besserten sich die Verhältnisse etwas. Es gab ab und an eine kleine Mahlzeit, und die Zerstörungen waren nicht mehr ganz so schlimm. Dennoch: An vielen Orten lachte man die Hungrigen sogar aus, wenn sie Lebensmittelmarken einlösen wollten, die es ja immer noch und noch sehr lange gab. Und das Geld, das manche vor ihrer Flucht schnell eingesteckt hatten, erwies sich als wertlos. Klemperer dazu: »Am Anfang hat mich das sehr erregt, nachher stumpfte ich dagegen ab: An zweitweises Hungern und an Betteln gewöhnte ich mich, und richtiges Verhungern war eben eine Todeschance unter den vielen Todeschancen der letzten Monate, und schließlich nur eine sehr kleine, denn schließlich stieß man ja vorderhand noch auf Verpflegungseinrichtungen für Militärheimkehrer und Flüchtlinge ...«[38]

Trotzdem: Die Fortbewegung blieb beschwerlich, meistens mussten die ausgebrannten und schwachen Menschen zu Fuß laufen. Ab und an nahm sie mal ein Trecker mit. Züge fuhren selten und nicht nach Fahrplan. Zeitzeugin Menta Terwey aus dem Hunsrück, die in Freiburg studierte: »Wir sind von Freiburg mit der Bahn nach Hause gefahren, um uns wieder mal satt essen zu können. Das war ein Abenteuer. Da mussten wir in Bruchsal auf dem Bahnhof übernachten. Auf dem offenen Bahnhof. Die Dächer waren kaputt, da lag man auf so einem Steinboden. Ich hatte immer einen Strick bei mir, damit habe ich meinen Koffer an den Fuß angebunden. Das war eine lange Reise.«[39] Wenn Züge fuhren, waren sie meistens überfüllt und hielten lange auf freier Strecke. Zwar waren überall Militärfahrzeuge unterwegs, aber die Besatzungstruppen durften keine Deutschen transportieren, wenn sie nicht dienstlich dazu angehalten waren – also wenn sie

Militärheimkehrer in die Lager bringen mussten oder festgesetzte Nazis zu den Schnellgerichten.

Auf seiner wochenlangen Reise durch Süddeutschland bekam Klemperer ein dichtes Bild der Lebenssituation zum Beginn der Besatzungszeit. Trotz des fortwährenden Hungers und seiner Gebrechen – er war immerhin schon 64 Jahre alt, herzkrank und durch die Jahre unter den Nazis angeschlagen – blieb Victor Klemperer ein hellwacher Beobachter. Er verbrachte jede Nacht in einem anderen Stall oder in einer anderen Stube und nahm schnell Kontakt zu den Menschen auf, die er auf unaufdringliche Art ausfragte. Jedenfalls antworteten sie ihm gerne. Und er notierte, dass in Bayern auf das »Dritte Reich« sehr geschimpft wurde – jedoch nicht wie von jemandem, der einen Irrweg hinter sich und dabei auf die eine oder andere Art Schuld auf sich geladen hatte, sondern eher wie von leichtgläubigen Opfern, die auf einen windigen Betrüger »hereingefallen« waren.

Das hieß aber noch lange nicht, dass diese Gelackmeierten sich nun auf die Besatzer einließen, die sie ja von dem »Betrüger« aus Österreich erlöst hatten: »… von den Amerikanern aber auch nichts Gutes gesagt wurde, sie plünderten zuviel, hieß es wiederholt.« Die GIs waren eigentlich mit Lebensmitteln versorgt. Aber sie handelten mit Uhren und Schmuck (auch im Osten unter den Russen wird die Armbanduhr die begehrteste Beute: Sie ist handlich, man kann damit renommieren und sie gegen fast alles eintauschen). Manche besonders Eifrige hatten »den ganzen Arm mit Uhren bebändert«. Als sich ein paar Mutige deswegen bei den »Befreiern« beschwerten, bekamen sie nach zwölf Jahren Propaganda zum ersten Mal die klare Sprache der Geschichte zu hören: »Ihr lebt hier noch wie im Paradiese, verglichen mit dem, was unsere Verbündeten in Rußland und Frankreich von euren Soldaten auszustehen hatten.«[40]

Immerhin: Die US-Truppen zogen eine Spur ihres relativen Wohlstandes hinter sich her. Für die »Feinde« fiel immer mal etwas ab. Deshalb blieben die nach Hause Irrenden auf den Hauptstraßen, auch wenn auf den Nebenstraßen eigentlich eher mal ein Fuhrwerk hielt und sie ein Stück mitnehmen konnte. Aber auf den Hauptstraßen rasten die Amerikaner mit ihren »Cars«: »… die üppigen Amerikaner rauchen wie die Schlote und werfen oft halbe Zigaretten weg. Die Russen sind weniger reich, rauchen Mundstückzigaretten und werfen nur das Mundstück fort.«[41]

Der Autor Stefan Heym, jüdischer Emigrant aus Chemnitz, kehrte 1944 als Sergeant der US-Army in seine Heimat zurück. Er gehörte zur Crew um den österreichischen Journalisten und Schriftsteller Hans Habe, die für die Feind-Propaganda und später für den Aufbau der deutschen Presselandschaft abkommandiert war. In Luxemburg, wo Heym mit seiner Presseeinheit stationiert war, erhielt er den ersten Army-Bericht eines Augenzeugen von der Befreiung des Konzentrationslagers Bergen-Belsen: »35 000 Tote im Lager; wo immer man hinblickte, Tote, verhungert, zu Tode geschunden, erschossen. Das Sonderbarste, so erzählte der Mann, war, daß die SS tatsächlich erwartete, sie würde auch weiter die Gefangenen bewachen dürfen, nur jetzt unter amerikanischer Regie; man habe sie enttäuschen müssen, die Herren hoben nun die Gräber aus und Bagger schoben die Leichen, Skeletten ähnlich, in die Gruben.«[42]

Was schockierte die Offiziere, die die nächsten Jahre Deutschlands Geschicke lenken sollen, mehr: die bis auf die Knochen abgemagerten Kadaver der Opfer, die aus Angst vor Seuchen mit Baggern unter die Erde gebracht werden mussten, oder die Einsicht, dass die Täter ernsthaft glaubten, sie hätten das Richtige getan und könnten damit auch unter den Besatzern fortfahren?

Beides wirkte sich auf ihre Haltung den Deutschen gegenüber aus: Sie hatten es nicht nur mit Bestien zu tun, sondern auch mit Bestien, die sich mit ihnen gemein machen wollten. Dagegen halfen nur eiskalte Distanz und Strenge. Zumindest anfangs. Da galt ein Fraternisierungsverbot, das sogar den Umgang mit Kindern einschließen sollte – dieser Aspekt wurde jedoch schnell zurückgenommen. Als entsprungene Nazis auf ihrem Rücktransport durch Luxemburg am Bahnhof in Busse verladen wurden, entfuhr es einem US-Soldaten, der sie bewachen sollte: »Das sind die Kerle also, die an allem schuld sind; warum erschießt sie keiner?« Eigentlich war es erstaunlich, dass sich diese unmittelbare

Reaktion nicht oder nur sehr selten in der Besatzungspolitik niederschlug.

Stefan Heym machte sich von Luxemburg aus mit einem Army-Fahrer auf den Weg in den Osten – über die durchlöcherte Autobahn, an zerstörten Brücken vorbei, über Flüsse, die nur durch Pontons zu überqueren waren. Auf den Autobahnen fuhren nur US-Fahrzeuge, die deutschen Kleinlaster mit den typischen Holzvergaservorrichtungen auf der Ladefläche waren hier so gut wie nie zu sehen. Dafür waren viele Wanderer auf den vier Spuren unterwegs – das Benutzen der Autobahnen war ihnen erlaubt.[43]

Kassel war so kaputt, dass Heym ein seltsamer Gedanke durch den Kopf schoss: »… wäre es nicht praktischer, den Krempel, wie er ist, einfach stehen und liegen zu lassen und irgendwo nebenan ein neues Kassel hinzustellen?« Doch der Stadtarchitekt belehrte ihn: »… unter der Erde ist ja alles noch da, Kanalisation, Wasserleitungen, Kabel.«[44] Eine Metapher für das besiegte Land, dessen Zivilisation in Resten unterirdisch erhalten geblieben war. In Essen stieg Heym in einen Keller unter Schuttbergen hinab, dort befand sich die Druckerei der Ruhrzeitung unzerstört und konnte schon wieder arbeiten. Oberirdisch sah man die zerstörte Zivilisation. Doch unter der Erde gab es funktionierende Strukturen, dort hatte ein Teil des Landes den Bombenkrieg überstanden. Wie die Bergleute in den Ruhrgruben, die während der Bombardements weiterarbeiteten, so tief in ihren Schächten Kohle förderten, dass sie von dem Inferno über Tage nichts mitbekamen.

In Chemnitz (die Zonengrenzen waren noch durchlässig) sah Heym Truppen von Zivilisten, Nazis, die die mit Schutt übersäten Straßen räumen mussten. Er drang in das von Geschosslöchern übersäte, aber ansonsten unzerstörte Haus ein, in dem er als Junge gewohnt hatte. Sogar sein altes Zimmer betrat er, und war entsetzt darüber, dass sich dort ein kleinbürgerlicher Mief eingenistet hatte, einschließlich des hellen Flecks an der Wand, an der bis vor Kurzem das Hitlerbild gehangen hatte.[45]

Heym hatte noch eine alte Rechnung offen, aufgrund der er womöglich eher nach Chemnitz gekommen war als wegen der

Goldbrosche der Mutter, die sie für ihn beim Nachbarn deponiert hatte, bevor sie ins Ghetto abtransportiert worden war. Ein Redakteur namens Ballerstedt hatte in den dreißiger Jahren beim ›Chemnitzer Tageblatt‹ wegen eines antimilitaristischen Gedichts eine Kampagne gegen Heym losgetreten, so dass er nicht weiter das Gymnasium seiner Heimatstadt besuchen konnte. Er wechselte nach Berlin, nach 1933 floh er erst in die Tschechoslowakei und schließlich in die USA. Der US-Offizier Heym, der sich illegal in Chemnitz aufhielt, marschierte in die sowjetische Kommandantura und unterbreitete dem verdutzten Kapitän sein Problem mit dem Faschisten Ballerstedt. Das Ganze dauerte nur wenige Sekunden, dann war das Schicksal Ballerstedts besiegelt.[46]

So einfach war das in diesen Tagen. Aber auch so kompliziert. Dem sowjetischen Offizier genügten die Worte des US-Sergeanten. Wahrscheinlich hat es keinen Unschuldigen getroffen. Aber wie war das in anderen Fällen, wenn private Fehden auf diese simple Art geklärt wurden – zum Nachteil für den Denunzierten?

NEULAND

»Der britische Dokumentarfilm ›Hunger‹ wurde in einem Düsseldorfer Kino aufgeführt. Er zeigte Ausschnitte aus der Hitlerzeit. Unter den Düsseldorfer Kinobesuchern machten sich offensichtlich nahrhafte Reminiszenzen an die großdeutschen Fleischtöpfe bemerkbar. Im Sperrsitz wurde mehrere Male geklatscht. Als der wohlgenährte Göring auf die Leinwand trat, wurden im Parkett leise Heilrufe laut. Zum letzten Male in diesem Theater. Nach einer Mitteilung der Vereinigung der Verfolgten des Naziregimes ist der Verleih des Films von der Militärregierung verboten worden. Die VVN-Nachrichten erblicken in dem Befehl eine ›Kniebeuge vor dem Neo-Faschismus‹.« (›Der Spiegel‹ 17/1948)

Die Besatzer gingen an die Arbeit. Wie sie es im Potsdamer Abkommen verabredet hatten, nahmen sie eine Dezentralisierung der politischen Struktur vor. Sie beabsichtigten, auf der unteren Ebene eine »örtliche Selbstverwaltung« zu erlauben. Das taten sie nicht nur, weil sie damit den Grundstein für eine zukünftige demokratische Gliederung legen wollten. Vielmehr wollten sie sich nicht selbst um jede Kleinigkeit im Zusammenleben der Besiegten kümmern müssen. Das Potsdamer Abkommen sah vor, politische Parteien zu erlauben, insofern sie demokratisch ausgerichtet waren. Nach der Kapitulation blieben Parteien dennoch vorerst untersagt. Vor allem sollten keine reichsweit agierenden Parteien entstehen – das blieb, insbesondere auf Betreiben der Franzosen, noch lange so.

In den Augen der Besatzer war es unabdingbar, ein politisches Leben in dem besiegten Land zu verhindern, solange den Deutschen der nationalsozialistische Ungeist noch nicht vollends ausgetrieben worden war. Sie hofften, diesen Zustand bis zum Ende der Besatzungszeit erreicht zu haben. Das sollte etwa 1965 der Fall sein, wie Churchill am 16. Mai erläuterte. Jede Versammlung von mehr als sechs Personen war verboten. Bis zum Ende der Entnazifizierung würde es, so Churchill, weder eine regionale noch eine zentrale deutsche Regierung geben.[47] Die Russen waren auch dieser Ansicht – wobei sie die entsprechenden Anordnungen in ihrer Zone mit mehr Nachdruck durchsetzten. Allerdings wichen sie schneller als die Westalliierten vom Parteienverbot ab, was in ihrem eigenen Interesse geschah: Sie wollten eine kommunistische Partei etablieren, die nach ihrer Pfeife tanzte und anderen Parteien das Wasser abgrub.

Auch im Westen behielten sich die Alliierten noch vor zu entscheiden, welche Parteien entstehen durften. Sie vergaben ebenso wie für Zeitungen auch für Parteien Lizenzen. So konnten sie dafür sorgen, dass bestimmte Kräfte sich äußern und austauschen konnten, andere Kräfte, die sie nicht auf der politischen Bühne sehen wollten, blieb dies versagt. Politisches Agieren war sowieso nur demjenigen möglich, der Papier, Räume und Benzin zugeteilt bekam. Und das bestimmten die Besatzer.

Auf wirtschaftlichem Gebiet erwies sich die Umsetzung des Potsdamer Abkommens schwieriger als in der Politik. Der Kontrollrat sollte Deutschland als ein »einziges wirtschaftliches Ganzes« behandeln. Gleichzeitig aber galt auch in der Wirtschaft das oberste Gebot: Alle Strukturen mussten rasch dezentralisiert werden. Das gebot schon die Vorsorge vor der Bildung einer neuen deutschen Wirtschaftsmacht, die in den Augen der Alliierten in kurzer Zeit wieder kriegslüstern werden könnte. Also sollte jede »übermäßige Konzentration der Wirtschaftskraft« im Keim erstickt werden. Kartelle, Syndikate, Trusts und Monopole wurden zerschlagen. Schließlich hatten große Unternehmen wie Krupp oder IG Farben den Nazis nicht nur in den Sattel geholfen, sondern mit ihnen auch den Krieg und den Massenmord vorbereitet und durchgeführt.

Das Kommuniqué, das die Weltöffentlichkeit im August 1945 zu lesen bekam, nannte keine Zahlen. Nur die Modalitäten der Reparationsleistungen wurden geregelt: Die jeweilige Besatzungsmacht hatte das Recht, ihre Ansprüche in ihrer Zone und mit Hilfe des von ihnen beschlagnahmten Auslandsguthabens des Deutschen Reiches zu befriedigen. Den Sowjets war es erlaubt, ihre Ansprüche auch in den übrigen Besatzungszonen auszugleichen.

Die neue Pariser Regierung der Einmütigkeit, die General de Gaulle im August 1944 mit der Résistance gegründet hatte, akzeptierte bereitwillig die von den Sowjets durchgedrückte Festlegung der Westgrenze Polens durch Oder und Neiße. Frankreich war seit Dezember 1944 mit der UdSSR bilateral verbündet. In anderen Punkten aber legte die noch nicht ganz vollwertige Siegermacht vehement Widerspruch zu den Potsdamer Beschlüssen der großen Drei ein. So sperrten die Franzosen ihre noch von den Amerikanern besetzte Zone für Flüchtlinge. Weiterhin wurde jetzt schon eine Abtrennung des Saargebietes vom restlichen Teil des ehemaligen Reichsgebietes betrieben, ebenso eine Internationalisierung des Ruhrgebietes. Das heißt: Die beiden verbliebenen großen Kohlegebiete Deutschlands wollten die Franzosen wirtschaftlich und politisch erst einmal den Deutschen entziehen.

Das Saarland sollte unter französische Verwaltung gestellt werden und nicht zur französisch besetzten Zone gehören – womit eine Rückgabe an die Bewohner ausgeschlossen war.

Auf das reichere Ruhrgebiet schauten jetzt, da es darum ging, das geschlagene Volk vor dem Verhungern und Erfrieren zu bewahren, alle. Frankreich hätte die Ruhr, die es schon nach dem Ersten Weltkrieg besetzt gehalten hatte, am liebsten wieder alleine ausgebeutet. Aber das war mit den Amerikanern nicht zu machen, und mit den Briten erst recht nicht, die die Region miterobert hatten. Also blieb das Saarland. Daran klammerte sich Frankreich.

Diese Rangeleien waren allerdings eher Nebenschauplätze. Es ging Paris um etwas Wichtigeres: Die Franzosen wollten als dreimaliges Opfer deutscher Expansion die Weichen anders stellen. Die angehende vierte Siegermacht wehrte sich heftig gegen die von den drei anderen Alliierten geplante wirtschaftliche Zentralverwaltung. Eine deutsche Kapitale, die alle Kräfte des einst so starken Industriestaates bündeln konnte, sollte es nach dem Willen der Regierung in Paris nicht mehr geben.

Das, was von Deutschland nach dem Zweiten Weltkrieg übrig blieb, war ein Flickenteppich. Da war ganz im Nordosten das ehemalige Königsberg. Der Bezirk (»Oblast«) machte nicht die Metamorphosen durch, die anderen Teilen des alten Reiches noch bevorstand. Er gehörte gleich zu Russland, also zum Kernland der UdSSR – nicht als Satellitenstaat und nicht als besetzte Zone. Der Oblast Königsberg wurde Teil des sowjetischen Reiches und würde es auch bleiben. Stalin bekam damit einen eisfreien Hafen in der Ostsee. Das Memelgebiet – einst die äußerste deutsche Bastion im Nordosten – gehörte nun zur Litauischen Sowjetrepublik, also auch zur UdSSR. Das ehemalige Deutschland östlich der Oder-Neiße-Linie, das einmal ein Viertel des Reichsgebietes umfasst hatte, wurde von Polen verwaltet. In diesen sechs Woiwodschaften hatten einst sehr viele Deutsche gelebt, die nun vertrieben, oder, wie man im Osten lieber sagte: umgesiedelt, wurden. Ein Viertel des ehemaligen Reichsgebietes wurde zur sowjetisch besetzten Zone SBZ zwischen Oder-Neiße-

Grenze und Elbe. Auf diesen knapp 110 000 Quadratkilometern lebten im ersten Jahr nach dem Krieg 18,3 Millionen Deutsche. Da jedoch, obwohl viele weiter nach Westen flüchteten, immer mehr aus dem verlorenen Osten dazukamen, stieg die Bevölkerung auf über 19 Millionen. Danach sank die Zahl wieder, weil immer weniger aus dem Osten kamen, während die Abwanderung aus der SBZ nach Westen aber gleichermaßen hoch blieb.[48]

Das militärische Zentrum der sowjetischen Besatzungszone war Berlin-Karlshorst, wo die Rote Armee ihr deutsches Hauptquartier hatte und die Sowjetische Militäradministration in Deutschland, die allmächtige SMAD, saß. Die Russen teilten ihre Zone sofort in Länder bzw. Provinzen auf. So gab es nach der Liquidierung des Staates Preußen am 21. Juli 1947 im Osten fünf Länder: Mecklenburg, Sachsen, Thüringen, Brandenburg und Sachsen-Anhalt. Die DDR sollte diese landsmannschaftlich gewachsene Gliederung später als föderales Relikt, das einer sozialistischen Zentralisierung entgegenstand, rückgängig machen und die ostdeutschen Länder 1952 im Zuge der Verwaltungsreform in 14 Bezirke verwandeln.

Auch in der sowjetischen Zone hatten nach dem Zusammenbruch die militärischen Führer das Sagen, die das jeweilige Gebiet mit ihren Truppen eingenommen hatten. Als örtliche Vertreter der Besatzungsmacht lag die höchste Befehlsgewalt bei ihnen, aber sie fühlten sich nicht für alles zuständig. Schließlich hatten sie mit ihren im Endkampf und in dem darauffolgenden Siegestaumel disziplinlos gewordenen Mannschaften alle Hände voll zu tun. Also wurden auf der kommunalen Ebene – unter der Kontrolle des jeweiligen Kommandanten der Roten Armee – sogenannte Verwaltungsämter eröffnet. Diese Ämter wurden mit in den Augen der Russen verlässlichen Leuten besetzt, die den Besatzern die gröbsten Versorgungs- und Verwaltungsprobleme vom Leib zu halten hatten.

Schon wenige Wochen später – im Juli 1945 – ging die SMAD einen Schritt weiter. Als man in Karlshorst glaubte, genügend politisch verlässliche Statthalter gefunden zu haben, wurden sogenannte Provinzialverwaltungen eingerichtet – und schließlich sogar an der Spitze der fünf ostdeutschen Länder Landesverwaltungen. Am 25. Juli 1945 erließ Karlshorst dazu den Befehl Nr. 17. Damit gab es im Osten schon im Juli elf »Deutsche Verwaltungen«: für Transport, Post- und Telegraphenwesen, Brennstoff und Energieerzeugung, Handel und Versorgung, Industrie, Landwirtschaft, Finanzen, Arbeit und Sozialwesen, Volksbildung, Justiz und Gesundheitswesen. Die Russen kamen damit der Potsdamer Konferenz zuvor: Als sich ihre alliierten Freunde mit ihnen über die künftige Struktur des besetzten Deutschlands einigen wollten, hatten sie in ihrer Zone schon eine feste Struktur eingezogen.

Das betraf allerdings nur die Verwaltung; Befugnisse legten die sowjetischen Besatzer kaum in deutsche Hände. Dennoch zeigte diese Voreiligkeit schon im Sommer 1945, in welche Richtung es ging: Die Sowjets schufen Fakten, bevor der Westen überhaupt mit ihnen in Gespräche über diese Fakten eintreten konnte.

MORD IM WESTEN

>»Das deutsche Volk hat heute, nach 26 Monaten, noch nicht bewiesen, daß es wieder gelernt hat, zwischen Gut und Böse zu unterscheiden.‹ Karl Marx, der Chefredakteur des ›Jüdischen Gemeindeblattes‹, in seinem Leitartikel ›Bergen-Belsen – Bad Harzburg‹«. (›Der Spiegel‹ 34/1947)

Im März 1945 wurde in Aachen der Bürgermeister Franz Oppenhoff ermordet. Es geschah am Palmsonntag, einem angenehm warmen Frühlingssonntag. Oppenhoff hatte gerade seine Kinder ins Bett gebracht, als zwei Männer in deutschen Fliegeruniformen an seine Tür pochten. Sie behaupteten, von den Amerikanern abgeschossen worden zu sein.

Aachen war schon 1944 eingenommen worden – als erste deutsche Großstadt. Die US-Truppen hatten den von den Nazis mit Berufsverbot belegten Rechtsanwalt Franz Oppenhoff zum Bürgermeister gemacht. Der Aachener Bischof Johannes van der Velde hatte Oppenhoff vorgeschlagen, da dieser als Anwalt Juden und christliche Priester verteidigt hatte. Am 31. Oktober 1944 war Oppenhoff auf die Bibel vereidigt worden. Damit wurde der Anwalt Bürgermeister der ersten befreiten deutschen Großstadt. Und das, während in Berlin noch einige Unbeirrbare an den Endsieg glaubten.

Nur zehn Tage zuvor, am 21. Oktober 1944, war Himmler in Aachen gewesen und hatte in einer Rede erklärt, die Stadt im Westen werde keinesfalls geräumt, sondern bis zuletzt verteidigt werden. Insofern war der Erfolg der Amerikaner Himmlers Niederlage. Der Reichsführer-SS Heinrich Himmler schickte eine sogenannte Werwolf-Truppe in eine Kommandooperation: Sie sollte hinter den amerikanischen Linien abspringen und den von den Alliierten eingesetzten deutschen Bürgermeister töten.

Die SS-Männer gaben sich gegenüber dem Bürgermeister als solche zu erkennen. Sie behaupteten, sie bräuchten Pässe, um durch die Front wieder ins unbesetzte Deutschland zurückzukehren. Das lehnte Oppenhoff ab, aber er wollte den Männern etwas zu essen geben. Als er in den Keller ging, um Proviant zu holen, erschossen sie ihn. Goebbels bejubelte die Aktionen und setzte alles daran, die Organisation solcher Anschläge an sich zu ziehen, um sie noch effektiver zu gestalten.[49] Die Nazi-Presse glorifizierte die Morde an Deutschen, die mit den Besatzern zusammenarbeiteten. Am 6. Dezember 1944 tönte die ›Kölnische Zeitung‹: »Warnung an alle: Verräter werden hingerichtet.« Der Artikel berichtete vom Mord an dem Aachener Diplomkaufmann Fritz Göbel, der angeblich den Amerikanern »landesverräterische Dienste leistete«. Nur einen Tag später berichtete die ›Kölnische Zeitung‹ vom Lehrer Velten, der in Mützenich von den Amerikanern zum Bürgermeister gemacht worden war: »Dieser führte die von den amerikanischen Besatzungsbehörden erlassenen Dekrete durch und dehnte seine Liebedienerei dem Feinde gegenüber so weit aus, daß er nicht nur den besten Teil seiner Wohnung amerikanischen Stabsoffizieren zur Verfügung stellte, sondern mit diesen auch freundschaftliche Beziehungen unterhielt.« Ein Werwolf-Kommando sprengte sein Wohnhaus in die Luft. Mit Velten starben seine ganze Familie und die US-Offiziere, die bei ihm wohnten.

Der US-Offizier Saul K. Padover hatte mit dem Aachener Bürgermeister Oppenhoff vor dessen Tod lange gesprochen. Padover hatte den Auftrag, ein Stimmungsbild der besetzten Gebiete zu erstellen. Seine Berichte gingen direkt an General Eisenhower. Denn es hatte Beschwerden gegeben: Die Aachener monierten, dass in der von den Amerikanern eingesetzten Oppenhoff-Verwaltung viele Nazis untergekommen seien. Padover fand heraus, dass wirklich 55 belastete Beamte in der Stadtverwaltung Aachens saßen, 22 davon sogar in Schlüsselpositionen. Einer der führenden Männer war bei der Gestapo gewesen. Mit dieser Situation konfrontiert, verteidigte sich Bürgermeister Oppenhoff: »Finden Sie mal fähige Leute, die keine Nazis sind!« Im Übrigen habe sich nichts in Deutschland geändert. Man könne das Volk in zwei Gruppen einteilen: »Die einen befehlen, die anderen gehorchen.« Aus diesem Grund war Oppenhoff strikt gegen die Zulassung politischer Parteien im Besatzungsgebiet, auch Wahlen lehnte er ab. Oppenhoff sah die einzige Möglichkeit, das Land zu regieren, in der Errichtung eines »autoritären Regimes (…) ohne Gewerkschaften und Mitbestimmung«.[50] Daraufhin hatten die Amerikaner im Januar und Februar 1945 über 30 Mitarbeiter der Stadtverwaltung entlassen, darunter auch enge Mitarbeiter des Oberbürgermeisters Oppenhoff. Über kurz oder lang hätte auch Oppenhoff gehen müssen. Doch vorher wurde der Bürgermeister durch Himmlers Werwolf-Kommando ermordet.

Die Täter wurden 1949 auf Druck der Besatzungsbehörden vor Gericht gestellt. Es wurden jedoch nur niedrige Haftstrafen verhängt, zwei Angeklagte wurden freigesprochen. Es folgten zwei Berufungsverfahren. Dabei wurden die Haftstrafen noch abgemildert. Mit dem Straffreiheitsgesetz von 1954 entließ man die Mörder Oppenhoffs aus der Haft – es hieß, sie hätten in Befehlsnotstand gehandelt.[51] Später stellte sich heraus, dass die Richter, die die Mörder des Aachener Bürgermeisters Oppenhoff 1952 auf freien Fuß gesetzt hatten, selbst schwer durch ihre Tätigkeit im NS-Rechtssystem belastet gewesen waren.[52]

Die Amerikaner interpretierten die Ereignisse in Aachen als Hinweis darauf, was sie in Deutschland erwartete. Den ersten Bürgermeister, den sie ernannt hatten, hatte die SS ermordet. Die US-Kampftruppen wussten nun ebenso wie die nachrückenden Versorgungseinheiten, dass sie sich vor Anschlägen in Acht nehmen mussten. Der zweite Lerneffekt betraf den getöteten Aachener Bürgermeister. Nun hatte dieser Oppenhoff, der sich als mutig erwiesen hatte und unter dem Regime hatte leiden müssen, bei der Befragung durch den US-Offizier Padover die Überzeugung geäußert, seinem Volk sei durch die Demokratisierung, wie sie die Planer um Außenminister Cordell Hull als Mittel gegen Militarisierung und Allmachtsgelüste vorsahen, nicht beizukommen. Alle ausgefeilten Planspiele für eine demokratische Umwälzung im besiegten Deutschland schienen damit hinfällig zu sein. Offensichtlich war dem deutschen Ungeist durch nichts beizukommen, am wenigsten durch eine vernünftige politische Erziehung. Diese Sicht hatten die Besatzer, als sie den Rest Deutschlands einnahmen.

Dass der Aachener Eindruck trog, dass die Situation eigentlich umgekehrt war, dass die Deutschen nicht im Traum daran dachten, den gut ausgerüsteten und frisch wirkenden Truppen, die die Wehrmacht besiegt hatten, in einem zermürbenden Kleinkrieg entgegenzutreten – das erkannten die Siegermächte erst mit der Zeit. Die Deutschen waren viel zu entkräftet und zermürbt, um Widerstand gegen die Besetzung ihres Landes zu leisten. Sie hatten Hunger, und sie wussten nicht, wie es mit ihnen und ihren Familien weitergehen würde. Sie hatten nach dem langen Krieg und den verlustreichen Endkämpfen einfach die Nase voll. Von den Nazis, von der Wehrmacht, vom Kampf. Sie wollten etwas zu essen und ein Dach über dem Kopf und Ruhe für ihre abgemagerten und traumatisierten Kinder.

Die Siegermächte waren verunsichert. Sollten sie hart durchgreifen, um jeden Widerstand im Keim zu ersticken, oder sollten sie den Deutschen durch überlegtes und pragmatisches Verhalten signalisieren, dass für sie die Zeit des Kämpfens auch vorbei war? Diese ambivalente Haltung schlug sich in der frühen Besatzungspolitik nieder.

Macht und Ohnmacht

> »Eileen Button, eine ehemalige englische Armeehelferin, heiratete in Frankfurt am Main den 23jährig. Studenten Egon Behle. Durch ihre Heirat hat sie die britische Staatsangehörigkeit verloren und sollte nur noch nach deutschen Tarifen bezahlt werden. Frau Behle verzichtete darauf und wird ihrem Mann künftig den Haushalt führen.« (›Der Spiegel‹ 30/1947)

Im Juli 1945 kam es zu einem heftigen Streit zwischen Politikern und Militärs. Die amerikanischen und britischen Truppen hatten den Krieg gegen Hitler im Westen Seite an Seite gewonnen. In den Augen der Generäle, die soeben einen epochalen Sieg errungen hatten, war ihre gemeinsame Befehlsstruktur an diesem Erfolg maßgeblich beteiligt. Also wollten sie die kooperative Form in der Besatzungsregierung auch beibehalten. Die Politiker in London und Washington sahen das ganz anders. Die Politik glaubte, dass es jetzt, da Deutschland am Boden lag, schnell zu Kompetenzgerangel unter den militärischen Siegern kommen würde. Und dass man diesem durch klare Abgrenzung begegnen musste. Im Übrigen stritten sich die Politiker schon lange um die Aufteilung der Beute. Die Militärs hatten mit diesem Streit wenig zu tun. Sie wollten nur sicherstellen, dass ihr Sieg auch hielt. Das war am besten zu gewährleisten, wenn man strikt zentralistisch verfuhr, wie das auch im Krieg geschehen war. US-Oberbefehlshaber General Eisenhower sperrte sich also dagegen, dass der gemeinsame Stab von britischen und amerikanischen Generälen SHAEF aufgelöst wurde und jedes Kontingent nun eigenständig über sein ihm zugewiesenes Besatzungsgebiet herrschen sollte.

Doch das half nichts. In Teheran und Jalta waren die Weichen von den Politikern gestellt worden, in Potsdam bekam die Sache Brief und Siegel. Entgegen allen militärischen Gepflogenheiten wurde also das gemeinsame Oberkommando der Siegermächte aufgelöst. Briten und Amerikaner zogen ab dem 13. Juni 1945 getrennt und allein verantwortlich in ihre Gebiete ein. Damit war eine Abstimmung über eine gemeinsame Vorgehensweise, wie sie sich während des Krieges bewährt hatte, unmöglich geworden: Die nationale Politik hatte das Ruder übernommen. Alle Kompetenzen wurden nun an die vier Militärregierungen übergeben.

Es gab in Deutschland vereinzelt Stimmen, die das begrüßten. Das waren diejenigen, die immer noch von der nationalsozialistischen Endkampf-Propaganda infiziert waren. Hitler und Goebbels hatten bis zum Schluss orakelt, die Koalition der Siegermächte würde sich zerreiben oder irgendwann ganz auseinanderbrechen. Das wäre dann die Stunde Deutschlands, denn die ungleichen Konkurrenten würden sich alle der Gunst der Besetzten versichern wollen. Und so würde das Reich oder das, was von ihm übrig blieb, wieder eine Rolle spielen und mitreden können.

Nach einem militärischen Sieg ist es meist so, dass die Politik das Heft des Handelns wieder in die Hand bekommen will, sich aber davor scheut, die siegreichen Generäle offen vor den Kopf zu stoßen – dazu sind diese zu populär beim Volk, zumindest bei dem Volk, dessen Militär den Sieg davongetragen hat. Ausgerechnet bei einem der heikelsten Themen in Sachen Besatzungs-Deutschland hatte der neue US-Präsident Truman seinem Oberkommandierenden in Europa die Stirn geboten – und sich durchgesetzt: Es ging um die Insassen der Konzentrationslager auf deutschem Boden und um die Zwangsarbeiter und Kriegsgefangenen der Nazis, die die Alliierten aus den Lagern befreit hatten. Das Militär hatte viele davon in Auffanglager gebracht. Da die Besatzungsmächte zu diesem frühen Zeitpunkt noch über keine eigenen Lager verfügten, mussten sie die vorhandenen deutschen Einrichtungen nutzen.

Die Zustände in diesen alliierten Lagern für *displaced persons* waren schlimm. Es gab kaum Nahrung, keine akzeptablen Sanitäranlagen, nicht einmal Kleidung, so dass viele Häftlinge Monate nach Kriegsende immer noch in ihrer gestreiften KZ-Kluft steckten. Diese Missstände sprachen sich herum und erregten Unmut. Weniger unter den Deutschen, denn die hatten genug mit sich selbst und ihrer eigenen Notlage zu tun und interessierten sich wenig für diese Unglücklichen. Aber unter den Besatzungstruppen – und über die auch unter den Politikern in der Heimat der alliierten Truppen. So beauftragte das ICR, das Intergovernmental Committee on Refugees, den Juristen Earl G. Harrison im August 1945 damit, eine Untersuchung der Zustände in den Lagern der *displaced persons* vorzunehmen. Der Bericht des Juristen fiel verheerend aus: Er beklagte die jämmerliche Versorgung und die fehlende medizinische Betreuung der Nazi-Opfer: »Man ist versucht zu denken, ob die deutsche Bevölkerung bei diesem Anblick nicht glauben muß, daß wir der Nazi-Politik folgen oder sie wenigstens doch gutheißen.«[53]

Harrisons Gutachten wurde dem Präsidenten vorgelegt. Truman erkannte sofort, wie brisant die Lage war. Er befahl dem strahlenden Helden des Krieges, General Dwight D. Eisenhower, sofort Abhilfe zu schaffen. Als Eisenhower zu lange zögerte, entzog ihm Truman die Zuständigkeit für die *displaced persons* und gab die Verwaltung der Lager in die Obhut der Hilfsorganisation UNRRA (*United Nation Relief and Rehabilitation Administration*). Das blieb nicht die letzte Meinungsverschiedenheit zwischen der Politik und den Generälen. Nicht immer konnte sich der Präsident durchsetzen, wie wir bei der Berliner Blockade noch sehen werden. Die UNRRA kümmerte sich um die Rückführung der Menschen in ihre europäischen Heimatstädte – also um die Repatriierung. So konnte ein Großteil der *displaced persons* bis September 1946 die Lager verlassen. Damit wurden die Zustände dort erträglicher. Diejenigen, die zurückblieben, waren zu schwach für die Reise oder sie wollten in die USA bzw. nach

Palästina auswandern. Die britischen Behörden genehmigten für das Mandatsgebiet – das spätere Israel – jedoch nur ganz geringe Einwanderungsquoten. Mit der Gründung des Staates Israel im Mai 1948 änderte sich das.[54]

Anfang 1946 war die Binnengliederung der Westzonen vorerst abgeschlossen. Die amerikanische Zone umfasste die Länder Bayern, Hessen, Württemberg-Baden und Bremen – damit die US-Besatzungstruppen über einen Hochseehafen verfügten. Die Alliierten sorgten zügig dafür, dass es in ihren Zonen eine deutsche Verwaltung gab, die ihre Befehle umsetzte und das öffentliche Leben in ihrem Sinne gestaltete. So wurde in Bayern schon am 28. Mai 1945 eine Landesregierung ernannt. An deren Spitze stand Fritz Schäffer, der letzte Vorsitzende der Bayrischen Volkspartei in der Weimarer Republik. Im August wurde Schäffer jedoch schon durch den Sozialdemokraten Wilhelm Hoegner ersetzt. Wirtschaftsminister im neuen bayrischen Kabinett wurde der fränkische Ökonom und Meinungsforscher Ludwig Erhard – Jahre später zweiter Kanzler der Bundesrepublik. 1946 wurde der Jurist Hans Ehard bayrischer Ministerpräsident (dieser regierte auch nach Gründung der Bundesrepublik als bayrischer Ministerpräsident bis 1954).

In Stuttgart gab es einen liberalen Ministerpräsidenten, nämlich Reinhold Maier. Ab Juni 1946 fungierte Theodor Heuss (DVP/FDP) als schwäbischer Kultusminister – später der erste Bundespräsident. In Hessen setzten die Amerikaner im Oktober 1945 einen Heidelberger Rechtswissenschaftler, Karl Geiler, parteilos, auf den Sessel des Ministerpräsidenten.

Damit war die Vorgabe des US-Präsidenten umgesetzt: Die Macht hatten die jeweiligen Besatzungsspitzen, die Verwaltungschefs hatten diesen zu gehorchen. Aber von Anfang an entwickelte sich in dieser autoritären Struktur eine eigenartige Haltung. Die deutschen Spitzenleute waren völlig machtlos – wenn man ihre Kompetenzen mit denen einer heutigen Länderregierung vergleicht. Aber sie taten alle so, als träfen sie ihre Entscheidungen selbst. Keiner war aufmüpfig, seine Tage im Amt wären gezählt gewesen. Aber alle verhielten sich wie wirkliche Ministerpräsidenten. Sie nahmen eine körperliche und mentale Haltung ein, die ihrem Umfeld und den zu Regierenden signalisierte: Wir sind die neuen Herren im Land.

Im Oktober 1945 bildeten die drei Ministerpräsidenten der US-Zone einen Länderrat. Er tagte jeden ersten Dienstag im Monat in Stuttgart. Der Länderrat verstieß in gewisser Weise gegen die Anordnung der alliierten Politik: Die sah zwar vor, dass deutsche Stellen koordiniert werden sollten. Aber dass gleich drei Bundesländer (Bayern, Hessen und Württemberg-Baden) sich zu einem Länderrat auf Ministerpräsidentenebene monatlich trafen – das war mehr als die Koordinierung auf den Verwaltungsebenen, mit der die wichtigsten Transfers zwischen den Ländern geregelt werden sollten.

Natürlich trafen sich die drei Regierungschefs nicht ohne Wissen der Besatzungsmacht. Eigentlich sogar auf deren Geheiß hin. Aber in den Augen der Ministerpräsidenten handelte es sich um eine himmelschreiende Insubordination – sie verstanden sich eben als Herrscher, die gegen den Himmel opponierten. Es hätte fast so aussehen können, als habe sich mit diesem Länderrat in der sogenannten Südzone unter der Hand die Keimzelle einer selbstständigen deutschen Staatlichkeit gebildet. Zumal die beteiligten Landespolitiker nichts unversucht ließen, um diesen Eindruck zu erwecken.

Doch bei aller Kraftmeierei in Stuttgart: Politisches Gewicht hatte in der amerikanischen Zone nur die allgemeinen Direktive JCS 1067: Sie stellte für die gesamte Besatzungszeit jegliche politische Tätigkeit von Deutschen unter den »Vorbehalt der amerikanischen Bewilligung«. Die Besatzungsmacht hielt die Deutschen noch für viel zu verdorben, als dass man ihnen demokratische Institutionen hätte bewilligen können. Sie war davon überzeugt, dass man ihnen durch gigantische und langwierige Umerziehungsprogramme (*reeducation*) erst einmal die Reste der nationalsozialistischen Ideologie austreiben musste. Dann konnte man daran gehen, ihnen Schritt für Schritt die wichtigsten Voraussetzungen für die Praxis eines demokratischen Staates näherzubringen. Danach würde man sehen, ob sie fähig waren, Politiker aus ihren

Reihen zu stellen und echte politische Parteien zu bilden. Entsprechend gering war der wirkliche politische Einfluss des Stuttgarter Rates. Eigentlich war er eine Placebo-Veranstaltung: Die Amerikaner ließen die Deutschen in dem Glauben, es könnte, wenn sie sich einfügten in die Arbeit der Besatzungsmacht, die Chance der Übernahme weitergehender Verantwortung geben.

Zur britischen Zone gehörten die späteren Länder Schleswig-Holstein, Nordrhein-Westfalen, Niedersachsen, das aus den alten Ländern Hannover, Braunschweig und Oldenburg gebildet wurde, und der Stadtstaat Hamburg. Theodor Steltzer, Ministerpräsident in Schleswig-Holstein, CDU, und Rudolf Amelunxen, Nordrhein-Westfalen, erst fraktionslos, dann Zentrumspartei, gehörten zur von den Jüngeren kritisierten alten Garde, die ihre Sporen schon in der Weimarer Republik verdient hatten und eigentlich nicht für einen Neuanfang standen. In Niedersachsen stand der SPD-Mann Hinrich Wilhelm Kopf an der Spitze der Regierung.

Die Landespolitiker wussten, wie sehr die Menschen litten und dass sie als Regierende kaum eine Chance hatten, diese Notlage zu beheben. Was blieb ihnen also anders übrig? Entweder sie demissionierten, oder sie taten denen gegenüber, für die sie verantwortlich waren, so, als hätten sie tatsächlich die Macht, diese Verantwortung zu schultern. Sie entschieden sich für die zweite Variante.

Laut Satzung sollte der Länderrat der US-Zone alle »über das Gebiet eines Landes hinausreichenden Fragen gemeinschaftlich lösen«. Der bayrische Ministerpräsident verstand das falsch: Er glaubte, auch so sensible Bereiche wie die Entnazifizierung nun nach eigenen Vorstellungen gestalten zu können. Schäffer wollte einen Teil der aus dem bayrischen Finanzministerium wegen ihrer Nazibelastung entlassenen Beamten wieder einstellen. Die Hälfte war entfernt worden. Schäffer plante, ein Drittel davon zu rehabilitieren und den restlichen ein Ruhegehalt zu zahlen.[55] Der bayrische Ministerpräsident und Finanzminister fühlte sich sicher, weil er mit dem Militärgouverneur seines Landes, Panzergeneral Patton, auf gutem Fuß stand. Patton war dafür bekannt, dass er nach eigenem Gutdünken NS-Verdächtige aus den Internierungslagern freikommen ließ. General Patton wurde nach einem Interview, in dem er die US-Entnazifizierungspolitik harsch kritisiert hatte, seiner Funktion enthoben. Kurz darauf hatte er einen schweren Autounfall bei Berchtesgaden, an dessen Folgen er starb. Schäffer musste im September 1946 gehen und durfte sich bis 1948 nicht politisch betätigen. Zeitweilig wurde von den Amerikanern sogar eine weitergehende Bestrafung Schäffers diskutiert.[56] Nachfolger Schäffers wurde Wilhelm Hoegner, SPD.

Das Äquivalent im Norden, der Zonenbeirat der Briten, hatte eine repräsentative Funktion, auch wenn die vertretenden Länder bzw. Provinzen das anders sahen: Er war »rein beratendes Organ«, hatte weder zu beschließen noch zu koordinieren. Dennoch trat der Oberpräsident der Provinz Hannover, Hinrich Wilhelm Kopf, am 6. Februar 1946 bei einem Höflichkeitsbesuch in Stuttgart mit vor Stolz geschwellter Brust vor den dortigen Länderrat und trompetete, man müsse endlich »von der Verwaltung zur Politik kommen«. Dann würden die Besatzungsmächte die deutschen Wünsche berücksichtigen müssen.[57] Selbst im sonst so kecken Stuttgarter Länderrat schaute Kopf in ratlose Gesichter.

Der Zonenbeirat in Hamburg tagte nur einmal im Monat, konnte aber bei Bedarf öfter zusammentreten. Anfangs gehörte sogar der Bürgermeister von Bremen zum Rat. Allerdings ohne volles Stimmrecht, sonst hätte das Gremium zonenübergreifend gewirkt, und das wäre ein Widerspruch zur verordneten Trennung der Zonen gewesen. Dem Zonenbeirat gehörten 32 Mitglieder aus den beteiligten Ländern an, seine »Beschlüsse« – es konnten ja nur Empfehlungen sein – erforderten eine einfache Mehrheit. Es wurde also auch in diesem machtpolitisch substanzlosen Gremium der Anschein von Effizienz und Zuständigkeit erweckt. Die Briten hatten den Zonenbeirat vor allem deshalb gebildet, weil die Länder über bestimmte Bereiche nicht verhandeln durften: Das waren Währungsfragen, Verkehr, natürlich Außenhandel, aber auch das Strafrecht und das wichtige Strafverfahrensrecht, das die Zuständigkeit und die Vorgehens-

75

weise der Strafgerichte generell regelte. Insofern stand von vorn-
eherein fest, dass der Zonenbeirat niemals wirklich Macht hätte
ausüben können: Die Themen, über die er sich Gedanken machen sollte, betrafen Zuständigkeiten der Militärregierung und
waren jeder deutschen Instanz entzogen. Die Beschlüsse sollten
den wirklichen Machthabern also ein Meinungsbild verschaffen – ein Meinungsbild bezüglich der wichtigen Fragen, über die
sie und nur sie zu entscheiden hatten.

Ein gemeinsamer, zonenübergreifender Länderrat für Politik,
den die Ministerpräsidenten Hans Ehard (Bayern), Wilhelm
Kaisen (Bremen) und Reinhold Maier (Württemberg-Baden) am
1. März 1946 in Bremen schon mutig gefordert hatten, wurde von
den Briten kurzerhand verboten. Die drei Ministerpräsidenten
hatten in ihrem Eifer vergessen, wo die Grenzen der Politik im
Besatzungsstaat verliefen.

Am 6. September 1946 hielt US-Außenminister James F. Byrnes
in Stuttgart eine Rede. Sie ging als »Speech of Hope« in die Ge-
schichtsbücher ein. Allerdings streitet man sich heute noch darüber, was Byrnes mit seiner Rede eigentlich bezweckt hat: Wollte
er die Sowjets von der amerikanischen Deutschland-Politik ab-
hängen, oder wollte er die Franzosen zur Ordnung rufen, die be-
harrlich alle Bestrebungen, eine einheitliche politische Struktur
in die Besatzungszonen einzuziehen, unterliefen? Auf jeden Fall
hat Byrnes' beeindruckende Stuttgarter Rede bewirkt, dass viele
Deutsche – endlich – ein Licht am Ende des Tunnels sahen. Möglicherweise war dieser psychologische Effekt auch seine eigentliche Absicht gewesen. Das wäre damals schon ein Erfolg gewesen,
auch wenn Byrnes' Rede nicht wirklich zum Wendepunkt in der
Nachkriegspolitik wurde.

Byrnes betonte, dass es den USA um einen dauerhaften Frieden in Europa ging und dass man deshalb Deutschland helfen
müsse, sich wieder selbst zu ernähren und selbst zu regieren:
»Wir werden uns gegen zu harte und von Rachsucht diktierte
Maßnahmen wenden, die einem wirklichen Frieden im Wege
stehen.« Aber er signalisierte auch, dass sein Land nicht länger
bereit war, die Blockadepolitik anderer Alliierter hinzunehmen:

»Wenn eine völlige Vereinigung nicht erreicht werden kann, werden wir alles tun, was in unseren Kräften steht, um eine größtmögliche Vereinigung zu sichern.« Damit drohte er mit einem Alleingang, falls Russen und Franzosen weiterhin mauerten. Der US-Außenminister mahnte im Grunde einen der zentralen Beschlüsse des Potsdamer Abkommens an, der nach über einem Jahr immer noch nicht verwirklicht war: Deutschland sollte als wirtschaftliche Einheit behandelt werden. »Die notwendigen deutschen Zentralverwaltungskörper sind nicht geschaffen worden, obgleich die Potsdamer Beschlüsse sie ausdrücklich verlangten.«

Doch seine Visionen gingen weit über die Wirtschaft hinaus. Byrnes war der Meinung, dass ein friedliches und starkes Europa ein friedliches und starkes Deutschland brauchte. Deshalb wollte er eine deutsche Regierung einsetzen, die ihre Belange selbst in die Hand nahm: »Die amerikanische Regierung steht auf dem Standpunkt, daß jetzt dem deutschen Volk innerhalb ganz Deutschlands die Hauptverantwortung für die Behandlung seiner eigenen Angelegenheit bei geeigneten Sicherungen übertragen werden sollte.« Ein Nationalrat, gebildet aus den Länderregierungen, sollte im Zentrum stehen und alles in die Wege leiten.

Das klang für viele Deutschen ermutigend. Die Rede verliert aber ihren Glanz, wenn man berücksichtigt, dass wenig von dem, was Byrnes ankündigte oder forderte, auch unmittelbar umgesetzt worden ist. Die große Lösung – eine Regierung für ganz Deutschland und eine einheitliche wirtschaftliche Struktur – blieb bekanntlich aus. Bis 1989. Was kam, und zwar einige Jahre später, war die kleine Lösung. Und damit die Teilung. Das hatte Byrnes sicher nicht gewollt.

Dennoch hörten die in Stuttgart anwesenden Ministerpräsidenten die Rede des US-Außenministers im September 1946 mit Freude. Sie ließen sich sogar von ihm anspornen. Der niedersächsische Ministerpräsident Kopf schoss wieder mal vor und forderte die Kollegen auf, »eine Aussprache über die nach der Rede des Außenministers Byrnes gegebenen Möglichkeiten zur Bildung einer zentralen deutschen Regierungsgewalt« zu führen. Diese Aussprache fand am 4. und 5. Oktober 1946 in Bremen statt. Alle waren eingeladen. Die Ministerpräsidenten der französischen und der sowjetischen Zone durften jedoch nicht kommen. Dennoch nahmen die Anwesenden ihren ganzen Mut zusammen und forderten, »dem Kontrollrat die Bildung eines Deutschen Länderrates und eines Deutschen Volksrates vorzuschlagen«. Der Alliierte Kontrollrat antwortete – nicht. Er schwieg einfach.

Die Länderchefs einigten sich später darauf, dass ihre Entschließung vom »harten Winter 1946 erstickt worden« sei. Das führte dann ein Dreivierteljahr später in München zu einer absurden Situation. Auf der vom bayrischen Ministerpräsidenten Ehard einberufenen Konferenz der Länderchefs waren sogar die Ostdeutschen erschienen, aber – von den Sowjets präpariert – gleich wieder abgereist. Die verbliebenen Kollegen aus den West-Zonen sprachen umso hitziger über eine dringende deutsche Einheit. Bis der Hamburger Oberbürgermeister Brauer warnte, vorher müsste man »die Nöte des kommenden Winters erörtern«. Das war am 5. Juni 1947. Der Veranstalter Ehard eröffnete den 6. Juni entsprechend mit dem Motto: »Wie kommen wir über den nächsten Winter?«

Die französische Zone umfasste die Länder Rheinland-Pfalz, Süd-Baden und Württemberg-Hohenzollern, wo ein Staatssekretariat mit Carlo Schmid (SPD) an der Spitze eingerichtet wurde. Rheinland-Pfalz und Süd-Baden hatten Ministerpräsidenten, nämlich Wilhelm Boden (CDU) und Leo Wohleb (Badisch Christlich-Soziale Volkspartei, BCSV). Boden musste sein Amt nach wenigen Monaten an Peter Altmeier abgeben, weil er in einem Papier geäußert hatte, es sei gefährlich für überwiegend von Katholiken bewohnte Gebiete, protestantische Vertriebene aufzunehmen. Dabei zog seine Partei, die CDU, ihre Berechtigung gerade aus dem Gedanken der Überkonfessionalität in der Politik. Leo Wohleb, kämpferischer Verfechter eines Südweststaates, den Theodor Eschenburg als »kleinen Diktator unter französischer Herrschaft« bezeichnete, wurde von Adenauer 1952 als Botschafter nach Lissabon abgeschoben.

Die Franzosen waren anderer Meinung als die Briten und Amerikaner, was die Beteiligung der Deutschen an der Führung ihrer Zone anging: Sie räumten den Besiegten nicht einmal eine beratende und erst recht keine synchronisierende Funktion ein. Die Sieger wollten im Südwesten allein herrschen. Und sie wollten den Deutschen nicht einmal die Illusion einer politischen Mitsprache geben. Die Amerikaner wussten, dass sie irgendwann einen Großteil ihrer Truppen aus Europa abziehen mussten. Dann war der Kontinent wieder sich selbst überlassen. Sie brauchten also eine starke Kraft vor Ort. Die Briten waren wirtschaftlich und politisch angeschlagen vom letzten Krieg – und sie waren vom Kernland durch das Meer getrennt.

Frankreich war einmal ein wirtschaftlich starkes Land gewesen. Nichts sprach dagegen, dass es das wieder sein würde und dann die Interessen der Amerikaner vor Ort vertreten könnte. Deshalb unterstützten die USA die Rehabilitation Frankreichs. Paris wusste um seine Schlüsselposition in einer zukünftigen europäischen Ordnung. Und es hatte eine klare Meinung zur Zukunft Deutschlands: »Frankreichs erklärte Absicht war es (…), ein für allemal den deutschen Einheitsstaat zu zerschlagen und an Stelle des gefürchteten zentralistischen einen föderativen Aufbau durchzuführen.« Das sagte einer, der es wissen musste: Johannes Hoffmann, der erste Ministerpräsident des Saarlandes und nach dem Krieg deutscher Statthalter der Pariser Regierung an der Saar.[58]

Da Frankreich bei der Potsdamer Konferenz nicht dabei sein durfte, musste es sich seiner Meinung nach auch nicht an alle Beschlüsse halten, die dort getroffen worden waren. So vertrat es die Position, dass keine deutsche Zentralinstanz für das Ruhrgebiet und das Saarland zuständig sein sollte – die beiden verbliebenen Industriezentren im Westen. Die Amerikaner trugen dem Sicherheitsbedürfnis des von Hitler überfallenen Nachbarlandes Rechnung. So erklärte der US-Außenminister Byrnes am 1. Februar 1946, man müsse die Notwendigkeit zentraler Verwaltungsbehörden trennen von Frankreichs Wünschen an der Westgrenze. Die Amerikaner beabsichtigten also einen Handel mit ihrem

Juniorpartner: Wenn Paris nicht in die zentrale Verwaltung der Westzonen hineinfunkte, würde man beide Augen zudrücken, falls von den französischen Besatzern an der Grenze eigenmächtige Gebietsveränderungen vorgenommen werden würden. Frankreichs Konzept war: Rhein und Ruhr sollten, wenn sie schon nicht französisch werden konnten, unter einer internationalen Kontrolle stehen. Bei der Saar gingen die Forderungen aus Paris am weitesten: Das kleinste der deutschen Industrieriere musste, da es an das eigene Staatsgebiet grenzte, wirtschaftlich an Frankreich angeschlossen werden.

Die Franzosen hatten noch ein Ass im Ärmel. Außenminister Bidault spielte es im Dezember 1944 aus, als er mit de Gaulle in Moskau geweilt hatte, um einen sowjetisch-französischen Freundschaftpakt zu schließen. Am Rand der Feierlichkeiten hatte der französische Außenminister erklärt, er werde keine Einwände gegen die Abtrennung Ostpreußens, Pommerns und Schlesiens von Deutschland erheben, die die Russen beabsichtigten. Umgekehrt aber hatte er beiläufig die französischen Ziele an der Saar und der Ruhr ins Gespräch gebracht. Das bedeutete: Wenn ihr euch, um eurer Sicherheit willen und weil Polen das braucht, an der Ostgrenze deutsche Gebiete einverleibt – was könnt ihr dann dagegen haben, dass wir das aus demselben guten Grund im Westen machen?[59]

Wie alle späteren französischen Besatzungsgebiete war auch das Land an der Saar zuerst von amerikanischen Truppen besetzt worden, zugleich kamen französische Verwaltungsoffiziere als Beobachter. Am 6. Juli 1945 übernahmen französische Besatzungstruppen unter General Kœnig das Saargebiet von den Amerikanern. Sie erklärten die Wiedereinsetzung der Verwaltungseinheit Saar, wie sie zwischen 1920 und 1935 bestanden hatte. An der Spitze dieser Einheit stand ab dem 20. August 1945 der Délégué Supérieur Gilbert Grandval. Damit war das Saargebiet dem unmittelbaren französischen Einfluss unterstellt. Es begann also, eine Sonderrolle zu spielen – außerhalb der französisch besetzten Zone im Rahmen der alliierten Deutschlandvereinbarungen.

Welcher Kuhhandel zu dieser historischen Einsicht geführt hat, wissen wir: Frankreich hat den übrigen Westmächten sein Einverständnis dazu gegeben, das Ruhrgebiet nicht unter internationale Kontrolle zu stellen, und damit entscheidend dabei geholfen, eine Ausdehnung des sowjetischen Einflusses auf die Westzonen zu verhindern. Umso erstaunter waren die Alliierten, als Paris am 22. Dezember 1946 Zollschranken zwischen dem Saarland und der Pfalz errichtete. Damit war das Saarland von Deutschland nun auch sichtbar und spürbar abgetrennt. Der Waren- und Geldverkehr war zwischen der Saar und Deutschland ganz unterbunden.

Amerikaner und Briten ließen die Franzosen an der Saar gewähren. So konnte dann auch am 16. Juni 1947 der französische Militärgouverneur die Umstellung der Währung an der Saar auf die neue Saar-Mark vornehmen. Das war ein Jahr vor der Währungsreform in den Westzonen. Damit waren alle bestehenden Guthaben von Saarländern blockiert. Sie bemerkten, dass die Herrschaft der Franzosen nicht nur Vorteile hatte. Bisher waren sie immerhin im Gegensatz zu den Bewohnern der französischen Zone in den Genuss großzügiger Lebensmittelrationen gekommen.

Das Licht aus dem Osten

»›Die rauschendste internationale Ballnacht in Europa seit Kriegsende‹ nannte Associated Press den zweiten Jahresball des Alliierten Kontrollrats in Berlin. Das in ein Lichtmeer getauchte und reich geschmückte Gebäude in der Potsdamer Straße war das Ziel einer prächtigen Wagenauffahrt, wie sie Berlin seit Jahren nicht sah. Über 750 Gäste von 14 alliierten Nationen vereinte das Fest, auf dem ukrainische Tänzer und schottische Dudelsackpfeifer ihre Kunst zeigten. An der Spitze der Gäste sah man Generalleutnant Lucius D. Clay, Sir Sholto Douglas und Generalleutnant Kotikow.
Kaum einem der Gäste dürfte es zum Bewußtsein gekommen sein, daß in dem Saal, in dem sich prachtvolle Uniformen und kostbare

Damentoiletten nach den Rhythmen hervorragender Jazzkapellen im Tanz vereinten, einst die Angeklagten des 20. Juli vor Gericht gestanden hatten. Für die Berliner Bevölkerung, die mit hungrigen Augen Luxus und Pracht bestaunte, war der Ball eine gespenstische Fata Morgana inmitten der Ruinenstadt.«
(›Der Spiegel‹ 4/1947)

Dass Berlin seine bisherige Rolle so schnell nicht wieder würde spielen können, war allen klar. Dass die größte deutsche Stadt aber auf drastische Art ein Spiegelbild des geteilten Deutschlands werden sollte, das überraschte selbst die Pessimisten. 1944 hatten die Alliierten über das Schicksal der Hauptstadt Hitlers entschieden: Berlin sollte wie ganz Deutschland in vier Sektoren aufgeteilt und von einer Alliierten Kommandantur verwaltet werden. Doch zunächst erreichte nur die Rote Armee Berlin. Augenzeugen berichten, die Menschen seien völlig außer sich gewesen. Sie saßen ja fest und kamen aus dem Schraubstock, den die Russen gebildet hatten, kaum heraus. Fress- und Saufgelage mit gestohlenen Lebensmitteln hätten stattgefunden, in den Bunkern und Schutzräumen hätten sich Orgien abgespielt, nachdem die Lager mit medizinischem Alkohol und Morphium aufgebrochen worden waren.[60]

Die Russen schossen sich gegen Werwolf-Einheiten und die fanatische SS mit Granaten Block für Block vorwärts. So wurden auch die wenigen Gebäude, die den jahrelangen Bombenkrieg überstanden hatten, in letzter Minute noch zerstört. Wenn die Russen ein Viertel erobert hatten, stand oft kein Haus mehr.[61] Hinter den kämpfenden Einheiten kamen in zweiter Linie Kräfte, die sich sicherer fühlten – und sich deshalb hemmungslos gehenließen. Sie nahmen nun Rache für die Zerstörungen, die die Deutschen in ihrer Heimat angerichtet hatten. Alles wurde geplündert. Es kam zu Vergewaltigungsorgien. Opfer waren Frauen und Mädchen jedes Alters. Es gab kaum Möglichkeiten für Frauen, sich vor Übergriffen zu schützen. Viele versuchten es dennoch: Sie versteckten sich oder gaben sich mit einfachen Hilfsmitteln ein unansehnliches oder männliches Aussehen. Diese ersten Tage und Wochen sollten das Ansehen der Sowjets in Deutschland für lange Zeit beschädigen. Die Deutschen vergaßen ihnen diese Demütigung bis heute nicht. Sie konnten sich danach noch so sehr um ein besseres Image bemühen, es half ihnen nicht mehr.

Stalin hatte befohlen, bei der Einnahme Berlins Disziplin zu wahren. Er wollte auf keinen Fall die Deutschen mehr als nötig gegen die Sowjets aufbringen. Wenn sich dieser Feldzug lohnen sollte, brauchte er die Hilfe der Deutschen. Die würde ihm aber versagt bleiben, wenn seine Soldaten systematisch deutsche Frauen vergewaltigten. Shukow, der Eroberer Berlins, ermahnte seine Truppen: »Wenn ihr auf die Rocksäume deutscher Mädchen schaut, solltet ihr nicht die Gründe übersehen, deretwegen das Vaterland euch hierher geschickt hat.«[62]

Die Vergewaltigungswelle hat wie nichts anderes das Verhältnis der Deutschen zur russischen Besatzungsmacht verschlechtert. Männer mussten dabei zuschauen, wie ihre Frauen vergewaltigt wurden. Frauen wurden nicht nur vergewaltigt, sie mussten auch erleben, dass ihre Töchter neben ihnen das gleiche Schicksal erlitten. Die Deutschen glaubten nicht, dass diese Vergewaltigungsorgie, die mehrere Wochen dauerte, eine Folge von Disziplinlosigkeit war. Da konnten Stalin und Shukow behaupten, was sie wollten. Für die Opfer spielte das sowieso keine Rolle. Es war lange ein Flugblatt bzw. ein Artikel aus der Armeezeitung der Sowjets in Umlauf. Der russische Dichter Ilja Ehrenburg soll es geschrieben haben. In diesem Text wurden die sowjetischen Soldaten dazu aufgefordert, den Nazismus, der so viel Leid über ihr Land gebracht hatte, an der Wurzel zu packen, indem man das Volk, das diesen Nazismus noch im Herzen trug, demütigte. Der Autor des Artikels forderte die Rotarmisten auf, die deutschen Frauen systematisch zu vergewaltigen und damit der vermeintlichen Herrenrasse ein für allemal ihre Überheblichkeit zu nehmen.

Berlin war zum ersten Mal seit Napoleon von einer fremden Macht besetzt. Die Bausubstanz war um 40 Prozent reduziert, die Bevölkerung der Stadt hatte sich halbiert. Alle wichtigen Brücken waren gesprengt. Die Kanäle der Stadt waren verstopft – mit

Schlamm, Schutt und Leichen. Die Schächte der Nord-Süd-Bahnen waren voller Wasser gelaufen, weil SS-Kommandos die Wehre der Spree gesprengt hatten, um den Russen den Weg zu versperren. Damit hatten sie die Berliner zum Ertrinken verurteilt, die sich vor der Artillerie in die Schächte geflüchtet hatten. Es gab kein Trinkwasser, die Ratten schleppten Krankheitskeime bis in die Unterkünfte. Sie waren in diesen Tagen die Einzigen, die gut genährt waren: Überall lagen Kadaver von Menschen, aber auch von Pferden und sogar von Tieren, die aus dem Zoo entwichen waren. Russische Soldaten torkelten betrunken durch die Straßen, die mit Wracks von Armeefahrzeugen und zerschossenen Panzern gesäumt waren. Die Wege waren durch den Schutt unpassierbar, auf schmalen Pfaden schleppten sich ausgezehrte Flüchtlinge durch die zerstörte Stadt. Frauen mit Wassereimern standen vor den wenigen öffentlichen Pumpen, die noch sauberes Wasser lieferten, Schlange.

Ruth Andreas-Friedrich, eine Journalistin, die während der Nazizeit zusammen mit Leo Borchard eine Widerstandsgruppe (»Onkel Emil«) gegründet hatte, schrieb am 12. Mai 1945 in ihr Tagebuch: »Die letzten sechs Kampftage haben Berlin schlimmer zugerichtet als zehn schwere Bombenangriffe.« Sie erschrak, als sie zum Tiergarten kam: »Bestürzt blicke ich auf die zerfetzten Bäume. Geknickt, zerborsten, bis zur Unkenntlichkeit verstümmelt. (…) An der Charlottenburger Chaussee stinkt es nach Kadavern. Doch als wir näher hinschauen, sind es nur Pferdegerippe. Fleischfetzen um Fleischfetzen schnitten die Umwohner den toten Tieren von den Knochen, steckten sie in die Kochtöpfe und verschlangen sie gierig. Nur die Gedärme hängen noch faulend zwischen nackten Rippen.«[63]

Die Russen waren in diesem Frühsommer 1945 die Herren der Stadt. So führten sie in Berlin die Moskauer Zeit ein. In Deutschland galten zeitweilig drei Zeitzonen: in Berlin die Moskauer Zeit, in der übrigen SBZ die kontinentale Zeit und in den Westzonen die Greenwich-Zeit. Immerhin realisierten die hohen Militärs im Juni endlich, dass die Vergewaltigungen den Hass der Deutschen gegen die Besatzer noch höher kochen ließen. Im

Juni 1945 stellte die sowjetische Militärführung in Deutschland (SMAD) sexuelle Gewalt unter Strafe. Die Strafen wurden vollstreckt. Es gab sogar einige standrechtliche Erschießungen.[64] Doch die Soldaten waren aufgehetzt, sie wollten sich weiter austoben. Schließlich hatten sie für diesen Sieg über die Deutschen teuer bezahlt. Zudem kamen ständig neue Einheiten in die Stadt, die die ausgebrannten Soldaten ersetzen sollten. Die wollten aber ebenso den Sieg genießen wie ihre Vorgänger. Zeitzeuge Wolfgang Weinmann berichtet, dass der Tross, der nach den eigentlichen Kampftruppen kam, sich noch schlimmer verhielt, ja eigentlich erst richtig damit begann. »Bei den Russen gab es zwei Sorten. Die kämpfenden Truppen, die Berlin erobert haben. Die waren okay. Die kamen rein, haben in die Ecken geguckt, womöglich in den Kleiderschrank, ob da noch ein Soldat drinsteht. Und dann haben sie allen auf die Schulter geklopft und sich verpfiffen. Die Sauereien nachher – die Klauereien und die Vergewaltigungen –, das hat dann der Tross gemacht, der später kam.«[65]

Die Rote Armee hatte über zwei Monate Zeit, bis die Westalliierten in der Stadt ihren Platz einnahmen, von Anfang Mai bis Anfang Juli. Sie herrschte in diesen Sommerwochen allein über Berlin. Die sowjetischen Soldaten plünderten alles aus. Bis die Militärspitze durchgriff, dauerten die Vergewaltigungen an. Viele Grausamkeiten geschahen spontan, aus einem tiefen Hass gegen die Deutschen heraus. Aber es gab auch verordnete Übergriffe. Stalin drängte darauf, dass die Besatzungstruppen schnellstens alles an Kriegsbeute aus der Stadt räumen sollten, bevor die Amerikaner ihre Zone einnahmen. Mit der Hilfe zwangsverpflichteter deutscher Helfer – wenn nötig: mit vorgehaltener Waffe von der Straße wegrekrutiert – wurden ganze Fabriken in aller Eile auseinandergenommen und auf Güterzüge verladen, die sie erst einmal außer Reichweite der Westalliierten brachten. Berlin hatte den Bombenkrieg als Industriestandort einigermaßen überstanden. Im Gegensatz zum Wohnraum waren die Industrieanlagen zu einem großen Teil noch intakt. Die Berliner hätten die verbliebenen Maschinen in wenigen Monaten in Gang setzen und damit eine nennenswerte Produktion von Lebensmitteln und Gebrauchsgütern ankurbeln können. Doch die Sowjets ließen die Arbeiter in die Fabriken kommen, damit sie die funktionierenden Maschinen auseinandernahmen. In den ersten fünf Monaten der Besatzungszeit bauten die Sowjets 80 Prozent der Maschinenbaukapazität Berlins ab und schafften die Anlagen in die UdSSR, in der Leichtindustrie waren es 60 Prozent.[66]

Über diese sogenannten wilden Demontagen, das heißt Entnahmen, die auf keinen Listen auftauchten und deshalb auch nicht bei Reparationsverhandlungen verrechnet werden konnten, gaben die Sowjets keine Informationen weiter. Sie waren ebenso willkürlich wie sinnlos, denn niemand wusste, ob die Maschinenteile, die wahllos entfernt wurden, in der Sowjetunion auch Verwendung finden würden. Später stellte sich heraus, dass die Züge eilig gen Osten geschickt wurden und dann irgendwo landeten, wo sie oft Monate und Jahre auf Abstellgleisen standen. Die wertvollen Industriegüter aus Deutschland rosteten und verkamen.

Doch nicht nur die Berliner Industrie wurde ausgeräubert. Die Bewohner der Stadt wurden aufgefordert, Kleingeräte bei den Sammelstellen abzugeben. So wurden Telefone, Haushaltsgeräte, Radios und Schreibmaschinen den Privatbesitzern weggenommen und unsachgemäß gelagert. Den Besitzern fehlten diese Geräte, sie hätten sie gegen die dringend benötigten Lebensmittel eintauschen können.

Ruth Andreas-Friedrich schrieb dazu: »Rußland ist jung, kraftvoll, schöpferisch. Fast alle von uns waren für Rußland während der letzten Nazimonate. Wir warteten auf das Licht vom Osten. Aber es hat zu viele verbrannt.« Das war am 29. Mai 1945.

Und nicht nur die Maschinen wurden aus Berlin und der SBZ weggebracht, solange die Russen dort allein das Sagen hatten. Die Journalistin Carola Stern berichtet von ihren Erlebnissen in Bleicherode im Südharz. Dorthin hatten die Nazis ihre Raketenversuchsanstalt Peenemünde verlagert, nachdem die Briten die Wirkstätte Werner von Brauns an der Ostsee bei einem Luftangriff zerstört hatten. Nach Kriegsende besetzten die Russen Thüringen und erreichten so auch Bleicherode. Als die junge Carola, die mit ihrer Mutter in die Gegend geflüchtet war und als Landarbeiterin in Rüdigershagen arbeitete, erfuhr, dass die Russen auf dem ehemaligen Nazigelände eine Produktionsstätte eröffnet hatten, bewarb sie sich. Sie wurde als technische Zeichnerin eingestellt und sollte Flugbahnen berechnen. »Dann stimmt es also, dass man hier wieder V-Waffen entwickelt?«, fragte sie. Die Antwort lautete: »Raketen für den Frieden.«[67]

Als Verwalterin der Bibliothek erlebte sie in den nächsten Monaten, wie sowjetische Fachleute zusammen mit den Deutschen, die in Peenemünde schon für die Nazis die V-2-Waffe entwickelt hatten, nun die Produktion wieder ankurbelten und wichtige Grundsteine legten für die spätere Entwicklung der sowjetischen S2-, S8- und S11-Mittelstreckenraketen. Tarnname der Raketenfabrik im Südharz war RABE. Carola Stern fiel auf, dass die Stäbe, die an der Raketenentwicklung arbeiteten, sehr schnell größer wurden. Als sie nachfragte, erfuhr sie, dass die Rote Armee Mitarbeiter, die unter den Nazis schon Erfahrungen gesammelt hatten, aus Hessen abgeworben hatte. Die Russen hatten sie unbemerkt mit ihren Lkws samt Familie und Hab und Gut in den Harz gebracht. Die meisten von ihnen waren 1945 mit Wernher von Braun vor der Roten Armee nach Eschwege und Witzenhausen geflohen, wo sie seit Monaten auf ihren Weitertransport in die USA warteten. Nun ließen sie sich durch die Versprechungen der Russen zur Rückkehr bewegen. Unter diesen Wanderarbeitern waren sogar ehemalige SS-Leute, die ins KZ Buchenwald gebracht worden waren, das wie viele andere Lager nach der Befreiung der Häftlinge als Internierungsort für Naziverdächtige diente. Wer durch die Lagerhaft angeschlagen war, wurde mit Sonderrationen wieder auf die Beine gebracht. Alles musste sich dem Ziel unterordnen: Die Russen brauchten schnellstens Raketen. Dabei durften auch keine deutschen Kommunisten stören. So wurde eine KP-Betriebsgruppe sofort verboten.

Eines Abends – es war am 21. Oktober 1946 – lud der Befehlshaber Generalmajor Gaidukow alle Mitarbeiter der Raketenfabrik in die Bleicheroder Waldgaststätte Japan ein. 200 Gäste saßen an einer hufeisenförmig angeordneten Tafel. Es gab Unmengen Wodka zu trinken und gutes, reichliches Essen. Die Gastgeber aber hatten Wasser in ihren Wodkagläsern. Um halb drei fuhren Wagen vor, die die betrunkenen Gäste nach Hause brachten. Nach drei Stunden Schlaf wurden sie durch Rotarmisten geweckt. Sie sollten ihre Sachen packen und die Familien zusammenrufen. Die Raketenfabrik von Bleicherode würde, so erfuhren die schlaftrunkenen Deutschen, in die UdSSR verlagert werden. Sie sollten mit ihrer Fabrik gen Osten ziehen. Sie erfuhren noch, dass sie genug Kleidung mitnehmen sollten: Die Fahrt zum neuen Arbeitsort würde drei bis vier Wochen dauern.

Die Familien, die nicht vor Ort wohnten, wurden sogleich mit Armeelastwagen abgeholt, die auch die Möbel transportierten. Unverheiratete, die in Bleicherode und Umgebung möbliert wohnten, wurden aufgefordert, einfach die Möbel ihrer Vermieter mitzunehmen, wenn sie in der Sowjetunion kein leeres Zimmer beziehen wollten. Verheiratete Männer, die in Bleicherode eine Freundin hatten, während ihre Familie irgendwo anders wohnte, mussten sich entscheiden: Sie konnten entweder die Familie oder die Freundin mit in die UdSSR nehmen. Sobald alle zusammen waren und gepackt hatten, durfte niemand mehr einen Schritt ohne Bewachung tun, bis er den langen Sonderzug bestieg, der im Bahnhof Bleicherode-Stadt wartete. Der deutsche Direktor musste sein Reitpferd zurücklassen, durfte aber für seine Familie zwei Milchkühe mitnehmen.[68] Am 23. Oktober 1946 begann die Reise. Sie endete Wochen später auf der Insel Gorodomlia im Seligersee bei der zwischen Moskau und St. Petersburg gelegenen Stadt Ostaschkow. Die meisten kehrten erst nach vielen Jahren zurück. Auch aus anderen Betrieben in der SBZ waren deutsche Chemiker und Physiker abgeholt und in den Osten transportiert worden. In der späteren DDR durften sie kein Wort über ihre Arbeit für die Russen verlauten lassen.

In Berlin behauptete der tollkühne Stadtkommandant General Bersarin, der regelmäßig auf einem nahe der Reichkanzlei gefundenen Motorrad durch die Trümmer der Stadt schoss (wobei er auch seinen frühen Tod im Juni 1945 finden sollte): »Hitler hat Berlin in eine Stadt des Chaos verwandelt. Wir werden Berlin zu einer Stadt des Fortschritts machen.«[69] Es herrschte Arbeitspflicht – nicht nur im Osten, auch in den Westzonen. Die Berliner wurden wie andere Großstädter zu Arbeiten in der Trümmerwüste herangezogen: Sie mussten die Straßen vom Schutt freiräumen, die Kanäle vom Schlamm befreien, die U-Bahnschächte säubern und die Leitungen reparieren. Meistens waren es Frauen, die diese schweren Arbeiten verrichteten. Sie bekamen dafür Lohn und eine bessere Lebensmittelkarteneingruppierung. Ehemalige NS-Parteigenossen, die in der Hitlerzeit als besonders eifrig aufgefallen oder einfach nur denunziert worden waren, mussten umsonst arbeiten.

Das rigorose Aufbauprogramm trug schnell Früchte. Am 14. Mai 1945 fuhren die ersten Busse wieder, und nur einen Tag später wurde eine U-Bahnlinie freigegeben. Die Pioniere der Roten Armee hatten die Anweisung, die Stadt so schnell wie möglich wieder lebensfähig zu machen. Die Berliner sollten spüren, dass die Russen auch etwas zu bieten hatten. Berlin war von Anfang an das Schaufenster der Sowjets. Im Guten wie im Schlechten. So schafften es die russischen Ingenieure, eine Stromversorgung auf die Beine zu stellen und an vielen Orten Pumpen zu installieren, an denen die Berliner Trinkwasser fassen konnten. Dennoch hungerten die Menschen weiter. Die Russen öffneten für die Berliner Bevölkerung kurzzeitig ihre eigenen Versorgungsdepots. Damit es nicht zu mehr Plünderungen kam, wurden Bewaffnete vor den Geschäften aufgestellt, die noch Lebensmittel verkauften.[70]

Besonders tat sich der SMAD auf kulturellem Gebiet hervor. Die Sowjets wollten »die Seelen der Deutschen von der Nazi-Ideologie reinigen«. Und das gelang am besten – meinten sie – durch die Kraft der Humanität, wie sie die klassische deutsche Kultur ausstrahlte. Schon am 17. Mai öffnete die Berliner Museumsverwaltung mit einer improvisierten Schau der Kunstwerke, die nach den Plünderungen von den berühmten Berliner Sammlungen noch übrig waren. Am 26. Mai spielten die Berliner Philharmoniker zum ersten Mal wieder vor Publikum: im Titania-Palast in Steglitz. Sie warteten mit Mendelssohns Bühnenmusik zu Shakespeares ›Ein Sommernachtstraum‹ auf – das Werk eines Juden, das während der Nazizeit verboten gewesen war. Auch im Zeitungswesen waren die Russen den anderen Siegermächten voraus: Schon Ende Mai 1945 vergaben sie die erste Lizenz. Sie ging an die ›Tägliche Rundschau‹, die fortan dem SMAD als Verlautbarungsblatt diente und sich damit nicht unbedingt in die Herzen der Berliner schrieb.

Auf dem wichtigsten Feld des politischen Wiederaufbaus hatten sie schon im Februar 1944 ihre Vorbereitungen getroffen. In Moskau hatten sie unter den deutschen Exilanten diejenigen ausgesucht, die ihrer Meinung nach das Zeug dazu hatten, eine deutsche Regierung zu bilden. Diese Hoffnungsträger gruppierten sich um den sächsischen Kommunisten Walter Ulbricht und wurden deshalb auch »Gruppe Ulbricht« genannt. Walter Ulbricht war ein knochenharter Taktiker, der immer stramm zur Parteilinie stand. Er hatte seinen ersten Schliff nach dem Ersten Weltkrieg an der Moskauer Leninschule bekommen und hatte seit 1928 einen Sitz im Berliner Reichstag innegehabt, ab 1929 war er Bezirkssekretär der KPD Großberlin gewesen. Während seines Exils in Paris, Prag und in Spanien hatte er bei allen Flügelkämpfen zu Moskau gestanden. Man konnte sich dort seiner also sicher sein.

Ulbricht war nicht nur ein treuer Parteisoldat. Der unscheinbare Sachse verfügte über eine ungewöhnliche Durchsetzungskraft und ein geradezu manisches Beharrungsvermögen. Am 30. April 1945 traf er im Hauptquartier von Marschall Shukow ein. Nur wenige Kilometer davon entfernt tötete sich Adolf Hitler. Walter Ulbricht war gekommen, um die Macht in Deutschland aus den Händen der sowjetischen Siegermacht zu übernehmen.

DER FLIEGER AUS MOSKAU

»Fast ein Drittel aller Straßen und Plätze hat man in Leipzig umgetauft. Die Schaffner der Leipziger Straßenbahn haben jedoch die Anweisung, in der Uebergangszeit die alten und neuen Namen auszurufen. Kein Einheimischer, geschweige denn die vielen Messefremden, würde sich zurechtfinden. Im Stadtzentrum rief der Schaffner ›Karl-Marx-Platz, früher Augustusplatz‹. Linke Hand am linken Griff sprang ein Messegast von der Straßenbahn mit den Worten: ›Auf Wiedersehen, früher Heil Hitler‹.«
(›Der Spiegel‹ 11/1948)

Die Gruppe Ulbricht, die die Keimzelle des DDR-Staates werden sollte, bestand nur aus zehn Mann. Sie war im Morgengrauen in Moskau aufgebrochen. Niemand hatte ein Wort über ihre Mission verlauten lassen. Am Moskauer Flughafen wurden sie zu einer abgelegenen Stelle gebracht, wo eine Maschine auf sie wartete. Auf dem Weg dorthin erklärte einer der Männer, er habe die russische Tageszeitung ›Prawda‹ vom Vortag eingepackt, weil dort die neuesten Leistungen der sowjetischen Volkswirtschaft mitgeteilt worden waren. Der Mann wollte damit die Menschen in Deutschland vom Vorzug des Moskauer Weges überzeugen.[71] Niemand außer Ulbricht wusste Genaueres über die Mission. Nicht einmal den Zielflughafen kannten die Reisenden. Ihre Auftraggeber in Moskau lebten noch in den subversiven Dimensionen des gerade zu Ende gegangenen Weltkrieges.

Zu den zehn Männern im Flugzeug gehörte Wolfgang Leonhard. Er war der Jüngste. Weil er schon als Kind mit seiner Mutter in die Sowjetunion gekommen war, sprach er fließend Russisch. Die anderen waren neben Walter Ulbricht, dem späteren ersten Mann in der DDR, Otto Winzer, später Chef der Presse- und Rundfunkabteilung im ZK der SED, Hans Mahle, der spätere Generalintendant aller Rundfunksender der DDR, und Kurt

Maron, zunächst stellvertretender Oberbürgermeister in Berlin, Stadtrat für Wirtschaft und schließlich stellvertretender ND-Chefredakteur und Generalinspekteur der Deutschen Volkspolizei. Also die Stützen des späteren DDR-Systems.

Wolfgang Leonhard hatte in der UdSSR schon einiges durchmachen müssen: Seine Mutter war in einem Lager verschwunden, und er selbst war wie viele andere Deutsche in die unwirtliche Steppe Kasachstans deportiert worden. Doch an diesem Tag glaubte auch er hoffnungsvoll an die Mission, auf die die Sowjetunion sie schickte: »Hatte sie nicht, so sagte ich mir, durch die Unterstützung des Nationalkomitees bewiesen, dass es in ihrem Interesse lag, wenn die deutschen Kräfte selbst ein unabhängiges Deutschland errichteten.«[72] Wie viele andere war auch Wolfgang Leonhard bereit, die bekannten Mängel und Schwächen, die er in der Sowjetunion zuhauf erlebt hatte, weniger dem System zuzurechnen, als sie als eine unvermeidbare Konsequenz aus der Rückständigkeit des Riesenlandes anzusehen. Es konnte also nur besser werden. Leonhard glaubte sogar, die Russen würden Deutschland eine »relative Selbständigkeit in der politischen Entwicklung« erlauben und das Recht zugestehen, »gewisse Dinge anders machen zu können und zu dürfen als in der Sowjetunion«.

Der Flieger mit der Gruppe Ulbricht landete in Minsk, damals die Hauptstadt der Weißrussischen Sowjetrepublik. Minsk war die sowjetische Stadt, die am meisten unter der Invasion der Wehrmacht gelitten hatte. Vom Flugzeug aus sahen die Reisenden die ungeheuren Zerstörungen der Stadt – ein Grad an Schäden, den sie von Moskau her nicht kannten. Nun begann der junge Wolfgang Leonhard zu ahnen, dass doch alles anders kommen könnte. Nach diesem verheerenden Krieg, dessen Auswirkungen umso schrecklicher zu spüren waren, je weiter man von Moskau aus nach Westen flog.

Nach kurzem Aufenthalt verließ das Flugzeug der Gruppe Ulbricht Minsk wieder und landete in Kalau (Kalawa), nicht weit von der neuen Oder-Neiße-Grenze, allerdings auf der polnischen Seite, eine unbewohnte Gegend, irgendwo östlich von Frankfurt/

Oder und Küstrin. Ein sowjetischer Offizier erschien und erklärte, er käme soeben aus Berlin und werde sie weiterbegleiten.
Ein Lastwagen transportierte die Reisegruppe dann in Richtung
Westen. Die Dörfer, die sie durchquerten, schienen verlassen zu
sein, vereinzelt hingen polnische Fahnen aus den Fenstern. Sie
hielten in einer Ortschaft mit einer sowjetischen Kommandantur, wo der diensthabende Offizier sie freudig zum Essen einlud.
Er begrüßte die Gäste als Mitglieder der neuen deutschen Regierung. Leonhard: »Was hatte er da gesagt? Neue deutsche Regierung? Neben mir saß Hans Mahle, und wir schauten uns verlegen
an. Was sollten wir jetzt bloß tun?«

Die Situation war absurd. Die Deutschen glaubten an eine Ver-
wechslung. Mit Limousinen der Roten Armee wurden sie weiter
nach Küstrin gebracht. Dort sahen sie ein neues Kapitel der Zerstörung. »Küstrin war eine einzige Steinwüste. Solche Zerstörung
hatte ich bis jetzt nur auf Bildern oder in der Wochenschau, niemals aber in der Wirklichkeit gesehen. Es war ein erschüttern-
der Anblick.«[73] Ihr Ziel war Bruchmühle, ein Ort 30 Kilometer
östlich von Berlin, heute Teil der Stadt Altlandsberg im Kreis
Märkisch-Oderland.

Ulbricht hatte als Erster der Gruppe Gelegenheit, sich in Berlin umzusehen. Doch er berichtete wenig von seinem Ausflug in
die Wirklichkeit, als er in das beschauliche Bruchmühle zurückkam. Allerdings schien er zu spüren, dass es unter seinen Leuten gärte. Also versuchte er, ihnen Zuversicht zu vermitteln. Er
rückte endlich damit heraus, was sie leisten sollten: »Es wird unsere Aufgabe sein, die deutschen Selbstverwaltungsorgane in
Berlin aufzubauen. Wir werden in die verschiedenen Berliner
Bezirke fahren und dort aus den antifaschistisch-demokra-
tischen Kräften jene heraussuchen, die sich für den Aufbau der
neuen deutschen Verwaltung eignen.«

Es war der 2. Mai 1945. Der Tag, an dem die Wehrmacht
in Berlin kapitulierte. Die Potsdamer Konferenz hatte noch gar
nicht stattgefunden. Die Amerikaner, Briten und Franzosen waren noch nicht in Berlin. Es gab noch keinen Alliierten Kontrollrat und keine Hochkommissare. Eigentlich waren die Zonen

auch noch gar nicht endgültig verteilt und ihre Grenzen noch nicht gezogen. In Bruchmühle bei Berlin hatten die Sowjets aber bereits eine Gruppe Deutscher in Stellung gebracht, die einmal die Regierungsgewalt in einem neuen Staat übernehmen sollten. Und nicht nur das: Man hatte längst einen Plan, wie das zu bewerkstelligen war, worüber sich die Siegermächte untereinander noch stritten und woran die anderen Alliierten noch nicht mal zu denken wagten.

Die Gruppe Ulbricht sollte eine Keimzelle des neuen Deutschlands bilden. Diese Keimzelle würde Berlin, die alte Hauptstadt, sein. Sie wollte damit sofort beginnen, am nächsten Tag schon, das war der 3. Mai 1945. Die Sowjets wussten, dass sie nicht viel Zeit hatten. Bald würden die Westalliierten auch in Berlin sein. Die Mitglieder der Gruppe Ulbricht sollten also ausschwärmen und die Leute suchen, mit denen sie die politischen Zentren besetzen konnten. Abends kamen sie nach Bruchmühle zurück und erstatteten Bericht. Standen erst die Bezirke, würde man bald auch die Stadt derart gestalten. Und dann das ganze Land.

2. Leben

DIE ZUSAMMENBRUCHSGESELLSCHAFT

»Aus dem griechischen Begriff der Läuterung erwuchs im
Christentum ein neuer, tieferer Gedanke. Der Trotz germanischer
Auflehnung wurde verschmolzen mit der Erkenntnis mensch-
licher und damit eigener Schwäche. Es gilt, nicht nur die Schläge
des Schicksals hinzunehmen, nicht sich zu beugen den dunklen
Mächten, sondern aus ihnen die Kraft zu schöpfen, wieder
hinaufzusteigen zum Licht. An die Stelle äußeren Geschehen tritt
die innere Wandlung.« (›Die Zeit‹ 3/1946)

»Deutschland ist ein Land, das keine Regierung hat, das keine
fixierten Grenzen hat. Es ist in Besatzungszonen zerteilt. Und
nun definieren Sie, was Deutschland ist! Es ist ein zerschlagenes
Land.« Das sagte kein aufgebrachter deutscher Kritiker der Besatzungspolitik. Das sagte Stalin in Potsdam zu Churchill, als der
ihn fragte, was Deutschland zum damaligen Zeitpunkt genau bedeutete. Wir befinden uns in einer Zusammenbruchsgesellschaft.
131 deutsche Städte waren von den alliierten Bombenangriffen
betroffen gewesen. Unter den Großstädten hatten Dortmund,
Duisburg, Kassel, Kiel, Ludwigshafen, Bochum, Braunschweig,
Bremen und Hannover schwerste Schäden abbekommen. Hier
stieg die Quote der völlig zerstörten Häuser bis auf 66 Prozent.
Doch am schlimmsten hatte es, neben bis weit über 90 Prozent

zerstörten Mittelstädten Düren, Wesel, Paderborn, Hanau, Siegen und Gießen, die Metropolen Berlin, Hamburg und Köln erwischt.[1] Die Bombenteppiche, die die Alliierten bis in die letzten Kriegstage über die deutschen Städte gelegt hatten, steckten den Menschen in den Knochen – viele konnten kaum noch schlafen, weil sie bei jedem ungewohnten Geräusch aufschreckten. Keine drei Monate vor Kriegsende waren in der Nacht vom 13. auf den 14. Februar beim Bombenangriff auf Dresden 35 000 Menschen ums Leben gekommen. Darunter viele Flüchtlinge aus dem Osten, die in der Stadt an der Elbe Schutz gesucht hatten.[2]

Dann war plötzlich alles vorbei. Es gab keine Nazis mehr, zumindest waren sie im Stadtbild nicht mehr erkennbar. Dafür waren die Amerikaner, Briten, Russen da. Zuerst kamen die Panzer. Die wenigen noch passierbaren Straßen in den Städten platzten unter ihren Ketten auf. Auf den Dörfern ruinierten die schweren Fahrzeuge die Durchfahrtswege. Wenn es eng wurde, gingen Häuserwände zu Bruch. In den großen Städten wurden, da schweres Räumgerät fehlte, teilweise Zootiere bei der Trümmerbeseitigung eingesetzt. So zogen Elefanten zerstörte Autowracks aus den Ruinen. Die Breite Straße, die einstige Renommiermeile der Stadt Köln, war völlig verschüttet. Die Passanten drängten sich auf einem schmalen Trampelpfad zwischen den Schuttbergen. Meistens standen die Menschen einfach herum, da sie warten mussten, bis es weiterging. Es konnten weder Autos noch Motorräder fahren. Deshalb war die Metropole erschreckend still.

Als US-Präsident Truman am 16. Juli 1945 Berlin besuchte, bewegte er sich im Schritttempo in einer offenen Limousine durch Schuttberge. Die Durchfahrten waren noch so eng, dass der Wagen immer wieder anhalten und warten musste. Einziges wirkliches Massenverkehrsmittel war das Fahrrad – daher auch ein begehrtes Objekt der Diebe und Schieber. Weil es so gut wie keine Ersatzteile gab, erst recht keine neuen Reifen, befestigten viele Gummipfropfen eng nebeneinander auf den Felgen. Die Gummipfropfen konnte man leicht ersetzen.[3]

Es wurden Ausgangssperren verhängt. Nachrichtensperren. Reiseverbote. Niemand durfte die Grenze seiner Zone überschreiten.[4] In Hamburg marschierten zuerst die Amerikaner ein. Die Zeitzeugin Erika S.: »Sie untersuchen die Häuser nach Waffen und Uniformen, sind aber im übrigen freundlich. Die befreiten Kriegsgefangenen klauen fürchterlich. Die amerikanische Flagge weht auf dem Rathaus. Ich muss schon einen Ausweis haben. Von abends 6 – morgens 7 Uhr ist Ausgehverbot. 200 Meter Bewegungsfreiheit vom Wohnort aus.«[5]

»Die furchtbare Armut der Berliner ist wohl nie deutlicher geworden als in der Schreckensnacht von Hakenfelde«, schrieb der ›Abend‹ nach dem Unglück. Das Ausflugslokal Karlslust war vollständig ausgebrannt. 88 Menschen kamen ums Leben, 40 lagen schwer verletzt in Krankenhäusern. Beim Kostümfest des Sportklubs Spandau-Neustadt vergnügten sich fast 1000 Besucher, darunter auch viele britische Besatzungssoldaten. Obwohl es grimmig kalt war, kamen viele Besucher in luftigen Kostümen zum Karneval. Der Wirt heizte den Saal mit einem Ofen. Später würde die Polizei feststellen, dass ein Balken der hölzernen Dachkonstruktion in den Kamin ragte.

Zwei Mütter schieben ihre Kinderwagen, vorbei an einer zerstörten Flak.

Um Mitternacht zeigten Kunstradfahrer ihr Können. Plötzlich fiel das Licht aus. Das Gebälk fing an zu brennen. Im Saal entstand eine Panik. Das Gebäude war noch vor Kurzem eine Unterkunft für Zwangsarbeiter gewesen, deshalb waren die Fenster vergittert. Die einzige Tür war nur 1 Meter 30 schmal. Alle wollten hinaus. Die Menschen trampelten übereinander.

Etwas Eigenartiges geschah – und löste die eigentliche Katastrophe erst aus: Viele, die eigentlich schon draußen, also gerettet waren, drängten wieder hinein, um ihre Garderobe zu holen. Die Mäntel waren so wertvoll in dieser Zeit, dass man dafür sein Leben riskierte. Die Hinausdrängenden trafen auf die Zurückkommenden. Nichts ging mehr. Dann brach die brennende Decke herunter. Die Leichen lagen laut ›Abend‹ in Schichten übereinander.

Ein Musiker, der seinen Kontrabass retten wollte, versperrte damit die Tür. Ein britischer Soldat nahm ihm das Instrument weg und warf es in die Flammen. Aber nun blockierte der Schlagzeuger der Kapelle den Ausgang, weil auch er sein Instrument, mit dem er sein Brot verdienen musste, retten wollte. 15 Minuten nach dem Ausbruch des Brandes kam erst die britische, dann die deutsche Feuerwehr. Der einzige Hydrant musste von Schnee und einer dicken Eisschicht befreit werden. Sechs britische Soldaten, die versuchten, Frauen und Mädchen zu retten, kamen dabei um. Die britischen Offiziere, die das Unglück anschließend untersuchten, erklärten, es sei ihnen unverständlich, »daß die Deutschen zur Garderobe eilten, anstatt zu versuchen, sich ins Freie zu retten«.[6]

Viele Deutsche sahen zum ersten Mal Schwarze – sie wunderten sich, dass es keine Monster waren wie in den bösartigen Karikaturen der Nazis, sondern selbstbewusste, gepflegte Männer. Die Besatzer waren jetzt die Herren. Man wusste nicht, wie man ihnen begegnen sollte. Und wie diese Begegnungen endeten. Lange war alles möglich: von der unerwarteten Fraternisierung bis zum unkontrollierten Gewaltausbruch. Die alliierten Soldaten waren nervös und hegten Ressentiments gegen die Deutschen. Es herrschte Unsicherheit auf beiden Seiten. Die Deutschen fühlten sich als Freiwild angesichts der Willkür der Besatzungsmächte.

Selbst die sonst so zivilisierten Briten plünderten und belästigten Zivilisten. In Berlin hießen sie »Russen mit Bügelfalten«. Es spielten sich seltsame Szenen ab, in denen der kultivierte Umgang unversehens umschlug in Barbarei.

Ein Hamburger berichtete von seinem Erlebnis mit einem britischen Offizier Anfang Mai 1945. Die Amerikaner hatten die Stadt gerade den Briten übergeben. Mit denen glaubte man in der Hansestadt auf gutem Fuß zu stehen – aufgrund einer langen Tradition. Die Hanseaten luden sie in ihre Häuser ein. Richard Tüngel, später Redakteur bei der ›Zeit‹, erlebte einen geselligen Abend mit einem Briten aus der Einheit der »Desert Rats«, an dessen Haltung man seine »gute Herkunft« gleich erkannte: »Er sah aus wie ein Gentleman aus dem Bilderbuch. Wir standen, mein Gastgeber Robert Lachmann und ich, an der Gartenpforte, und mein Engländer sagte zu mir in bestem Oxford-Englisch: ›Geben Sie mir Ihre Armbanduhr!‹ Und dann, zu meinem Freund gewandt: ›Sie haben keine?‹ – ›Nein.‹ – ›Dann bringen Sie mir alle Fotoapparate und Ferngläser, die Sie im Haus haben.‹«[7]

Es gab Unterschiede. Die Amerikaner waren lässig und bewegten sich schnell, sie fuhren in Jeeps, gingen nie zu Fuß oder nur sehr selten. Die Russen hingegen kamen zu Fuß, auf Pferden, auf alten Motorrädern. Ursula von Kardorff berichtet, dass in Mecklenburg an einem schönen Maimorgen sogar welche auf Schlitten erschienen waren – mitten im Frühling, von Hunden gezogen.[8] Die Besetzten lernten diese Unterschiede zwischen den Besatzern schnell kennen. Es war lebenswichtig, zu wissen, mit wem man es zu tun hatte. Jeder Offizier war ein kleiner Herr, und ein Kommandant war ein Kaiser. Als die Angehörigen der Gruppe Ulbricht im Auftrag Moskaus in Berlin deutsche Bezirksräte installieren wollten, mussten sie vor einem kleinen Kiezkommandanten kapitulieren, der Kreuzberg unbedingt von einer Gruppe russischer Exilanten verwalten lassen wollte. Russische Exilanten als Kreuzberger Bürgermeister – das war gegen die Anordnung zur kommunalen deutschen Selbstverwaltung, die Walter Ulbricht durchzusetzen hatte. Aber es ging, wenn ein russischer Kommandant es wollte.[9] Man musste seine Pappenheimer also kennen, wenn man überleben wollte. Selbst die Kinder lernten schnell zu unterscheiden, wie die Zeitzeugin Helma Sanders-Brahms berichtet: »Denn die Tommies hatten weniger als die Amis, aber die Russen hatten gar nichts. Die Russen, so hieß es, wuschen die Kartoffeln im Klo, konnten tanzen und singen, waren gut zu den Kindern, aber schlimm zu den Frauen. Vor den Russen herrschte eine allgemeine Angst, und die Flüchtlinge erzählten von ihnen solche Geschichten, daß unsere Mütter uns die Ohren zuhielten.«[10] Aber es gab auch andere Erfahrungen, Ursula von Kardorff notierte: »Dazwischen auch hochgewachsene Kosakenoffiziere, die ihre eigenen Leute verprügeln und gestohlenes Gut zurückgaben.«[11]

Selbstmord war weit verbreitet. In besseren Kreisen nahm man in diesen Tagen Zyankali. Die älteren Herrschaften auf den Gütern, die die Niederlage mit den vielen Toten und den Demütigungen nicht erleben wollten, sprachen davon wie von einer lange geplanten Reise. »Schon lange hatten sie davon gesprochen, wie von einer Selbstverständlichkeit«, schrieb Ursula von Kardorff. Eine Bauersfrau hatte in ihrer Angst vor den Russen fünfzehn Angehörige erschossen und sich dann ertränkt. Überall lagen Leichen. Die gehörten in diesen Tagen dazu – entweder waren sie vom Krieg übrig geblieben, oder die Menschen waren von den Besatzern niedergemacht worden, weil sie für Nazis gehalten wurden oder die Besatzer einfach betrunken und aggressiv gewesen waren. Und dazu kamen noch die Toten durch Selbstmord.

Die Regisseurin Helma Sanders-Brahms berichtet von einem Soldaten in der Nähe ihres Heimatdorfes, der bei den Kämpfen im Mai getötet worden war. Er lag lange an einer Stelle im Wald, weil niemand ihn begrub. Er verweste, und um ihn herum verblühten die Veilchen, als es Sommer wurde. Nur die Kinder des Dorfes wussten von ihm, und sie sagten es niemandem.[12] Ursula von Kardorff notierte: »Jeden Sonntag verkündet der Pfarrer in der Kirche neue, unzählbare Todesfälle.«

Die Deutschen erzählten sich ungefragt Geschichten. Kardorff schrieb dazu: »Es ist, als glaubten die Menschen zu ersticken, wenn sie sich nicht aussprechen. Alles an ihnen rührt mich: ihre mageren Hälse, ihre Falten, ihr unsteter, aber gutmütiger Blick.«[13] Sie notierte auch in ihr Tagebuch: »Aber wir werden es schaffen. Wir werden arbeiten, genügsam sein, bescheiden – und gläubig. Vielleicht gibt es eines Tages wieder ein neues, liebenswertes Deutschland. Der Tod so vieler Gefallener und Gehängter – ist er umsonst gewesen? Oder gibt es einen Sinn?«[14]

Gleichzeitig – das war eine damals oft zu beobachtende Ambivalenz – stieg aus all dem Elend unversehens eine mächtige Lebensfreude und Zuversicht auf. Vor allem in jungen Menschen kämpfte der Wille, endlich richtig zu leben und glücklich zu werden, gegen die drohende Entmutigung. Kardorff enthusiastisch: »Ich fühle eine wilde Vitalität, gemischt mit Trotz, in mir wachsen, das Gegenteil von Resignation.«

KALORIENKRIEG

»Die Apotheker hoffen, daß ihnen in diesem Winter nicht wieder die Medikamente in der Apotheke einfrieren. Mancher hat bei Minus 9 Grad im Laden abends den Salbentopf mit ins Bett genommen, um am anderen Morgen die Salbe überhaupt anrühren zu können.« (›Der Spiegel‹ 37/1947)

Die Deutschen mussten zusammenrücken, fremde Familien teilten sich Wohnungen. Viele mussten sogar in Kellerlöchern oder unter freiem Himmel schlafen. Das Land stand still. Banken waren geschlossen. Es wurde keine Post befördert. Züge fuhren so gut wie gar nicht mehr, es gab keine gültigen Fahrpläne. Die Mehlvorräte waren schnell aufgebraucht, und es gab keinen Strom für die Maschinen und keinen Brennstoff für die Öfen. Also konnte auch kein Brot gebacken werden. Die Felder waren verwüstet. Eine reguläre Ernte war nicht zu erwarten – auch weil wegen der letzten Kriegshandlungen nicht konsequent hatte ausgesät werden können.

Und während das Land stillstand, gerieten die Menschen in Bewegung. Drei Millionen Russen, 1,5 Millionen Amerikaner, eine Million Briten und 150 000 Franzosen befanden sich 1945/46 in Deutschland.[15] Überall herrschte ein heute unvorstellbares Chaos. Zivilisatorisch und architektonisch.

Aber es gab Schneisen. Die Trümmer wurden weggeräumt. Dafür bekam man kleine Extrarationen. Frauen, die Kinder hatten, ließen die in ihren Bettchen liegen und rannten früh morgens zu den Trümmer-Bauplätzen. Nazis wurden zwangsverpflichtet, ob alt oder jung, Mann oder Frau. Sie mussten umsonst schuften. Vor allem Frauen mussten die zerstörten Städte vom Schutt befreien – die Männer waren noch im Krieg oder mussten irgendwo den Unterhalt der Familie verdienen. Neben den sogenannten »Trümmerfrauen«, die die Arbeit von Hand und mit selbstgebastelten Hilfsmitteln machten und aus den Resten der zerstörten Häuser die wiederverwertbaren Backsteine bargen, waren in den Städten vor allem junge Männer tätig. Angehende Studenten mussten (auch noch nach der Gründung der Bundesrepublik) ein halbes Jahr lang bei der Trümmerbeseitigung mithelfen, bevor sie sich immatrikulieren durften.[16]

Zeitzeugin Menta Terwey musste ihren Arbeitseinsatz in der Mensa der Universität Freiburg ableisten: »Als ich zu diesem propädeutischen Kurs in Freiburg war, da war die Uni kaputt. Wir waren ausgelagert in irgendeinem Haus in Herdern. Da hat jeder Student ein Stück Papier oder was er sonst so hatte in den Ofen gesteckt, und damit war die Heizung erledigt. Wir hatten alles an, was wir besaßen. Handschuhe, Mantel, Mütze. Es war einfach kalt. Wenn ich an diese Studenten denke, die aus dem Osten kamen, die gar keinen Anhalt hatten bei irgendwelchen Leuten, die ihnen so ein bisschen was zugesteckt hätten. Die sahen elend aus. Ich war bei der Suppenausteilung in der Mensa. Das war so eine schwarze Suppe, eine furchtbare Brühe, ich habe sie grauschwarz in Erinnerung. Die Studenten kamen zwei Mal, drei Mal. Und als die Nonnen das gesehen haben, dass ich denen immer wieder von der Brühe in ihren Pott geschöpft habe, da war was los. Wenn wir morgens kamen, roch es so gut. Ich weiß nicht, was die da gebacken haben. Auf jeden Fall wurde da gefrühstückt und uns hing der Magen runter. Und da kam Hochwürden und da kam jemand mit einer großen Platte und die war zugedeckt und wurde Hochwürden in irgendein Zimmer gebracht. Also wir waren stinksauer auf den Verein, weil uns ja wirklich der Magen runterhing.«[17]

Anfangs wurden die Menschen noch mit 2000 Kalorien pro Person am Tag versorgt. Der Völkerbund hatte in den 1930er Jahren 2400 Kalorien als physiologisches Minimum genannt – als Minimum, das muss man bei den nun folgenden Abschlägen immer im Blick behalten.[18] Die Magazine mit Lebensmittelreserven waren gut gefüllt, wie die alliierten Truppen überrascht feststellten, als sie das Kernland besetzten. Doch die Bestände waren nicht mehr nachgefüllt worden. Sobald die von der Wehrmacht okkupierten Länder, aus denen die Waren für die Reichsdeutschen kamen, zurückerobert worden waren, war der stetige Warenstrom auf Kosten der ausgebeuteten Völker versiegt.[19]

›Der Spiegel‹ schrieb im Februar 1947: »Mit den alliierten Truppen hielten die Kalorien ihren Einzug in Deutschland. Die Vitamine wurden als eine ausgesprochene Nazi-Erfindung abgetan. Einige Antifaschisten traten auf den Ernährungsämtern an die Stelle der Pg's. Der Reichsnährstand blieb bestehen, die Ernährung jedoch wurde von Tag zu Tag schlechter.«[20] Man musste kein überzeugter Nazi gewesen sein, um sich jetzt mit Wehmut an die Rationierung während des Krieges zu erinnern, die am 28. August 1939 begonnen hatte.

Die Lebensmittelkarten begleiteten die Deutschen viele Jahre lang. Sie waren der Inbegriff der Kriegs- und Nachkriegsgesellschaft. Sie hatten eine besondere Konsistenz, die sich jedem einprägte: Sie fühlten sich an wie Löschpapier, sie waren rau, und ihre Farben wirkten stumpf. Die Karten waren personenbezogen und nicht übertragbar. Wenn die ausgewiesenen Lebensmittel beim Händler in der auf der Karte verzeichneten Frist nicht verfügbar waren oder der sie für andere Zwecke abzweigte, was oft vorkam, ging der Kunde leer aus. Im Falle »vorübergehender Verknappung« mussten die Käufer sich mit Ersatzprodukten zufriedengeben. Dann gab es anstatt Frischmilch Buttermilch oder Joghurt.

Das Ernährungsamt stellte die Lebensmittelkarten für jeweils vier Wochen aus (ab 1948 für einen Kalendermonat). Sie waren in verschiedene Abschnitte für Brot, Fett, Zucker, Fleisch, Nährmittel (das waren Getreideerzeugnisse wie Graupen, Grieß, Haferflocken und Teigwaren), Fisch, Käse und Kaffee-Ersatz unterteilt. Ein Bestellschein für entrahmte Frischmilch wurde vom Lebensmittelhändler abgetrennt. Nummerierte Abschnitte auf den Karten berechtigten erst nach Aufruf zum Bezug; sie betrafen Fisch, Zucker, zusätzliches Brot, Nährmittel, Fleisch, Käse und Sonderzuteilungen. Besonders gefragt waren Reisemarken, da sie nicht an eine bestimmte Person gebunden waren und sich somit zum Tauschen eigneten. Reisemarken brauchte man vor allem, wenn man unterwegs war; man konnte damit in Gaststätten essen. Für die Zuteilung von Kartoffeln gab es besondere Einkellerungsscheine.

Kurz vor Kriegsbeginn war die »Verordnung über die öffentliche Bewirtschaftung von landwirtschaftlichen Erzeugnissen« herausgegeben worden, die unter anderem das Kartenwesen regelte. Seit Monaten hatten bei den unteren Verwaltungsbehörden die Lebensmittelkarten bereitgelegen. Am Abend des 27. August 1939 hielten große Teile der Bevölkerung deshalb schon ihre Lebensmittelkarten in den Händen. Am Tag darauf, dem 28. August 1939, begann die 1. Zuteilungsperiode. Obwohl während des Krieges die Versorgung der Bevölkerung mit Lebensmitteln meist besser klappte als in der Nachkriegszeit, traten Schwierigkeiten auf, als die Landwirtschaftsgebiete im Osten von der Roten Armee besetzt wurden und die Westalliierten die Transportwege bombardierten. Die Rationssätze von Fleisch wurden deshalb zuerst verringert (»gestreckt«), und dann blieben die Lieferungen oft ganz aus. Schweinefleisch gab es zum Kriegsende fast gar nicht mehr, und die Qualität des übrigen Fleisches litt sehr. Die letzten Kriegs-Kartenperioden Nummer 73 und 74 waren schon um 15 Prozent gestreckt worden. Die Zählweise der Perioden wurde im Frieden übernommen. Es ging also unter den Besatzern einfach mit Periode 75 weiter. Zudem brauchten die Besatzer jetzt auch große Mengen Lebensmittel für die Menschen, die noch größere Not litten: die *displaced persons* aus den Lagern, Gefängnissen und Fabriken waren extrem unterernährt. Sie bekamen zuerst zu essen. Bis die Lager leer waren, dann gab es auch für die DPs nicht mehr selbstverständlich Nahrung.

Im Sommer 1945 setzten die Alliierten die Mindestnorm auf 1550 Kalorien fest. Damit wollten sie eine Hungersnot verhindern. Da jedoch während der letzten Kriegsphase auch im Reichsgebiet keine landwirtschaftliche Vorsorge mehr hatte getroffen werden können, begannen die Ernteerträge zu sinken. Schon im Frühsommer 1945 hatten sich dramatische Defizite in der Versorgung der Bevölkerung gezeigt. Geht man von der Ernährungslage des letzten Friedensjahres 1939 aus, als die Eigenversorgungsquote bei 80 Prozent lag, so hatte sich die Versorgungsrate halbiert: aus 165 Kilo Brotgetreide pro Person waren 85 Kilo geworden.

Die Kalorienmengen pro Person und Tag sanken nun zusehends: Erst auf 1000 Kalorien, dann auf 900 in der französischen Besatzungszone, wo die Versorgung anfangs am schlechtesten war. Während die Deutschen in der US-Zone noch 1330 Kalorien am Tag bekamen, waren es in der sowjetischen Zone SBZ nur noch 1083 Kalorien – also weniger als die Hälfte des vom Völkerbund zehn Jahre zuvor veranschlagten Mindestbedarfs. In der Praxis hieß das: Im britischen Sektor standen im Sommer 1945 jedem Einwohner am Tag zwei Brotscheiben mit Margarine, eine Kelle Milchsuppe und zwei kleine Kartoffeln zu.

Die Besatzer befahlen den verbliebenen deutschen Behörden, für die »Versorgung aus eigener Arbeit und eigenen Hilfsquellen« zu sorgen. Die zentrale Nahrungsmittelbewirtschaftung des Krieges wurde aufgelöst, ab Mai 1945 galt eine von Zone zu Zone unterschiedliche Zwangsbewirtschaftung. Die Amerikaner reaktivierten die Bewirtschaftung von unten nach oben: von Städten und Kreisen über Bezirke bis auf die Länderebene. Die Briten mussten schnellstens dafür sorgen, dass die Kohleförderung im Ruhrgebiet wieder auf die Beine kam. Die Zechen selbst arbeiteten weiter, als hätte es keinen Krieg gegeben. Aber die Arbeit musste unterstützt werden; die Bergleute, die in den Stollen schufteten, brauchten Nahrung, Wohnung, Kleidung. Deshalb reaktivierten die Briten das »Zentralamt für Ernährung und Landwirtschaft« und setzten Hans von Schlange-Schöningen an dessen Spitze, einst Reichslandwirtschaftsminister unter Brüning. Die Besatzer wussten, wie wichtig die Ruhr war. Deshalb zierten sie sich nicht, Spitzenbeamte aus der NS-Zeit in dem neuen, alten Amt zu beschäftigen. Diese Fachkräfte wussten am besten, wie man die riesige Maschine am Laufen hielt.[21]

Bis Juni 1946 gab es keinen Nahrungsmittelaustausch zwischen den Zonen. Dann begannen Briten und Amerikaner damit, Kartoffeln und Zucker gegen Fleisch und Fett zu handeln. Die französische Zone konnte erst nach der Währungsreform in diesen Tauschring einbezogen werden. Es klappte dennoch nicht. Die Menschen mussten sich über die Zuteilungen hinaus selbst Nahrung besorgen, wenn sie nicht verhungern wollten. 13,2 Prozent waren landwirtschaftliche Selbstversorger, 6,6 Prozent Teilselbstversorger – sie betrieben kleine Gartenlandwirtschaften. Ab März 1946 gab es in der britischen Zone Schulspeisungen, ein Jahr später auch bei den Amerikanern, die Franzosen richteten ab März 1949 in ihrer Zone eine tägliche warme Schulspeisung ein. 20,7 Prozent waren »Zulagen-Empfänger« – also Schwerstarbeiter, Politiker, NS-Verfolgte. Zu ihnen gehörten auch die Bergleute an der Ruhr. 30 Prozent waren sogenannte Normalverbraucher ohne Zulagen.

Ohne Hilfe von außen wäre die Versorgung Deutschlands zusammengebrochen. Die britische Zone erhielt 1946 zwei Millionen Tonnen Getreidelieferungen: Die Chargen schwankten zwischen 176 000 Tonnen im Juli und 45 000 Tonnen im August. Doch auch das änderte nichts an dem Grundproblem. Die Versorgung verschlechterte sich aufgrund der Missernten und der harten Winter Jahr für Jahr. Erst im Jahr 1951 konnten die meisten Deutschen wieder so viele Nährstoffe zu sich nehmen wie vor dem Krieg. Eine Katastrophe biblischen Ausmaßes wurde nur verhindert, weil die Amerikaner und die Briten im großen Stil Nahrungsmittel nach Deutschland einführten.

HUNGERLAND

>»Das Essen in den Lokalen ist überall streng an die entsprechende Markenabgabe gebunden, und persönliche Erfahrungen sowohl wie die Erfahrungen von anderen lehren, daß der Lokalesser sich kalorienmäßig eher schlechter als besser steht.« (›Die Zeit‹ 2/1946)

In den ersten Friedenswochen hatten die Deutschen noch Fleischreserven: Das waren die verletzten oder getöteten Pferde des Heeres. Die Tiere wurden auf der Straße aufgeschnitten, jeder nahm sich, was er kriegen konnte. Als alle Pferde ausgeweidet und alle Silos geplündert waren, begann das große Hungern. Produktion und Versorgung brachen zusammen. Die Kalorienmenge der Lebensmittelzuteilungen rutschte bald sogar unter 1000. 1600 Kalorien beträgt das Existenzminimum zur Erhaltung der Körperfunktionen – bei völliger Ruhe. Der erste Friedenswinter zog die Schrauben noch fester an. Im Februar 1946 mussten die Militärregierungen sich eingestehen, dass die vorhandenen Lebensmittel für 65,6 Millionen Menschen nicht mehr ausreichen. Auch wenn die Alliierten immer wieder betont hatten, dass sie die Deutschen nicht mit dem Leben für die Verbrechen bezahlen lassen wollten, die in ihrem Namen begangen worden waren: Objektiv gesehen führte die willkürliche Herabsetzung der Rationen unter das Existenzminimum dazu, Menschen in den Tod zu schicken.

In der sowjetischen Zone gab es damals sechs Gruppen von Verbrauchern. Die Gruppe IV (Angestellte) erhielt Mitte 1946 1250 Kalorien. Die bekam sie jedoch nur auf dem Papier, in der

Realität wurden die zugesicherten Rationen selten wirklich erreicht. Die schwächste Kategorie, die sogenannte »Friedhofskarte«, wurde 1947 abgeschafft, als sich mit der Bodenreform die Versorgungslage etwas zu verbessern schien.[22]

Es gab gut gemeinte Ratschläge für die, denen der Hunger in den Eingeweiden wühlte: früher schlafen gehen, besser kauen und sich nicht aufregen, rieten Ernährungswissenschaftler. Ratgeber für Hungernde, die improvisieren wollten, erschienen in Hülle und Fülle: »Gute Kost in magerer Zeit«, »10 Pfund Eicheln sind 7 Pfund Eichelmehl«, »Schmalhans kocht trotzdem gut«. Das Ziel war, mit den Tricks der Alten im Umgang mit »allgemeiner Armut« Optimismus zu verbreiten.[23] Man versuchte den Schein zu wahren, den Schein eines Fortbestandes der Esskultur: durch »Pilzbuletten« zum Beispiel, statt Hasenbraten fabrizierte man »falschen Hasen«, statt Kaffee Kaffeeersatz auf Gersten- oder Eichelbasis.

Mehr als zwei Jahre gab es in der Öffentlichkeit nichts Wichtigeres als das Ernährungsproblem. Von allen Seiten kamen Verbesserungsvorschläge. So plädierten Vertreter fast aller politischen Richtungen und auch Teile der Verwaltung für eine deutsche Walfangflotte, mit der man die Fettlücke hätte schließen können. Doch die Besatzer waren strikt dagegen: Eine Flotte von Schiffen könnte schließlich militärisch genutzt werden. Sachverständige des späteren Zweizonen-Wirtschaftsamtes machten einen absurd klingenden Vorschlag: Man sollte deutsche Butter nach England ausführen und dafür Kopra einführen dürfen – das getrocknete Kernfleisch von Kokosnüssen. Für eine Tonne Butter bekam man am Weltmarkt fünf Tonnen Kopra. Aus diesen fünf Tonnen hätten dann dreieinhalb Tonnen Margarine hergestellt werden können. So entstünden den deutschen Verbrauchern aus einer Tonne Butter dreieinhalb Tonnen Margarine. Eine Milchmädchenrechnung.[24]

»Eine Hungersnot im üblichen Sinne besteht nicht«, erklärte der englische Minister Hynd, der für die britische Besatzungszone verantwortlich war. In seiner Heimat hatten die Menschen selbst enorme Versorgungsprobleme und schauten deshalb mit

Argwohn auf die Anstrengungen der britischen Besatzungsregierung, die Deutschen vor dem Hungertod zu bewahren. Aber die Ärztekammer Hamburg führte eine Statistik über die medizinische Situation in der Hansestadt: Allein 60 000 Personen brauchten wegen Hungerödemen Zusatzkost – ob sie die auch bekamen, sagte die Statistik nicht.

In Berlin gab es eine Statistik über die Motive von Selbstmördern: Von 333 hatten sich 168 wegen Nahrungssorgen umgebracht. Gleichzeitig beschwerte sich das US-Magazin ›Time‹ bitter darüber, dass die Hunde amerikanischer Besatzungsangehöriger nicht mehr sicher waren. Die Deutschen stahlen und verspeisten sie. Anfang 1947 – es herrschte der schlimmste Winter seit Jahrzehnten, das kam noch dazu – hatte keine Stadt im Westen die von den Besatzern zugesagten 1550 Kalorien pro Person erhalten. In Köln wurden nur 746, in Gelsenkirchen 971, in Bochum 1122, in Duisburg 1190 und in Essen 1240 Kalorien täglich pro Einwohner ausgeteilt. Im größten Industriegebiet des Landes verweigerten die Menschen wegen Hungers die Arbeit. Aber nicht nur im Ruhrgebiet, selbst in Niedersachsen, einem vorwiegend agrarischen und deshalb besser versorgten Bundesland, bildeten sich Schlangen an den Ausgabestellen für Brot. Minister August Block richtete per Rundfunk einen flammenden Aufruf an die Landwirte seines Landes. Er sagte, man müsse damit rechnen, dass die Versorgung der Bevölkerung mit Fett völlig zusammenbreche, wenn die Landwirtschaft nicht ab sofort 15 Prozent mehr Milch abliefere.

Es änderte sich nichts. Wenn es nicht Quäker-Speisungen für die Schulkinder und Care-Pakete aus den USA und der Schweiz gegeben hätte, wenn die Alliierten nicht immer wieder neue Lieferungen von Lebensmitteln organisiert hätten, vor allem aber: wenn die Menschen nicht vieles selbst in die Hand genommen hätten, hätte es eine Katastrophe in Deutschland gegeben.

Natürlich hatten die Deutschen kein Recht darauf, von den Siegern des Krieges, den sie begonnen hatten, ernährt zu werden. Da diese Sieger aber die Souveränität im Land übernommen hatten und den Deutschen jegliche wirtschaftliche Eigeninitiative verbaten bzw. sie für Reparationen arbeiten ließen und ihnen dabei auch noch einen nennenswerten Teil der intakten Industrieanlagen wegnahmen, waren sie auch verpflichtet, für die Ernährung zu sorgen. Alles andere wäre ein langsames Sterben gewesen. Das wussten die Alliierten und versuchten, das Schlimmste zu verhindern.

Dass die Rationen dennoch immer kleiner wurden, war keine Absicht. Es war nicht einmal Nachlässigkeit. Es war den Umständen geschuldet – der Zerstörung durch den Krieg, den hohen Todesraten, die die deutschen Arbeitskapazitäten minderten, der Rohstoffknappheit, die noch forciert wurde durch künstliche Beschränkungen, den Missernten, dem Düngemittelmangel und vor allem: dem alles lähmenden Transportproblem.

BAUERN, BAHNEN UND BERGBAU

>»Kurt Schumacher (SPD), der gegen seine Reise nach USA schwerste Bedenken geäußert hatte, da er keinen Mantel besitze, ist zum Flug in die neue Welt gestartet. Er reist als Privatmann und auf Einladung der AFL-Gewerkschaft, die acht Millionen Mitglieder zählt.«‹ (›Der Spiegel‹ 39/1947)

Zwei Jahre nach Kriegsende kippte die Stimmung im Land. Die Hungersnot in der britischen Zone wühlte die Menschen so auf, dass sie sich offen gegen die Besatzungsmacht erhoben – das hatten bisher selbst die spärlich auftretenden Nazi-Untergrundgruppen nicht gewagt. In Braunschweig warfen Jugendliche Steine auf einen Trupp britischer Soldaten. Es gab Verletzte. Sie steckten Personenwagen in Brand, auch die Scheiben von Gebäuden, die die britische Besatzungsmacht benutzte, gingen zu Bruch.[25] An der Ruhr wurde in den Betrieben demonstriert. Arbeiter streikten, weil sie Hunger hatten. Es ging nicht um Lohn.

Das Geld war sowieso nichts wert und wenn Betriebe es gut mit ihren Arbeitern meinten, zahlten sie in Naturalien. In Nordrhein-Westfalen drohte sogar ein Generalstreik. In der Ostzone sah man das mit Genugtuung, die Zeitungen schrieben viel und gerne über die »Hungersnot im Westen«, obwohl es den Menschen in der SBZ nicht besser ging.

Der zuständige Minister John Hynd eröffnete in Edinburgh eine Ausstellung: »Deutschland unter Kontrolle«. In seiner Rede behauptete er, die Ernährungslage in Deutschland sei besser als jemals seit Beginn der Besetzung. Allerdings würden die deutschen Verwaltungsbeamten sich weniger für ihre Landsleute ins Zeug legen als britische Besatzungsoffiziere. Deshalb drohte er düster, die Geduld der britischen Regierung den Deutschen gegenüber habe Grenzen. Die Militärs vor Ort kannten die Verhältnisse besser und hielten sich mit derartigen Aussagen zurück. Allerdings behauptete ein Sprecher der Düsseldorfer Militärregierung gegenüber dem ›New York Herald Tribune‹, möglicherweise sei die Ernährungskrise »auch künstlich erzeugt«, um die Deutschen gegen die englischen Behörden »aufzuputschen«. Als Beweis für seine abenteuerliche Behauptung berichtete er, deutsche Verwaltungsbeamte, die für die Ernährung zuständig waren, hätten britische Armeefahrzeuge als Hilfstransporter abgelehnt.

Das war völliger Unsinn. Wer sollte denn in Deutschland die Macht haben, eine Krise solchen Ausmaßes zu provozieren, um Stimmung gegen die Besatzer zu schüren, wenn nicht die Besatzer selbst? Konrad Adenauer, erster Vorsitzender der CDU in der britischen Zone, war aus persönlichen Gründen auf die Briten nicht gut zu sprechen. Adenauer antwortete Hynd mit einer Gegenfrage: »Wer ist für die Importe verantwortlich?«[26] Und nicht nur das. Er wagte es sogar, den Spieß umzudrehen. Die Nahrungsnot werde nicht behoben werden können, solange die Besatzungsmächte es Deutschland nicht erlaubten, mehr zu produzieren, als sie benötigten und diese Waren dann auch zu exportieren, damit sie sich von den Erlösen in fremden Währungen auf dem Weltmarkt dringend benötigte Nahrung, Düngemittel und Rohstoffe kaufen könnten. So Adenauer. Er fiel schon früh auf durch einen rauen Ton den Besatzern gegenüber, was einen Teil seines Erfolges ausmachte.

Adenauer war noch kein Kanzler, und ob er es werden würde, stand in den Sternen. Die Amerikaner hatten ihn im Mai 1945 zum Oberbürgermeister von Köln ernannt. Im Oktober 1945 hatten ihn die Briten als Oberbürgermeister wegen »erwiesener Unfähigkeit« aus dem Amt gejagt. Dennoch wagte er es, so harsch auf die – zugegeben unverschämte – Unterstellung des Minister Hynd zu reagieren. Die Nerven lagen blank: Die Hungerlage war ein Politikum ersten Ranges, und Adenauer war erfahren genug, zu wissen, dass jemand, der damit so umging wie Hynd, mit dem Feuer spielte: Die Menschen waren so verzweifelt, dass sie zu allem fähig waren.

Die Besatzer wussten das auch. Zumindest die, die nicht wie Minister Hynd in London saßen. Oberbefehlshaber Sir Sholto Douglas glättete von Berlin aus die Wogen mit einer Nonchalance, die man einem Militär gar nicht zugetraut hätte. Douglas erklärte, er wisse sehr wohl, dass der bizonale Verwaltungsrat für Ernährung und Landwirtschaft eine »schwere und komplizierte Aufgabe« zu erfüllen habe, »die durch die ungewöhnlichen Wetterverhältnisse noch schwerer und komplizierter« werden würde. Das war eine Breitseite gegen den Zivilisten, den Londoner Minister Hynd, der nicht zum ersten Mal durch Störfeuer aufgefallen war.

Der britische Oberbefehlshaber musste dennoch den Deutschen gegenüber scharf reagieren. Deshalb erwähnte er die Zurückhaltung des deutschen Bauern bei der Ablieferung der Erzeugnisse, zu der sie verpflichtet waren, wenn sie die Produkte nicht für den Eigenbedarf benötigten. Sir Sholto Douglas wusste aber auch, dass die deutschen Bauern nicht mehr abliefern konnten, als sie unter den schlechten Umständen zu produzieren in der Lage waren. Deshalb bat er den US-General Clay, der gerade in Moskau weilte, amerikanische Nahrungsmittel auf dem kürzeren Wege über Rotterdam zu entladen und so dafür zu sorgen, dass sie schneller ihren Bestimmungsort erreichten. Da die Briten selbst noch mit Versorgungsengpässen in ihrem Heimatland zu kämpfen hatten, mussten die Amerikaner den Löwenanteil am Lebensmittelimport stemmen.

Der britische Außenminister Ernest Bevin, ein Gewerkschafter, der sich auch in Moskau auf der Konferenz der Außenminister befand, erklärte dazu, die Beibehaltung der geltenden strengen Industrie-Vorschriften für Deutschland heize den »wirtschaftlichen Niedergang im Herzen Europas« nur noch an: »Wir haben dazu beigetragen, dieses Unglück heraufzubeschwören.«

Die deutsche Politik war gespalten: Der SPD-Chef Kurt Schumacher war in Oberhausen auf Wahlkampftour, er hätte also ebenso wie Adenauer die Deutschen in Schutz nehmen und damit Stimmen gewinnen können. Schumacher blieb aber sachlich und verwies darauf, dass man schlecht die Besatzungsmächte kritisieren konnte, solange die Landwirtschaft nicht genügend Produkte an die öffentlichen Institutionen abgab, also für die Versorgung der Massen in den Städten sorgte.

Nordrhein-Westfalen war das bevölkerungsreichste Land. Dessen Arbeitermassen hungerten, und Niedersachsen war der Agrarriese, der seine Produkte nicht an den Mann brachte. Also wurden Verbraucherausschüsse gebildet und noch mehr Kontrollbegehungen veranstaltet. Man dachte sogar daran, die Todesstrafe für Schwarzhändler und Schieber einzuführen. Niedersachsen hatte angeblich 90 Prozent seiner Getreide-Pflichtabgabe erfüllt, Bayern 88 Prozent und Württemberg sogar 93 Prozent. Dennoch mussten die Menschen in Hamburg und Hannover für Brot immer noch Schlange stehen. Es hieß: Die Bahnen sind schuld, nicht die Bauern. Es fehlten Tausende Waggons, die Reparationsgüter in den Osten gebracht hatten und nicht mehr zurückgekommen waren. Dabei durften sowieso nur noch Kohle, Lebensmittel und Treibstoffe per Bahn transportiert werden. Aber selbst dafür fehlten die Kapazitäten. Seit die Binnenschifffahrt durch die Kälte lahmgelegt war (die Wehre waren eingefroren, Eispfropfen verstopften die Fahrrinnen), stellte die Reichsbahn für viele Produzenten die letzte Hoffnung dar. 3400 Kilometer Gleis und 12800 Weichen waren unbrauchbar, ebenso wie

1600 Stellwerke und 4600 Signale. Die Wehrmacht hatte 2341 Brücken gesprengt, um dem Feind das Eindringen in das Reich zu erschweren. Von den ehemals 800 000 Eisenbahnwaggons waren gerade mal 230 000 übrig geblieben. Doch von diesen waren 40 000 Waggons verschwunden: Die Sowjets hatten sie einfach behalten, als sie ihr Gebiet befahren hatten. So etwas nannte man »stille Reparationen«.[27]

Zudem ging der Wiederaufbau in den verschiedenen Zonen unkoordiniert vonstatten, für einen funktionierenden Bahnbetrieb war das Gift. In Teilen gelang es, das Schienennetz wieder befahrbar zu machen. Von 4000 beschädigten Lokomotivhallen konnten bis zum Winter 1946/47 3000 wieder in Betrieb genommen werden. Von 56 Ausbesserungswerken waren 37 nicht arbeitsfähig. Zwar wurden die Fahrpreise drastisch erhöht – teilweise um das Doppelte –, aber der Reichsbahn fehlten dennoch die Mittel für die notwendigen Reparaturen. Im für die Versorgung der Bevölkerung lebenswichtigen Güterverkehr hatte die Reichsbahn mit Diebstählen zu kämpfen: Kaum ein Kohlenzug kam an seinen Bestimmungsort, ohne dass er unterwegs (oft mehrmals) von kleinen Gruppen geentert und eines Teils seiner Fracht beraubt wurde. Dabei waren keine kriminellen Banden am Werk – es waren ganz normale Menschen, meist Jugendliche, die auf diese Weise versuchten, in ihrem Haushalt der Brennstoffkrise Herr zu werden. Die Franzosen setzten Militär zum Schutz der Kohlentransporte ein, denn die saarländischen Kohlengruben gehörten nach Pariser Lesart ihnen. In den Besatzungszonen hatte sich die Reichsbahn um die Sicherheit der Transporte selbst zu kümmern. Sie stellte deshalb zusätzliche 7000 Bahnpolizisten ein, die nur die Güterzüge bewachten. Die Überfälle wurden deshalb nicht weniger.

Dem strengen Winter 1946/47 konnte die Bahn nur zeitweise trotzen. Der anhaltende Frost beschädigte die Technik immer mehr. Dann begann sich die mangelhafte Kohlenversorgung auf die Lokomotiven auszuwirken. Wöchentlich blieben fast 2000 Züge wegen der schlechten Qualität der Kohle liegen. 650 Lokomotiven fielen ganz aus. Die Eisenbahn musste auf zahlreichen Strecken den Verkehr einstellen. Das betraf auch den Personenverkehr. Auf der zentralen Nord-Süd-Strecke stand alles still. Von den bis dahin einsatzfähigen 30 000 Dampflokomotiven waren auf dem Höhepunkt der Kältekrise nur noch etwa 5500 betriebsfähig. Von 330 000 Güterwagen waren 90 000 beschädigt.[28]

Das machte sich besonders im wichtigsten Kohlerevier des Landes bemerkbar: Bis Ende Januar 1947 waren von ursprünglich 10 171 Waggons für Ruhr, Aachen und Niederrhein nur noch 8500 im Transportgeschäft tätig. Die Zechen aber brauchten 15 694 Waggons täglich, um die geförderte Kohle zum Verbraucher zu schaffen. Die Leitung der vereinigten Eisenbahnverwaltung lud die Presse nach Bielefeld und schlug Alarm. Eisenbahnchef Fritz Busch drohte damit, dass die Kohlenproduktion zum Erliegen kommen würde, wenn die Reichsbahn nicht sofort ebenso viele Lebensmittel und Bekleidung für ihre Mitarbeiter zur Verfügung gestellt bekam wie der Kohlenbergbau. Schließlich standen seine Eisenbahner täglich für die deutsche Wirtschaft – oder das, was von ihr übrig war – in Wind und Wetter. Doch sie waren unterernährt und ausgemergelt.

KOHLE UND BROT

»Ohne Bier keine Milch! Mit dieser Feststellung forderte der bayrische Bauernverband die Aufhebung des bisherigen Biersudverbotes. ›Wenn der Landwirtschaft mit Beginn des Frühjahrs kein Biergetränk zur Verfügung steht, muß automatisch die Milchablieferung zurückgehen, was wiederum eine ungenügende Fettration für alle bedeutet.‹« (›Der Spiegel‹ 8/1948)

Was aber den Hunger verursachte – war der Hunger. Je weniger die Menschen zu essen bekamen, desto schwächer und antriebsloser wurden sie. Je weniger durch die Besatzungsorgane zugeteilt wurde, desto mehr musste organisiert werden. Dafür aber brauchte man Zeit: zum Schlangestehen, Hamstern, Tauschen auf Tauschbörsen, zu Schwarzmarktgeschäften oder zur Selbstversorgung im Kleingarten. Manche Arbeitnehmer waren nur noch drei Tage die Woche in ihrem Betrieb. Den Rest der Zeit brauchten sie, um sich und ihre Familie einigermaßen zu ernähren.

Dass es einen Zusammenhang gab zwischen der Ernährung und der Produktivität, zeigte der Kampf um die Rationen an der Ruhr. Als US-Industrielle sich über die Kohleförderung in Deutschlands Westen informieren wollten, erwartete sie eine böse Überraschung: Die Förderquoten sanken. »Warum nicht mehr Kohle?«, wollten die Amerikaner von den zuständigen Briten bei ihrem Besuch im Essener Kohlenhauptquartier »Villa Hügel« wissen. Die Antwort von Mr. Collins, dem Leiter der Produktionsabteilung der zuständigen North German Coal Control, war unmissverständlich: »Die Kohlenförderung sinkt, weil das Ruhrgebiet hungert.« Und: Es bestehe wenig Hoffnung auf einen Anstieg der Förderung, wenn die Ernährungslage sich nicht bessere.[29]

Über 225 000 Tonnen war die Tagesförderung im April 1947 nicht hinausgekommen. Anfang des Monats lag sie bei 205 000 Tonnen. Das Soll betrug 240 000 Tonnen. Die Fehlmenge rührte auch von dem zweitägigen Generalstreik Anfang April her. Rund 450 000 Tonnen Kohle waren unter Tage geblieben. Daraufhin hatten die Besatzer die Hausbrandzuteilung gekürzt. Das heißt: Die Familien mussten frieren, weil die Männer streikten. Der Streik sollte eine bessere Lebensmittelversorgung erzwingen und die sogar von der CDU in ihrem Ahlener Programm versprochene Sozialisierung der Zechen vorantreiben. Beides hatte wenig Erfolg, sieht man mal davon ab, dass die Briten in Essen ihren gesamten Kraftwagenpark nach Bremen geschickt hatten, um schnell Brot an die Ruhr zu schaffen. Am nächsten Morgen gab es an allen Ausgabestellen mehr Brot – aber das war ein Tropfen auf den heißen Stein.[30]

Eine Weile fuhren die Kumpels Sonderschichten, um den Streik-Ausfall wettzumachen. Doch die Militärregierung hatte wieder Oberwasser und erklärte, dass sie den Streik nicht als

»Sonderfall« zu behandeln gedenke. Das heißt: Die Belegschaften mussten für die Ausfälle bluten. An der Ernährungssituation änderte sich wenig. Also gingen die Förderquoten auch wieder zurück. Die Bergleute wussten nicht, wofür sie noch schuften sollten. Viele waren schwach und mutlos. Der Kampf um das Essen kostete viel Kraft und die Streiksituation noch mehr.

Die Kohlenförderung sank so rasch, dass die Kohle, die für die Industrie und die Hausbrandversorgung in den nächsten Monaten vorgemerkt war, nicht zur Verfügung stehen würde, erklärte die Militärregierung. Doch die Zuweisungen an die Industrie wurden dann doch geleistet – die Briten wollten sich nicht ins eigene Fleisch schneiden. Der Verlust von einer dreiviertel Million Tonnen wurde nur der Hausbrandversorgung abgerechnet: Anstatt der vom deutschen Verwaltungsamt vorgesehenen einen Million Tonnen Kohle hatte der Alliierte Kontrollrat für Mai und Juni nur 281 000 Tonnen für den Hausbrand zugeteilt.

Die britischen Beamten der Ernährungsabteilung versuchten, den amerikanischen Industriellen die schwierige Situation an der Ruhr zu erklären. Der deutsche Bergmann erhalte zwar Sonderrationen. Aber alle Kürzungen der Zuteilungen für Normalverbraucher schmälere die Versorgung seiner Familien und betreffe somit auch ihn, da innerhalb der Familie natürlich geteilt werden würde. Wenn Frau und Kinder hungerten, müsse der Arbeiter eben von seiner Zusatzration abgeben und gerate damit rein rechnerisch ins Hintertreffen.

Die deutschen Hausfrauen standen halbe Nächte lang für Brot an, bekamen aber nur gelbes Ersatzbrot, da 70 Prozent der Getreidelieferungen aus Mais bestanden. Zeitzeugin Christtraud Storat aus Wuppertal erinnert sich: »Wir haben gehungert. Wir hatten ganz wenig zu essen. Mein Vater hat immer versucht, irgendwas zu besorgen. So hatten wir z. B. so halb verbranntes Maisbrot im Kanister. Wir waren ja viele Kinder und mussten irgendwas essen. Dann hatten wir Zwiebackmehl. Auch in Kanistern. Da waren Würmer drin. Die anderen wussten das nicht. Wir mussten abwechselnd kochen, weil meine Mutter mit den Kleinen beschäftigt war. Da habe ich gesehen: In dieser Mehlsuppe waren lauter Würmer drin. Ich habe kein Wort gesagt. Die anderen haben nichts mitbekommen. Ich habe es runtergewürgt. Der Hunger trieb es rein.«[31] Zu einer einigermaßen vollwertigen Ernährung aber waren gutes Brotgetreide, Kartoffeln und Fett nötig. Und wenn es das nicht gab, dann wenigstens Dünge- und Futtermittel, damit die Deutschen ihre landwirtschaftliche Erzeugung steigern konnten.

Der Besuch der US-Industriedelegation in der Essener Villa Hügel kam nicht von ungefähr: Seit dem 1. Januar 1947 hatten Briten und Amerikaner ihre Zonen wirtschaftlich zur Bizone vereint. Amerikaner und Briten waren also jetzt gleichermaßen an der Ruhrkohle interessiert. Deshalb hatten die Generale Lucius D. Clay und Sir Brian Robertson sich auch schon Ende Januar in der Zentrale der Norddeutschen Kohlenkontrolle, der Villa Hügel, dem Familienschloss der Krupps im Ruhrtal, getroffen. Dort hatten sie in der großen Empfangshalle vor den Monumentaldarstellungen von reitenden Krupps einer Handvoll Journalisten aus ihrer Heimat erklärt, sie seien nicht in politischer Mission da, sondern um sich über die Kohlenlage aufklären zu lassen – und womöglich zu helfen. Das Land brauchte Exporte, um sich mit Devisen eine eigene kleine Lebensmittelindustrie aufbauen und Rohstoffe importieren zu können. Es brauchte Kohle, um den lebenswichtigen Transport anzukurbeln und am Laufen zu halten, um Brot zu backen und Strom zu erzeugen. Deshalb zeigten sich die Generäle auch gerne mit den Arbeiterführern des Ruhrgebietes. Clay richtete sogar ein nicht ganz einleuchtendes Kompliment an sie: »Überall auf der Welt sind die Bergleute Garanten der Demokratie.«[32]

Die Arbeitervertreter zeigten sich davon wenig beeindruckt. Für sie gab es keinen Zweifel daran, dass das Kohlen- und Versorgungsproblem ein Arbeiterproblem war: Eine Steigerung der Förderung sei nur mit einer Verstärkung der Belegschaft zu erreichen. Der weißhaarige August Schmidt, Führer der Bergarbeiter an der Ruhr, brachte die schwierigen Wohnverhältnisse in den Grubensiedlungen zur Sprache: Es sei unmöglich, dort noch zusätzliche Arbeitskräfte unterzubringen. Der Bergveteran zeigte wenig Respekt vor den Besatzungsoffizieren, er blieb vor diesen sitzen und dachte nicht daran, die Stummelpfeife aus dem Mund zu nehmen. Die Besatzer hatten an der Ruhr eine Weile versucht, die Förderung mit Zwangsverpflichtungen zu steigern. Das hatten ihnen die Arbeiter nicht vergessen. Deshalb sprach Schmidt sich auch jetzt mit scharfen Worten gegen solche Maßnahmen aus. Offensichtlich rechnete die Arbeiterschaft zu Beginn der britisch-amerikanischen Bizonen-Doppelverwaltung mit drakonischen Maßnahmen. Trotz Sonderzuteilungen wollten oder konnten die wenigsten Deutschen im Bergbau arbeiten. Entweder waren sie körperlich zu schwach, oder sie ließen sich von dem elenden Zustand, in dem viele Bergleute waren, abschrecken.

Das war nicht nur an der Ruhr so. Die Franzosen hatten an der Saar ähnliche Probleme, die sie mit immer großzügigeren Entlohnungsmodellen, Zusatzspeisungen und sogar Alkoholzuteilungen bekämpften. Zeitzeuge Hans Brenner, Vater des Autors, berichtet: »Jeder Bergmann bekam eine Portion Nudelsuppe. Nach der Schicht. Die waren ausgehungert, wenn sie aus der Grube kamen. Diese berühmte Nudelsuppe gab es ins Kochgeschirr – ein Utensil von den Soldaten. Die meisten löffelten die Suppe an Ort und Stelle aus. Familienväter nahmen ihr Essen mit nach Hause. Die Frauen haben die Suppe gestreckt, und die ganze Familie hatte eine warme Mahlzeit. Oft die einzige am Tag. Die Suppe wurde von Frauen in der Küche der Grube gekocht – das waren meistens Witwen von tödlich verunglückten Bergleuten oder Kriegerwitwen. Dies geschah unter der Aufsicht eines französischen Aufsehers. Die Suppe bestand aus breiten Nudeln, Gewürzen und sehr viel amerikanischem Corned Beef. Sie war so steif, dass der Löffel darin stand. Zusätzlich zu den Portionen gab es ein oder zwei Mal die Woche: Sardinen in der Dose, Wurst in der Dose. Wein und Zigaretten. Datteln und Feigen. Auch Rauchwaren. Sehr viele Männer gingen nur wegen des Essens auf die Grube. Kameraden aus meiner Schulklasse, die eine andere Ausbildung als Lehrer begonnen haben, sind einige Monate später auch auf der Grube angefahren. Die meisten Berglehrlinge sahen zu dieser Zeit aus wie ein Strich in der Landschaft – sie mussten trotzdem schon harte Arbeit leisten. Sommer wie Winter. Wenn wir in die Küche kamen, um unsere Portionen abzuholen, hatten die Frauen so viel Mitleid, dass sie es fertigbrachten, uns trotz der Aufsicht des Küchenchefs doppelte Portionen zuzuschustern.«[33]

An der Ruhr waren die Probleme größer, und Missstände hatten weitreichendere Folgen für das ganze Land. Deshalb zeigte sich General Clay auch vorsichtig im Umgang mit den Arbeiterführern – und gestand ihnen sogleich zu, dass er in Zwangsverpflichtungen auch keine Lösung sehe. Die beiden Generale Clay und Robertson hofften, wenn es schon keine neuen Arbeitskräfte für den Bergbau gab, die Produktivität der Belegschaften durch ein neues Punktesystem steigern zu können. So bekamen die Arbeiter für besondere Leistungen Geschenke, die in Vitrinen auf dem Weg zum Schacht zu bewundern waren: Schnaps oder besonders üppige Delikatessen.

Allerdings hatten die Kumpel an der Ruhr auch schon erlebt, dass solche Zusatzlieferungen angepriesen wurden, die Männer sich trotz ihres schlechten Zustandes mächtig ins Zeug gelegt hatten – und dann aus ungenannten Gründen die Sonderzuteilung ausblieb. Also waren sie misstrauisch, als es um das neue Punktesystem ging. Es kam zu Ausständen einzelner Belegschaften, die sich weigerten, weiter unter schwersten Umständen Kohle zu fördern, während zu Hause Frauen und Kinder hungern mussten. Brotwagen wurden auf offener Straße überfallen. In dieser brenzligen Situation verlor Sir Cecil Weir von der Alliierten Kontrollkommission die Nerven. Er verlangte aufgebracht, dass in den agrarischen Ländern alles getan werden müsse, damit die Bergleute an der Ruhr endlich Speck bekamen. Aber die zuständigen deutschen Ernährungsminister der Länder führten immer neue regionale Schwierigkeiten ins Feld, die sie angeblich daran hinderten, Zusatzrationen an Speck an die Ruhr zu schicken.

Selbst in dieser komplexen Notlage, in der das ganze Land unter der Kohlemisere leiden musste, war jeder sich selbst der Nächste. Wobei die Ernährungsminister aus Niedersachsen und Süddeutschland natürlich vernünftige Argumente ins Feld führten. Sie wiesen den Kontrollkommissar darauf hin, dass sie den Bauern

mehr Schweine erlauben mussten, anstatt sie zu zwingen, im großen Stil ihre Tiere zu schlachten, wie das im Interesse der Versorgung der Bergleute mit Speckseiten aktuell zu geschehen hatte.

Aus der Versorgungsmisere gab es nur einen Ausweg: Die
Deutschen brauchten wieder ein sich selbst tragendes Wirt-
schaftssystem, das genug Waren produzierte, um seine Menschen
nicht nur am Leben zu erhalten, sondern sie auch fit für die
schwere Arbeit zu machen, die sie in den nächsten Jahren leisten
mussten. Dafür mussten die Besatzer den Deutschen erlauben,
sich eine vollwertige Industrie aufzubauen. Das aber war ihnen
durch die Herabsenkung des Industrieniveaus untersagt. Ein
Teufelskreis.

Der NRW-Wirtschaftsminister Erik Nölting unterbreitete der
Düsseldorfer Stadtverordnetenversammlung einen listigen Vorschlag: Nach seinen Informationen mussten 45 000 deutsche
Kriegsgefangene in französischen Bergwerken Zwangsarbeit leisten. (Nölting irrte sich: Es waren zwischen 85 000 im September
1947 und 110 000 im Februar 1948.[34]) Angeblich waren sie nicht
sehr produktiv. Sie förderten täglich nur 10 000 Tonnen Kohle
für Frankreich. Nun wollte Nölting von der Ruhr aus jeden Tag
10 000 Tonnen Kohlen freiwillig an Frankreich liefern. Dafür
sollten die deutschen Zwangsarbeiter in die Heimat entlassen
werden. Dort würden sie, so Nölting, viel motivierter arbeiten
und ein Mehrfaches dieser 10 000 Tonnen fördern. Dieser Vor-
stoß blieb jedoch ungehört.[35]

DIE ZEIT DER KARTOFFEL

»›Für jeden Zentner Pflanzkartoffeln, der jetzt verschwindet,
fehlen im Herbst zehn Zentner Speisekartoffeln‹, so hat in seiner
höchst eindrucksvollen Rundfunkansprache an die Verbraucher
der ehemalige Reichsminister Dr. h. c. Schlange-Schöningen
festgestellt, der seit einigen Wochen an der Spitze des ›Zentralamts

für Ernährung und Landwirtschaft‹ steht. Und er fügte hinzu: ›Es gibt sogar verantwortungslose Menschen, die gepflanzte Kartoffeln aus der Erde graben: es sind Verbrecher an ihren Mitmenschen, denn für jede ausgegrabene Saatkartoffel fehlen im Herbst zehn bis fünfzehn frische Kartoffeln bei der Ernte.‹«
(›Die Zeit‹ 9/1946)

Der Zusammenhang von unmittelbaren Bedürfnissen und volkswirtschaftlich langfristiger Vorsorge war das Grundmuster der deutschen Misere zwischen 1945 und 1947. Die Menschen hatten zu wenig zum Leben, weil die Industrie beschnitten wurde und die Arbeitsteilung auseinandergefallen war. Alles Vermögen der Allgemeinheit, das nicht in die Taschen der Alliierten floss, ging bei der Befriedigung der Grundbedürfnisse drauf – und dennoch (oder gerade deswegen) herrschte weiterhin Not. Um die abzuschaffen, brauchte man wieder eine breit gefächerte Produktion und überzählige Kapazitäten, mit denen man in der Welt Handel treiben konnte.

Die Besatzer wollten und brauchten die Selbstversorgung, wenn sie kein Massensterben und keinen Aufstand ihrer heimischen Steuerzahler und Wähler riskieren wollten. Aber sie verhinderten die Selbstversorgung, indem sie den Deutschen weiterhin einen reduzierten Industrieplan aufzwangen. Beide Fraktionen waren stark: Diejenigen, die nicht mehr weiter für die Deutschen aufkommen wollten und deshalb auf eine erweiterte Selbstversorgung pochten. Und diejenigen, die weiterhin jeden deutschen Schritt in die Eigenverantwortung aus Angst vor einer neuen Aufrüstung verhindern wollten. So entstand im Besatzerlager ein gefährliches Patt. Gefährlich für die Alliierten selbst, weil ihnen das Wasser bis zum Hals stand. Aber auch gefährlich für die Deutschen, weil die Zahl der Opfer immer größer wurde und nicht mehr viel fehlte zu einer Katastrophe. Sei es durch tausende Hungertote, sei es durch einen selbstmörderischen Aufstand der Verzweifelten. Es bedurfte dennoch einer dritten Kraft, damit diese verfahrene Situation sich änderte. Diese dritte Kraft war –

so absurd das klingt – die fortschreitende Entzweiung der Alliierten. Der Kalte Krieg.

Mit einer Tagesration von 300 g Brot, 32 g Nährmittel (Getreideerzeugnisse wie Graupen, Grieß, Haferflocken und Teigwaren), 16 g Zucker, 10 g Fleisch, 40 g Käse, 5 g Fett, 4 g Kaffee-Ersatz für den Normalverbraucher ließ sich auf lange Sicht nicht wirklich leben. Deshalb wurden viele krank. Tuberkulose trat häufig auf. Wer an Tuberkulose erkrankte, bekam keine Arbeit mehr, nicht mal auf den Kohleplätzen, wo im Staub Kohlereste geschippt wurden. In Frankfurt wurden Vitamintabletten verteilt. Der Göttinger Professor Rein riet den Deutschen: »Wir müssen mehr schlafen, denn dadurch sparen wir Kalorien.«[36] In der Direktive JCS 1067, veröffentlicht am 17.10.1945, hieß es: »Es muß den Deutschen klargemacht werden, daß Deutschlands rücksichtslose Kriegsführung und der fanatische Widerstand der Nazis die deutsche Wirtschaft zerstört und Chaos und Leiden unvermeidlich gemacht haben, und dass sie nicht der Verantwortung für das entgehen können, was sie selbst auf sich geladen haben.« JCS 1067 befahl den Besatzungsstreitkräften, die deutsche Industrie, soweit sie weltmarktrelevante Produkte betraf, zu schleifen. Zum Glück gab es in der US-Administration eine Gegenbewegung zu diesem fragwürdigen Rezept. Deren Vertreter wiesen darauf hin, dass Hitler gerade durch die strengen Auflagen des Versailler Vertrages erst möglich geworden war. Oberbefehlshaber Lucius Clay gehörte zu dieser politisch denkenden Fraktion. Er mahnte schon früh: »Deutschland verhungert, wenn es nicht für den Export produziert. Das Land muss auf Friedenswirtschaft umgestellt werden.«

Die Realisten setzten sich gegen die Hardliner vom Schlage Morgenthaus durch. Es ging in dieser Auseinandersetzung nicht um Moral. Die Alliierten handelten pragmatisch, nicht moralisch. Die Westalliierten dachten an die Stabilität Europas. Die brauchten sie dringend, wenn sie (vor allem die USA) sich wieder um ihre eigenen, nicht unerheblichen Probleme kümmern wollten. Und ein stabiles Europa brauchte Frieden in seinem Kernland Deutschland. Die Deutschen hatten Glück. Es hätte noch viel schlimmer für sie ausgehen können. Sie hatten Glück, weil ihr Land mitten in Europa lag und so groß war.

1947 starben 160 der 700 Insassen der Irrenanstalt Düsseldorf-Grafenberg an den Folgen der Mangelernährung. Die Menschen hatten drei Monate lang nicht mehr gehabt als das, was ihnen als Normalverbraucher aufgrund ihrer Lebensmittelkarten zugeteilt wurde. Sie waren gestorben, weil sie sich darüber hinaus nichts hatten organisieren können.[37] Wer Geld oder Tauschmittel hatte, konnte sich auf dem Schwarzmarkt Zusatznahrung besorgen. Allerdings waren diese verschobenen Waren ihren eigentlichen Empfängern vorenthalten worden. Wer auf dem Schwarzmarkt kaufte, trug also dazu bei, dass irgendwo Menschen noch weniger bekamen, als ihnen zustand. Schätzungen besagten, dass etwa acht Millionen Flüchtlinge nicht einmal in den Genuss der kargen Zuteilungen kamen: das waren Ausgebombte, Stadtflüchtlinge und Rentner. Lebensmittelkarten erhielten nur die, die sich auf den Arbeitsämtern hatten registrieren lassen. Es galt Arbeitspflicht. Wer nicht arbeitete, bekam kein Essen.

In der Hochphase der Bewirtschaftung kursierten in der Bizone 67 verschiedene Lebensmittelkarten: 21 Karten für Verbraucher aller Klassen, 22 Sorten von Zulagen, 14 Arten von Berechtigungsscheinen, zwei Mehlkarten, zwei Milchkarten, zwei Bezugsscheine für Kartoffeln, eine Eierkarte und dreierlei Tageskarten.[38] Wer die Karten an den Ausgabestellen einlösen wollte, musste stundenlang Schlange stehen – oft schon nachts. Aber auch wer in der Nacht und in der Kälte in der Schlange ausharrte, bekam noch längst nicht das, was ihm aufgrund seiner Karten zustand. Die Landwirtschaft Niedersachsens musste mit ihren Überschüssen das Ruhrgebiet mit seinen sieben Millionen Menschen und Hamburg mitversorgen. Schleswig-Holstein hatte ebenso viele Flüchtlinge wie Einwohner – nämlich zwei Millionen – und konnte deshalb keinen Überschuss abgeben.[39]

Die schlechteste Ernährungslage herrschte in der französischen Zone. Frankreich war vom Krieg und der Besatzungszeit geschwächt und zu Lebensmittellieferungen nach Deutschland auch nicht willens. Aus der Produktion seiner eigenen Zone wurden beträchtliche Mengen für die Versorgung der Besatzungsmacht abgezweigt. Frankreich hatte – gemessen an der Größe der Zonen – das größte Kontingent an Besatzungsangehörigen. Der Baden-Badener Zentralausschuss für Ernährung erklärte 1947, »… daß die Mehrheit der Bevölkerung der französischen Zone seit Beginn der Besetzung gezwungen ist, ihr Leben mit Rationen zu fristen, die nur etwa ein Drittel des durch den ehemaligen Völkerbund anerkannten physiologischen Minimums von 2400 Kalorien betragen«.[40] Die Lage in der französischen Zone verbesserte sich erst im Herbst 1948, als die Besatzungsmacht nichts mehr aus der laufenden Produktion entnahm und der Anschluss an die Bizone erfolgte.[41]

In der sowjetischen Zone war die Versorgung ähnlich schlecht. Dort hatte die Bevölkerung sich aus eigener Kraft zu ernähren. Die Russen litten mehr noch als Großbritannien und Frankreich unter heimischen Versorgungsproblemen, viele Städte der Sowjetunion waren zerstört und konnten nur langsam wieder aufgebaut werden. Nach Angaben des sowjetischen Vizepremierministers Nikolai Wossnessenski betrugen die Kriegsschäden seines Landes ca. 700 Milliarden Rubel, was 1945 etwa 128 Milliarden Dollar entsprach. Das waren 30 Prozent des sowjetischen Nationaleinkommens.[42]

Mecklenburg erwirtschaftete einen landwirtschaftlichen Überfluss, von dem Ostberlin und die Industriegebiete in Sachsen und Thüringen zehren mussten. Da die Produktion nicht ausreichte, waren die Rationen knapp. Sie lagen meistens unter denen der Bizone.[43] Die Landwirtschaft war noch nicht kollektiviert. Die Sowjets versuchten zuerst, die Produktion mit Wettbewerben anzustacheln. Doch das brachte nicht allzu viel. Daraufhin wurden Verstöße gegen das Ablieferungsgesetz immer härter bestraft. Manchmal dachte man über den Dorfhorizont hinaus. So gelang es in einer Großaktion, 30 000 Rinder, die durch die Missernte im Norden einzugehen drohten und notgeschlachtet werden sollten, in die Südprovinzen zu transportieren, wo man sie füttern konnte.

Die Lebensmittelkarten wurden in sechs Zuteilungsgruppen

ausgegeben. Geringere Zuteilungen in der Gruppe der Nicht-
berufstätigen und Hausfrauen sollten bewirken, dass diese Personen sich um Arbeit kümmerten – es gab auch in der SBZ einen
beträchtlichen Arbeitskräftemangel. Dieses Vorgehen hatte eine
ähnliche Wirkung wie im Westen die Verbindung der Registrie-
rung bei den Arbeitsämtern mit der Kartenzuteilung: Die hungernden Deutschen fühlten sich mit Nahrungsmittelzuteilung
zur Arbeit erpresst. Als Resultat setzte sich im kollektiven Bewusstsein Ost wie West fest: Nahrung und Arbeit gehören eng
zusammen, wer Arbeit hat, muss keinen Hunger leiden (obwohl
das leider auch nicht immer stimmte, wie man im Ruhrgebiet erfahren musste). Aber dennoch festigte sich der umgekehrte Lehr-
satz: Wer nicht arbeitet, bekommt auch nichts zu essen.

Neben Getreide war die Kartoffel wichtiges Nahrungsmittel
der Notjahre. Sie war ein guter Nährstoffträger, und man konnte
mit ihr variieren: Sogar Brot wurde mit der Kartoffel gebacken.
In bäuerlichen Gegenden, wo sie eines der Hauptanbauprodukte
war, stand sie morgens, mittags und abends auf dem Tisch. Als
Brei, Bratkartoffeln, Suppe, Pellkartoffeln oder Knödel. Die Kartoffel hielt die Menschen am Leben. Natürlich gab es auch dazu
den passenden Ratgeber: »Was man aus der Kartoffel alles
machen kann.« Es entwickelte sich in einigen Regionen ein Kar-
toffelkult, der sich bis heute hält. Es entstanden Kartoffellieder
und Kartoffelfeste. Die Kartoffel galt als Heilmittel und als Wärme-
spender, es wurden Kartoffelsäfte verabreicht und Kartoffelwickel
verordnet.

Die Kartoffeln kamen in der Besatzungszeit ausschließlich aus
heimischer Produktion. Das hieß, sobald es Ernteausfälle gab,
kam es auch zu Engpässen bei der Versorgung. Aber die Kartoffeln ließen sich einkellern und damit lange essbar halten. Auch
waren die Kartoffeln handlich und gut zu transportieren. Das
machte sie zu einer Art Zigarettenwährung für die Landwirtschaft. Wer aus den Dörfern kam und ein paar Kartoffeln in den
Taschen hatte, verfügte über eine praktische und kleinteilige
Währung.

Zeitzeuge Hermann Catrein, dessen Vater vor dem Krieg einen

Landbedarfshandel betrieben hatte, verfügte über beste Kontakte zu den Bauern. Der soeben aus dem Krieg heimgekehrte Sohn wurde mit dem Fahrrad über die weit auseinanderliegenden Dörfer des Hunsrücks geschickt, um dort bei den Geschäftspartnern seines Vaters die ausgehandelten Kontingente abzuholen. Wenn Catrein sich nach einer solchen Tour auf dem Heimweg befand, hatte er oft mehr als einen Zentner Kartoffeln dabei. Solche Geschäfte waren streng verboten, da die Bauern ihre Kartoffelernte bis auf einen geringen Rest an die staatlichen Versorgungsinstitutionen abzugeben hatten – natürlich zu einem festgelegten und deshalb für die Erzeuger ungünstigen Preis. Im illegalen Handel konnten sie bessere Erträge erzielen.

Hermann Catrein berichtet: »Kartoffeln waren ja das Hauptnahrungsmittel damals. Man hat sonst nicht viel gehabt. Inzwischen kam dann noch mein Bruder heim. Dann waren wir vier Erwachsene – und wir hatten Hunger. Wir haben im Jahr 30 Zentner Kartoffeln gegessen. Mittags Pellkartoffeln und braune Soße. Abends Pellkartoffeln und braune Soße. Es gab selten was dazu. Die 30 Zentner habe ich bei uns langsam angesammelt. Wenn mein Vater mit einem Bauern etwas ausgemacht hat, bin ich abends mit dem Fahrrad hingefahren. Die Franzosen hätten mir das weggenommen. Auch die deutsche Polizei. Ja, wenn ich da so einen Sack Kartoffeln auf dem Fahrrad hatte, habe ich ständig geguckt: Ist die Luft rein? Wenn nicht, habe ich den Sack Kartoffeln im Straßengraben verstaut und eine Panne vorgetäuscht. Nachher bin ich dann wieder weitergefahren. Die Keller wurden kontrolliert, von einer deutschen Kommission. In dieser Kommission war ein guter Bekannter von uns. Der hat uns einen Tipp gegeben: Morgen werden die Keller kontrolliert. Das war für uns dann ein Signal. Wir hatten neben den Kartoffeln einen Haufen Brennholz. Das durfte man. So haben wir das Brennholz über die Kartoffeln geschüttet. Die sind darunter verschwunden. Nebenan hatten wir dann eine Kiste mit Kartoffeln hingestellt. Da sagte der eine: Sie halten sich offensichtlich an die Vorschriften. Das haben wir lauthals bestätigt. Und unser Freund stand im Hintergrund und hat gegrinst.«[44]

Die ›Stuttgarter Zeitung‹ schrieb im Juni 1946: »Quer durch die britisch besetzte Zone Deutschlands, in der Richtung von Südwest nach Nordost und umgekehrt, geht seit vielen Wochen ein seltsamer Zug vor sich, der in seiner Unbeirrbarkeit an die Gesetzmäßigkeit des Vogelzugs erinnert. Auch die Menschen, die hier ziehen, folgen einem Gesetz des Hungers und der Not … Viele Hunderte waren bereits zwei und drei Stunden vor der Abfahrtszeit auf dem Endbahnhof … Sie springen auf die Trittbretter, hängen sich an die Türgriffe, erobern sich einen Platz. Sie sind rücksichtslos und haben verschlossene Gesichter. Menschen, die sonst teilnehmend sein können, werden brutal. Es ist eine Vision, die sie treibt. In ihrer Vorstellung entsteht ein Bild: Sie sehen sich selbst mit leerem Rucksack heimkommen. Hoffnungsvoll blicken ihnen Kinderaugen entgegen, über die jähe Enttäuschung fällt … So fahren sie und ihr Ziel ist die Gegend zwischen Celle und Lüneburg. Sie stehen viele Stunden im rüttelnden Zug, sie übernachten in Wartesälen, bleiben 36, 48 und mehr Stunden ohne Schlaf, sie kommen tagelang nicht aus den Kleidern, sie müssen Stolz und Scham in sich niederzwingen, wenn sie von Hof zu Hof gehen, und sie fühlen sich mit ihren Kartoffeln nicht sicher, ehe sich die Wohnungstür hinter ihnen geschlossen hat.«

Auch Fett, Zucker, Fleisch, Fisch und Milch kamen aus heimischer Produktion. Da die Zuteilungen nie ausreichten, mussten die Menschen diese Nahrungsmittel ertauschen. Dafür brauchten sie Tauschmittel. Wie für alles, was es in den legalen Tauschzentralen und auf dem illegalen Schwarzmarkt gab. Tauschmittel waren Schmuck, Bestecke, Geschirr, Uhren, auch bessere Kleider, Schuhe, Hausrat. Doch diese Tauschmittel waren angesichts des enormen Bedarfs der Esser bald erschöpft. Es mussten also neue Tauschmittel her.

So zahlten Unternehmen einen Teil des Lohnes in Waren aus. Viele Arbeiter blieben sonst tagelang der Arbeit fern, weil sie sich um die Beschaffung von geeigneten Tauschmitteln kümmern mussten. Meistens aber waren es die Frauen, die mit den Kindern unterwegs waren, um zu hamstern – also auf den Dörfern Zusatznahrung zu besorgen.

Zeitzeuge Hans Brenner berichtet, wie er als 13-jähriger an solchen Hamsterfahrten teilnahm. »Ich ging mit meiner Mutter, mit meiner Tante Gertrud und mit gleichaltrigen Kameraden auf Hamstertouren. Diese Touren, bei denen es darum ging, Lebensmittel zu besorgen, verliefen nach vier verschiedenen Kategorien. Das Erste war Betteln. Das hieß: einen Bauernhof anfahren und um Kartoffeln oder andere Lebensmittel bitten. Das zweite war Tauschen beim Bauern gegen Lebensmittel. Also Wertsachen wie Kleider, Teppiche, Tabak, Zigaretten, Waschmittel, Spielsachen und so weiter. Dafür gab es vom Bauern Lebensmittel: Kartoffeln, Mehl, Schmalz, Speck. Dann Arbeiten beim Bauern: Die Leute sind zu Fuß oder mit Verkehrsmitteln bis zum Bauernhof, haben dann mehrere Tage dort gearbeitet, so ein bis zwei Wochen. Als Entlohnung gab es freie Kost und Lebensmittel. Als Letztes dann Organisieren. Also Stehlen. Meistens Obst, Kartoffeln oder Getreide. Vom Feld weg.«[45]

Man muss bedenken, dass es den Bauern ja nicht grundsätzlich besser ging als der Stadtbevölkerung. Sie konnten nur von dem, was sie erzeugten, einen Teil abzweigen, um damit illegalen Handel zu treiben. Das heißt aber nicht, dass sie damit sehr großzügig umgehen konnten. Hans Brenner dazu: «Ich würde sagen, man bekam in jedem vierten oder fünften Haus, an dem man gebettelt hat, eine oder zwei oder mehrere Kartoffeln. Je ärmer die Leute in den Bauerndörfern waren, desto mehr Kartoffeln haben sie gegeben. Ich habe das mal mitbekommen, als ich zum Arbeiten in Pfeffelbach war: Die haben am Morgen einen Korb voller Kartoffeln hinter die Haustüre gestellt. Dann haben die Leute jeweils eine bestimmte Anzahl Kartoffeln bekommen. Wenn wir als Kinder dahin kamen und aussahen wie das Leiden Christi, dann haben wir schon mal drei Kartoffeln bekommen. Ein Erwachsener hat, wenn es gut lief, eine Kartoffel bekommen. Bei den reichsten Bauern gab es mit wenigen Ausnahmen nichts. Unsere Bitten nach Kartoffeln wurde schroff abgewiesen. Etwa: Wir verfüttern unsere Kartoffeln an die Schweine – das gibt Schinken und Speck. Oder es wurde mit dem Hofhund gedroht und vom Hof gejagt. Meine Erfahrung war: Leute, die nur ein oder zwei Kühe hatten, haben mehr von Herzen gegeben. Da hat man bemerkt, dass die Mitleid hatten.«

Ab 1947/48 kehrte sich die Richtung der Hamsterbewegung im Saarland um. Pfälzer Bauern zogen westwärts, um ihr Kleinvieh gegen Kohle einzutauschen. Die Kohlen waren knapp geworden, und die Bauern bekamen selbst Energieprobleme. Hans Brenner: »Wir haben zum Beispiel zwei Hasen gegen unsere Kohlen eingetauscht. Die boten auch Hühner und Speck und so weiter an. Aber da war sowas bei uns schon nicht mehr gefragt.« Zu essen hatten die Saarländer damals genug. Die Franzosen belieferten sie bzw. die saarländischen Gruben, während sie die Deutschen in der französischen Zone weiter knapp hielten. Aber mit den Saarländern hatten sie Großes vor: Diese sollten sich aus freien Stücken für die politische Integration entscheiden.

Aber woher hatten die Saarländer die Kohlen, mit denen sie den Pfälzern ihr Kleinvieh und auch vieles andere abluchsten? Aus den von den Franzosen betriebenen Gruben konnten sie sie bei den strengen Sicherheitsvorschriften ja nicht entwendet haben. Der Zeitzeuge: »1948 haben wir schon Deputat-Kohle bekommen. Vorher wurde wild nach Kohle gegraben. Zwischen der Waldwiese und dem Kiesweg, also gleich hinter unserer Siedlung, ist ein Flöz aus der Erde gestoßen. Ich glaube, es war die Nummer 11. Da kam Steinkohle bis über Tag hoch. Da hat man von oben ein sogenanntes Kohlenloch gegraben und hat die Kohle rausgeholt – zum Selberverbrennen, zum Verhamstern oder zum Verhökern.«

Das war streng verboten. Seit dem Mittelalter. Alles, was unter der Erdoberfläche lagerte, gehörte dem Staat. Das ist auch heute noch so. Damals, nach dem Krieg, wurde es besonders schwer bestraft.»Irgendwann kam die Grube dahinter. Da wurden Grubenhüter geschickt. Die haben das Gelände bewacht, während die Sprengmeister das Loch zugeschossen haben. Als die schweren Herbststürme waren, 1945 und dann Anfang 1946 im Winter, sind diese Kohlenlöcher mit Wasser zugelaufen. Das musste erst wieder rausgepumpt werden. Da sind dann auch Unfälle passiert. An Tote kann ich mich nicht erinnern, aber daran, dass sich dabei jemand einen Arm oder ein Bein gebrochen hat oder verschüttet wurde. Diese Löcher waren bis zu sechs, sieben Meter tief. Das waren ja Bergleute, die das gemacht haben. Der Schuh Jakob, unser Nachbar, hatte eine richtige kleine Grube, alles abgestützt. Mit Holz, wie im Bergwerk. Mit Eimern wurde die Kohle dann hochgezogen. Das war gefährlich – das wilde Kohlegraben auf der Kolonie.«

Die Pfälzer kamen nicht ohne Not ins Saarland. Eine Verschlechterung der Energiesituation hieß auch, dass die Landwirtschaft nicht mehr produzieren konnte. Dort brauchte man Strom und Kohle – zum Heizen und zum Betrieb der Maschinen. Diese Produktionseinbuße wirkte sich auf die Versorgung der Bevölkerung mit Lebensmitteln aus. Um eine Hungersnot zu verhindern, mussten Lebensmittel eingeführt werden. Aber die Getreideimporte, die in den Häfen von Hamburg und Bremerhaven ankamen, gelangten nicht in die Hungergebiete, da das Transportsystem nicht funktionierte. Während Millionen Menschen zu verhungern drohten, faulte das Getreide in den Silos.

Die Moral der hungernden Menschen verrohte: Jeder dachte nur noch an sich selbst. Viktor Agartz, Gewerkschafter, von 1946 bis 1947 Leiter des Zwei-Zonen-Wirtschaftsrates in Minden (Westfalen), sprach von der »Moral der 1000 Kalorien«: Es gab keine Solidarität mehr, sittliche Normen lösten sich ebenso auf wie rechtliche. In Berlin brach die Ruhr aus, im Ruhrgebiet Typhus. Im Dezember 1946 und im Januar 1947 gab es Proteste in Nürnberg, Hannover, Hamburg und Stuttgart. Im Frühjahr 1947 radikalisierten sich die Arbeiter an der Ruhr: Streikende wurden von der Militärpolizei hart bedrängt. Sie forderten die Verstaatlichung der Großbetriebe und die Volkskontrolle über die Nahrungsmittelversorgung. Daraufhin verboten die drei West-Militärverwaltungen alle weiteren Streiks und Demonstrationen.

Oberst Newman, US-Gouverneur von Hessen, sah sich zu einer Rundfunkansprache genötigt: »Das Volk der Vereinigten Staaten kennt Ihre Ernährungslage, und es werden alle Anstrengungen gemacht, um Ihnen Ihren Mindestbedarf zur Verfügung zu stellen. Die Frage der Geldzuteilung für diese Zwecke liegt jetzt dem

Kongress der Vereinigten Staaten vor. Jedoch müssen Sie durch Ihre Handlungen beweisen, dass Sie der Ausgaben würdig sind, die von den Vereinigten Staaten getragen werden müssen, um Sie vor dem Verhungern zu retten. Ich muss in aller Offenheit sagen, dass Sie in letzter Zeit Ihrer Sache geschadet haben. General Clay ist gerade von Washington unterrichtet worden, daß im Kongreß eine entschiedene Neigung besteht, sich weiterer Geldbewilligungen für Lebensmittel zu widersetzen. Dies ist zurückzuführen auf die jüngsten Berichte von Streiks, Androhungen von Streiks und einen gewissen Widerstand in der Haltung gegenüber den Richtlinien der Besatzung (…) Vergessen Sie nicht, daß nach den Gesetzen der Besatzungsarmeen und der Militärregierung die Schuldigen sogar mit der Todesstrafe belegt werden können (…)«[46]

Die Wende in der Lebensmittelversorgung kam erst mit der Währungsreform bzw. kurz davor. Mit den danach erzielten Exporterlösen konnten Lebensmittel ohne alliierte Bevormundung eingekauft werden. Endlich war wieder ein Austausch von Industrieprodukten und Rohstoffen gegen Lebensmittel, Kaffee und Südfrüchte möglich.

Das vier Jahre dauernde Trauma des Hungerns hatte sich bemerkbar gemacht: im Aussehen der Menschen, in der Stimmung im Land, sogar in den durchschnittlichen Konfektionsgrößen. Der Volkswirtschaftler Leonhard Miksch sagte schon 1948 eine »Fresswelle« voraus (die bis heute anhält), der eine Putz- und eine Wohnwelle folgen sollte. In seiner Erzählung ›Das Brot der frühen Jahre‹ schrieb Heinrich Böll 1955 rückblickend: »Der Hunger lehrte mich die Preise; der Gedanke an frisch gebackenes Brot machte mich ganz dumm im Kopf, und ich streifte oft abends stundenlang durch die Stadt und dachte nichts anderes als: Brot. Meine Augen brannten, meine Knie wurden schwach, und ich spürte, daß etwas Wölfisches in mir war. Ich war brotsüchtig, wie man morphiumsüchtig ist. Ich hatte Angst vor mir selbst.«[47]

BRAUNES SAUERKRAUT

»Ein Haupteindruck im Lande, und er löst Ende 1945 bei dem,
der hereinkommt, das größte Staunen aus, ist, daß die Menschen
hier wie Ameisen in einem zerstörten Haufen hin und her rennen,
erregt und arbeitswütig zwischen den Ruinen und ihr ehrlicher
Kummer ist, daß sie nicht sofort zugreifen können, mangels
Material, mangels Direktiven.«
(Alfred Döblin: ›Schicksalsreise‹, 1949)

Not macht erfinderisch. Das ist eine zynische Weisheit. Mit ihr
wird das Leid zu einem nützlichen Helfer umgedeutet. Dennoch:
Die Nachkriegszeit war gezwungenermaßen eine Zeit des Impro-
visierens. Dieses kleinkrämerische Wuseln erscheint uns, die wir
an die Selbstverständlichkeit des Luxus gewöhnt sind und an
effektive Alltagsorganisation, fast insektenhaft und unsinnig. Dabei herrschte in der Nachkriegsgesellschaft mit ihrem nervösen
Fleiß ein unbeirrbarer Überlebenswillen.

Im Februar 1947 eröffnete im Berliner Zeughaus eine große
Ausstellung mit dem Titel »Berlin baut auf«. Es wurden jedoch
keine architektonischen Restaurationsprojekte oder Neubauten
in der Trümmerwüste präsentiert. Vielmehr zeigte die vielbeachtete Schau die kleinen häuslichen Heldentaten der Bewohner der
Stadt. So wurde dem interessierten Publikum vorgeführt, wie man
alte Glühbirnen aufsägte und mit neuen Glühdrähten versah, damit sie wieder leuchteten. Neue Glühbirnen gab es nämlich nicht,
und die alten verbrauchten zu viel Strom. Geschickte Frauen
zeigten, wie man die begehrten Babysachen aus Isoliermaterial
strickte: Sie zogen die Fäden aus den Zellulosebinden, die zum
Isolieren von Heizungsrohren verwendet wurden, verknoteten
sie miteinander und verarbeiteten sie wie Strickwolle.[48]

Es wurde kaum etwas produziert. Haushaltswaren waren neu
so gut wie gar nicht zu erwerben. So wurden Stahlhelme zu Koch-

töpfen umgearbeitet. Niemanden störte der unappetitliche Zusammenhang mit Krieg und Tod – wer hungert, ist dankbar, wenn er ein Essgeschirr hat. Es wurden auch Teile von abgeschossenen Flugzeugen als Suppenschüsseln verwendet.[49] Seife wurde aus Farnkraut hergestellt, und Blechbüchsen wurden zu Haushaltsgeräten. Kochtopfdeckel entstanden aus US-Konservendosen, Gaskocher aus Abfallteilen, Töpfe aus den Filtern der Gasmasken. Kleider wurden aus verschiedenen Stoffresten zusammengenäht. Das Leder der Schuhe wurde als Rohstoff gehandelt, während Kinderschuhe aus Bast hergestellt wurden. Aus Wellblechabfall wurden Puderdosen, das Strickgarn gewann man aus aufgetrenntem Zuckersackgewebe, ein amerikanischer Mehlsack wurde zu Kleiderärmeln verarbeitet und bestickt.

Die meisten Fenster waren ohne Glas. Überall hörte man Hämmern und Klopfen: Mit gestohlenen Latten, Ziegeln und Backsteinen wurden die Löcher vernagelt. Wer einen Glasschneider besaß, stand mit aufgebockten Brettern an einer Straßenecke und bot seine Dienste an. Leute kamen mit zerbrochenen Fensterscheiben und ließen sich Glasstücke zurechtschneiden. Da viele Brücken zerstört waren, halfen private Fähren den Berlinern über die Spree, fünf Pfennige kostete die Überfahrt.

Wenn Bücher gedruckt wurden, dann waren es wegen des Papiermangels fast nur Ratgeber in Heftformat. Tipps für Hungernde, die improvisieren wollten, erschienen in Hülle und Fülle. Für die Moral der Menschen war es wichtig, den Schein eines Fortbestandes der alten Esskultur zu wahren, auch wenn die schon im Krieg untergegangen war. So gab es raffinierte »Pilzbuletten«, statt Kaffee kochte man Kaffee-Ersatz auf Gersten- oder Eichelbasis. Aus Gries, Fett und Majoran wurde ein feiner Brotaufschnitt mit dem vielversprechenden Namen »Gänseschmalz« hergestellt. Aus Mehl und Süßstoff entstand eine »Suppe«. Brennnesseln, Löwenzahn und Kartoffelschalen galten gekocht als »Gemüse«.

Die Kartoffeläcker und Gemüsebeete, die in den Städten nicht unbedingt in der Nähe der Häuser lagen, mussten Tag und Nacht bewacht werden – so begehrt war der karge Anbau. Im Berliner

Tiergarten wurden Parzellen verpachtet. Wer dabei zu kurz kam, züchtete seinen Kohl, seine Bohnen, seine Zuckerrüben, seinen Tabak auf dem heimischen Balkon.[50]

Wichtiger noch als Gemüse und Obst war Fett oder Öl. Pflanzliches Öl wurde aus allen möglichen Früchten gewonnen, von Bucheckern über Mohn bis zu Nüssen. Zeitzeuge Hans Brenner berichtet von einer findigen Geschäftsidee: »Meine gleichaltrigen Schulfreunde Harald Wallacher und Reinhold Unger hatten eine Ölmühle. Damit wurde Mohn gemahlen. Oder Bucheckern. Harald und Reinhold sind mit dem Zug von Friedrichsthal bis Hermeskeil gefahren und von dort aus über Dhronecken, Thalfang bis nach Hoxel gewandert. In den Dörfern haben sie für die Bauern Öl gepresst. Sie blieben zwei, drei Tag in einem Ort. Jeden zehnten Liter des Öls konnten sie behalten.«[51]

Der Vater von Maria Simon arbeitete zwar als Fördermaschinist auf der Grube Erkershöhe, aber er hatte auch einen Garten und baute Mohn an: »Mein Vater hat alles Mögliche angebaut, sogar Hafer. Und Mohn. Daraus wurde Öl gemacht. Das war in der schlechten Zeit. Die Mühle war eine Fleischmaschine mit einem Elefantenrüssel, der hatte viele kleine Löcher am Ende. Der Mohn kam oben rein und aus den kleinen Löchern ist das Öl kontinuierlich rausgetropft. Das war ein grünliches Öl. Der gepresste Mohn war so trocken, der konnte nur noch ans Vieh verfüttert werden.«[52] In dem Öl aus Bucheckern und Raps konnte man Pfannkuchen braten, wenn man Mehl dazu bekam. Ein Ei war etwas Besonderes. Meistens stand nur Trockenei zur Verfügung, ein gelbes Pulver, das sich in vielen Care-Paketen befand. Ebenso wie Trockenmilch.

Die Filmemacherin Helma Sanders-Brahms lebte mit ihrer Mutter auf dem Land. Sie besaß keine Schuhe, was nicht unüblich war. Manche Mütter trugen ihre Kinder deshalb zur Schule.[53] Wenn Helma nach draußen ging, zog sie Klappsandalen an. Diese bestanden aus drei Holzstücken, die mit Leder zusammengebunden waren. Beim Gehen schlugen die Holzstücke aneinander – deshalb der Name. Hermann Catreins spätere Frau arbeitete an der Universität Mainz. Er hatte sich einer Gruppe von Bastlern angeschlossen. »Wir haben Pantoffeln gebaut – aus Autoreifen. Versuchen Sie mal mit dem Taschenmesser, aus einem Autoreifen eine Sohle rauszuschneiden. Das ist unheimlich mühsam. Wir haben dann noch aus verschiedenen Stoffen das Oberteil gemacht. Und mit der Zeit hat man – soweit das mit den damaligen Rohstoffen möglich war – auch ein bisschen Chic da rangekriegt. So habe ich meiner späteren Frau ein Paar Pantoffeln genäht. Sie hat sie sogar an der Uni getragen. Da kam alles gelaufen, bis zum Professor, und hat die Gesundheitsschuhe bewundert.«[54]

Die Menschen waren damals sehr viel zu Fuß unterwegs. Die Verkehrsmittel funktionierten nicht oder sehr unzuverlässig. In den Städten gab es kaum noch Fahrräder. Umso mehr störte das improvisierte Schuhwerk. Besonders das Gehen auf den unbiegsamen Holzsohlen machte vielen zu schaffen.[55]

Am 13. Mai 1945 fand das erste Konzert des Berliner Kammerorchesters im Bürgersaal des Rathauses Schöneberg statt. Die Musiker des Orchesters, die über die ganze Stadt verteilt waren, mussten ihre teils sperrigen Instrumente zum Rathaus bringen. Die Trommeln, Bässe und Tuben wurden in ausgeliehenen Kinderwagen und auf Rollschuhen quer durch Berlin geschafft – und das sehnlich erwartete Konzert konnte stattfinden.[56]

Vor allem in den Städten wurde jeder Zipfel Anbaufläche in Nutzgarten verwandelt. Selbst in den Vorgärten wuchsen Kohl und Bohnen. Viele Familien hielten Hühner im Keller oder auf dem Balkon. Aus Haferflocken und Kartoffelschalen wurden Plätzchen gebacken. Kartoffelschalen mussten für alles Mögliche herhalten. Der Berliner Verleger Dr. Wolfgang Weinmann berichtet, dass er sie als Kind sammelte: »Die wurden aufgekocht. Dann hast du das, was an den Schalen noch an Kartoffeln dran war, rausgekratzt und gefuttert.«[57] Wenn irgendwo ein Beutel Obst, ein Kohlkopf oder eine Speckseite organisiert werden konnte, musste der Ertrag sofort eingeweckt, eingesalzen, geschnippelt oder zum Trocknen aufgehängt werden. Auf den Kleiderschränken standen Einweckgläser mit Obst oder sogar Fleisch, von Wand zu Wand spannten sich Fäden mit Trockenobst und Bohnen.

Wolfgang Weinmann berichtet vom Stubbenhauen in Berlin-Tempelhof: »Mein Vater war gelähmt. Die Mutter wuselte rum und Sohnemann musste Stubben ausbuddeln, damit es was zu heizen gab. Schräg gegenüber auf'm Friedhof. Oder im Park oder wo auch immer.« Stubben waren die Baumwurzeln, die nach dem Fällen der Bäume in der Erde zurückgeblieben waren. Wenn man diese Wurzeln ausgraben wollte, brauchte man eigentlich eine Erlaubnis. Auch im harten Winter blieben die alliierten Kommandanten bei ihrem Verbot des Holzschlagens. Nur sehr bedürftige Familien bekamen einen Stubbenschein – also die Erlaubnis, einen Stubben oder Baumstumpf auszugraben.[58] Weinmann: »Damals gab es keine Polizei und gar nichts. Da wurde vieles gemacht, was unter normalen Umständen nicht so üblich ist. Ich bin einfach losgezogen. Mit 'nem Beil, Schaufel und Säge. Das ist eine harte Arbeit. Das dauerte Stunden. Auch wenn ein Kumpel dabei half. Das Wurzelwerk wurde dann kleingehakt und nach Hause geschleppt.«[59]

Auch Hans Brenner war als Junge oft im Wald, im saarländischen Friedrichsthal. »In der Nähe unserer Siedlung befand sich ein über hundert Jahre alter Buchenwald. Viele übten sich im Holzreißen. Dabei wurden dürre Äste, die sich noch am Stamm befanden, mittels einer langen Leine vom Baum gerissen. An deren Ende befand sich ein Gewicht. Mein Vater war dafür Spezialist. Die Stubben mussten schon einige Jahre alt sein. Das Feuer hielt dann länger an.« Das Stubbenhauen ohne Erlaubnis wurde hart bestraft – Holzfrevel –, 1945 und 1946 unter den Franzosen sogar mit Gefängnis.

Hans Brenner weiter: »Im Sommer wurde jede freie Minute genutzt, um im Wald Beeren zu sammeln: Him- und Brombeeren. Aus Beeren wurde Marmelade gekocht oder Saft in Flaschen abgefüllt. In der Pilze-Zeit sind wir oft mit Waschkörben in den Wald gezogen – bis Elversberg, St. Ingbert und sogar bis Neuweiler. Pilze wurden eingeweckt oder gegen andere Esswaren, später gegen Geld eingetauscht. Meine Großmutter hat Pilze in Metzgereien gegen Fleisch eingetauscht. Mein erster Anzug wurde mit Pilzen bezahlt. Im Herbst wurden Bucheckern der

Rotbuche gesammelt – ein mühsames Geschäft. Sie wurden auf dem Ofen geröstet und wie Nüsse gegessen. Bei uns im Wald standen viele Kastanienbäume. Zur Erntezeit fand ein richtiger Run statt. Adolf Keller, ein Bergmann, ging schon vor der Frühschicht mit der Taschenlampe auf die Suche nach Kastanien. Ich selbst habe oft hohe Bäume erklettert und Kastanien ›geschüttelt‹.«

Wer selbst nichts zum Tauschen hatte oder schon alles in Lebensmittel getauscht hatte, musste sich etwas einfallen lassen. »Meine Mutter ist bis nach Landau gefahren und hat dort Tabak besorgt. Sie ist auch nach Heilbronn gefahren, um Salz zu besorgen. Der Tabak aus Landau war noch grün. Der wurde vom Großvater veredelt, also eingelegt, damit er fermentierte. Dann wurde er getrocknet. Tabak lief immer am besten. Meine Mutter hat einen Rucksack voller Waschpulver angeschleppt, aus einem bombardierten Güterzug in Saarbrücken. Das Pulver wurde in kleine Päckchen, die wir selbst aus Packpapier hergestellt haben, abgefüllt. Ebenso der Tabak, da stand dann Krüllschnitt oder Feinschnitt drauf.«[60]

Manche bauten Tabak auch selbst an. Helma Sanders-Brahms berichtet von «Tabakstauden, die riesig zwischen den Kartoffeln aufschossen, rosa Blüten trieben, mit gewaltigen Blättern, saftig grün mit silbrigen Haaren«. Wenn die Blätter gelb wurden, mussten sie abgeschnitten und zum Trocknen an Fäden aufgezogen werden. Die Blätter mussten ab und zu gewendet werden und sie brauchten viel Luft. Später wurden sie in Streifen geschnitten, bis sie aussahen wie »braunes Sauerkraut«.[61]

Hermann Catrein berichtet von seiner Zeit in Wittlich, wo er die Woche über bei der AOK tätig war. Nach Feierabend ist er über die ausgedehnten Tabakfelder der Wittlicher Senke gelaufen und hat Tabakblätter »gesammelt«. Am Wochenende hat er die Ausbeute auf seinem Fahrrad über die Mosel und hoch in den Hunsrück geschafft, wo der Ernteertrag sorgfältig bearbeitet wurde: »Am Sonntag haben wir dann die Tabakblätter aufgereiht auf Schnüre und haben sie getrocknet, genau wie die Tabakbauern das gemacht haben. Mein Vater hat diesen getrockneten

Tabak gegen Zigaretten umgetauscht. Dafür bekam man viele Zigaretten. Und gegen die Zigaretten konnte man wieder Butter und Brot und so weiter eintauschen. So ging das damals, das war die Zigarettenwährung.«[62]

Ab 1947 gab es zwischen dem Saarland und der eigentlichen französischen Zone scharfe Kontrollen. Die saarländischen Tabakproduzenten begannen, ihren Rohstoff selbst anzubauen. Hans Brenner: »Direkt an den Häuserwänden, damit man ihn immer unter Kontrolle hat. Die Tabakpflanze ist wie heute Blumenrabatten an den Wänden hochgewachsen. Die Tabakgirlanden hingegen, an denen der Tabak trocknete, hingen auf dem Speicher. Die konnte man nicht an den Häusern aufhängen, weil er dann vom Regen nass geworden wäre.«[63]

Der Tabak wurde nicht selbst geraucht; man brauchte ihn als Tauschmittel. Es ging beim Improvisieren selten um den Genuss. Bevor man ans Genießen denken konnte, mussten erst die Grundbedürfnisse des Lebens geregelt werden.

LEBEN UND STERBEN

»Siegfried Kabus wurde zum Tode durch den Strang verurteilt. Der Bombenattentäter von Backnang, Stuttgart und Eßlingen hatte sich während seiner Haft mit Plänen ›zur Schaffung einer neuen deutschen Reichsregierung‹ befaßt, an der er teilhaben wollte. Der Verteidiger machte verminderte Verantwortlichkeit geltend und legte gegen das Urteil Revision ein.«
(›Der Spiegel‹ 4/1947)

Es gab keine Särge. In Berlin war das ein besonderes Problem. Wer einen Garten hatte, vergrub dort die Angehörigen; notdürftig in Zeitungspapier eingewickelt. Wer keinen Garten hatte, besorgte sich einen Schubkarren, mit dem er seine Leiche zu einer möglichen Ruhestätte transportieren konnte. Die Trauernden schlossen sich dem Zug an. Überall in der Stadt begegnete man solchen Leichenzügen mit Schubkarren. Da die Wege aber oft unpassierbar waren, mussten manche Beerdigungen vor der Sperrstunde umkehren. Am nächsten Morgen folgte dann der nächste Versuch. Manchmal dauerte diese Prozedur drei oder vier Tage. Wie drängend angesichts der vielen Kälte- und Hungertote das Beerdigungsproblem war, sah man an den Schildern an Berliner Häusern: »Tischler für Sargfabrikation werden sofort eingestellt.«[64] Alfred Döblin hat Folgendes beobachtet: »Ich sah oft Menschen auf die Ruinenhügel steigen. Was wollten sie da? Etwas suchen, graben? Sie hatten Blumen in der Hand. Auf dem Hügel hatten sie Kreuz und Tafeln errichtet. Es waren Gräber. Da legten sie die Blumen hin, knieten und sprachen Gebete.«[65]

Da es noch keine Zeitungen gab, wurden Annoncen auf Mauerresten angebracht: »Tausche Militärschuhe gegen Kinderschuhe«, »Kartoffeln gegen Schnaps«, »Buddha gegen Butter«, »Röntgenfilme für erstklassige Zahnbehandlung«, »Gebe Föhn, suche Herrenhose«. Leer stehende Läden wurden über Nacht zu Tauschzentralen: Die Betreiber stellten ein paar Tische auf und nahmen fünf bis zehn Prozent vom Wert eines jeden Geschäftes, das in ihren Räumen zustande kam. Das wurde geduldet, soweit gewisse Waren nicht gehandelt wurden: Autoreifen, Zigaretten, Nahrungsmittel, Medikamente.

Ab 13. September 1945 haben die Alliierten Tauschzentralen ausdrücklich erlaubt. Vor allem für Haushaltswaren und Textilien. Die Höchstpreise durften die Neupreise nicht überschreiten, was den Tauschmarkt vom Schwarzmarkt unterschied. Eine dreiviertel Million Menschen handelte regelmäßig auf Tauschmärkten.[66] Die Behörden konnten jedoch nicht verhindern, dass sich Schwarzmärkte auf Tauschmärkten einnisteten. Deshalb verlangten die deutschen Behörden von den Alliierten, dass diese die Tauschbörsen schlossen. Doch die Besatzer setzten nur die Höchstpreise herunter – auf 75 Prozent des Neupreises von 1939 – und erhöhten die Strafen.[67]

Dennoch erzielte der verbotene Schwarzmarkt die weit größeren Umsätze. Er wurde zum wichtigsten Faktor des Lebens in den Städten: »Eine Macht, die im Grund viel größer war als die der Besatzungsbehörden, wenn auch diese gelegentlich gegen ihn einschritten.«[68] Fast 50 Prozent der Bevölkerung waren auf dem Schwarzmarkt aktiv. Besatzungsmacht und deutsche Stellen schoben sich gegenseitig die Schuld daran zu. Dabei reichte der Schwarzhandel bis weit in die Verwaltungen und Regierungen hinein. Die großen Händler schmierten die verantwortlichen Besatzungsoffiziere. Aber auch hohe deutsche Polizeifunktionäre mischten auf dem Schwarzmarkt mit, kauften oder boten offen Prestigeobjekte wie Schmuck und Uhren an und protzten auch gerne damit.[69] Der Schwarzmarkt in Berlin – der größte fand am zerstörten Reichstag statt – begann um zehn Uhr morgens: Kinder verkauften die Zigaretten, die sie bei den Amerikanern erbeutet oder erbettelt hatten, Kriegsinvaliden handelten mit Familienschmuck, Frauen mit Butter; das war die Ration für die Kinder in den nächsten Tagen, aber sie mussten die Miete bezahlen.

Selbst während der Blockade blühte der Schwarzmarkt. Bauern schmuggelten ihre Erträge in die Stadt, Berliner holten sich Kohle aus Potsdam. Auch über die Luftbrücke wurde geschmuggelt: Zigaretten, Butter, Schmalz, Schokolade. In Lkws, die nach ihrer Deklaration russische Schwemmkreide transportierten, wurden aus Bremen und Hamburg Fischkonserven und Krabben nach Berlin gebracht. Die meisten dieser Schmuggeltransporter hatten einen doppelten Satz Papiere: einen für die Russen und einen für die Briten oder Amerikaner. Auch Menschen wurden geschmuggelt: Der Schwarzmarktpreis für einen Interzonenpass lag im Herbst 1948 bei 400 Mark.[70]

Im Westen wurde auch geschmuggelt; vor allem zwischen dem Saarland und der französischen Zone. Hans Brenner berichtet: »Die Eisenbahnwaggons hatten keine Fenster. Die Scheiben waren kaputt, und die Fenster waren mit Brettern zugenagelt. Es gab Lederriemen, damit wurden normalerweise die Fenster des Waggons arretiert. Also haben die Reisenden ihre Rucksäcke mit Kartoffeln an den Lederriemen gebunden, haben ein Brett vom

Fenster gelöst und den Rucksack rausgehängt. Natürlich an der dem Bahnsteig abgewandten Seite des Zuges, damit die Kontrolleure das nicht bemerkten. Sobald die Grenze überschritten war, wurden die Lebensmittel reingeholt.«[71]

Frankreich hatte das Saarland von seiner Zone getrennt und Grenzstationen errichtet. Man wollte verhindern, dass ein kleiner Grenzverkehr entstand und die Bewohner der Zone etwa von der Sonderversorgung der Saarländer profitierten. Andererseits sollten die Saarländer aus dem Kohlegürtel sich nicht bei den Bauern in der Pfalz und im Hunsrück mit verbotener Hamsterware versorgen.

»Einmal sind wir mit dem Zug bis Baltersweiler gefahren. Um vier Uhr am Morgen sollte eine Tenderlok kommen, die uns bis Türkismühle mitnehmen sollte. Wir waren 15 bis 18 Personen. Meistens Frauen. Nur zwei oder drei Männer. Und der Wartesaal in Baltersweiler war eiskalt und wurde renoviert. Dann hat uns der Beamte von der Bahn mitgeteilt, dass die Lok morgens nicht mehr fährt. Da sind alle diese Personen unter der Leitung der beiden Männer in der Nacht zu Fuß nach Türkismühle. Während der Sperrstunde. In Walhausen gab es einen Militärposten der Franzosen. Direkt am Bahnhof. Die Posten sind mit aufgepflanztem Bajonett am Bahnsteig auf und ab marschiert. Da sind alle diese Leute mit Gepäck an den Gleisen entlanggerobbt, mitten im Winter über die Erde. Am Fuß des Bahndamms gab es eine gemauerte Wasserrinne, etwa 1 Meter 20 tief, das Wasser war gefroren. Meine Tante Gertrud ist ins Eis eingebrochen. In der Nacht kamen wir in Türkismühle an. Meine Tante musste alle ihre Sachen ausziehen, auswringen und zum Trocknen hinlegen.«[72]

Als angehender Steiger bei den Saarbergwerken konnte es sich Hans Brenner später leisten, in der französischen Zone Waren einzukaufen, die es im Saarland nicht gab. »Meine Frau und ich sind nach Mannheim gefahren und haben dort eingekauft. Zum Beispiel meinen ersten Hut. Der Franz Huber, der hat die Sachen dann später im Grubenbus, der die Bergleute aus der Pfalz eingesammelt hat, ins Saarland rein geschmuggelt. Die Bergleute schliefen in dem Bus, die hatten ja oft Nachtschicht. Und wenn ein Zöllner den Kopf reingesteckt hat, ging das große Murren los. In Wirklichkeit haben die Fahrgäste auf Schmuggelgut gesessen, das sie ins Saarland schafften. Auch für saarländische Kollegen. Das ging bis in die fünfziger Jahre: Einkauf in der Bundesrepublik, Schmuggel über die deutsch-französische bzw. deutsch-saarländische Grenze.«

Viele Menschen handelten auch an ihren Arbeitsplätzen: Toilettenfrauen mit viel Publikumsverkehr boten Fettmarken und Süßstoff an. In Berlin gab es sogar einen Krematoriumsangestellten, der den Hinterbliebenen »reinseidene Herrensocken« offerierte. Die Schwestern in den Krankenhäusern verschoben die Blumen ihrer Patienten. Selbst Schüler boten auf Schulhöfen ihren Mitschülern Uhren und Kleinigkeiten an, die sie in den Trümmern gefunden hatten.[73] Im Wartezimmer eines Rechtsanwaltes wurde Butter verkauft. Frisöre boten Zucker und Mehl an, die Ware wurde von Lehrlingen verpackt, während die Haare der Kundinnen trockneten. Für Brot wurde alles geopfert: das Silber, die Geige, die letzten Bestecke. Frauen, die Kinder ernähren mussten, meldeten sich freiwillig zum Steineklopfen. Das Kontrollratsgesetz Nr. 32 vom 10. Juli 1946 hatte das Verbot von Frauenarbeit am Bau aufgehoben, weil nicht genug Männer für diese Arbeit verfügbar waren.[74]

Curt Riess war ein deutsch-jüdischer Schriftsteller, der 1933 emigrierte. Er war Kriegsberichterstatter der US-Armee und später Korrespondent für US-amerikanische Zeitungen bei den Nürnberger Prozessen. Eine Berlinerin berichtete Curt Riess von ihren Erfahrungen als Trümmerfrau: 1000 Ziegel am Tag mussten blank geputzt werden, 125 Stück pro Stunde, zwei in der Minute. Nach zwei Wochen kam sie auf 700, also verdiente sie 77 Pfennig pro Stunde. Das waren rund 28 Mark in der Woche, nach Abzug der Steuern. Der Gegenwert von sechs amerikanischen Zigaretten. Die 28 Mark reichten gerade für das, was sie auf ihre Lebensmittelkarten bekam. Das musste natürlich bezahlt werden, umsonst gab es nichts im Nachkriegsdeutschland.[75] Als Nichtberufstätige hatte sie nur die Karte V. Das hieß: alle 14 Tage einmal Fleisch, so gut wie kein Gemüse und Fett, nur Brot und Kartoffeln. Viele gingen früh ins Bett: Es half gegen den nagenden Hunger und gegen die Kälte.

Die Frauen, die in Männerberufen arbeiten mussten, wurden selbstbewusst. Sie realisierten, dass es ohne sie nicht ging und dass sie viele ihnen bisher verwehrte Tätigkeiten durchaus ausüben konnten. Das bekamen auch die Besatzer mit: Sie brauchten die Frauen. So stellte der Befehl 253 der SMAD in der Ostzone Lohngleichheit von Mann und Frau her. Die Ergänzungen zur Direktive Nr. 14 brachten am 31. September 1946 auch Lohnerhöhungen für Frauen im Westen. Doch in der Arbeitswelt wurden Frauen trotz ihrer überproportionalen Beteiligung weiterhin benachteiligt. Deshalb entstanden schon ab Sommer 1945 überparteiliche Frauenausschüsse, die gegen die soziale Not und für Gleichberechtigung von Mann und Frau kämpften.[76]

Die Lebensmittel auf Karte kosteten maximal 40 Mark im Monat. Das waren aber nur Grundnahrungsmittel, meist von minderer Qualität. Ein Pfund gute Wurst bekam man auf dem Schwarzmarkt für 180 Mark. Wer Wurst essen wollte, musste also etwas Wertvolles verkaufen. Die steineklopfende Mutter, die alleinerziehend war wie viele damals, erhielt 30 Mark Unterstützung und zehn Mark für jedes Kind pro Monat extra. Das aber reichte nicht einmal für die Miete. Und dann blieben noch: Gas, Strom, Fahrgeld.

Elektrizität war ein Dauerproblem: Es gab in vielen Städten nur stundenweise Strom. Gekocht wurde deshalb meistens nachts. An Kerzen kam man fast nur auf dem Schwarzmarkt. Auch Glühbirnen waren selten, neue gab es nicht. Es wurden strenge Quoten für den Stromverbrauch eingeführt. Alle lebten in der Angst, zu viel Strom zu verbrauchen. Zur Strafe schaltete die Stadt dann die Versorgung ab. Diese Angst beeinträchtigte das Familienleben: Man beobachtete sich misstrauisch, es gab bittere Kräche um Mehrverbrauch.[77] Staubsaugen wurde mit Gefängnis und einer Geldstrafe bestraft (1 Jahr und 500 Mark). Geschäfte – außer Lebensmittelläden und Apotheken – hatten nur bei Tageslicht geöffnet.[78]

Die Polizei in Hannover verhaftete beim Reifenhersteller Continental einen Mann, der gegen eine Großlieferung von Zigaretten neue Autoreifen eintauschen wollte. Sie fielen unter das Tauschverbot der Besatzer. Bei den Ermittlungen stellte sich jedoch heraus, dass der Verhaftete im Auftrag eines badischen Ministeriums mit dem Dienstwagen nach Niedersachsen gereist war. Wie das südwestdeutsche Ministerium an die nicht unbedeutende Ladung Zigaretten gekommen war, konnte nicht aufgeklärt werden.[79] Der Buchdrucker Kurt B. fälschte Lebensmittelkarten, um »meine Kinder satt zu kriegen«, wie er sagte. Er bekam dafür zwei Jahre Gefängnis. Die Justiz stellte allgemein das Fehlen eines Unrechtsbewusstseins fest, wenn es um die Versorgung ging. Man sagte, der »Konflikt zwischen Bauch und Gewissen« sei entschieden.[80] Wolfgang Weinmann aus Berlin berichtet, wie wenig er als Nachkriegs-Jugendlicher über die Konsequenzen seines Handelns nachdachte: »Wir haben zum Beispiel bei einem Laubenpieper Äpfel geklaut. Aber nicht mit Körben, sondern hier so die Taschen voll. Also drei Äpfel in der Tasche. Und der hat ein Theater gemacht deswegen: Was wir für miese Gören sind, mein Kumpel und ich. Und was ist passiert? Wir hatten ja Brandbomben, da haben wir ihm die Laube abgefackelt. Diese Brandbomben waren irgendwelche Blindgänger. Die lagen in den Ruinen rum.«[81]

Stehlen war normal. Man stahl von den Gemüsebeeten, stürmte Kohlenzüge, machte Jagd auf Vögel. Der Kölner Erzbischof Frings erlaubte von der Kanzel herab den Christen den Mundraub. Daraufhin hieß das Stehlen »Fringsen«. Es geschah selbstverständlich, niemand hatte ein schlechtes Gewissen, es ging ja ums Überleben. Man machte sich aber auch wenig Gedanken um die Konsequenzen.

In der Mangelgesellschaft herrschte Frauenüberschuss. 1945 gab es in Deutschland sieben Millionen mehr Frauen als Männer, 65 Prozent der Bevölkerung waren weiblich. Selbst 1946 befanden sich immer noch zwei Millionen deutsche Männer außer Landes. 170 Frauen kamen auf 100 Männer. Das führte neben den wirtschaftlichen auch zu zwischenmenschlichen Problemen.[82] Bekanntschaften und Ehen mussten mühevoll vermittelt werden. So gab es in Berlin einen Straßen-Kiosk, an dem Frauen und

Männer ihre Fotos hinterließen. Sie wurden in einen Katalog eingeordnet, den jede Interessentin bzw. jeder Interessent einsehen konnte.

Bedingt durch Krieg und Gefangenschaft bestanden zahllose Ehen nur noch dem Namen nach – auch nach der Heimkehr der Männer. Aber die Wohnungsnot brachte es mit sich, dass die Gatten sich nicht trennen konnten. Es gab keine gesetzliche Regelung, wem nach der Scheidung die Wohnung zufiel. Deshalb musste man zwangsläufig weiter zusammenleben, unter Umständen mit einer Freundin oder einem Hausfreund. Das führte zu Spannungen: Die Frau aß die Rationen des Mannes auf, der Mann schraubte alle Glühbirnen aus den Fassungen, wenn er das Haus verließ.[83]

Dennoch: Die Familie blieb in der Regel der letzte Hort, von dem aus man sich des Mangels erwehrte. Wer etwas organisierte, organisierte es für sich und seine engsten Verwandten. So wie in der Familie der jungen Maria Simon aus Friedrichsthal/Saar: »In der richtig schlimmen Zeit haben wir sehr viel Nahrungsmittel von meiner Tante Anna und ihrem Mann Krischan bekommen. Die wohnten bei Saarbrücken. Krischan war Bäcker und Konditor. Der kam zu uns auf die Kolonie, hat Mehl mitgebracht, er hat bei uns Brot gebacken. Manchmal auch Kuchen. Der kam morgens mit der ersten Straßenbahn, in aller Frühe. Bis nachts stand er in der Backstube. Und dennoch hat er uns mitversorgt.«[84]

Porträt Johannes Leppich

DAS MASCHINENGEWEHR GOTTES

Er sprach im hessischen Fulda vor 40 000 Menschen. In Bochum schüttete es vom Himmel, der Platz war ein Meer aus schwarzen Regenschirmen: 22 000 hatten dennoch den Weg auf sich genommen. Johannes Leppich bot keine aufwändige Bühnenshow, er schmierte seinen Zuhörern auch keinen Honig ums Maul. Meistens beschimpfte er sie. Er belegte die Massen mit zotigen Ausdrücken. Und die konnten nicht genug davon bekommen. Seine Zuhörer waren Arbeiter und kleine Angestellte, meistens Frauen und junge Leute.

Pater Leppich war Jesuit. Der Orden versteht sich als katholische Kampforganisation gegen den Unglauben, aber auch gegen die Bequemlichkeit im Klerus. Die Jesuiten gelten als Rhetoriker, die in den Spitzfindigkeiten des theologischen Disputes geschult sind. Doch Pater Leppich war kein Virtuose der christlichen Dogmatik. Er war ein Demagoge. Er liebte es, die Sprache des »Mannes von der Straße«, wie er selbst gerne sagte, bis zur Provokation zu steigern, den schnoddrigen Umgangston auf die Spitze zu treiben. Darin lag das Geheimnis seines Erfolges. Und in seiner drastischen Botschaft: Ihr seid bequem, ihr seid feige, ihr habt keine Prinzipien und erst recht keinen festen Glauben. Wenn ihr in dieser speckgesichtigen Aufbaugesellschaft nicht vor die Hunde gehen wollt, müsst ihr euch schleunigst ändern.

Die Gefahr, ausgelacht zu werden, ist groß, wenn man so zu den Massen spricht. Doch die Menschen glaubten dem kleinen Pater. Er war ein Spinner, ein Poltergeist, ein Nervtöter. »Maschinengewehr Gottes« – so nannten sie ihn, in Anlehnung an den US-Prediger Billy Graham. Leppich säuselte nicht. Er verfluchte seine Zuhörer und drohte ihnen mit dem Untergang – falls sie sich nicht auf die wahre Lehre Christi besannen.

Pater Leppich begann mit seinen Massenmissionierungen 1948. Die Deutschen hatten Hunger nach allem, und die meisten sahen kaum eine Chance, aus dem Dreck jemals wieder rauszukommen. Da erschien wie aus dem Nichts dieser verschrobene, unsympathische Jesuit. Leppichs Erfolg hielt sich über zwei Jahrzehnte. Das lag an seinem Geschick als Redner. Er lockte die Menschen, er sprach sie unverblümt und direkt an – »Du da mit der Glatze« –, und er jagte sie, sobald er sie an der Leine hatte, durch ein rhetorisches Fegefeuer.

Seine Physiognomie und seine Rhetorik erinnerten fatal an Joseph Goebbels. Sogar sein Zungenschlag. Dabei kam er aus dem schlesischen Ratibor und nicht aus dem Rheinland. Er zeigte den Menschen keinen lichten Glauben an das Gute und den Himmel. Leppich stand für einen kruden, militärischen Gott, der verdammte und Gehorsam verlangte. Aber dieser Gott kam bei manchen besser an als die kurzatmigen Verheißungen des nahen Wirtschaftswunders. Das hing damit zusammen, dass die ersten Anhänger des streitsüchtigen Predigers nicht die waren, die wirtschaftlich aus dem Vollen schöpften. Es waren die, die schufteten und sich wenig gönnten und dennoch kaum etwas hatten. Damals gehörte harte Knochenarbeit zum Alltag, und der Verzicht war allgegenwärtig. Die Wahrheit über die jüngste deutsche Vergangenheit wollte niemand hören und von Schuld war kaum die Rede. Übrigens auch nicht bei Leppich, zum Nationalsozialismus hatte er ein unklares Verhältnis.

Was Leppich den Menschen abverlangte, war die Kasteiung ihrer Seelen. Sie sollten sich reinigen von allem, was den Blick auf Gott trübte – auf einen Gott, der die modernen Menschen verachtete. Sie sollten auf jedes Vergnügen, jede Ablenkung, ja, sogar auf die Befriedigung ihrer Lüste verzichten. Und Leppich meinte nicht nur die Lüste, die künstlich erzeugt und künstlich am Leben erhalten wurden, sondern auch die natürlichen. Als Liebe ließ er nur die Pflichterfüllung in der Ehe gelten. Jede biologische Regung, die nicht durch die Triebzensur der Kirche gegangen war, galt ihm als Teufelszeug.

Er war unberechenbar und er agitierte – gegen einen Kapitalismus, der seine Menschen hungern lässt, gegen den Klerus, der nur an seine Versorgung denkt, vor allem aber gegen seinen Konkurrenten auf dem Markt der Utopien. Leppich war ein glühender Antikommunist, der in jedem liberalen Reformer einen Agenten Moskaus, einen »geistigen Fallschirmspringer« aus dem Osten, sah.

Johannes Leppich hatte schon 1945 in Breslau als Seelsorger Frauen betreut, die Aufräumarbeit leisten musste. Viele seiner Schutzbefohlenen wurden in Lager deportiert, weil die Russen sie verdächtigten, Nazis gewesen zu sein. 1946 meldete er sich zum Dienst im Grenzdurchgangslager Friedland, wo 7000 Flüchtlinge aus dem Osten in Wellblechbaracken zusammengepfercht waren. Unter ihnen lebte fortan der 30-jährige Leppich, der von der Hitlerjugend über den Reichsarbeitsdienst und die Wehrmacht in den Orden gewandert war – ohne jedoch den Jargon der Nazi-Jahre jemals abzulegen. So pflegte er noch in den fünfziger Jahren aus Wut über die immer häufiger stattfindenden Miss-Wahlen zu poltern, wenn es nach ihm ginge, müsste jede Schönheitskönigin ins Arbeitslager. Und später machte er aus seinen Sympathien für Spaniens Diktator General Franco keinen Hehl: Für den Jesuiten war der autoritäre Ständestaat des katholischen Diktators ein christliches Vorbild.

Von 1948 an betreute er kasernierte Deutsche, die für die Briten arbeiten mussten, überfüllte Gefängnisse und Armutsquartiere. Dort lernte er nicht nur die drückenden Sorgen der Massen kennen. Er gewann auch einen Einblick in den Alltag der arbeitenden Menschen. Daher rührte die rüde Art der Sexualaufklärung, die er getrennt nach Männern und Frauen in abgeschlossenen Räumen praktizierte: Mit drastischen, anatomisch präzisen Schilderungen von Geschlechtskrankheiten und Drogenexzessen wollte er seine Anhänger zur Enthaltsamkeit verpflichten. Bei seinen Massenpredigten schrie er ins Publikum: »Auch hier bei euch gibt es so ein paar sexuelle Wildschweine, ein paar Grauköpfe, die vor den Lehrmädchen im Betrieb am Montag die Schweinereien vom Sonntag erzählen.«

Da schüttelte sich mancher gemütliche Spießbürger, der sich mit seiner Doppelmoral ertappt fühlte. Die meisten aber ließen die Abreibung wie echte Masochisten über sich ergehen – auch ein Zug dieser prüden Zeit, den Leppich zu nutzen wusste. Die Massen schienen die Reinigung ihres schlechten Gewissens zu genießen. Danach nahmen Helfer in Brigadestärke die Beichte ab. Die verklemmten Alltagsseelen könnten sich ohne fremde Hilfe nicht entspannen, vermutete der ›Spiegel‹.[85]

Im Gegensatz zu vielen seiner betulichen Kollegen teilte der asketisch wirkende Leppich allerdings auch im eigenen Lager aus: Er hatte in die »feisten Gesichter« der hohen Geistlichen geschaut und geißelte ihre Selbstgerechtigkeit und ihre Heuchelei.

Der Kirche, der er wieder Zulauf verschaffte, war der Missionar deshalb nicht geheuer. Er wetterte gegen »Limonaden-Christen« und fabulierte so fieberhaft von der »Bestie Sexualität«, dass es selbst dem konservativen Klerus zu viel wurde: Mehrmals wurde Leppich von den Kirchenoberen aus dem Verkehr gezogen. Bändigen konnten sie ihn nicht.

Die Protestanten, die bis Ende der sechziger Jahre unter bigotten Katholiken noch als Grundübel des zeitgenössischen Christentums galten, ließ Leppich in Ruhe. Seine »action 365«, ein Zusammenschluss von regionalen Lesekreisen, verfolgte sogar eine ökumenische Politik. Was den Missionar jedoch weit mehr umtrieb, war die Not, in der die Menschen der Nachkriegsgesellschaft lebten. So verging keine große Kampagne, ohne dass Leppichs Fans Spendenrekorde aufstellten. Er bettelte nicht, er bekniete seine Leute. Dass es dabei nicht nur um Geld ging, schuf Vertrauen. Viel mehr am Herzen lagen ihm Sachspenden: Er wollte Anzüge für Vertriebene – und bekam sie, zehn Mal so viel, wie er haben wollte. Er bekam 100 Paar Schuhe. In Würzburg bat er um ein Fahrrad für einen mittellosen Gemeindehelfer. Am nächsten Tag standen 22 an der Mauer des Pfarrhauses. Als er in Mainz um ein Motorrad für einen Arbeiter bat, der Probleme hatte, zu seiner neuen Fabrik zu gelangen, bekam Leppich sechs Motorräder. Er warb »Bruderrentner« an, die ein halbes Jahr zehn Mark pro Monat für einen sogenannten Hungerrentner spendeten – alte Menschen, die von ihrer knappen Rente nicht leben konnten.

Natürlich verlor er auch bei seinen Spendenaktionen die Politik nicht aus den Augen. So verteilte er sogenannte SOS-Zettel: Adressen von DDR-Rentnern, die angeblich auf Pakete aus dem Westen angewiesen waren. Gleichzeitig fragte er die Massen nach alten Schuhen– für Russlandheimkehrer. Oder nach Messgewändern für die »Priester aus der Ostzone«.

Mit der Skandalerfahrung unserer Tage wartet man bei Leppich immer auf den Moment der Entlarvung. Einer, der den Menschen so viel abverlangt, wird sich in seinen eigenen Ansprüchen verheddern. Doch er hat keine Gelder unterschlagen.

Er hat keine Spenden umgeleitet. Er hat sich bei dem Stress von 80 bis 100 Großveranstaltungen im Jahr nicht den verdienten Luxus entspannten Reisens und Wohnens gegönnt. Er hat sich kein Rückzugsgebiet geschaffen, er hat kein Netzwerk versorgt. Die Jahre bis zu seinem Tod 1992 verbrachte er in einem Altersheim für Jesuitenpriester in Münster.

Zwei Ereignisse zeigen ihn jedoch von einer negativen Seite. Eine Aschaffenburger Schulleiterin, Dr. Philumene Lehner, kritisierte gegenüber ihren Schülern die Art und Weise, wie Leppich predigte. Nachdem Leppich davon erfahren hatte, forderte er öffentlich, dass die Oberstudiendirektorin entlassen werden sollte und initiierte, dass Flugblätter einer Vereinigung »Junge Aschaffenburger« auftauchten, auf denen gefordert wurde, dass Frau Dr. Lehner »wegmüsse«. Einige Eltern unterschrieben eine Dienstaufsichtsbeschwerde gegen die Schulleiterin. Leppich versuchte, ihre Schüler zu Spitzeldiensten zu verpflichten. Das Münchner Dienstgericht sah jedoch keine Veranlassung, Philumene Lehner wegen ihrer Bemerkungen über Leppich zu verurteilen. Der Pater überstand die Affäre allerdings auch ohne Blessuren.

1966 kam es erneut zu einer Irritation. Der Landesverband der NPD Niedersachsen zeigte sich öffentlich an einem Bündnis mit militanten Katholiken interessiert. Der Vorsitzende Lothar Kühne suchte Gesprächskontakte zu Leppichs reger Bibelkreis-Community »action 365«, die damals in 33 Ländern tätig war. Gemeinsam mit dem umtriebigen Pater wollte der NPD-Mann zur »geistigen Erneuerung unseres Vaterlandes« beitragen. Sein Organisationsleiter Wolf-Dieter Kaufmann wurde nicht müde zu betonen, Leppich sei »im Geiste unser Mann«. Selbst als bekannt wurde, dass seine engste Mitarbeiterin langjähriges NPD-Mitglied war, regte sich niemand mehr auf. Die Massen hatten längst andere Erlöser gefunden. Mit Beginn der siebziger Jahre beendete er seine Tätigkeit als Wanderprediger.

3. Flüchtlingskrise 1945

DER STROM

»Nur noch Penicillin könne einer seiner Patientinnen, einer tödlich erkrankten Flüchtlingsfrau, helfen, erzählte ein Professor der medizinischen Akademie in Düsseldorf im Kolleg. Aber es habe sich noch keine Krankenkasse oder eine andere Stelle gefunden, die die notwendigen Mittel zu dieser Behandlung zur Verfügung stellen wolle. Am Schluß des Kollegs überreichte einer der Studenten dem Professor die erforderliche Summe für die Penicillin-Behandlung der erkrankten Frau. Während der Vorlesung hatten die Studentinnen und Studenten unter den Tischen den Geldbetrag gesammelt.«
(›Der Spiegel‹ 7/1948)

»Gabi war auf einmal tot, ich habe sie bestimmt gut eingewickelt. Ich konnte sie nicht mehr weit tragen, als sie tot war. Bitte erschrick nicht. Liebe Mutter, ich bringe Gabi nicht mit.« Das schrieb 1945 eine junge Frau, die mit ihrem Kleinkind zu ihrer Mutter in den Westen zu flüchten versucht hatte.[1]

Das Elend der Flüchtlinge begann, als die Menschen vor der Roten Armee weichen mussten. Das war im Winter 1944/45. Meistens handelte es sich um Frauen und Kinder, denn die Männer kämpften an der Front, blieben zurück, um Hab und Gut zu schützen, oder waren getötet worden. Ganze Landstriche wurden von dem Strom der Menschen überschwemmt. Sie trugen das, was sie hatten retten können, auf ihren Schultern oder führten es in Koffern und auf kleinen Wagen mit sich. Pferde gab es kaum noch, die Lkws hatte die Wehrmacht sich genommen. Bis Mai 1945 mussten Flüchtlinge mit Leiterwagen damit rechnen, von fanatischen Nationalsozialisten auf der Stelle erschossen zu werden. Sie wurden von Tieffliegern angegriffen und manchmal sogar von Panzern der Roten Armee überrollt.[2]

Die, an deren Türen sie klopften, reagierten meistens ablehnend. Die zerlumpten Menschenmassen, die durch ihre Straßen und Gärten zogen, stumpften sie ab, und sie hatten Angst: um ihren wenigen Besitz und davor, dass sie die Nächsten sein könnten, die sich würden auf den Weg machen müssen. Die Mütter versuchten, ihre Kleinkinder mit den Resten mitgebrachter Milch am Leben zu erhalten, aber selten erlaubte ihnen jemand, die Milch aufzuwärmen. Eine Mutter berichtet: »Die Milch in der Flasche war wie Eis, obwohl ich sie in der Decke an mich gedrückt hatte.«[3]

Mit dem Ende des Krieges begannen die Vertreibungen erst richtig: Diejenigen, die unter den Deutschen zu leiden gehabt hatten, rächten sich nun an ihren Nachbarn. Ob diese zu ihren Peinigern gehört hatten oder einfach nur deutschstämmige Bewohner des Gebietes waren, spielte keine Rolle: Fast alle Deutschen wurden aus den jetzt von den Nazis befreiten Ländern östlich der Oder-Neiße-Linie vertrieben. Dass es sich um die »größte ethnische Säuberung der europäischen Geschichte«[4] handeln würde, wurde den Westalliierten erst später klar. Zunächst wollten sie die »Umsiedlung« von zwölf Millionen Menschen als eine vernünftige und humane Lösung sehen – im Interesse des Friedens in Europa, wie viele meinten. Es würde »kein Bevölkerungsgemisch mehr geben, das nur endlose Probleme macht«.[5] In der SBZ war das Wort »Vertriebene« verpönt, und man sprach beschönigend von »Umsiedlern«. Die Menschen wurden aus ihren Häusern geholt, bekamen nur wenig Zeit, das Allernötigste zusammenzuraffen (oft durften sie nicht mal das), und wurden dann unter Schlägen und Demütigungen fortgejagt. Wohin, war ungewiss.

Viele Flüchtlinge hatten weiße Armbinden, die sie als Deutsche (»Nemec«) ausgewiesen hatten. Als immer mehr Menschen kamen und das Land aus den Nähten zu platzen drohte, beschlossen die Alliierten Aufnahmequoten für die einzelnen Regionen. Doch die Quoten waren auf der Basis zu niedriger Prognosen berechnet worden. Also wurden die Menschenmassen erst mal in Auffanglagern untergebracht. Von dort aus sollten sie auf die Besatzungszonen verteilt werden. Allein in Berlin gab es 48 Lager für 30 000 Menschen. Die Flüchtlinge saßen jedoch wegen des allgemeinen Transportproblems wochenlang fest, während ständig neue dazukamen.[6]

Wenn sie in den Zonen angekommen waren, wurden sie von den örtlichen Behörden in Kleinstädte und Dörfer weiterverwiesen. Die großen Städte waren nicht mehr in der Lage, noch mehr Flüchtlinge aufzunehmen. Im Sommer 1945 war Berlin mit Flüchtlingen so überfüllt, dass neu Hinzukommende aufgefordert wurden, weiterzuziehen. Die Stadt wurde ab Juli für Zuziehende dichtgemacht, nachdem man ihnen anfangs noch ein Aufenthaltsrecht von 24 Stunden zugestanden hatte. Für Leipzig galt das Zuzugsverbot ab 15. August, ab 11. September 1945 verfügte die SMAD ein generelles Verbot für Städte mit über 50 000 Einwohnern.[7] Hamburg erteilte nur Fachkräften Zuzugsgenehmigungen, die Sozialhilfeempfänger überließ die Hansestadt den umliegenden Gemeinden.[8] Die Vertriebenen wurden hin- und hergeschoben, sie waren völlig mittellos und auf das Wohlwollen der Einwohner angewiesen.

Die Fremden mussten in Pferdeställen und auf Betonböden schlafen, manchmal auch unter freiem Himmel. In Dörfern wurden verlassene Gehöfte oder Scheunen als Gemeinschaftsunterkünfte eingerichtet. Im Flüchtlingslager Kruppstraße 2–4, dem größten Lager Berlins, im britischen Sektor gelegen, gab es nicht mal Teller für die dünne Suppe, die Insassen aßen sie aus Gasmasken-Behältern.[9] Wer nicht in eines der Lager kam, wo er wenigstens ein Dach über dem Kopf hatte, musste sich nachts in eine offene U-Bahnstation retten, wo eine beunruhigende Enge und eine »bizarre Untertagewelt des Elends« herrschten.[10]

Auf der langen und strapaziösen Flucht war die Kleidung

Flüchtlingsfamilien im Flüchtlingslager Kruppstraße, Berlin 1946.

zerschlissen und zerfetzt worden. Es gab auch im Westen weder Nadel noch Faden zu kaufen. In den leeren Geschäften war nicht einmal Seife zu bekommen. Die Mütter hatten keine Windeln mehr, sie mussten die Säuglinge in Zeitungspapier einwickeln.

Ein damals junges Mädchen berichtet von der schwierigen Suche nach einem Broterwerb und von der Kälte, die den Neuankömmlingen entgegenschlug: »Am ersten Arbeitstag, es war der 10. Oktober 1947, fragte man uns, warum wir hergekommen seien, die Leute hier hätten selbst nichts zu essen, wir würden ihnen noch das letzte bisschen wegnehmen. Da liefen uns die Tränen. Wie gerne wären wir zu Hause geblieben.«[11]

Die Zeitzeugin Elisabeth zu Guttenberg spricht ein besonders düsteres Kapitel an: Minderjährige, die ihre Eltern unterwegs verloren hatten oder allein hatten flüchten müssen: »Am traurigsten: zahllose elternlose Kinder, noch zu klein, um ihren eigenen Namen zu kennen.«[12] Die größeren Kinder schlossen sich zu Banden zusammen, um sich gegen die noch älteren oder gegen die Erwachsenen wehren zu können, oder sie wurden von Gruppen adoptiert und mussten fortan beim Ziehen der Bollerwagen helfen. Da überall Waffen und sogar Handgranaten herumlagen, waren die Kinderbanden nicht selten bewaffnet.[13]

Es waren auch viele Kinder unterwegs ihren Eltern weggenommen worden oder diese waren gezwungen worden, sie zurückzulassen. Deshalb zeigte die Defa-Kino-Wochenschau ›Der Augenzeuge‹ Fotos von elternlosen Kindern. Die Kommunen und die überregionalen Wohlfahrtsverbände legten Karteien der unaufgeklärten Flüchtlingsschicksale an – bis das Rote Kreuz in München eine Zentralkartei zu führen begann. Etwa sieben Millionen Menschen konnten auf diese Art ihre Kinder bzw. Eltern wiederfinden.[14]

Hildegard Spors musste im Februar 1945 die Flucht aus Westpreußen abbrechen und zurückkehren, weil ihre kleine Gruppe mehrmals überfallen worden war. Sie berichtet, dass ihr zwölfjähriger Bruder, weil er blond und blauäugig war und damit sehr deutsch aussah, von fast jedem Polen, dem er über den Weg lief, brutal geschlagen wurde, meistens ins Gesicht. »[ihn] und seine Familie traf die Rache derer, die vorher unter dem deutschen Terrorregime gelitten hatten. Nie wieder hat er sich von der Erfahrung völligen Ausgeliefertseins erholt – die Angstträume haben ihn für den Rest seines Lebens nicht mehr losgelassen.«[15]

Die Besatzer zwangen die einheimischen Deutschen dazu, Platz zu machen für die ausgehungerten und zerlumpten Neuankömmlinge. In jedem Haus habe es Flüchtlinge gegeben, berichtet die Filmemacherin Helma Sanders-Brahms von ihrer Kindheit auf dem Land. »Die Wohnungen wurden immer kleiner parzelliert, Zimmer mit Wolldecken unterteilt, so wurden aus Zimmern Wohnungen. Die Flüchtlinge erzählten von großen Höfen. Von weiten Wiesen, von Milchvieh und Pferden.«[16]

Heinrich Albertz, ab 1966 Regierender Bürgermeister in Berlin, arbeitete von 1945 bis 1948 als Flüchtlingspfarrer in Hannover, danach war er bis 1951 Flüchtlingsminister in Niedersachsen. Er wunderte sich später, »dass wir damals nicht in einer Katastrophe untergegangen sind«.[17] Die halbverhungerten Flüchtlinge vegetierten erst in überfüllten Lagern. Dann wurden sie von der britischen Besatzungsmacht über Landkreise verteilt. Albertz: »Jede Art von Gewalttat wäre denkbar gewesen, vor allem jede Seuche. (…) Ohne die Besatzungsmacht im Rücken wäre nichts gelaufen – allein die Unterbringung war nur durch Zwang möglich. Ich hatte ja gegen zwei Fronten zu kämpfen: gegen die Abwehr der Besitzenden und die gefährlichen Träume der Besitzlosen.«

Als Albertz den Flüchtlingen sagte, sie müssten im Westen arbeiten und leben, brach ein Sturm der Entrüstung los: Sie hatten denjenigen geglaubt, die behauptet hatten, die Grenze im Osten sei nicht endgültig, und bald werde ihre Vertreibung rückgängig gemacht. Wie viele ähnliche Initiativen scheiterte der Aufruf in einem Flüchtlingslager in Bad Cannstatt, das unwirtliche Deutschland in Richtung Brasilien zu verlassen, kläglich.[18] Sie waren nur nach Westen gegangen, um wieder nach Osten zurückkehren zu können.

VOLK OHNE PLAN

»Zwei beschlagnahmte Zimmer sollten bei einer Bäuerin bei Wolfertsbronn, Bayern, mit Flüchtlingen belegt werden. Das brachte die Bäuerin derart in Raserei, daß sie Selbstmord begehen wollte, indem sie mit dem Kopf gegen die Zimmerwand rannte. Sie war nicht tot, bekam aber wegen Weigerung 1000 Mark Strafe.«
(›Der Spiegel‹ 18/1948)

Die Alliierten hatten keinen Plan für die Millionen Flüchtlinge. Eine Umsiedlungsaktion in dieser Größenordnung hatte es noch nie gegeben. Die Besatzer, die mit einem gewissen Zorn die Schwerfälligkeit der Einheimischen beobachteten, mussten Aufstände befürchten – auch unter den Vertriebenen. Sie verhinderten, dass Flüchtlinge, die aus dem gleichen Dorf im Osten kamen, auch im Westen zusammenblieben. Für die traumatisierten Flüchtlinge hieß das: Sie verloren ihren letzten Zusammenhalt, nämlich den Schutz der Leidensgenossen aus der alten Heimat.

Die durch die Notsituation zwangsläufig auftretenden Krankheiten unter der Bevölkerung wurden auf den Flüchtlingsstrom zurückgeführt: Krätze, Furunkulose. An Ungeziefer gab es Wanzen, Kopfläuse, Kleiderläuse – die sogenannten Filzläuse, Flöhe. Dann Bandwürmer und Spulwürmer. Aus Angst vor Seuchen wurden alle Flüchtlinge entlaust. Das geschah per Massenabfertigung: Mit riesigen luftpumpenähnlichen Spritzen sprühten Rotkreuz-Bedienstete große Mengen DDT in die Ärmel und unter die Kragen. Wer sich dieser Prozedur entzog, bekam keine Lebensmittelkarte. Die Alliierten befürchteten, dass die Vertriebenen, die wochenlang unterwegs gewesen waren und oft draußen und im Schmutz hatten übernachten müssen, Epidemien auslösen könnten.

Die Kranken- und Todesstatistik der Berliner Zentral-Abteilung für Ausgewiesene und Heimkehrer wies im Oktober 1945 für den Vormonat 3517 Neuerkrankungen an Typhus auf, an Lungentuberkulose 1090, an Ruhr 1425, an Diphterie 1610, an Scharlach 446. An den aufgeführten Krankheiten waren allein im September 1484 Flüchtlinge gestorben.[19]

Ende September 1945 waren 70 Prozent der ankommenden Flüchtlinge verlaust. Das war insofern besonders gefährlich, als durch die Stiche der Kleiderlaus Fleckfieber übertragen wurde. Gegen Tuberkulose und Typhus wurde geimpft. Dennoch brachen in den Flüchtlingsunterkünften kleinere Epidemien aus. Das Heim in der Berliner Kruppstraße wurde im Oktober 1945 unter Quarantäne gestellt und abgeriegelt, weil Typhus ausgebrochen war. Jeden Tag fuhr an einer Pforte ein unauffälliger Ponywagen vor und holte die Toten ab.[20]

Mitleid gab es in dieser Situation in den Heimen nicht. Die Zeitzeugen Lothar und Horst Baumgart, damals noch Kinder, berichten, dass sich die Flüchtlinge schon um sechs Uhr morgens im Hof anstellten, um gegen Mittag etwas Warmes zu essen zu bekommen. Kinder wurden dabei von Erwachsenen weggeschubst, so dass sie oft leer ausgingen.[21]

14 Millionen hatten sich im Osten auf den Weg machen müssen. Zwei Millionen davon haben diese Flucht nicht überlebt. Viele sind verhungert, erfroren und an Krankheiten gestorben. Viele wurden von Milizionären, die durch Polen streiften, getötet. Viele sind in der Ostsee ertrunken, als sie mit ihrem Treck ins Eis einbrachen oder als ihre überladenen Flüchtlingsschiffe (keine Schaluppen wie heute im Mittelmeer, sondern große, seetüchtige Frachter und Kreuzfahrtschiffe) noch kurz vor Kriegsende von russischen Torpedos versenkt oder von westalliierten Kampfflugzeugen beschossen wurden.

In Polen und der Tschechoslowakei holten Milizsoldaten die Deutschen aus ihren Wohnungen. Sie trieben sie an, indem sie mit Gewehrkolben auf sie einschlugen. Die Häuser der Flüchtlinge wurden eingezogen oder, wie in der Tschechoslowakei, von »Nationalverwaltern« übernommen. Alles, was etwas wert war, musste abgegeben werden: Schmuck, Bestecke, Fotoapparate, Elektrogeräte. Die Menschen wurden oft erst einmal interniert, viele mussten auch Zwangsarbeit verrichten. In Güterzügen wurden sie dann gen Westen transportiert. Soldaten drängten immer wieder in die Waggons. Sie verlangten Uhren und Schmuck. Frauen und Mädchen wurden hinausgezerrt, ihre Angehörigen versuchten, sie festzuhalten.[22] In Stettin mussten Hunderte – Frauen, Kinder, Alte – in einem dunklen Hinterhof antreten. Es wurde ihnen befohlen, sich nackt auszuziehen. Zwei Polen schnitten ihre Kleider auf. Sie waren auf der Suche nach versteckten Wertgegenständen. Diejenigen, die bereit waren, ihre letzten Habseligkeiten zu verkaufen, konnten sich Ausreisebescheinigungen kaufen.

Im Januar 1946 kamen auf dem Bahnhof Pankow-Schönhausen mehrere offene Güterzüge aus dem Osten an. Als Bahnbedienstete die Schiebetüren öffneten, schreckten sie zurück: »In den Wagen lagen Tote. Manche (noch lebenden Flüchtlinge) kamen halb verhungert, barfuß durch den Schnee gewankt.«[23] Ein amerikanischer Offizier zählte 240 Leichen. Er notierte: »Es ist eine

Tragödie im Gange, die dadurch nicht geringer wird, dass sie sich aus der früheren erklären lässt (…)«[24]

Bedürftige und Arbeitsunfähige bekamen im Osten ab 1946 bis Mitte 1949 eine einmalige Hilfe von 300 Mark pro Erwachsenen, und noch einmal 100 Mark pro Kind. Dafür mussten die »Umsiedler« allerdings auch still in alles einwilligen, was vom neuen Staat verordnet wurde. Als die DDR im Juni 1950 die Oder-Neiße als ihre Grenze mit Polen anerkannte, wurde jeder bestraft, der diese Anerkennung kritisierte.

Landsmannschaftliche Betätigungen, wie es sie im Westen zumindest ab 1947 gab, waren in der SBZ verboten. Also kam es auch nicht zu Zwischenrufen aus dieser Ecke, wie sie im Westen häufig waren, wenn die offizielle Politik, so wie etwa bei Brandts Aussöhnung mit Polen, sich angeblich nicht an den Interessen der Vertriebenen orientierte. Allein bis April 1947 waren schon 10,1 Millionen Vertriebene aus dem Osten gekommen. 3,95 Millionen blieben in der SBZ, 2,19 Millionen reisten in die britische Zone weiter, 2,9 Millionen in die amerikanische Zone. Da die französische Zone sich damals noch abschottete, blieben dort nur 50 000 hängen.[25] Eine erste Volkszählung nach dem Krieg fand 1950 statt. Dabei wurden bereits 12,3 Millionen Flüchtlinge und Vertriebene gezählt, das waren 18 Prozent der Gesamtbevölkerung. Der ländliche Raum musste die Menschen auffangen. In Provinzen wie Mecklenburg kam auf jeden Bürger ein Flüchtling, ebenso in Schleswig-Holstein, dort waren bis zum Jahr 1950 die Hälfte aller Einwohner Vertriebene, in Niedersachsen fast ein Drittel, in Bayern ein Viertel.[26] 2015 befürchtete man in Deutschland eine Katastrophe, weil die Zahl der Flüchtlinge eine Million erreichte – also auf 80 Bürger ein Flüchtling kam.

Die Verhältnisse dieser Zeit sind heute unvorstellbar. Damals waren sie möglich, weil die Besatzer dafür sorgten, dass die Flüchtlinge aus dem Osten unterkamen und weitgehend unbehelligt blieben. Natürlich half den Flüchtlingen bei der Integration, dass sie die Sprache ihrer neuen Nachbarn sprachen und aus der gleichen Kultur kamen. Aber die Aussonderung blieb dennoch leidvoll, wie viele ehemalige Flüchtlingskinder beklagen. Sie wurden wegen ihrer schlechten Kleidung und ihrer Herkunft aus den Lagern oder den Barackensiedlungen am Stadtrand von den Gleichaltrigen gemieden und verspottet. Der soziale Aufstieg war schwierig für sie.

Für die Westdeutschen waren die Flüchtlinge eine Erinnerung daran, »dass sie den Krieg gemeinsam verloren hatten. (…) Die Westdeutschen wollten so rasch wie möglich vergessen, dass sie für den Krieg mitverantwortlich waren«.[27]

Partei der Heimatlosen

»Willy Czerneschl, ein achtjähriger ostpreußischer Junge, kehrte aus russischer Kriegsgefangenschaft zurück. Sein Vater fiel im Krieg, seine Mutter und seine Schwester verlor er auf der Flucht vor den Russen. Zwei Jahre lang stromerte der damals Fünfjährige mit anderen kleinen Jungen durch Litauen, Polen und Rußland. In Kaunas stieß er auf deutsche Kriegsgefangene. Sie nahmen ihn in ihrem Lager auf, und ein kriegsgefangener Lehrer unterrichtete den Jungen. Mit dem Sattlermeister Walch aus Gemmingen wurde Willy entlassen und nach seiner Rückkehr von diesem adoptiert.«
(›Der Spiegel‹ 20/1948)

Ende 1948 wurde das Koalitionsverbot für Vertriebene im Westen aufgehoben. Es bildeten sich Landsmannschaften. Es gab Parteien, die ihre Interessen bündelten und sich damit Anteile an der kommunalen Macht im Besatzungsstaat sicherten. Der BHE, der Bund der Heimatvertriebenen und Entrechteten, war die größte Partei dieser Art. Er sah seine Aufgabe in der Vertretung der Flüchtlinge. Der Bund änderte seinen Namen später in Gesamtdeutscher Block. Er war lange in Landesregierungen vertreten. Von 1953 bis 1957 gehörte er sogar der Regierung Adenauer in Bonn an. Es gab ein Ministerium, das für die Belange der Flüchtlinge zuständig war. Und die Westalliierten verpflichteten die junge Bundesrepublik Deutschland sogar zu einem Soforthilfegesetz, das noch im August 1949 verabschiedet wurde.

Am 1. September 1953 wurde dann das große Lastenausgleichsgesetz vom Bundestag verabschiedet, das dafür sorgen sollte, dass die Nachteile, die die Vertriebenen gegenüber den Einheimischen hatten, finanziell einigermaßen ausgeglichen wurden. Nutznießer des Lastenausgleichs waren auch Bombenopfer, Spätheimkehrer und Evakuierte. Die Vermögenden mussten 50 Prozent ihres Besitzes in einen Ausgleichsfonds zahlen – Stichtag der Berechnung war der 21.6.1948, der Tag der Währungsreform. Das hört sich nach einer gewaltigen Umverteilung an, war es aber nicht. Die Zahlungen erfolgten nämlich vierteljährlich und über einen Zeitraum von 30 Jahren. Dadurch wurde vermieden, dass feste Vermögenswerte angegriffen werden mussten. Wer also im Juni 1948 ein Vermögen von 10 000 Mark angesammelt hatte, musste über 30 Jahre hinweg 5000 Mark zahlen. Das waren etwa 40 Mark im Vierteljahr. Dennoch wurde der Lastenausgleich für viele Flüchtlinge und Vertriebene eine Initialzündung. Sie konnten damit etwa den Sprung aus den Barackenlagern in eine Siedlung wagen und eine kleine Einlage in einer der Flüchtlingsbaugenossenschaften zahlen. Der große Rest wurde dann in Eigenleistung erbracht.

Die SBZ bzw. DDR verweigerte sich einem solchen Gesetz, weil damit manifestiert worden wäre, dass das Vorgehen in Osteuropa – je nach Position »Vertreibung« oder »Umsiedlung« genannt – ein Unrecht war. Allerdings wurden die Umsiedler den anderen Bewohnern formal gleichgestellt. Ihre geräuschlose Assimilation wurde mit allen Mitteln vorangetrieben. In der DDR gab es ab 1951 keine statistische Erfassung der »Übersiedler« mehr: Sie hatten in der Masse zu verschwinden.[28] Schon ab November 1948 betrieb die SED die Auflösung der Zentralbehörde für Umsiedlerfragen ZvU. Spezielle Integrationshilfen für Umsiedler wurden gezielt abgebaut.[29]

Die Ost-CDU und die LDPD protestierten: Vielen Umsiedlern ging es noch schlecht. So wurde am 8. September 1950 vor den Volkskammerwahlen schnell ein »Gesetz über die weitere Verbesserung der Lage der ehemaligen (!) Umsiedler« gezimmert. Es vergab Darlehen und Stipendien und verbesserte die Versorgung der Betroffenen. Maximal 1000 Mark (Ost) durften für Möbel und Hausrat ausgegeben werden. Da jedoch fast nichts zu kaufen war, wurden die Kredite auch nicht alle abgerufen. Nach zwei Jahren lief das Gesetz still aus. Es hatte Sozialneid bei den Einheimischen ausgelöst.

Die Sowjets sorgten dafür, dass die Verweildauer in den Lagern nicht hoch war. Sie schlossen die Einrichtungen so schnell wie möglich und befahlen eine private Unterbringung der Vertriebenen. So wohnten schon 1947 etwa 80 Prozent der »Umsiedler« als Untermieter in provisorischen Quartieren. Die Unterbringung geschah meist gegen den Widerstand der Hausbesitzer, dementsprechend konfliktreich gestaltete sich das Mietverhältnis. In der Landwirtschaft mussten die Mieter hart arbeiten, um sich ihre Unterkunft zu verdienen.

Angeblich wohnten im Oktober 1948 bereits 98 Prozent der »Umsiedler« in Dauerwohnungen. Doch auch diese waren meist auf Druck der Sowjets freigemacht worden und entsprechend provisorisch.[30] Wenn nötig, wurden auch rigide Mittel angewendet. So galten Ansätze zur Bildung von Vertriebenenorganisationen als Verschwörung gegen die Staatsmacht und wurden geahndet. Dennoch verweigerten sich viele der Assimilation. Wie im Westen wurden sie in die Landgemeinden gedrängt. Dort konnten sie im Zuge der Bodenreform eine neue Existenz gründen. Bis 1950 wurde 91 000 Vertriebenenfamilien auf diese Weise ein wenig Land zugesprochen. Die Vertriebenen auf den Kleinbauernhöfen stellten 43 Prozent aller Nutznießer der Bodenreform. Doch die von 1952 bis 1960 andauernde Kollektivierung zwang die Neusiedler, die sich mühsam eine kleine Existenz aufgebaut hatten, in eine LPG einzutreten. Für viele Vertriebenen war das der zweite große Verlust ihres Eigentums. Bis zum Bau der Mauer 1961 stammte etwa ein Drittel der Flüchtlinge in den Westen aus diesem Personenkreis. Die »Umsiedler« verließen also die DDR wieder – allerdings nicht in Richtung Osten, sondern in den Westen.

Willy Brandt löste das ungeliebte Bonner Vertriebenenministerium 1969 auf; als ein Zeichen dafür, dass die Integration im Westen gelungen war. Rein äußerlich war sie das. Doch auch wenn die Flüchtlingskinder ab den sechziger Jahren in das soziale Gefüge der Bundesrepublik eingegliedert waren, schleppten sie die Erfahrungen der frühen Jahre ihr Leben lang mit sich herum. Die Entscheidung der Alliierten, keine Siedlungsgemeinschaften von Vertriebenen zuzulassen, hat bei den Betroffenen, die sich ohne Beistand und außerhalb ihrer Landsmannschaft behaupten mussten, noch stärker zu einem »Gefühl der Verlorenheit« geführt.[31]

Dennoch schafften die Vertriebenen-Familien den sozialen Aufstieg. Sie stellten ein riesiges Heer an willigen und fleißigen Arbeitskräften, die kaum Ansprüche stellten. Flüchtlinge mussten fleißiger, williger und unauffälliger sein als ihre Kollegen, wenn sie an eine Arbeit kommen und diese auch behalten wollten. Sie mussten sich unbedingt anpassen. Eine Absonderung war gefährlich, wie sie oder ihre Eltern auf der Flucht gelernt hatten.

Der Schriftsteller Peter Kurzek, dessen Familie aus Franzensbad in Böhmen geflohen war, schrieb dazu: »Typisch für die Flüchtlinge war, dass sie zu viel gearbeitet haben, dass sie einfach versucht haben, alles, was sie verloren haben, noch mal neu aufzubauen. (…) Dass sie erstens eine gute Berufsausbildung benötigten und zweitens in der Ausbildung schon so fleißig sein müssen, dass die Firma merkt, sie kann einen gut gebrauchen, das wurde den Flüchtlingskindern halt eingehämmert.«[32]

Die jungen Menschen versuchten alles, um aus den Lagern herauszukommen. Eine Frau berichtet, dass ihre Mutter wollte, »dass wir möglichst bald an unsere alte bürgerliche Existenz wieder anknüpfen«. Also wurde das letzte Geld zusammengekratzt, damit die Tochter in den Tanzkurs gehen konnte. Den Tanzpartner, der sie nach Hause bringen wollte, musste sie noch vor dem Lager verabschieden. Der junge Mann sollte nicht wissen, dass sie im Flüchtlingslager wohnte.[33]

Diese erzwungene Unwahrhaftigkeit hat das Lebensgefühl der nachfolgenden Jahrzehnte mitbestimmt: Es gab in dieser neuen Gesellschaft eine große Gruppe von Menschen, die aus ihrer alten Heimat vertrieben worden waren und in der neuen nicht akzeptiert wurden. Das brachte einen enormen Anpassungsdruck hervor. Aber auch einen unterschwelligen Hass auf all jene, denen es besser ging und die auf die Flüchtlinge herabschauten. Das Misstrauen, die Distanz, die Vorurteile saßen auf beiden Seiten tief – bei den Einheimischen und bei den Vertriebenen. Es entstand im neuen Deutschland eine Atmosphäre der Rivalität und des Missgönnens, die sich bis weit in die Phase des Wohlstandes gehalten hat.

Die Besatzungsmächte waren sich (ausnahmsweise) einig darüber, dass die Versorgung und Integration von Vertriebenen aus dem Osten ohne Wenn und Aber zu erfolgen hatten. Wobei die Flüchtlinge und Vertriebenen keine bessere Verpflegung bekamen. Sie hatten mit dem Wenigen Vorlieb zu nehmen, was auch den anderen Deutschen zustand. Donauschwaben aus Jugoslawien, die in Süddeutschland gestrandet waren, wurden von den Amerikanern kurzzeitig mit Sonderrationen versorgt. Aber nur, weil diese glaubten, es mit *displaced persons*, also mit Verfolgten des Naziregimes, zu tun zu haben.

Es blieb weitgehend ruhig, weil die Normalverbraucher wichtigere Dinge zu tun hatten, als die Baracken der Vertriebenen anzuzünden – und weil sie die harte Hand der Besatzer fürchteten. Die Mechanismen der Abweisung sind dieselben. Ob 1945, als Deutschland Mangel an allem litt, oder 2015, als die Flüchtlinge aus Syrien, Afghanistan und dem Maghreb in eine saturierte Gesellschaft mit einer historisch niedrigen Arbeitslosenquote kamen. Man schottete sich ab und gab den Ankömmlingen die Schuld daran, dass sie aus ihrer Heimat hatten fliehen müssen. Frustriert von der eigenen Notsituation und vom Ende des nationalsozialistischen Traums warfen die Einheimischen den Neubürgern aus dem Osten vor, sich allzu fanatisch mit den Nazis identifiziert zu haben und deshalb aus dem Osten vertrieben worden zu sein. Das Flüchtlingsmädchen Edith Voigt aus Gablonz berichtet: »Oft sagte man: ›Ihr müsst schon was angestellt haben, dass man euch vertrieben hat.‹«[34]

Im Oktober 1945 richtete eine südschleswigsche Initiative besorgter Bürger eine Eingabe an den für sie zuständigen britischen Feldmarschall Montgomery. Sie baten darum, »daß unser Land Südschleswig so bald wie möglich von den Flüchtlingen befreit wird. Dieser Strom von Fremden aus den Ostgebieten droht unseren angestammten nordischen Charakter auszulöschen und bedeutet die seit Jahrhunderten ernsthafteste Gefahr für unser Volk, preußisch zu werden.«[35] Die Antwort Montgomerys ist nicht überliefert. Sie kann aber trotz der beidseitigen Antipathie gegenüber dem Preußentum nicht allzu verständnisvoll ausgefallen sein.

Erfolgsmodell Mangelwirtschaft

> »Ein Lastenausgleich wird notwendig sein zwischen denen, die alles, und denen, die nichts verloren haben. Millionen und aber Millionen sind heute von Haus und Hof vertrieben worden, ohne eigene Schuld. Die soziale Gerechtigkeit verlangt, daß zwischen den vom Schicksal verschonten und den vom Unglück aufs äußerste Betroffenen eine verantwortungsbewußte Staatsführung den Ausgleich schafft.« (›Die Zeit‹ 2/1946)

Der langfristige Erfolg der Integration bzw. Assimilation hing wohl damit zusammen, dass die Besatzer kein Nein duldeten und dazu beitrugen, dass nicht alle Vertriebenen am Rand der Städte blieben, wo sie in heruntergekommenen Provisorien hausen mussten – mit 19 Personen in einem Raum und Fällen von offener Tuberkulose, wie das Rote Kreuz im September 1945 beklagte.[36]

Zudem war die materielle Kluft zwischen den Einheimischen und den Dazukommenden nicht so eklatant, dass es zwangsläufig zu kollektivem Unmut kommen musste: Alle litten Mangel, es ging allen schlecht. Da ist die Motivation, den Besitz mit Zähnen und Klauen zu verteidigen, nicht so groß wie zwischen Arm und Reich. Augenfällige soziale Unterschiede gab es noch nicht in dem Maße, wie sie sich in den späteren Jahren des Wirtschaftswunders aufdrängten.

Der letzte Grund für die halbe Erfolgsgeschichte: Die Flüchtlinge wurden gebraucht. In ganz Europa herrschte durch den Krieg und die Abwesenheit der Männer krisenhafter Arbeitskräftemangel. Und die Vertriebenen waren Deutsche, die die Sprache verstanden und die deutsche Arbeitswelt aus der alten Heimat kannten. Das hat es wohl ausgemacht. Weniger die Empathie der Deutschen oder gar ein Wunder. Es gab in diesen Zeiten keine Wunder. Nicht einmal das vielgepriesene Wirtschaftswunder war eines.

Wegen der vielen Toten und der immer noch abwesenden deutschen Kriegsgefangenen bestand das Arbeitskräftepotenzial 1950 zu 55,4 Prozent aus Frauen. Bis 1961 (also bis zum Mauerbau) sorgte der Zustrom aus der DDR in den Westen für einen »Ausgleich der Geschlechtersymmetrie« und für eine Verjüngung der männlichen Arbeitskräfte.[37] Ab 1950 waren 20 Prozent aller Erwerbstätigen Vertriebene. Zehn Jahre später waren es sogar schon 22 Prozent.

Obwohl sich die Situation für die Vertriebenen nach der Gründung der Bundesrepublik Deutschland und der Deutschen Demokratischen Republik verbesserte, lebten 1951 noch 340 000 Menschen in Massenlagern. Deshalb setzte die neue Regierung in Bonn (ebenso wie die in Ost-Berlin) verstärkt auf Wohnungsbau und auf Umsiedlung von stark betroffenen in weniger betroffene Länder – auch weil der Zuzugsstrom aus der DDR in die Bundesrepublik nicht abnahm. Von 1949 bis 1953 wurden 23,9 Milliarden D-Mark in die Stabilisierung der neuen Gesellschaft investiert. In der Besatzungszeit von 1945 bis 1949 waren es 4,5 Milliarden Reichsmark gewesen.[38]

Am 5. August 1950 trafen sich alle westdeutschen Vertriebenenorganisationen zu einer Konferenz. Sie verabschiedeten eine »Charta der Heimatvertriebenen«. In dieser Charta hieß es: »Wir Heimatvertriebenen verzichten auf Rache und Vergeltung. Dieser Entschluß ist uns ernst und heilig im Gedenken an das unendliche Leid, das im Besonderen das letzte Jahrzehnt über die Menschheit gebracht hat.«

Das sollte von Seiten der Vertriebenen-Vertreter ein Signal an die neue deutsche Gesellschaft sein: Man war bereit, das Leid, das man erfahren hatte, nicht immer wieder neu anzurechnen. Man wollte keine Rache und keinen Krieg um das Verlorene und Geraubte willen. Das war in den Augen der Flüchtlinge der Preis dafür, dass sie in der wohlhabenden Gesellschaft des Westens angenommen wurden. Die Flüchtlinge wollten sich mit dem neuen Deutschland arrangieren, und die meisten im neuen Deutschland wussten, dass sie die Flüchtlinge wirtschaftlich brauchten.

Es wurden Siedlungsgemeinschaften der Vertriebenen gegründet, die in freiwilliger Feierabendleistung neue Wohngebiete erschlossen – von den Kommunen, die Arbeitskräfte ansiedeln mussten, unterstützt. Die Arbeiter aus dem Vertriebenen-Milieu waren der Traum eines jeden Unternehmers. Und der Albtraum eines jeden Gewerkschaftlers. Sie haben geschuftet und nie aufgemuckt. Das wussten die Unternehmer, und das wussten auch die Politiker. Deshalb taten sie alles, um dieses Modell zu unterstützen.

Die Tatsache, dass es dennoch von 1945 bis in die sechziger Jahre dauerte, bis die damalige Flüchtlingskrise sozial ausgependelt war, macht den Gegenwärtigen keinen Mut. Aber vielleicht tut das das Resümee von Heinrich Albertz, dem Flüchtlingspfarrer in Celle: »Warum hat sich nur die ganze, doch einfach elende Zeit inzwischen mit einem Glanz überzogen, der alle Ärmlichkeit, alle Anstrengungen vor allem der Mütter, allen Schmutz überdeckt? Für mich und für viele andere sind diese ersten Jahre bis zur Währungsreform die Jahre eines unvergeßlichen Aufbruchs, einer völligen Befreiung gewesen, wie sie sich nie wiederholen kann. Wir hatten äußerlich nichts. Geborgte Sachen, Geld, das nichts wert war, keine Sachen zum Tauschen und Handeln. Aber kaum, daß wir ein paar Monate in der neuen Umgebung lebten, wuchsen die Freundschaften unter den Händen, öffneten sich alle vergrabenen, verschütteten, uns von den Nazis vorenthaltenen Schätze – Bücher, Theater, Filme, Konzerte – und vor allem Menschen, immer neue Menschen, entwurzelt wie wir, aber sich gegenseitig helfend, haltend in einer nie erlebten Solidarität.«[39]

Displaced Persons

»Für die Exhumierung und Ueberführung der Leichen von 24 französischen Zwangsarbeitern, die durch Gestapo und Gaskammern ums Leben kamen, stellte das Stadtbauamt Pforzheim eine Gesamtfaktura über 5854,64 Reichsmark aus. Laut Rechnung wurden pro Opfer 100 Reichsmark ›Exhumierungsgebühren‹ erhoben. Weitere Posten der städtischen Preiskalkulation sind: 84 Ueberstunden (mit Sonderaufschlag), Totengräbergebühren ›pro Person 192 Reichsmark‹ und Kosten für den Aufseher. Die Rechnungen wurden den Hinterbliebenen in Frankreich zusammen mit den Gebeinen ihrer Angehörigen ins Haus geschickt.« (›Der Spiegel‹ 1/1948)

Neben den Vertriebenen gab es noch eine andere große Gruppe von Entwurzelten, mit denen man sich nur sehr schwer arrangierte: die so genannten *displaced persons*. Unter den Sammelbegriff der Displaced Persons (kurz: DPs) wurden Ende des Zweiten Weltkriegs all jene ausländischen Zivilpersonen zusammengefasst, die sich durch Kriegseinwirkung an Orten außerhalb ihrer Heimat aufhielten. Hierzu zählten vor allem ehemalige Zwangsarbeiter, KZ-Häftlinge, Kriegsgefangene und andere Arbeitskräfte, die teils freiwillig, teils unfreiwillig während der Kriegsjahre nach Deutschland gekommen waren.[40] Die Versorgung und die Unterbringung dieser ursprünglich mehr als zehn Millionen Menschen waren für die Besatzungsmächte ein großes Problem. Zu den Displaced Persons gehörten auch geflüchtete Angehörige der ehemaligen Wehrmachts-Hilfstruppen aus anderen Ländern, die in ihrer Heimat mit harten Strafen rechnen mussten.

Bis im Frühjahr 1947 kehrten fast neun Millionen Deutschland den Rücken, so dass sich danach nur noch etwa eine Million sogenannte DPs in den Zonen aufhielt. Im Frühjahr 1949 waren es in den drei Westzonen 411 000. In der Mehrzahl Angehörige der ehemaligen Hilfstruppen der Wehrmacht. Denn die Strafen, die sie in ihren Heimatländern erwarteten, waren so hart, dass diese Ex-Soldaten es lieber in Kauf nahmen, in der langsam prosperierenden Bundesrepublik ins Abseits gedrängt zu werden: Viele mussten als »neue Asoziale«[41] in Slums oder auf der Straße leben.

Die Haltung der Deutschen zu den ehemaligen Zwangsarbeitern und Gefangenen der Nazis war nach Kriegsende von der Befürchtung bestimmt, diese könnten sich rächen. Zeitzeugin Menta Terwey berichtet, wie das Forsthaus ihres Vaters im Hunsrück von einer Gruppe ehemaliger Zwangsarbeiter aus dem örtlichen Sägewerk heimgesucht wurde: »Und eines Tages, ich war in der Küche, kam ein Jeep in den Hof. Da saßen Russen drin. Ich bin sofort aus dem Haus gerannt. Zu der Jugendherberge. Da waren Amerikaner stationiert, die habe ich um Hilfe gebeten: Da sind Russen, ich weiß nicht, was daraus wird. Da haben die mich in ihren Jeep gesetzt. Die Morbacher haben alle geguckt. Da stand fast das ganze Dorf am Zaun, in der Hochwaldstraße. Und mein Vater stand vor dieser Holzgarage, die Hände hoch. Zu seinen Füßen zwei Jagdwaffen.«

Neben der Angst vor Vergeltungsakten entwickelte sich eine Art Futterneid gegenüber den Displaced Persons. Oberbefehlshaber Eisenhower hatte ausdrücklich die Befreiung, Versorgung und Repatriierung aller Verschleppten und Versprengten zum »hohen alliierten Kriegsziel« erklärt. Damit waren die ehemaligen ausländischen Gefangenen der Nazis, was ihre Versorgung durch die Besatzer anging, bessergestellt als die Einheimischen, die früher von der Arbeit der Zwangsarbeiter profitiert hatten.

Schon 1943 hatten die Alliierten beschlossen, 1500 Lager für jeweils 3000 DPs einzurichten, die pro Lager von vier Offizieren und acht Mannschaftsdienstgraden geleitet werden sollten. Die

Armee hatte die Versorgung sicherzustellen; und zwar pro DP 2200 Kalorien täglich.[42] Eine Ration, die weit über der des deutschen Normalverbrauchers lag. Der Versorgung der DPs wurde »absoluter Vorrang vor denen der Deutschen« eingeräumt und sollte »in allen Fällen deutlich besser« sein »als in ihrem früheren Sklaven- oder Gefangenenstatus«. Es war sogar vorgesehen, dass die einheimische Bevölkerung in gerade befreite KZ einquartiert werden sollte, um ihre Siedlungen für die DPs zu räumen.

Allerdings waren die Besatzer auch davon ausgegangen, dass die DPs nach ihrer Befreiung schnell das Land der Nazis würden verlassen wollen. Je rigider die Situation in den alten Heimatländern aber wurde, desto eher zögerten die ehemaligen NS-Gefangenen, dahin zurückzukehren. Eine UNRRA-Umfrage von Mai 1946 ergab, dass zu diesem Zeitpunkt acht von zehn polnischen DPs die Rückführung verweigerten. Darunter waren viele Juden, die Angst vor neuen Pogromen hatten.

Im August 1945 gab es im Bereich der Westalliierten 6,4 Millionen DPs. Zusammen mit den bereits in Frankreich und Belgien Befreiten, den DPs in Österreich und jenen im Operationsgebiet der Roten Armee kam der Braunschweiger Historiker Wolfgang Jacobmeyer nach »maßvoller Kalkulation zu einer Größenordnung von 10,8 Millionen DPs insgesamt«.[43]

Die befreiten Häftlinge konnten nur zur Hälfte in Lagern untergebracht werden. Der alliierte Oberbefehlshabers für Europa Dwight D. Eisenhower befahl ihnen aus Sorge um die Beweglichkeit seiner Truppen, an Ort und Stelle zu bleiben (»You will stand fast and not move«). Aber die Befreiten hörten ihn nicht oder wollten ihn nicht hören: Viele machten sich sofort auf den Weg. Ein Beobachter notierte: Es begann eine allgemeine Auflösung und unorganisierte Selbstrepatriierung. Auf allen Straßen sah man »vagabundierende, manchmal kleine Banden bis zu einem Dutzend, alle ihre Habseligkeiten auf einem Handwagen, einige in Lumpen, andere in den schäbigen Uniformen von einem Dutzend Armeen«.

Earl G. Harrison befand nach einer Inspektionsreise durch Lager jüdischer DPs: »So, wie die Dinge jetzt stehen, scheinen wir die Juden zu behandeln, wie es die Nazis taten, mit der Ausnahme, daß wir sie nicht umbringen. Sie leben in Konzentrationslagern in hoher Zahl unter unserer militärischen Bewachung statt unter der von SS-Einheiten.«

Die Deutschen sahen in den DPs Konkurrenten um die Gunst der Besatzer. Zudem schwirrte in vielen Köpfen noch die NS-Rassenpropaganda, die die Zwangsarbeiter als Untermenschen dargestellt hatte. »Die Haltung der deutschen Polizei«, beklagte 1946 die UNRRA-Leiterin des Lagers in Memmingen, »ist nicht die des Schutzes, sondern die der Verfolgung« und »stets härter und brutaler als gegenüber Deutschen«.[44] Als im Herbst 1950 ein Lager für polnische DPs in Solingen aufgelöst wurde, schrieb die ›Rheinische Post‹, endlich sei es vorbei mit der »polnischen Wirtschaft«; anstelle des »Nachkriegs-Schandflecks« werde »bald wieder bergische Sauberkeit in der verschandelten Gegend herrschen«.

Die Situation in den Lagern war wirklich katastrophal – nur konnten die DPs nichts dafür. Ein Viertel der im Mai 1945 in Krankenhäuser eingelieferten oldenburgischen DPs war lungenkrank. Unter den ehemaligen KZ-Häftlingen lag die Todesrate bei 20 Prozent. Im »Smith Camp« bei Gießen fehlten Duschen, Bäder, Latrinen und ordentliche Waschgelegenheiten. Es gab keine Heizstoffe, keine Decken und keine medizinische Ausrüstung. Die UNRRA-Direktoren, die von den Besatzern die DPs übernahmen, beklagten die veränderte Stimmung in Deutschland: In Bayern habe im Frühjahr 1946 »der Begriff ›DP‹ (…) schon eine nahezu beleidigende Bedeutung erhalten, und sogar die Militärbehörden behandeln diese Leute wie ein drittklassiges Pack«.

Schon kurz nach Kriegsende hatten die Westalliierten damit begonnen, sowjetische DPs »nach Identifizierung durch sowjetische Repatriierungsvertreter … ohne Rücksicht auf ihre individuellen Wünsche« in Richtung Osten zu schicken. Hunderte ehemalige Offiziere der ukrainischen Wlassow-Armee begingen gemeinsam Selbstmord, bevor sie im österreichischen Judenburg der Roten Armee übergeben werden konnten. Übergelaufenen

Offizieren drohte im Osten der sichere Tod. Im ehemaligen Konzentrationslager Dachau eskalierte die Situation: US-Soldaten stürmten zwei Baracken unter Einsatz von Tränengas und verluden die DPs in einen Zug, der sie in die UdSSR brachte. Wie die Soldatenzeitung ›Stars and Stripes‹ berichtete, mussten die GIs Selbstmörder von den Deckenbalken schneiden. Einige Russen flehten die US-Soldaten an, sie zu erschießen.

Die schlechte Behandlung der DPs durch die Besatzer resultierte nicht nur aus der Überforderung des Militärapparats. Es hatte sich auch die große Orientierung der Politik geändert: Sobald es nicht mehr allein darum ging, den Krieg zu beenden und Deutschland zu befrieden, sondern eher um das Kräftemessen zwischen den ehemals Alliierten, verloren Amerikaner und Briten das humanitäre Interesse an den Opfern der Nazis.

Die Briten änderten Ende 1946 ihre Haltung ganz offiziell. Die DPs ihrer Zone wurden in Versorgung und Behandlung der deutschen Bevölkerung gleichgestellt. Man unterwarf sie sogar der deutschen Gerichtsbarkeit – und damit oft genug denselben Richtern, die schon unter den Nazis geholfen hatten, sie auszubeuten und zu schinden. Es kam so weit, dass die Briten die ehemaligen Zwangsarbeiter dazu verpflichteten, in deutschen Betrieben zu arbeiten.

Auf Druck der Alliierten Hohen Kommission verabschiedete der Bundestag erst 1951 ein »Gesetz über die Rechtsstellung heimatloser Ausländer im Bundesgebiet«. Damit wurde den DPs die Gleichstellung mit deutschen Staatsbürgern eingeräumt. Zumindest auf dem Papier.

4. Erlösung

DAS ELEND ALS HEMD UND ALS MANTEL DIE REUE

»Aufgerissene Löwenmäuler und giftgrüne Medusenköpfe sind in einem Teil der 54 Millionen Meter Baumwollstoffe eingedruckt, die vom Zweizonenamt für die deutsche Bevölkerung freigegeben wurden. Eigentlich sollten die Stoffe nach Afghanistan und Belgisch-Kongo. Aber den Negern fehlte es an Dollars. Jetzt bleibt der Stoff in der Bizone, wo er im Lohnveredelungsgeschäft gewebt worden ist. Die Alliierten schätzen, daß die Tuche für 25 Millionen Kleidungsstücke reichen. Die ersten Mengen sind bereits seit Anfang März freigegeben. (…) Die Textilindustriellen trennen sich ungern von den schmucken Tüchern. So kurz vor der Währungsreform.« (›Der Spiegel‹ 18/1948)

Noch während um die Stadt gekämpft wurde, eröffnete auf sowjetischen Befehl das Deutsche Theater in Berlin. Gustav von Wangenheim – wegen seiner Rolle im Moskauer Exil nicht unumstritten – wurde zum Intendanten gemacht und versprach, sein Theater »in die breite demokratische Front der deutschen Erneuerung« einzureihen.[1] Die Schauspieler spielten bleich und zitternd ›Nathan der Weise‹, während nur wenige Blocks weiter geschossen wurde.

Die Besatzer verordneten antifaschistische und klassische Kultur. Meist um die Deutschen vor der drohenden Verzweiflung zu bewahren, aber auch, um ihnen in den Theatern, Kinos und Bibliotheken den Rest an Nationalsozialismus auszutreiben. So war es nicht etwa die SED, die Bertolt Brecht bewog, nach Berlin zu kommen. Die Russen wollten den Dramatiker unbedingt in Berlin haben. Und so bekam er trotz der Abneigung der örtlichen Kulturfunktionäre die Intendanz des Berliner Ensembles.[2]

Zuerst herrschte noch Offenheit in der Kunst: 1946 fand die Ausstellung »Moderne Französische Malerei« im Berliner Stadtschloss statt, vier Jahre vor seiner Sprengung durch die SED. Im selben Jahr zog in Dresden die »Allgemeine Deutsche Kunstausstellung« Besuchermassen an. Die Ausstellung zeigte den Stand der Bildenden Kunst in ganz Deutschland. Doch zur zweiten Allgemeinen Deutschen Kunstausstellung im Jahr 1949 kamen keine Westkünstler mehr. Die Schau präsentierte den Sozialistischen Realismus als neue vom Staat und der Partei gewünschte Kunstrichtung.

Für die Kultur nahmen die Deutschen viel in Kauf. Sogar Hunger und Kälte. Am 15. Juni 1945, fünf Wochen nach Kriegsende, eröffneten die »Städtischen Bühnen« (das spätere Theater des Westens) mit einem Ballettabend. Am 2. September fand die erste Opernaufführung nach dem Krieg statt: Beethovens ›Fidelio‹. Alle Kostüme waren mangels Stoffen aus Verdunklungsvorhängen gearbeitet. Während der Proben fielen Künstler in Ohnmacht: Sie waren unterernährt und die anstrengende Arbeit in den ungeheizten, oft auch noch halb zerstörten Theatern überforderte sie. Die Musiker spielten in Mänteln mit hochgeschlagenen Kragen – nicht nur während der Proben, sondern auch bei den Vorstellungen. Wer eine Aufführung des Steglitzer Schlosspark-Theaters besuchen wollte, war gebeten, »einen Nagel mitzubringen« – für den Aufbau der Bühnenbilder.[3]

Da die meisten Theater zerstört waren, traten kleine Gruppen in Schuppen und Garagen auf, wo sie vor allem die von den Nazis verfemten Stücke der modernen Dramatik spielten. Es herrschte Nachholbedarf an der verbotenen Kultur. Die Deutschen hatten das Gefühl, zwölf Jahre lang abgeschnitten gewesen zu sein von dem, was die Menschen in anderen westlichen Ländern beschäftigte und begeisterte.[4]

Im Herbst 1945 gab es allein in Berlin 400 Theatereröffnun-
gen und 1000 Gesuche um Erlaubnis für Kleinkunstbühnen.
Durch den Mangel an Verkehrsmitteln spielte sich vieles fußläufig
ab. Das heißt, es entwickelte sich ein intensives Kulturleben in den
Bezirken. Die von den Besatzern streng kontrollierte Sperrstunde
(22 Uhr in Berlin) beeinflusste das Theaterleben: Die Veranstalter
mussten unkonventionelle Anfangszeiten ansetzten, manche Vorführungen begannen schon am frühen Nachmittag.

Im Boleslaw Barlogs Schlossparktheater wurden alle Stühle
geklaut, und die Zuschauer mussten stehen oder auf dem Boden
sitzen. Täter war, wie sich später herausstellte, ein Kinobesitzer,
dem die Bestuhlung in seinem Lichtspieltheater fehlte.[5] Im
Hebbel-Theater saßen die Zuschauer in Decken. Bei 2 Grad sahen sie den Atem der Schauspieler auf der Bühne. Da die thea-
terbegeisterten Berliner unter der Kälte in den Aufführungen
besonders litten, kündigten die Theater im sowjetischen Sektor
auf ihren Spielplänen an, dass die Häuser geheizt waren.[6]

Ein Gastspiel von Chor und Ballett der Roten Armee riss die
Ostberliner zu Begeisterungsstürmen hin. Die Auftritte der Russen waren so umjubelt, dass die Westalliierten trotz Blockade
eine Darstellung in einem Theater des Westsektors erlaubten.
Doch da spielte die SMAD nicht mit: Die Einladung in den Westen wurde abgeschlagen.[7]

Die Russen setzten auf die therapeutische Wirkung klassischer
Werke. Durch deren Humanismus sollten die Deutschen wieder lernen, den Menschen in den Mittelpunkt ihres Denkens zu
stellen – und nicht die Masse, wie im Faschismus. Es gab in der
Roten Armee gebildete, enthusiastische Offiziere, die diese Linie
vertraten. Am 28. April, also zehn Tage vor der Kapitulation, verkündete der Berliner Stadtkommandant Generaloberst Bersarin
den Befehl Nr. 1: Damit war der Betrieb von Kinos, Theatern, von
Zirkussen, Restaurants und Gaststätten sowie Kirchen bis 21 Uhr
(Berliner Zeit, d. i. Moskauer Zeit) ausdrücklich erlaubt und geboten. Am 19. Mai erklärte Bersarin bei der Einführung des ersten Berliner Magistrats nach Kriegsende, die Künste hätten die
Aufgabe, den arbeitenden Menschen Entspannung zu bieten.[8]

In der US-Zone und in der britischen Zone blieben die Kinos nach der Kapitulation erst einmal zwei Monate geschlossen. Es gab einen US-Erlass, der besagte, dass das Unterhaltungsbedürfnis der Deutschen zurückzustehen hatte vor der Betreuung der alliierten Truppen. Das bedeutete, dass viele Kinos belegt waren durch Vorführungen für Besatzungstruppen.[9] Erst Ende Juli 1945 durften auch Deutsche in die Kinos im Westen.[10]

Am 2. April 1946 begann der Zirkus Busch seine erste Tournee durch Ost-Deutschland. Jede Aufführung war ausverkauft. Die Menschen umlagerten das Zelt. Im März 1946 fand die erste Kunstschwimmveranstaltung in München statt. Die Schwimmer starteten mit hungrigem Magen und bei 16 Grad kaltem Wasser. 1947 wurden die ersten deutschen Meisterschaften in Frankfurt am Main veranstaltet. Ein amerikanischer Offizier organisierte blaue Gummibademützen und Einladungen zum Eibsee und nach Bad Tölz. Eine Schwimmerin berichtet: »Wir zitterten gerne im Wasser bei der Aussicht auf eine warme Mahlzeit nach der Vorführung.«[11]

Ende Juni 1945 gab es wieder 127 Kinos in Berlin. In den Westzonen nahmen bis Ende 1945 insgesamt 1150 Kinos wieder den Spielbetrieb auf, wobei 70 Prozent davon in der britischen Zone lagen. Die Amerikaner und Briten hatten vereinbart, erst im September 1945 den öffentlichen Betrieb der Kinos in ihren Zonen zu starten – in der Hoffnung, bis dahin genügend amerikanische und britische Filme zur Verfügung zu haben. Doch die Briten öffneten ihre Kinos im Alleingang bereits Anfang Juni, weil ihr Oberbefehlshaber Montgomery Aufstände befürchtete, wenn er den Deutschen diese Ablenkung versagte. Allerdings mussten viele dieser Kinos bald wieder schließen, weil die meisten zur Verfügung stehenden Filme noch unter den Nazis gedreht worden waren.[12]

Ende 1945 standen in den Westzonen insgesamt 402 000 Kinositzplätze zur Verfügung. (Im Vergleich dazu: 1940 gab es 2 750 000 Sitzplätze in ganz Deutschland, noch Ende 1944 waren 6484 Kinos geöffnet.[13]) Deshalb waren die Kinos immer über-

Kino in Mainz, 1947.

füllt – es gab sogar einen Schwarzmarkt für Kinokarten. Eine einfache Karte kostete an der Kasse etwa 0,50 RM, auf dem Schwarzmarkt mindestens das Sechsfache. Der Run auf die Kinos hielt bis

zur Währungsreform an; also bis zu dem Zeitpunkt, als es mehr Möglichkeiten gab, sein Geld auszugeben.

Trotz weitreichender Pläne zur Umerziehung mussten die Alliierten aus Mangel an synchronisierten eigenen Filmen auf vor 1945 in Deutschland hergestelltes Material zurückgreifen. Diese sogenannten »Reprisen« bestimmten im britischen, französischen und sogar im sowjetischen Bereich anfangs die Kinos. In der amerikanischen Zone waren sie bis Dezember 1945 verboten, dann wurden sie aus Mangel an eigenen Filmen auch dort gezeigt. Die »Reprisen« erlebten einen wahren Siegeszug. Sie waren enorm beliebt beim Publikum, wobei es weniger um national-sozialistische Nostalgie ging als um die eskapistischen Momente im glamourösen NS-Kino. Die große Nachfrage nach »Reprisen« hielt im deutschen Kinopublikum bis 1952 an. Selbst Filme, die unter die Zensur fielen, weil sie gegen das Verbot von national-sozialistischer Propaganda fielen, wurden gezeigt, nachdem die politisch prekären Szenen herausgeschnitten worden waren.

1949 ergab eine Umfrage, dass sich 83,9 Prozent der Kinogänger mehr einheimische Produktionen wünschten.[14] Die Produktions-anlagen der deutschen Filmkonzerne hatten die Bombardements weitgehend überstanden. Die UFA-Ateliers in Tempelhof und Neubabelsberg waren zwar beschossen worden, aber dennoch in Teilen einsatzfähig. Henry C. Alter, der zuständige US-Offizier für Film, Theater und Musik, musste allerdings feststellen, dass die Sowjets die Technik weitgehend demontiert hatten. Nur einige versteckte 35-mm-Kameras waren gerettet worden. Die in Tempelhof gelagerten Filmkopien der großen UFA-Spielfilmpro-duktionen waren weg, ebenso 1250000 Meter Rohfilm, damals ein unglaublicher Verlust. Nur die Tobis-Filmstudios in Johan-nisthal (Berlin/Ost) waren verschont geblieben. Dort wurden un-ter Hochdruck sowjetische Spielfilme deutsch synchronisiert.[15]

Es gab lange ein generelles Produktionsverbot, und Rohmate-rial war so gut wie gar nicht vorhanden, da die Filmfabriken Zeiss-Ikon-Görtz in Berlin und Perutz in München zerstört wor-den waren. Der wichtigste deutsche Rohfilmlieferant – die Agfa-Werke in Wolfen bei Bitterfeld – lieferte nur wenig und schlechtes Material außerhalb der SBZ aus. Die deutschen Produzenten im Westen konnten also erst mal gar nichts drehen. Im Osten hingegen tat die SMAD alles, um eine heimische Produktion anzukurbeln und unter ihre politische Kontrolle zu bringen: Am 17. Mai 1946 gründete sie die DEFA.

Die Alliierten hatten eine Lizenzierungspflicht verhängt. Das hieß, wer in einer der drei Westzonen eine Filmproduktion gründen wollte, musste sich einem *screening*, einer politischen Durchleuchtung, unterziehen. Die Alliierten wollten auf diese Weise alle Filmschaffenden herausfiltern, die mit den Nazis paktiert hatten. »Diese Absicht erwies sich als undurchführbar«, urteilt der Medienwissenschaftler Klaus Kreimeier.[16]

Die DEFA war die erste Produktionsgesellschaft, die einen deutschen Film herstellte. Es handelte sich um Wolfgang Staudtes ›Die Mörder sind unter uns‹. Uraufführung war am 15. Oktober 1946 in der Staatsoper im Admiralspalast. Es ging um den Kriegsheimkehrer Hans Mertens, der in einem zerbombten Berliner Mietshaus untergekommen ist und sich dem Alkohol hingibt. Mertens kommt nicht damit klar, dass er 1942 in Polen eine Geiselerschießung nicht verhindern konnte. Damals sind unter dem Befehl seines Vorgesetzten viele Frauen und Kinder ermordet worden. Dieser Hauptmann Brückner hat sich als kleiner Fabrikant mühelos in die Nachkriegsgesellschaft integriert. Mertens will Brückner eigenhändig richten. Doch der schwer traumatisierte Ex-Soldat wird von einer ehemaligen KZ-Insassin (Hildegard Knef) von der Tat abgehalten. Er ringt sich dazu durch, dem schuldigen Offizier zu vergeben.

Jetzt zog der Westen nach: Die britische Militärregierung erteilte die Lizenz für Helmut Käutners Filmproduktion Camera Film und für Studio 45, eine Firma seiner Mitarbeiter. Die erste französische Lizenz bekam im Spätsommer 1946 Artur Brauner für seine Central Cinema Company CCC (Berlin). Der junge Pole kam aus dem KZ. Er hatte Schwierigkeiten, eine Lizenz zu bekommen, weil er keine »Filmvergangenheit« hatte. Schließlich erlaubten ihm die Franzosen, die Komödie ›Herzkönig‹ zu produzieren. Gedreht wurde nur nachts, weil dann Strom da war.

Brauner brauchte allein 50 000 Mark für Schwarzmarktbenzin. ›Herzkönig‹ wurde ein Erfolg. Mit den Gewinnen konnte Brauner 1947/48 ›Morituri‹ finanzieren, einen »schönen und ergreifenden Film« über den Holocaust, aber ein glatter Reinfall: »Niemand (…) wünschte sich der furchtbaren Zeiten zu erinnern, die vorbei waren. Viele vermieden diese Erinnerungen, weil sie ein schlechtes Gewissen hatten, andere, weil sie genug eigene Sorgen hatten.«, so Curt Riess.[17]

Ab Ende 1946 wurden im Westen Produktionsanträge bewilligt. Die Studio-45-Produktion brachte den ersten westdeutschen Film unter britischer Lizenz in die Kinos. Es war die Liebeskomödie ›Sag die Wahrheit‹. Der Film war bei Kriegsende in den Terra-Studios begonnen und nun von Helmut Weiß vollendet worden. Der ursprüngliche Hauptdarsteller war Heinz Rühmann gewesen, nun spielte Gustav Fröhlich die Hauptrolle in der Komödie über einen Architekten, der schwört, nie zu lügen, und deshalb in private Schwierigkeiten und sogar ins Irrenhaus gerät.[18] ›Sag die Wahrheit‹ sorgte dafür, dass die Berliner Kinos elf Wochen lang ausverkauft waren.

Der erste amerikanisch lizenzierte Film war ›Und über uns der Himmel‹ von Objektiv-Film. Regie führte Josef von Baky, die Hauptrolle spielte Hans Albers, in einer Nebenrolle war der unter den Nazis oft als Friedrich-der-Große-Darsteller eingesetzte Otto Gebühr zu sehen. Allzu ernst nahm man die Entnazifizierungsregeln im Kino also nicht mehr. Das Team von Objektiv-Film bestand sowieso größtenteils aus ehemaligen UFA-Fachleuten. Für diese Kino-Ära hat sich in Deutschland die Bezeichnung »Trümmerfilme« eingebürgert – wohl weil sie alle vor dem Hintergrund der universellen Trümmerlandschaft spielten. Das sollte aber keine abwertende Bezeichnung sein. Die meisten dieser Filme waren künstlerisch ehrenwerte Versuche, Geschichten zu erzählen, die Zuversicht vermittelten, ohne die Realität zu leugnen. Erfolgreich waren sie dennoch nicht. Die großen amerikanischen Produktionen hatten letzten Endes mehr Zuschauer.

1949 endete die Lizenzpflicht. Sofort schossen die Produktionsziffern in die Höhe: Allein 1949 waren es 62 deutsche Filme, die ins Kino kamen, 1950 sogar schon 82. Und das obwohl die Deutschen für eine Weile das Interesse am Kino verloren, weil sie ihr Geld plötzlich auch anders ausgeben konnten.

Im Osten gab es sowohl großzügige Sonderzuteilungen für Künstler als auch materielle Unterstützung für Spielstätten. Die Westalliierten zogen in allen Bereichen mit einiger Verzögerung nach: Immerhin vergaben sie recht schnell Lizenzen für Modemagazine. Im Gegensatz zu den Russen setzten die Westalliierten auf ein breites Kulturangebot. Die Kultur sollte zwar auch umerziehen, aber wichtiger war im Westen der Entlastungsaspekt. Vor allem die Briten befürchteten in ihrer dichtbesiedelten Zone Aufstände, wenn die Leidensbereitschaft der Bevölkerung schwand.

Für die SMAD spielte hingegen der Erziehungsaspekt der Kultur die größte Rolle. Der sozialistischen Avantgarde der zwanziger Jahre traute man nicht zu, dass sie die Deutschen vom Nationalsozialismus weg zu einem demokratischen Weltbild führen könnte. Deshalb war der pure Marxismus auch lange verpönt – und deshalb war Brecht für die Russen eine Enttäuschung. Als Brechts ›Dreigroschenoper‹ aufgeführt werden sollte, monierten die Sowjets die Passage »Erst kommt das Fressen, dann die Moral«. Sie sahen darin eine Konterkarierung ihrer humanistischen Kulturpolitik. Das Stück wurde abgesetzt.[19]

Eines der erfolgreichsten ersten Theaterstücke war Thornton Wilders ›Unsere kleine Stadt‹. Seine Premiere in Deutschland hatte das Stück im August 1945 im Deutschen Theater in Berlin durch das »Schauspielerkollektiv des ehemaligen Hilpert-Ensembles«. Es geht um die Würde des Alltags, um normale Verrichtungen des kleinen Lebens – und um die Unsterblichkeit. Das pure Menschsein wird zum Dreh- und Angelpunkt. Dazu gehört die Einbeziehung des Todes, auch der ist alltäglich und würdig.

Das war eigentlich genau das, was die Besatzer wollten: Die Deutschen sollten sich auf das besinnen, was sie hatten, und aufhören, nach ehrgeizigen politischen Zielen zu streben. Doch nach nur zwei Aufführungen am Deutschen Theater setzten die Russen das Stück ab. Die Deutschen hätten schon zu viel Tod erlebt, hieß es lapidar.

Ebenso erging es Wilders zweitem Erfolgsstück ›Wir sind noch einmal davongekommen‹. Wilder hatte es geschrieben, kurz bevor Amerika in den Krieg eintrat. Es handelt von drei Katastrophen: der Eiszeit, der Sintflut und dem Weltkrieg. Der Mensch überlebt sie alle ziemlich unbeeindruckt. Den Russen war das Stück zu poetisch und zu wenig konstruktiv in Hinblick auf den Aufbau einer neuen Gesellschaft. So konnte es in Berlin nicht gezeigt werden.

Einen ganz ungewöhnlichen Aufschwung nahm das politische Kabarett. Die Deutschen wollten endlich wieder über die Mächtigen lachen können. Auch wenn ihnen das Lachen über die Nazis noch im Halse stecken blieb, so hätten sie sich doch liebend gerne über die Besatzungsmächte lustig gemacht. Natürlich gab es Zensur. Die war zwar längst nicht so rigide wie unter den Nazis, viel Spaß verstanden die Alliierten dennoch nicht. Also blieb den Deutschen nur noch die Möglichkeit, über sich selbst zu lachen. Die Kleinkunstbühne bot den Zuschauern der Nachkriegszeit eine Therapie an: Sie konnten auf hohem Niveau lachen und sich selbst und die schwere Zeit für ein paar Stunden nicht so ganz ernst nehmen. Das geschah meist in dunklen Kellern (weil es sonst wenig Räumlichkeiten gab) und mit viel Alkohol.

Zum Boom der kabarettistischen Kellertheater meinte Erich Kästner: Wenn sich alle Pläne verwirklichten, so gäbe es »bald mehr Kabaretts als unzerstörte Häuser«.[20] Die Vielfalt dieser Sparte erklärte sich auch aus den zeitgemäßen Aufführungsbedingungen: Die Kleinkunst benötigte weniger Aufwand als großes Theater, man trat auf sehr kleinen Bühnen auf, ohne aufwändige Technik. So wurden Cafés, Kneipen und Vereinsbühnen zu Kabaretts.

Überregional bekannt wurden die Münchner »Schaubude«, die Otto Osthoff schon im August 1945 in den Kammerspielen eröffnete, der Berliner »Ulenspiegel« mit Günter Neumann und Tatjana Sais, das Düsseldorfer »Kom(m)ödchen« mit Kay und Lore Lorentz, der »Struwwelpeter« in Frankfurt/Main, die Hamburger »Bonbonniere« mit Erik Ode und Rudolf Platte und die Stuttgarter »Mausefalle«, eine Gründung von Werner Finck, der sogar während der Nazizeit versucht hatte, Kabarett zu machen.

Was das Nachkriegskabarett auszeichnete, war seine Vielfalt. Es gab eben nicht nur bittere Texte, die das politische Elend und den Opportunismus anklagten. Es gab lyrische und melancholische Töne, die dem Fühlen der Zeit mehr entsprachen als der genretypische Sarkasmus. So schrieb Erich Kästner für Ursula Herking, die damals in der Münchner »Schaubude« auftrat, »Le dernier cri«:

> Wir haben Sehnsucht nach Glück und nach Seide.
> Der Krieg ist vorbei und noch immer nicht aus.
> Die Tränen, die sind das letzte Geschmeide.
> Der Hunger schiebt Wache vor unserem Haus.
> Chor: Ach wie bald, ach, wie bald
> Schwindet Schönheit und Gestalt.
>
> Das Elend als Hemd und als Mantel die Reue,
> Die Armut als Hut und Verzweiflung als Kleid!
> Da stehen wir nun und tragen die neue,
> Die fleckige, die scheckige,
> Speckige, dreckige
> Mode der Zeit![21]

Auch im Osten blühte das Kabarett. Es war eben die originäre Kunstform der Trümmerjahre. Die aus Amerika heimgekehrte Valeska Gert pflegte in ihrer »Hexenküche« in Berlin die Kunst der Groteske. Walter Schaeffers eröffnete 1946 ebenfalls in der alten Hauptstadt das schon bekannte »Kabarett der Komiker« mit einem neuen Ensemble. Star der Berliner Kabarettszene wurde Günter Neumann, ein Schüler Werner Fincks, der im September 1946 mit seinem Programm »Alles Theater« als Texter, Komponist raffinierter Musikstücke und als Pianist Erfolge feierte. Das Rundfunk-Kabarett »Die Insulaner« im Berliner Sender RIAS begann zu Weihnachten 1948, mit Günter Neumann als treibender Kraft. Es war nur eine Sendung geplant, doch die »Insulaner« kamen so gut an, dass sie zehn Jahre lang im Funk auftraten.[22]

Kulturkampf

>»Sergei Prokofieff und seine russischen Komponistenkollegen
>Schostakowitsch, Katschaturian und Miaskowsky verklagten
>die amerikanische Twentieth Century Fox Filmgesellschaft
>wegen Verwendung ihrer Musik in dem amerikanischen Film
>›Der eiserne Vorhang‹. Die Klage wurde in Amerika abgewiesen,
>weil ›Musik eine öffentliche Angelegenheit sei und keinen
>Urheberschutz genieße‹.« (›Der Spiegel‹ 25/1948)

Die Leitung des US-Nachrichtenkontrollamtes teilte im Oktober 1945 mit, dass sie eine Liste mit 1440 Namen erarbeitet hatte. Diese Liste regelte die Teilnahme beim Aufbau der Kultur in der US-Zone. Die Amerikaner wollten ihre militärischen Fachleute aus diesem Bereich abziehen und durch geeignete Deutsche ersetzen. Eigentlich bestand die besagte Liste mit den 1440 Namen aus drei verschiedenen Listen. Auf der »Schwarzen Liste« wurden 327 aufgeführt, deren Beschäftigung in der Kultur grundsätzlich untersagt war, weitere 283 Personen sollten »nach Möglichkeit« nicht beschäftigt werden.[23]

Es zeigte sich schnell, dass die Deutschen mit dieser Einstufung der Kulturschaffenden durch die Alliierten nicht einverstanden waren. So protestierte eine stattliche Zahl prominenter Berliner dagegen, dass Wilhelm Furtwängler das Philharmonische Orchester Berlin nicht mehr als Dirigent leiten durfte. Die Amerikaner hatten den berühmten Furtwängler auf die schwarze Liste gesetzt, weil er sich allzu leichtfertig von den Nazis für ihre Propaganda hatte einspannen lassen. Als er am 23. Mai 1947 dirigierte, skandierten die Berliner: »Hierbleiben! Hierbleiben!«[24]

Furtwängler, der nicht der NSDAP angehört hatte, hatte sich im Dezember 1946 einem Entnazifizierungsverfahren unterziehen müssen. Die Spruchkammer sollte klären, inwiefern er sich als Staatsrat, Präsidialmitglied der Reichsmusikkammer und Leiter des Philharmonischen Orchesters an der »Verbreitung der nationalsozialistischen Ideologie beteiligt hatte«. Furtwängler verteidigte sich mit dem Argument, er habe den ihm 1933 verliehene Titel eines Preußischen Staatsrates nicht ablehnen können und im Übrigen wie jeder Deutsche auf eine Verbesserung der Situation gehofft. Er habe bei seiner Tätigkeit stets die Kunst über die Politik gesetzt.[25] Ein ähnlicher Fall war der des Schauspielers und Intendanten Gustaf Gründgens, den die Nazis ebenfalls zum Staatsrat gemacht hatten. Von 1945 bis 1946 war er im Speziallager Jamlitz, in der sowjetischen Besatzungszone, inhaftiert. In seiner ›Soziologie des deutschen Schauspielers‹, einem Aufsatz von 1946 verteidigte er sich mit dem Argument, Schauspieler seien insgesamt politisch uninteressiert gewesen, die Kunst bzw. seine Rolle auf der Bühne habe für ihn im Vordergrund gestanden.[26]

Der Dramatiker Carl Zuckmayer, der in den USA im Exil lebte, wurde 1943 von der US-Regierung um ein Gutachten über die Rolle der Künstler im »Dritten Reich« gebeten. Er schrieb damals, viele Schauspieler verstünden den Nationalsozialismus als eine große Inszenierung, in der sie eine Rolle übernommen hätten. Dementsprechend ahnungslos gaben sie sich nach dem Krieg, wenn sie plötzlich wegen ihres Verhaltens zur Rechenschaft gezogen wurden. Der unter den Nazis vielbeschäftigte luxemburgische Schauspieler René Deltgen spielte in München nichtsahnend im ›Macbeth‹ den Macduff, als er erfuhr, dass er in seiner Heimat als Kriegsverbrecher behandelt wurde und sein gesamtes Vermögen eingezogen worden war. Victor de Kowa wurde in Berlin auf der Theaterbühne verhaftet, während er ein Chanson vortrug. Das Publikum glaubte an einen Regieeinfall.

Der Regisseur Arthur Maria Rabenalt hatte eigentlich wegen seiner Nazibelastung Berufsverbot. Dennoch inszenierte er in

Heidelberg ein Stück. Als die Amerikaner einschritten, wechselte er einfach in die französische Zone nach Baden-Baden, wo die Franzosen ihn wieder arbeiten ließen. Viele Deutsche sahen in den Auftrittsverboten eine Beschneidung ihrer ohnehin bescheidenen Lebensqualität. Von den Nazis verfolgte Künstler, die dagegen protestierten, dass ihre opportunistischen Kollegen schnell wieder Karriere machen konnten, wurden von der Bevölkerung angefeindet.

Wie weit die Vergangenheitsvergessenheit auch untadeliger Politiker ging, zeigt die Tatsache, dass Theodor Heuss 1949 bei der Gründung seiner »Notgemeinschaft der Kunst« ausschließlich Künstler auf seiner Einladungsliste stehen hatte, die mit den Nationalsozialisten in bestem Einvernehmen gelebt und von diesen profitiert hatten.[27] Erst der Protest einer Gruppe verfolgter Künstler gegen ihre Nicht-Einladung bewog Heuss zu einer Revision seiner Personalpolitik. Auch die neue Kulturkritik teilte die unkritische Haltung der Vergangenheit gegenüber. So schaffte es eine Initiative, den hochbelasteten Maler und Gestalter Hermann Kaspar, einen engen Freund Albert Speers, der Hitlers Reichskanzlei ausgestattet und den Fackelzug zur Einweihung des »Hauses der Deutschen Kunst« geplant hatte, den Alliierten als von den Nazis vertriebener Künstler »Carl Caspar« zur Rehabilitation unterzuschieben.

Es gab allerdings auch ein gegenläufiges Extrem. So wurde der Regisseur Jürgen Fehling vom Intendanten des Deutschen Theaters Wolfgang Langhoff erst angeworben und dann wieder ausgeladen, weil er nicht fähig sei, »zwischen der Kunstepoche des Dritten Reiches und derjenigen der kommenden Zeit einen Trennungsstrich zu ziehen«.[28] Hintergrund: Am 12. Januar 1947 hatte Fehling zum Tod von Heinrich George am 25. September 1946 im sowjetischen Lager Sachsenhausen einen elegischen Nachruf im amerikanisch lizenzierten ›Kurier‹ verfasst, in dem er den Darsteller in großen Nazi-Filmen als »Steinadler zwischen Hühnern« gefeiert hatte.

DER RUF

»Erich Kästner, der kürzlich eine Blütenlese seiner Werke unter
dem Titel ›Bei Durchsicht meiner Bücher‹ herausgab, sah seinen
Kleiderschrank durch und sandte dem jungen Berliner Schriftsteller Wolf-Dietrich Schnurre, der bisher aus Anzugmangel
nirgends ›repräsentieren‹ konnte, eine Hose. Bei seinem Schweizer
Besuch zur PEN-Club-Tagung 1947 hatte Kästner sich einen
Abendanzug pumpen müssen.« (›Der Spiegel‹ 8/1948)

Ein bezeichnender Skandal wühlte die Literaturszene im April
1947 auf. Eine der wichtigsten deutschen Kultur-Zeitschriften
wurde vom Schriftsteller Alfred Andersch herausgegeben. Redakteur war der Gruppe-47-Gründer Hans Werner Richter. Die
beiden stemmten den ›Ruf‹ fast alleine. Ab der zehnten Nummer erreichte die Zeitschrift eine Auflage von 70 000 verkauften
Exemplaren. ›Der Ruf‹ wurde von einer breiten Bevölkerungs-
schicht gelesen, zu der auch viele Kriegsheimkehrer gehörten.
Ursache für den Erfolg war die ungewöhnliche Disposition der
beiden Macher: Andersch wollte die Umerziehungspolitik der
Besatzer »mit Vorbehalten« unterstützen, Richter selbst kritisierte sie heftig und hielt »klare Distanz zu den Besatzungsmächten und Ausnützung aller demokratischen Rechte«.[29]

Zum ersten Mal erschien ›Der Ruf‹ am 15. August 1946. Sofort
wurde klar, dass die Macher die Kollektivschuld ablehnten und
die Militärregierung kritisierten. Man fühlte sich als »Junges
Deutschland« und bekannte sich zu einer neuen Freiheit, zu der
das autoritäre Vorgehen der Besatzer nicht passte: »Es wird nicht
lange mehr dauern, bis die junge Generation Deutschlands ›auf-
geholt‹ haben wird. Ihre Losung lautet schon jetzt: Die Erzieher
müssen überholt werden. Auf keinen Fall wird sich das junge
Deutschland vom jungen Europa abschneiden lassen. Es wird
auch nicht schwerfällig und widerstrebend dahinterher trotten.

Schon deshalb nicht, weil das junge Europa ohne das junge Deutschland nicht existieren kann.«[30]

Das war großspurig, arrogant und überheblich, wie Richter später selbst zugab. Aber es kam an bei den jungen Lesern. Die Amerikaner schauten sich das eine Weile an, obwohl sie aufgrund ihrer Verordnungen leicht hätten eingreifen können. Dann kamen Nadelstiche: durch Karl Hermann Ebbinghaus in der ›Neuen Zeit‹ und heftiger durch Erich Kuby in der ›Süddeutschen Zeitung‹. Da war von »Nationalismus« die Rede.

Richter reagierte empört: Er fühle sich als Deutscher, aber er sei nicht verantwortlich für Hitlers Verbrechen, ebenso wenig wie die jungen heimkehrenden Soldaten, seine Leser. Er erklärte trotzig, weiter gegen den Imperialismus der Siegermächte anzuschreiben und die Entnazifizierung als Farce zu kritisieren. Er wolle auch gegen die »Demütigung eines ganzen Volkes« opponieren.[31] Das reichte den Amerikanern. Mit der Nummer 17 verloren Andersch und Richter im April 1947 die Lizenz für den ›Ruf‹. Begründung: Verbotene Kritik an der Politik der Alliierten in Deutschland. Pikanterweise durfte jener Erich Kuby den ›Ruf‹ übernehmen, der nicht nur in der Presseabteilung der US-Militärregierung tätig war, sondern auch die ersten harschen Vorwürfe gegen Richter in der ›Süddeutschen Zeitung‹ erhoben hatte.

Eine besondere Rolle in der Verlagslandschaft der Nachkriegszeit spielte Rowohlt. Ernst Rowohlt bekam am 27. März 1946 in Hamburg von den Briten die Möglichkeit, seinen von den Nazis verbotenen Verlag wieder aufzubauen. Vor 1933 hatte er Honoré de Balzac, Joachim Ringelnatz, Walter Benjamin, Robert Musil, Ernest Hemingway und Ernst von Salomon, mit dem er befreundet war, herausgegeben. 1932 hatte Rowohlt mit Hans Falladas ›Kleiner Mann, was nun?‹ noch einen letzten Bestseller verlegt, bevor ihm die Nazis 1938 wegen »Tarnung jüdischer Schriftsteller« Berufsverbot erteilt hatten (Rowohlt hatte das Werk ›Adalbert Stifter‹ von Bruno Adler, einem jüdischen Kunsthistoriker, unter dem Pseudonym Urban Roedl veröffentlicht, zudem beschäftigte der Verlag jüdische Lektoren).

Rowohlt machte sich 1946 sofort daran, die ausländische

Literatur herauszubringen, die seit 1938 in Deutschland nicht mehr zu lesen gewesen war. Es gab eine ganze Generation, die viele der großen Namen, die mittlerweile Weltliteratur waren, noch nie gehört hatten: von Sinclair Lewis über Joseph Conrad bis André Gide. Rowohlt wollte die Generation, »die den Karren aus dem Dreck ziehen sollte«, geistig nachrüsten, wie er sich im Dezember 1946 ausdrückte. Dennoch engagierte er als Lektor den durch seine Tätigkeit bei einer NS-Propagandadivision belasteten Kurt W. Marek.

Rowohlts Sohn Heinrich Maria Ledig brachte auf Zeitungspapier – hochwertiges Papier war so gut wie gar nicht zu haben, und auch Materialien zum Buchbinden waren knapp – die Reihe »Story – Erzählungen des Auslandes« heraus. »Story« wurde zum Vorbild für Rowohlts Rotations-Romane (»rororo«). Wegen des Papiermangels waren normalerweise nur geringe Auflagen möglich, was die Bücher mit sechs bis zehn Mark für die damaligen Verhältnisse zu teuer machte. Rowohlt benutzte Zeitungspapier und stellte gefalzte Lesehefte auf Rotationsmaschinen her, die Tageszeitungen druckten. Bei einer Auflage von 100 000 konnte er den Einzelpreis mit 50 Pfennig kalkulieren. Kurz vor Weihnachten 1946 wurden die ersten Rotationsromane ausgeliefert: Alain Fourniers ›Der große Kamerad‹, Joseph Conrads ›Taifun‹, Hemingways ›In einem anderen Land‹, Tucholskys ›Schloss Gripsholm‹.[32]

Durch die Währungsreform geriet auch der Rowohlt Verlag in wirtschaftliche Schwierigkeiten: Die Menschen gaben das neue Geld plötzlich nicht mehr für Bücher aus, sondern für Kleider und andere entbehrte Gebrauchsgüter. Rettung kam überraschend aus dem eigenen Haus. Der Lektor Kurt Marek hatte ein ungewöhnliches Buch geschrieben: ›Götter, Gräber und Gelehrte‹ erschien im November 1949 und war ein »Roman der Ärchäologie«. Marek beschrieb die großen Meilensteine dieser Wissenschaft lebendig und spannend wie ein Krimi. Er schuf damit das Genre des populärwissenschaftlichen Sachbuchs. Der Verlag verbarg seinen Autor Kurt W. Marek hinter dem Anagramm C. W. Ceram – nicht etwa, wie viele glaubten, um dem

Projekt ein weltläufiges Flair zu vermitteln. Rowohlt und der Autor wollten vermeiden, dass ihr neues Buch mit dem Durchhalteepos ›Wir hielten Narvik‹ in Verbindung gebracht wurde, das Marek als NS-Propagandist veröffentlicht hatte.

›Götter, Gräber und Gelehrte‹ entführte die von ihrer unmittelbaren Vergangenheit und der harten Gegenwart entnervten Leser in die versunkenen Kulturen der Frühzeit, eine Sphäre zeitloser Ewigkeit. Die Erstauflage des ambitioniert von Walter Rebhuhn gestalteten Tatsachenromans betrug 12 000 Exemplare. Es wurde zum größten Erfolg des Rowohlt Verlages: Insgesamt wurden 3,1 Millionen Exemplare im deutschsprachigen Raum verkauft, weltweit über fünf Millionen. Das Buch wurde in 28 Sprachen übersetzt. Das angeschlagene Unternehmen war saniert. Cerams Bestseller ermöglichte es, Jean-Paul Sartres ›Ekel‹ und Arno Schmidts schwer verkäufliches Werk ›Leviathan‹ ebenso herauszubringen wie Jacques Préverts ›Gedichte und Chansons‹. An der braunen Vergangenheit des gefeierten Sachbuchbestsellerautors störte sich so gut wie niemand.

Das schwierige, fast expressionistische Heimkehrer-Drama ›Draußen vor der Tür‹ von Wolfgang Borchert war mit 603 000 verkauften Exemplaren ebenfalls sehr erfolgreich. Borcherts Text ist 1947 bei Rowohlt als Buch erschienen. Der Autor war durch die Haft unter den Nazis und den Wehrdienst gesundheitlich schwer angeschlagen. Im Frühjahr 1945 gelang ihm die Flucht aus der französischen Gefangenschaft. Schwer erkrankt wanderte er 600 Kilometer hinter der Front her bis in seine Heimatstadt Hamburg, wo er, schon todgeweiht, Theater spielte und als Regieassistent bei der legendären Inszenierung von ›Nathan der Weise‹ tätig war.

Ans Krankenbett gefesselt schrieb er Anfang 1947 in nur acht Tagen wie im Fieber ›Draußen vor der Tür‹, das am 13. Februar als Hörspiel gesendet wurde und die Menschen sofort in seinen Bann schlug. Am 21. November wurde das Theaterstück an den Hamburger Kammerspielen uraufgeführt. Am Tag vorher war der Autor in einem Baseler Spital im Alter von nur 26 Jahren gestorben. Nun wurde er über Nacht zur Stimme der jungen Generation, zum »dichtenden Frontkameraden, zum Repräsentanten der Skepsis«.[33]

Hauptfigur ist der Heimkehrer Beckmann, ein etwas weltfremder, stoischer Mensch, der an der neuen Zeit zerbricht. Er sucht erst wie viele seiner Zeitgenossen das Glück im Winkel. Das muss er aber angesichts des Elends verwerfen. Die alte Wohnung ist von anderen besetzt. Die Eltern sind tot. Die neue Mieterin Frau Kramer berichtet: »Ja, die alten Herrschaften von Ihnen hatten nicht mehr die rechte Lust. Eines Morgens lagen sie steif und blau in der Küche. So was Dummes, sagt mein Alter, von dem Gas hätten wir einen ganzen Monat kochen können.« Was heute zynisch und abstrus klingt, war damals der Originalton des Lebens. Deshalb auch der unglaubliche Erfolg von ›Draußen vor der Tür‹. Die Menschen konnten in dem verlorenen Sucher Beckmann sich selbst sehen.

Der einzige Bestseller im Nachkriegsdeutschland, der schon 1945 erschienen ist, ist Theodor Plieviers ›Stalingrad‹ (Aufbau Verlag). ›Stalingrad‹ war das erste Buch, das die Zonengrenzen durchbrach und in ganz Deutschland gelesen wurde. Es verkaufte sich über Jahrzehnte gut. Plievier, ein Arbeitersohn aus Berlin, floh aus dem engen Elternhaus zur Marine, geriet 1918 in den Matrosenaufstand, betätigte sich in den zwanziger Jahren als linker Aktivist und Verleger und rettete sich 1933 ins Exil nach Moskau. Plievier hatte mit den Nazis nichts zu tun gehabt und war nicht einmal in der Wehrmacht gewesen. Entsprechend distanziert fiel seine Darstellung des Offizierskorps in ›Stalingrad‹ aus. Er zeigte dessen Unfähigkeit, sich aus der Bevormundung der Nazis zu lösen. Grundlage seines dokumentarischen Buches waren zahllose Gespräche, die er während seines Exils in russischen Kriegsgefangenenlagern mit Stalingrad-Kämpfern hatte führen können.

Stalingrad war zu einem negativen Mythos geworden, der auch noch Ende der vierziger Jahre allen Deutschen in den Knochen saß. Plievier hat diesen Ort mit seinem Buch entmystifiziert. Er hat gezeigt, dass das tausendfache Verrecken kein schicksalshafter Vorgang war, sondern ein tragisches Versagen des Verstandes und der Menschlichkeit. Auch wenn man ihn hart angriff und ihn der Verunglimpfung der Wehrmacht im Interesse der Sowjetunion bezichtigte (er hatte mit dem Manuskript schon 1943 in Moskau begonnen), so wussten seine Leser doch, dass Pliever Stalingrad so schilderte, wie es wirklich war.

In Ostberlin begrüßte man die Exilschriftsteller; die meisten bekamen sofort Funktionen im Kulturbetrieb. Johannes R. Becher kehrte als einer der ersten zurück und wurde Präsident des neu gegründeten Kulturbundes, einer gesamtgesellschaftlichen Initiative, die dafür sorgte, dass die antifaschistische Tradition überall im Osten an die neue Zeit anknüpfen konnte. Eigentlich hatte der Kulturbund die Aufgabe, die Intellektuellen, Künstler und Wissenschaftler mit Privilegien, angefangen bei Lebensmittelmarken, zu versorgen und so an den neuen Staat zu binden.[34] Der Kulturbund wuchs sehr schnell zu einer Massenorganisation heran und verfügte mit dem Aufbau-Verlag sogar über eine eigene Veröffentlichungsplattform.

Anna Seghers und Bertolt Brecht kamen erst 1947 aus Mexiko bzw. aus den USA. Aus der Sowjetunion kam der schon in den zwanziger Jahren gefeierte Dramatiker Friedrich Wolf, Vater des späteren Aufklärungschefs des MfS Mischa Wolf und des DEFA-Regisseurs Konrad Wolf, und begann neben seiner Theaterarbeit für die Zeitschrift ›Theater der Zeit‹ tätig zu werden. Stephan Hermlin kam aus der Schweiz erst in den Westen, wechselte aber bald in die SBZ über. Die meisten dieser antifaschistischen Autoren begannen sogleich, sich in ihren erzählerischen Werken mit der Nazizeit auseinanderzusetzen. Viele davon in der im Exil übernommenen knappen und pointierten Erzählweise der neueren englischsprachigen Literatur. Unter den Autoren, die während der Nazizeit nicht ins Exil gegangen waren, veröffentlichten auch einige vielbeachtete Werke, die sich kritisch mit dem »Dritten Reich« beschäftigten. So erschien 1947 Hans Falladas in unseren Tagen wieder aufgelegter und dann erst wirklich erfolgreicher Roman ›Jeder stirbt für sich alleine‹.

Die erste deutsche Tageszeitung wurde von den Briten lizenziert. Schon am 24. Januar 1945 erlaubten diese dem Sozialdemokraten Heinrich Hollands, die ›Aachener Nachrichten‹ herauszugeben. Hollands war ein gelernter Drucker, den eigens aus Paris angereiste Experten in nur vierzehn Tagen in das Redaktionshandwerk einführen mussten. Am 1. August 1945 folgte in der US-Zone die ›Frankfurter Rundschau‹. Sie wurde durch ein »weltanschaulich breit gefächertes Gremium« geleitet. Bis 1949 vergaben die Westalliierten Lizenzen für 159 Tageszeitungen – vornehmlich an Einzelpersonen oder an Herausgeber-Gremien.

Die Kandidaten durften keine Position im NS-Pressewesen innegehabt haben, mussten aber andererseits genügend Praxiserfahrung mitbringen. Allein in Bayern wurden für 49 ausstehende Lizenzen 2000 Bewerber überprüft.[35] Für die ›Süddeutsche Zeitung‹ suchten die Presseoffiziere wochenlang nach geeigneten Leuten. Die Lizenz wurde schließlich August Schwingenstein, Edmund Goldschagg und Franz Josef Schöningh erteilt. Schöningh war 1942–1944 Stellvertretender Kreishauptmann der Zivilverwaltung im besetzten Polen gewesen. Der Schriftsteller Wilhelm Hausenstein und Kardinal Faulhaber sprachen sich jedoch für Schöningh aus und so vergab die »Chief Press Control Section« die Lizenz an ihn, Schwingenstein und Goldschagg. Schöningh muss in Polen jedoch Zeuge und organisatorisch Mitwirkender an Deportationen von Juden gewesen sein, so Knud von Harbou in ›Als Deutschland seine Seele retten wollte‹.[36]

Am 6. Oktober 1945 konnte die erste Ausgabe der ›Süddeutschen Zeitung‹ erscheinen. Mit einer Auflage von 357 000 Exemplaren, was angesichts des generellen Papiermangels astronomisch hoch war. Angeblich wurde für die neue Tageszeitung der stehende Bleisatz von Hitlers ›Mein Kampf‹ eingeschmolzen, was weniger ein symbolträchtiger Akt als eine Folge der Mangelwirtschaft auch im Pressewesen war. Die neuen Redaktionen hatten sich an der angloamerikanischen Pressetradition zu orientieren – also Meinung und Nachricht strikt zu trennen, viele Reportagen, freie, erzählerische Feuilletonformen und investigativen Journalismus zu bieten. Allerdings verzögerten die bereits bestehenden Nachrichtenblätter der Militärregierung die Entwicklung unabhängiger deutscher Zeitungen. Diese offiziellen Verlautbarungsorgane der Besatzer wurden erst im Herbst 1945 einge-stellt.[37]

Im Osten wurden keine Einzelpersonen lizenziert. Die Träger der dortigen Tageszeitungen waren die Parteien. Allerdings er-schien – wie im Westen – als erste Zeitung in der SBZ ein Ver-lautbarungsblatt der Besatzungsmacht. Ab dem 15. Mai 1945 war die ›Tägliche Rundschau‹, das deutsche Organ der Roten Armee, zu lesen. Ihr Untertitel lautete: »Frontzeitung für die deutsche Bevölkerung«. Der Ton in dem Blatt war knapp und militärisch. Die wenig später erscheinende ›Berliner Zeitung‹ entsprach da schon mehr den Lesebedürfnissen der Deutschen. Am 12. Juni kam die von der KPD herausgegebene ›Deutsche Volkszeitung‹ auf den Zeitungsmarkt, die Sozialdemokraten verantworteten ›Das Volk‹, die Christdemokraten die ›Neue Zeit‹, die Liberal-demokraten ›Der Morgen‹. Erst Ende September 1945 war im Westteil Berlins der ›Tagesspiegel‹ zu lesen – und damit die erste unabhängige Tageszeitung der Stadt, die bis Ende 1945 zwölf täg-lich erscheinende Zeitungen vorweisen konnte.

Bereits am 4. Mai 1945 begann in Deutschland das Nachkriegs-radio. Der erste Sender wurde von den Briten in Hamburg wieder in Betrieb genommen. Die SS hatten viele Funkhäuser kurz vor Kriegsende noch zerstört; sie mussten von den Besatzern in Stand gesetzt werden. Wenn das nicht schnell genug zu bewerkstelligen war, wich man auf Übertragungswagen oder improvisierte Stu-dios aus. So konnte nach und nach auch von Frankfurt, Mün-chen, Stuttgart, Bremen, Köln und Koblenz aus gesendet werden.

Am 13. Mai 1945 begann die Rote Armee vom Sender in Tegel aus wieder mit dem Rundfunkbetrieb in Berlin. Die Studios be-fanden sich im großen Funkhaus an der Masurenallee, von wo aus in den zwanziger Jahren das Radio seinen Siegeszug begon-nen hatte. Das war im britischen Sektor, deshalb kam es ständig zu Scherereien. In der heißen Phase zogen die Briten Stachel-draht um den Komplex an der Masurenallee und belagerten die Redakteure des SBZ-Radios so lange, bis sie abzogen.

Die Sender brachten den Menschen an den Empfängern nicht nur Übertragungen klassischer Konzertaufführungen, sie boten ihnen auch die neue, mitreißende Tanzmusik aus den USA – und das machte die Faszination des Radios in den vierziger und fünfziger Jahren aus. Seinen Teil dazu beigetragen hat auch die lebendige Wortkultur. Die Radioredaktionen boten Schriftstellern regelmäßige Arbeits- und damit Verdienstmöglichkeiten, was wiederum die Hörerschaft mit der Gegenwartsliteratur quasi in ihrem Entstehen vertraut machte. Nie vorher und nie mehr nachher hatte es eine so innige Verbindung zwischen der aktuellen Literatur und dem Massenpublikum gegeben wie zu den Zeiten der großen Radioabende.

So kam es dann auch zu exotischen Konstellationen. Wie zum Beispiel im Sender Radio Frankfurt, wo sich der Literaturwissenschaftler Hans Mayer und der Schriftsteller Stephan Hermlin, der damals noch im Westen lebte, unterhielten, während ein amerikanischer Kontrolloffizier namens Golo Mann darüber wachte, dass sie nichts sagten, was dem Geist der Besatzer widersprach.[38]

5. Jedem Anfang wohnt ein Zauber inne

DER AUSSENSEITER

»Adenauer prophezeite das Ende des Sozialismus, da auch dessen
Gegenspieler, der Kapitalismus, tot sei.« (›Der Spiegel‹ 11/1947)

Konrad Adenauer ging so in die neue Zeit wie viele in diesen
Tagen: Da es Samstag war und die Kleiderkammer des Gefängnisses Brauweiler bei seiner Entlassung geschlossen, war er ohne
Schlips und ohne Hosenträger zu Fuß unterwegs.[1] Ein alter, aus-
gemergelter Mann machte sich auf den Weg in die Zukunft.

Adenauer war nach dem gescheiterten Attentat gegen Hitler
vom 20. Juli im Zuge einer umfassenden Verhaftungsaktion in
das Kölner Gestapo-Gefängnis gebracht worden. Später saß er im
Gefängnis Brauweiler, aus dem er Ende November 1944 vorzeitig
entlassen wurde. Die Amerikaner standen nun 90 Kilometer vor
Köln. Der zukünftige Kanzler bestieg den Berg hinter seinem
Haus und versuchte, sich von dort aus einen Überblick zu verschaffen. Adenauer konnte die Vorhut der US-Truppen auf der
Westseite des Rheins bereits sehen. Sie beschossen Stellungen der
Wehrmacht. Es dauerte noch Tage, bis die Alliierten den Rhein
überquert hatten und in Rhöndorf eintrafen. Die Adenauers ver-
brachten diese Zeit im Luftschutzkeller. Als sie sich wieder ans
Tageslicht wagten, mussten sie feststellen, dass das Haus am Hang
einen Treffer abbekommen hatte. Wenig später fuhr ein Jeep mit

zwei amerikanischen Soldaten vor. Die GIs hatten den Auftrag, Adenauer nach Köln zu bringen. Er sollte die »Stadtverwaltung übernehmen«.[2] Konrad Adenauer war 70 Jahre alt. Er sah aus wie ein »skelettartiges Gespenst«[3] – aber das fiel nicht weiter auf. Damals sahen viele so aus.

Adenauer glaubte, die Amerikaner würden ihn als besonders fähigen Kommunalpolitiker und Nazi-Gegner kennen und hätten ihn deshalb mit der wichtigen Aufgabe des Bürgermeisteramtes der am stärksten zerstörten deutschen Stadt betraut. Aber die Amerikaner holten sich in allen frisch eroberten Städten einfach die Männer als Bürgermeister, die dieses Amt schon vor 1933 innegehabt hatten. Am 4. Mai 1945 ernannten ihn die US-Besatzer zum Oberbürgermeister von Köln.

Diese aus der Not geborene Vorgehensweise der Besatzer ist ein Grund dafür, dass die deutsche Politik lange von Menschen bestimmt wurde, die den Zenit ihres Lebens eigentlich schon überschritten hatten. Der andere Grund: Es waren keine jüngeren Aspiranten vorhanden. Diese waren im Krieg gefallen, saßen in Kriegsgefangenenlagern oder irrten als Flüchtlinge durch das Land. Es dauerte lange, bis Deutschland den eigentlich nach 1945 notwendigen Generationswechsel nachgeholt hatte – bis weit in die sechziger Jahre. Diese unnatürliche Verlängerung der Verwendung der Vorkriegsgeneration hat die Grundrichtung der deutschen Nachkriegspolitik geprägt: Einerseits tendierten die »alten Männer« in den Entscheidungspositionen aufgrund ihrer Erfahrung zu konservativen Verhaltens- und Sichtweisen. Andererseits bedeutete aber diese Überalterung der politischen Klasse auch, dass viele Macher der Nachkriegszeit kurz vor dem Ende ihrer Karriere standen und deshalb ständig damit gerechnet werden musste, dass sie vorzeitig ausfielen.

Adenauers wichtigste Aufgabe war (wie in anderen Städten und Kreisen auch) die Versorgung der hungernden Bevölkerung mit Lebensmitteln. Wie viele deutsche Städte wuchs auch Köln in den ersten Besatzungswochen rasend schnell durch die Evakuierten, die in ihre Heimatstadt zurückströmten. Dieses »furchterregende Tempo« des Wachstums[4] hielt an, bis die Städte allen

Vertriebenen und Evakuierten rigoros den Zugang verweigerten. Zweite Aufgabe des Oberbürgermeisters war die Beschaffung von Wohnraum. Die Wohnungsnot in Köln war so groß, dass es zehn Jahre dauerte, bis dort wieder normale Verhältnisse herrschten. Adenauer organisierte den Bau von provisorischen Baracken, um die Kölner aus ihren Erdlöchern zu holen. Obwohl er eigentlich keinen neuen Zuzug in die Domstadt brauchen konnte, schickte er Autobusse, die er sich bei den Amerikanern ausgeliehen hatte, in die Konzentrationslager Buchenwald und Theresienstadt, um Kölner Bürger heimzuholen, die die Nazis dort inhaftiert hatten.[5] Auch sorgte er dafür, dass Stahl für den Wiederaufbau der Kölner Rheinbrücken zur Verfügung stand.

In dieser ersten Phase seiner Amtszeit entwickelte Adenauer gute Beziehungen zu den Amerikanern. Er war selbstsicher und entwickelte eigene Ansätze für eine zukünftige Stadtpolitik. So

Kohlenklau im Nachkriegs-Köln.

beauftragte er einheimische Architekten mit dem Modell einer neu zu erbauenden Stadt Köln. Die Amerikaner ließen ihn gewähren, und es schien fast so, als wäre der deutsche Oberbürgermeister der Stadt Köln auf einem guten Weg, die Besatzungsjahre für seine Bürger produktiv zu nützen.

Doch dann kam der 21. Juni 1945 – und die Amerikaner zogen ab. Wie in vielen anderen Regionen Deutschlands lösten die Briten (bzw. Franzosen) die US-Truppen ab. Für die Bevölkerung der betroffenen Gebiete brachte dieser Schichtwechsel der Besatzung eine Veränderung des Klimas und oft ihrer Lebenssituation mit sich. Der Hunsrücker Heimkehrer Hermann Catrein berichtete von einem kumpelhaften Verhältnis, das die vorrückenden Amerikaner zu den Einwohnern der Gemeinde Morbach aufgebaut hatten. Man saß abends zusammen in der Gaststätte, die die Vorhut als Versorgungsposten für die nachrückenden Soldaten requiriert hatte: »In dieser Gastwirtschaft waren Amerikaner einquartiert. Die haben da auch gekocht. Und unseren Leuten sind die Haare zu Berge gestanden, als sie gesehen haben, wie die mit den Lebensmitteln umgegangen sind. Wenn das Feuer nicht gebrannt hat, ist ein Stück Speck hineingeworfen worden. Das war furchtbar. Bei uns ist jedes Gramm Fett drei Mal umgedreht worden. Der konnte nicht kochen, der da abgestellt war, der Amerikaner. Eines Tages war der nicht da, da musste die Hausgehilfin meines Onkels kochen, das war eine gelernte Köchin. Die hat den Amerikanern mal gezeigt, was man aus ihren Sachen machen kann. Von da an musste sie immer kochen. Und da ist natürlich auch für uns was abgefallen.«

Als jedoch nach sechs Wochen die Amerikaner abzogen und die Franzosen ihren Platz einnahmen, verschlechterte sich das Besatzungsklima in Morbach: Der Ton sei schroffer geworden. »Nachher die Franzosen – naja, da war das Verhältnis distanzierter. Aber Übergriffe habe ich da auch nicht erlebt. Da gab es keine Freundschaften. Die Franzosen haben ihre Sachen gemacht, und wir sind denen aus dem Weg gegangen.«[6]

Großbritannien musste schon während des Krieges von den Amerikanern unterstützt werden. Die Briten waren also Besatzer zweiter Klasse. Sie gehörten zum prosperierenden westlichen Lager, waren eine klassische Großmacht mit kolonialer Vergangenheit, kamen aber ohne Zuwendungen des großen Bruders nicht aus. Das, was Großbritannien da in die Hände bekam, war unverhältnismäßig groß: das industriell wertvolle Ruhrgebiet, die Hafenstädte Hamburg und Bremen (wobei Bremen später an die Amerikaner ging, weil die einen eigenen Hafen für ihre Versorgung benötigten) und der verkehrstechnisch wichtige Nord-Ostseekanal. Gerade das Ruhrgebiet war ein Zankapfel, um den sich auch Frankreich und die Sowjetunion heftig stritten. Die Briten beendeten die Rangeleien, indem sie am 23. August 1946 aus der preußischen Provinz Westfalen und dem Norden der Rheinprovinz das Land Nordrhein-Westfalen gründeten.[7]

London hatte in Deutschland 350 000 Soldaten im Einsatz, gleichzeitig waren noch fast 100 000 Briten in Italien und Griechenland stationiert. Das kostete alles viel Geld – aber die Haushaltskasse war leer. Nun sollte das gebeutelte Land eine Region militärisch kontrollieren, in der 23 Millionen Menschen lebten. Auf einer Fläche, die fast so groß war wie die britischen Inseln. Es war also keine leichte Aufgabe, die die Briten übernahmen. Deshalb waren sie nervös. Vor allem wollten sie sich nicht von Funktionsträgern, die die Amerikaner leichtfertig eingesetzt hatten, auf der Nase herumtanzen lassen. So hatten sie Konrad Adenauer nicht als Oberbürgermeister der wichtigsten Stadt im Westen haben wollen. Aber Adenauer gehörte zu einer Politikergeneration, die noch gewohnt war, dass ihre Anweisungen mit der Demut und dem Eifer kaiserlicher Untergebener ausgeführt wurden. Zudem sah er sich als Verfolgter des Naziregimes, der sein Amt als Kölner Oberbürgermeister und Präsident des preußischen Staatsrates 1933 verloren hatte. Wieso sollte er den neuen Herren gegenüber also eine unterwürfige Haltung einnehmen? Das war eine Selbsteinschätzung, die viele Deutsche mit ihm teilten. Sie fühlten sich unbeteiligt an der Nazi-Politik und sahen deshalb auch keinen Grund, sich den Besatzern gegenüber allzu willfährig zu verhalten.

Die Briten wollten sich ein Bild davon machen, wer das war,

den die Amerikaner ihnen untergeschoben hatten. Deshalb ließen sie sein Telefon in der Rhöndorfer Villa anzapfen. Sie bemühten nicht einmal ihre eigenen Techniker für die Maßnahme. Sie beauftragten damit deutsche Stellen – also die Post. Die wiederum sah es als selbstverständlich an, dass sie den Betroffenen über diese Maßnahme in Kenntnis setzte. So erfuhr Konrad Adenauer, dass die Briten sein privates Telefon abhörten. Er vermutete ein ideologisch bestimmtes Komplott.[8]

Denn durch die jüngsten Unterhaus-Wahlen war in London die Labour-Partei an die Macht gekommen. Die hielt trotz des Parteienverbotes traditionell guten Kontakt zu deutschen Sozialdemokraten und trat dafür ein, dass diese auch politische Ränge auf kommunaler Ebene einnahmen. Mit einem Konservativen wie ihm wollten die britischen Sozialisten aber möglichst wenig zu tun haben – vermutete jedenfalls der Kölner Oberbürgermeister, womit er durchaus Recht gehabt haben könnte. Dass aber deshalb von London aus und auch noch unter Beihilfe deutscher SPD-Leute eine kontinentale Verschwörung in Gang gesetzt wurde, die das Ziel hatte, ihn aus seinem Amt zu treiben: das gehörte wohl zu den Märchen, die der spätere deutsche Kanzler immer gerne bemühte, wenn er politischen Druck aufbauen wollte.

Allerdings kam noch etwas dazu, was in diesen Tagen üblich war und überall das Klima zwischen Deutschen und Besatzern vergiftete: eine Denunziation. Sie stammte vom Kölner Stadtverordneten Robert Görlinger. Der Sozialdemokrat hatte eine Denkschrift für die Briten verfasst, in der er behauptete, Adenauer wolle mit seinen politischen Freunden in Köln konfessionelle Schulen einführen. Das genügte, um die Briten misstrauisch werden zu lassen: Die Schulpolitik lag in den Händen der Besatzungsregierung und wurde auf höchster alliierter Ebene als wichtiger Bereich zur Umerziehung der nationalsozialistisch verdorbenen Deutschen angesehen.

Der zweite Vorwurf Görlingers: Konrad Adenauer sei dabei, eine politische Untergrundbewegung aufzubauen und über Seilschaften ehemalige NSDAP-Parteigänger in Schlüsselpositionen der Kommunalpolitik zu hieven. Das ließ die Besatzer aufhorchen.

Politische Parteien waren verboten. Politische Betätigungen, die sich außerhalb des Blickfeldes und gegen die Anweisungen der Besatzer abspielten, sowieso. Zudem schwirrten in Köln schon seit längerer Zeit Gerüchte: Adenauer sollte engsten Kontakt mit französischen Besatzungsstellen halten. Die französische Zone begann wenige Kilometer südlich von Köln. Politische Kontakte über die Zonengrenzen hinweg waren verboten. Die Besatzer wollten verhindern, dass Deutsche versuchten, sich die Querelen der Mächte untereinander zunutze zu machen. Adenauer sollte sogar Lebensmittelkarten von Franzosen angenommen haben. Er war also eine Art Doppelagent.

Dazu passte, dass er auch in dem Ruf stand, seit den frühen zwanziger Jahren, den rheinischen Separatisten nahezustehen – eine Gruppierung, deren sich die französische Besatzungsmacht bediente, um die Stabilität der Nachbarzone zu untergraben und so ihrem wichtigsten Ziel, der Übernahme des Ruhrgebietes, näherzukommen. Zudem missfiel den Briten der »schroffe Ton« seiner Gesuche, in denen er die Besatzer um Kohlen und Baustoffe für die Kölner Bevölkerung anging.

Im September 1945 war es dann so weit. Die Briten trafen eine Anordnung: Die Stadtverwaltung hatte die Alleenbäume des Grüngürtels am westlichen Stadtrand zu fällen, um den Brennstoffengpass zu überwinden. Die ersten Frostnächte kündigten eine kalte Periode an. Adenauer weigerte sich. Er liebte den Kölner Grüngürtel und er empfand die Anordnung als Angriff auf seine Kölner Heimat. Die Besatzer hatten die kommunale Verwaltung jedoch nicht eingesetzt, damit sie mit ihnen eine fruchtbare Diskussion über Stadtplanung führte. Das war nicht nur in Köln so, das war auch keine Eigenart der Briten.

Am 5. Oktober 1945 gab Konrad Adenauer zwei ausländischen Journalisten ein Interview. Dies tat er nicht nur als Kölner Bürgermeister, sondern auch als ein deutscher Politiker, dessen Wirkung schon weit über den Kölner Raum hinausging. In diesem Interview sprach er sich deutlich für die Bildung eines Rhein-Ruhr-Staates aus, der wirtschaftlich mit Frankreich und Belgien verbunden und Teil eines deutschen Bundesstaates sein würde, zu dem der ganze Westen, nicht aber die sowjetisch besetzte Zone, die Adenauer von Anfang an für verloren hielt, gehören würde. Auch plädierte er für ein Ende der Besatzungspolitik und die Einführung eines fairen internationalen Kontrollsystems für Deutschland, das er – dafür warb er leidenschaftlich – als Teil Westeuropas sah.

Am nächsten Tag rief der oberste britische Verwaltungsoffizier am Nordrhein, Brigadier John Barraclough, Adenauer zu sich. Er entließ ihn aus seinem Amt. Begründung: Er habe sich als Kölner Oberbürgermeister nicht um die Kölner Bevölkerung gekümmert. Konrad Adenauer musste Köln bis zum 14. Oktober, also innerhalb einer Woche, verlassen haben, und ihm wurde jede politische Betätigung verboten. Der Befehlshaber des zuständigen Armeekorps, General Thomas, bestätigte die Entlassung umgehend. Anschließend betraute Barraclough Adenauers Schwager Willi Suth mit der Nachfolge im Bürgermeisteramt. Doch der lehnte ab. Daraufhin wurde der in Trier geborene Dr. Hermann Pünder gefragt, der das Amt annahm. Pünder war ein Zentrumsmann und nach dem 20. Juli von der Gestapo verhaftet worden, bis Kriegsende war er in den KZs Buchenwald und Dachau interniert. Als erste Maßnahme sollte er, so trug Barraclough ihm auf, rund um den Kölner Dom Kartoffeln anbauen. Für den Katholiken und Vorsitzenden des Zentral-Dombau Vereins zu Köln Pünder kam das nicht in Frage, er lehnte dieses Ansinnen entschieden ab. Er wurde nicht entlassen und avancierte später sogar zum Oberdirektor des Wirtschaftsrates der Bizone.

Adenauers Zeit als Oberbürgermeister Kölns und seine Absetzung sind nicht nur wichtig, weil sie den Mann entscheidend prägten, der so viele Jahre bestimmend für die Bundesrepublik sein sollte. Sie sind auch ein Schlüssel für das Muster der Besatzung – für das komplizierte Verhältnis zwischen Besatzern und Besetzten. Eine ähnliche »Behandlung« haben viele erfahren in diesen Jahren. Die Besatzer waren überfordert, sie kämpften an zwei Fronten. Zum einen sahen sie das Chaos im besetzten Deutschland und mussten etwas dagegen tun. Zum anderen standen sie in ständiger Konkurrenz zu den anderen Alliierten, die mehr und anderes wollten. Gleichzeitig kam es in der Heimat der verantwortlichen Offiziere regelmäßig zu kollektiven Ausbrüchen des Unverständnisses darüber, dass dieser Sieg so viel Geld kostete und das teure Engagement so lange dauerte und wenig sichtbare Ergebnisse zeitigte.

Fortan gehörte Adenauer zu der großen Mehrheit der Deutschen, die sich von einer Besatzungsmacht ungerecht behandelt fühlten. Andere hatten dieses Gefühl bei den Sowjets (oft mit Recht) oder bei den Franzosen. Sie empfanden deren Verhalten als Ablehnung ihrer gutgemeinten Bereitschaft, mitzuhelfen und sich aufzuopfern.

Die politische Grundhaltung der kommenden Jahrzehnte, die aus diesen Zurückweisungen resultierte, war eine Mixtur aus Misstrauen, Verschlagenheit, Egoismus und Selbstmitleid. Viele verlagerten ihre politische Libido weg von dem Feind auf einen vermeintlichen Freund: das war diejenige Besatzungsmacht, unter der man Fairness, Wohltaten und Verständnis erfahren hatte. Oder einfach nur seine Ruhe gehabt hatte. Mit der gleichen Ausschließlichkeit, mit der man sich von den Ungerechtigkeiten der einen Besatzungsmacht distanzierte, warf man sich nun der anderen – »guten« – an den Hals. So ist die Militanz erklärt, mit der sich selbst ein erfahrener Politiker wie Adenauer bis ins hohe Alter an den Amerikanern orientierte.

Sicher – viele von Adenauers für Deutschland wichtigen Kurskorrekturen resultierten aus einer grundsätzlichen strategischen Überlegung. Nämlich der, dass ein machtloses Deutschland nur eine Chance hatte, wieder zur Souveränität zu gelangen, wenn es sich unter all den widerstreitenden Kräften einen starken Partner und Beschützer suchte. Aber dass diese Rolle die Amerikaner einnahmen und dass er diesen Kurs durchaus emotional und teilweise verbissen verfolgte, das rührte aus der Kölner Erfahrung mit den Briten, die ihn aus dem Amt und aus der Stadt gejagt hatten.

Im Dezember 1945, also gut zwei Monate nach dem Vorfall, suchte Oberstleutnant Noel Annan, der Leiter der politischen Abteilung in der britischen Zone, Adenauer auf, um sich mit ihm auszusprechen. Er hatte jedoch nicht mit dem starrsinnigen Verhalten gerechnet, das Adenauer dann an den Tag legte. Adenauer empfing den Oberstleutnant, erklärte sich aber nicht dazu in der Lage, eine Unterhaltung mit ihm führen zu können – da Brigadier John Ashworth Barraclough ihm jedwede politische Äußerung in der britischen Zone verboten habe (ihm drohte ein Prozess vor dem Militärgericht; wenn er gegen das Verbot verstieß, würde er sich damit strafbar machen). Es blieb dem Gesandten der britischen Militärregierung nichts anderes übrig, als mit dem Alten nach Unkel zu fahren. Der spätere Wohnsitz Willy Brandts lag fünf Kilometer von Adenauers Villa in Rhöndorf entfernt – in der angrenzenden französischen Zone. Oberstleutnant Annan begab sich anschließend wieder nach Köln und stimmte sich mit dem Brigadier Barraclough ab. Dieser setzte dann das Verbot jeglicher politischen Tätigkeit außer Kraft. Die deutsche Nachkriegspolitik im Westen konnte beginnen.

Berlin liegt am Rhein

»Josef Wollny, ein ehemaliger deutscher Kriegsgefangener in England, fühlte sich nach seiner Repatriierung in Deutschland nicht wohl. Schon nach acht Tagen bestach er einen englischen Matrosen im Hamburger Hafen, fuhr als blinder Passagier nach England und begab sich zu seiner Freundin May Bowden in Oxford. May hofft, daß ihr Mann sich scheiden läßt, damit sie Wollny heiraten kann. An den Innenminister schrieb sie, er möge Wollny nicht wieder ausweisen. Der sitzt für einen Monat im Gefängnis. ›Wenn man mich zurückschickt, werde ich es noch einmal versuchen‹, sagte er.« (›Der Spiegel‹ 6/1948)

Die Verbote der Alliierten hatten nicht verhindern können, dass sich in Deutschland wieder ein politisches Leben entfaltete. Und sei es in verrauchten Hinterzimmern oder auf abgelegenen Landsitzen. Da es bei den Sozialdemokraten auch während der Nazizeit eine Exilführung gegeben hatte, waren diese der Ansicht, dass ihre Partei nie aufgehört hatte zu existieren. Im Mai 1945 baten Funktionäre der alten Volkspartei die Besatzer in Hamburg um die Erlaubnis, die SPD offiziell weiterzuführen. Sie bekamen eine harsche Absage.

Die Konservativen, die bis 1933 im katholischen Zentrum aktiv gewesen waren, hatten sich schon früher gesammelt. Das Rheinland war die Hochburg dieser einst mächtigen Partei gewesen. Die heimliche Neugründung fand in Königswinter statt – nur wenige Kilometer von Adenauers Haus entfernt. Am 1. April, also noch bevor die amerikanischen Truppen am Rhein angelangt waren, hatten sich dort die ehemaligen Zentrumsleute Leo Schwering, Wilhelm Warsch und Josef Frings getroffen und die Gründung einer neuen interkonfessionellen Partei beschlossen. Diese »Christliche Volkspartei« sollte nicht mehr auf katholische Schichten beschränkt sein, sondern auch protestantische Wähler ansprechen. Die Zeit der konfessionellen Alleingänge war vorbei.

In Würzburg sammelten sich christlich-sozial denkende Menschen um den ehemaligen katholische Arbeiterführer Adam Stegerwald, in München um den ehemaligen Führer der Bayrischen Volkspartei, Fritz Schäffer, um den Bauernführer Alois Hundhammer und den Christlich-Liberalen Josef Müller (»Ochsensepp«). In Baden war es der »katholische Streiter für badische Freiheit« Leo Wohleb, der einen konservativen Kreis um sich bildete, in Württemberg die Protestanten Wilhelm Simpfendörfer und Paul Bausch, in Hessen der Zentrumspolitiker Hilpert und die beiden linken Christen Eugen Kogon und Walter Dirks, die später die ›Frankfurter Hefte‹ herausgaben, in Köln die Dominikanerpater Welty und Siemer und der Gewerkschafter Johannes Albers, in Düsseldorf Karl Arnold und Josef Gockeln, in Westfalen der protestantische Fabrikant Dr. Friedrich Holzapfel und der Gewerkschafter und spätere Bundesminister Theodor Blank. In Norddeutschland gab es den »Plöner Kreis« um den ehemaligen Reichsminister und Pommerschen Gutsbesitzer Hans Schlange-Schöningen.

Sie wussten, dass das, was sie taten, nicht ungefährlich war, sobald es in den Ruch geriet, Parteipolitik werden zu wollen. Deshalb und weil die westlichen Alliierten kein wirkliches Konzept für die Parteiarbeit in ihren Zonen hatten, legte niemand eine besondere Eile an den Tag. Als Leo Schwering an ihn herantrat, wies Adenauer darauf hin, dass er als Kölner Oberbürgermeister viel zu sehr unter der Beobachtung der Briten stand, um sich an illegaler Parteiarbeit beteiligen zu können. Es dauerte noch bis zum 2. September 1945, bis in Köln die CDU Rheinland ins Leben gerufen wurde. In Berlin hatte sich schon am 22. Juli im Theater am Schiffbauerdamm eine Ost-CDU konstituiert. Die Ost-CDU nannte sich provokant CDUD – also christlich-demokratische Union Deutschlands.

Die westlichen Besatzer beabsichtigten, deutsche Parteiarbeit nur auf der Kreisebene zu gestatten. Die Russen hingegen drängten die Parteien, die sie in ihrer Zone zuließen, geradezu, sich auf das ganze Reich auszudehnen. So beanspruchte die Berliner CDU für sich sofort, eine gesamtdeutsche Partei zu sein, trat also in heftige Konkurrenz mit den Konservativen im Westen. Ebenso wie die kurz vorher gegründete KPD wollte die sowjetische Militäradministration auch die CDU unter ihre Kontrolle bringen.

Die Führer der Berliner CDU – der Gewerkschafter Jakob Kaiser (von 1949 bis 1957 Bundesminister für gesamtdeutsche Fragen), der Zentrumsmann Andreas Hermes, Otto Nuschke (von 1949 bis 1957 stellvertretender Ministerpräsident der DDR, von 1947 bis zu seinem Tode am 27. Dezember 1957 Vorsitzender der Ost-CDU) und Ernst Lemmer von der ehemaligen Deutschen Staatspartei – kamen alle in den Genuss von Annehmlichkeiten, die ihre Parteifreunde im Westen nicht hatten: Sie verfügten über eine großzügige Geschäftsstelle in der Jägerstraße in Mitte, sie bekamen genügend Benzin und Fahrzeuge, und sie hatten einen anderen kostbaren Mangelstoff dieser Zeit: Papier für ihre Parteibroschüren. Dafür sorgten die Sowjets. So wie sie das auch für die Kommunisten und später für die SED taten.

In der »Reichsgeschäftsstelle« in der Jägerstraße gaben sich alle wichtigen Leute des christlich-sozialen Spektrums die Klinke in die Hand: Zum Stab des ehrgeizigen Andreas Hermes, der dachte, er könne sich reichsweit profilieren und gleichzeitig der Umklammerung durch die Sowjets entkommen, gehörten der ehemalige preußische Handelsminister Walther Schreiber und die Gewerkschaftsführer Kaiser und Lemmer.[9] Die Ost-CDU verfügte sogar über Geld, mit dem sie die schwächelnden Gründerkreise im Westen aufpäppelte. Diese Entwicklungshilfe ging so lange, bis Adenauer 1946 die Landesverbände darauf hinwies, dass die Entgegennahme von finanziellen Unterstützungen »unerwünschte Verpflichtungen« entstehen lassen könnte.

Der Plan der Sowjets hatte vier Stufen, die sich auch in anderen Staaten in ihrem Herrschaftsbereich wiederholten: Am Anfang stand die Gründung von vier Parteien (einer kommunistischen, einer sozialdemokratischen, einer christlichen, einer bürgerlich-liberalen). Dann folgte der Zusammenschluss dieser Parteien zu einem antifaschistischen Block – allerdings unter kommunistischer Führung. Die dritte Stufe brachte die umkämpfte Vereinigung der kommunistischen mit der sozialistischen Partei, was das Ende der Sozialdemokratie im Osten bedeutete. Zum Schluss folgte dann die Kaltstellung der bürgerlichen Parteien durch Polizeimaßnahmen und Repressionen.[10]

Im September 1945 – etwas zur selben Zeit, als im Westen Adenauers Abstieg aus dem Kölner Rathaus begann – präsentierte die Sowjetische Militäradministration den CDUD-Leuten in der Jägerstraße ihre Rechnung: Sie sollten die entschädigungslose Enteignung des »Feudaljunkerbodens« durch eine Resolution unterstützen. Als Bauernfunktionär musste Andreas Hermes die landwirtschaftliche Bodenreform ablehnen. Er wurde sofort unter Druck gesetzt: Aus dem CDU-Granden von sowjetischen Gnaden wurde ein »Reaktionär«. Selbst die französische Besatzungspresse in Berlin – Moskau traditionell verbunden – beteiligte sich an der Kampagne gegen Hermes.

Der bis dahin umjubelte Hermes suchte Rückhalt bei den Parteifreunden im Westen: Wenn die ihn als CDU-Reichsführer anerkannten, würden die Sowjets ihn vielleicht in Ruhe weiter seine Politik machen lassen. Deshalb organisierte er im Dezember 1945 eine erste »Reichstagung« seiner Partei in Bad Godesberg. Durch seine mutige Haltung bei der Ablehnung der Boden-reform hatte Hermes in den westlichen Parteikreisen durchaus Rückhalt gewonnen. Aber die SMAD ließ ihn nicht aus der SBZ ausreisen. Sein Einheits-Appell an die West-CDU musste ver-lesen werden und – verhallte. Godesberg erbrachte nur eine »Ver-bindungsstelle« unter Leitung des hessischen Christdemokra-ten Bruno Dörpinghaus in Frankfurt. Wenige Tage später setzten die Sowjets Hermes und seinen Stellvertreter Walther Schreiber einfach ab. Hermes floh nach Westdeutschland. Aber in der West-CDU hatte sich inzwischen ein Mann etabliert, der von Einigungsinitiativen aus Berlin überhaupt nichts hielt: Konrad Adenauer. Er hatte schon genug Einfluss in der Partei, um And-reas Hermes aus den höheren CDU-Kreisen auszusondern. Der mutige Mann aus der Jägerstraße war erledigt – durch die Rus-sen und durch Adenauer.

Schon im September konnte Adenauer die Füße nicht mehr still halten: Schickte sich doch der ehemalige preußische Innen-minister Carl Severing an, politische Gespräche zwischen den CDU-Leuten und den Sozialdemokraten zu arrangieren. Ziel war die Gründung einer »Demokratischen Front« von Sozialis-ten und Konservativen, die dann den Weg für eine gemeinsame »nationale Regierung« bahnen könnte.[11] Adenauer machte auf der Konferenz in Bad Godesberg, auf der diese Gespräche vor-bereitet werden sollten, klar, dass er diesen Weg für völlig verfehlt hielt. Dabei hätte eine gemeinsame Initiative mit Sozialdemokra-ten der CDU sicher ebenso weitergeholfen wie eine einheitliche politische Führung.

In Bayern wurde das Projekt einer interkonfessionellen Partei von den Ultrakonservativen der Bayrischen Volkspartei unter dem ebenso populären wie angriffslustigen Alois Hundhammer heftig bekämpft. Josef Müller (»Ochsensepp«) hatte mit seinem Projekt einer bayrisch-fränkischen (also katholischen und pro-testantischen) christlich-sozialen Union keinen leichten Stand. In Hessen, also ebenfalls in der amerikanischen Besatzungszone, gab es Querelen wegen eines geplanten Zusammenschlusses mit den Sozialdemokraten. Und in Hamburg – britische Zone – hatte

sich trotz Adenauers Vermutung, die Briten unter Labour wollten Deutschland nach links justieren, eine rechtskonservative
Zweig-Organisation der CDU unter dem späteren Zonenrats-
direktor Schlange-Schöningen durchgesetzt.

Der Beginn der konservativen Politik in Deutschland war also
geprägt von Streitereien und Machtkämpfen. Keine gute Voraus-
setzung für eine einheitliche Linie – vor allem nicht in einem besetzten Land. Doch dann kam eine Wende. Am 19. Januar 1946
sollte der CDU-Zonenausschuss der britischen Zone in Herford
tagen. Adenauer war einer der Delegierten. Am 6. Januar versen-
dete er einen sehr seltsamen Brief an sieben andere Delegierte. In
diesem Brief erklärte er, wenig Interesse an kurzfristigen Per-
spektiven zu haben und sich für größere Aufgaben aufbewahren
zu wollen. Als da wären: eine Vereinigung seiner Partei mit Resten
des alten Zentrums, das im Rheinland noch in einigen Nischen
weiterexistierte, der Zusammenschluss mit den gebeutelten Christ-
-Sozialen in Bayern, vor allem aber die Entwicklung einer eigenständigen, «nationalen» Außenpolitik und der Zusammenschluss
mit der CDU der französischen Zone. Die letzten beiden Punkte
waren ein einziger Affront gegenüber den verhassten Briten.

Die Herforder Veranstaltung litt noch unter den Provisorien,
unter denen das Leben überall in Deutschland stattfinden musste.
Die Abgeordneten hatten Anfahrtsprobleme, es gab kein Heiz-
material und nicht genug zu essen. Adenauer war eindeutig der
Älteste unter den Delegierten. Deshalb übernahm er auch, ohne
lange zu fragen, den Vorsitz. Während der beiden Tage der Zusammenkunft wich er nicht mehr von diesem Platz. Eigentlich
stand Adenauer gar nicht zur Debatte. Da gab es andere. Aber
Schlange-Schöningen, der über einigen Rückhalt verfügte, musste
nach einem Tag abreisen, weil er als Vorsitzender des Ernährungs-
amtes der britischen Zone berufen worden war. Andreas Hermes,
immer noch ein Hoffnungsträger vieler CDU-Leute aus dem
Westen, war ohne offiziellen Status erschienen, da er von den
Sowjets entmachtet worden war. Es gelang ihm deshalb nicht,
sich durchzusetzen.

Konrad Adenauer erklärte, Hermes sei nicht teilnahmeberechtigt, zumal die Besprechungen vertraulich seien. Hermes musste im Vorraum warten, bis diese vertraulichen Beratungen der »Parteiführung« beendet waren. Irgendwann packte ihn die Wut über diese Behandlung. Er reiste ab. Ein Teilnehmer der Sitzung äußerte später, die Gespräche seien so belanglos gewesen, »daß auch ein KPD-Funktionär an der Sitzung hätte teilnehmen können«.[12]

Hermes war kein willfähriger Handlanger der Sowjets. Er hatte in Berlin eine starke und eigensinnige Mannschaft um sich versammelt. Wäre es ihm gelungen, seine CDUD zur Keimzelle einer »Reichspartei« zu machen, hätte er Möglichkeiten in die Hand bekommen, die opportunistische Politik der Sowjets zu unterlaufen – ja vielleicht sogar »gegen die Besatzungsmächte den Kampf um die deutsche Einheit auszufechten«, so äußerte sich der ›Spiegel‹ 1961. Konrad Adenauer hat das zu verhindern gewusst. Nicht, weil er gegen diese Ziele gewesen wäre. Weil Andreas Hermes an der Spitze gestanden hätte und nicht er. So ist an diesen Januartagen 1946 in Herford für Deutschland eine Chance vergeben worden.

Als im Juni 1946 der Hermes-Nachfolger Jakob Kaiser in der Berliner CDU christlich-sozialistische Beschlüsse durchsetzte, teilte Adenauer Kaiser lapidar mit, die West-CDU würde nichts mittragen, was in Berlin beschlossen wurde, um die sowjetischen Besatzer »versöhnlich zu stimmen«. Adenauer ging damit ganz bewusst das Risiko einer Spaltung der neuen Partei ein. Auch die nordbayrischen Protestanten, die wie die Berliner auf mehr soziale Verantwortung für ihre Partei drängten, verwies er rüde in die Schranken. Als die Berliner sich mit den Hamburger Parteifreunden zu einem Informationsbündnis zusammenschließen wollten, fuhr Adenauer von Rhöndorf aus dazwischen. Den Frankfurter CDU-Verband machte er sich gewogen, indem er ihm versprach, Frankfurt würde die künftige Hauptstadt Deutschlands werden. Langsam wurde klar: Die Konservativen in Deutschland kamen an dem alten Mann in Rhöndorf nicht mehr vorbei.

Konrad Adenauer gab den Deutschen, was sie wollten: eine Perspektive auf Eigenständigkeit. Da die Besatzer die schmerzlichen Zustände nicht ändern konnten oder wollten, schien vielen die einzige Rettung darin zu bestehen, dass die Deutschen das Heft selbst in die Hand nahmen. Adenauer spürte das und er reagierte darauf. Im März 1946 sprach er zwei Stunden lang vor 4000 Zuhörern in der Kölner Universität. Seine Themen waren die Zukunft Deutschlands und die christliche Ethik. Gerade war ein Winter zu Ende gegangen, der viele Menschen das Leben gekostet hatte. Die Versorgungssituation hatte sich im ersten Jahr der Besatzung nicht verbessert. Die Alliierten demontierten weiter, während die Menschen sich nicht von ihrer Arbeit ernähren konnten. Was sollten sie da mit christlicher Ethik und Humanismus anfangen? Adenauer forderte kategorisch angemessene Lebensbedingungen für Deutschland. Er verwahrte sich gegen Annexionen deutscher Gebiete, forderte eine starke deutsche Zentralgewalt an der Spitze eines Bundesstaates und sogar eine Einbeziehung Deutschlands in die Bemühungen um die Errichtung der Vereinigten Staaten von Europa. Und dann kam ein Satz, der wie eine Drohung klang: »Besatzung ist kein Vergnügen, weder für die, die sie erleiden, noch für die, die sie ausüben.«[13]

Dabei waren die Briten gar nicht die Kommissköpfe, als die Adenauer sie seit seiner Kölner Zeit gerne sah. Eher noch als ihre alliierten Verbündeten waren sie darauf aus, die Besatzungszeit schnellstens zu beenden und ihr Engagement in Deutschland zu verschlanken. Am 3. Mai 1946 überraschte der britische Außenminister Ernest Bevin seine Kabinettskollegen mit einem Papier zur Deutschlandpolitik. Bisher sei man davon ausgegangen, die Hauptaufgabe auf dem Kontinent sei es, zu verhindern, dass Deutschland erneut stark werden würde. Das müsse auch so weitergehen. Aber eine andere Herausforderung sei dazugekommen: »Die russische Gefahr ist inzwischen mit Sicherheit genauso groß. Möglicherweise aber noch größer als die Gefahr eines wieder erstarkten Deutschlands. Am schlimmsten aber wäre ein wieder erstarktes Deutschland, das gemeinsame Sache mit Russland macht oder von ihm beherrscht würde.«[14]

Man denkt unwillkürlich an Adenauers Kampf gegen die Unterwanderung einer gesamtdeutschen CDU durch das russische

U-Boot CDUD – auch wenn seine Motive eher persönlicher Art gewesen waren. Aber die Gefahr bestand objektiv, und Adenauer hatte sie abgewehrt, indem er seine Rivalen in der Partei den Russen ausgeliefert hatte.

Der Londoner Außenminister hatte eine weniger raffinierte Strategie gegen die drohende sowjetische Hegemonie in Deutschland: Der Eindruck, dass die Sowjetunion im Bund der Alliierten immer das bekam, was sie haben wollte (weil die Amerikaner zu nachgiebig waren und im Alliierten Kontrollrat mit den Russen einen mächtigen Block bildeten), sollte zerstreut werden. Und noch etwas war Bevin wichtig: Die Briten mussten alles tun, um die Deutschen für sich zu gewinnen. Sie durften sie nicht weiter entfremden. Das würde sie in die Arme der lockenden Russen treiben. Es ging also darum, »einen hohen Lebensstandard in Westdeutschland aufrechtzuerhalten«. Die Kommunisten sollten nicht die Chance bekommen, die Not des besetzten Westens auszunutzen.

Bevin wusste, dass die Deutschen weiterhin nicht genug zu essen und kaum Brennstoffe haben würden, wenn es so weiterging wie bisher. Deshalb wollte er Deutschland umbauen, es sollte föderalistisch werden, mit weitgehend autonomen Ländern und einem Gremium an der Spitze, das die Interessen der Regionen koordinierte. »Wenn wir den Industrieplan aufkündigen und die Reparationen auf ein vernünftiges Maß reduzieren, würden wir den Deutschen Hoffnung für ihre Zukunft machen.«

6. Reparationen und Demontagen

Der Verlierer zahlt

»›Made in Franz. Zone.‹ Unter dieser Bezeichnung werden neuerdings die Erzeugnisse der weltbekannten Uhrenfabriken Junghans, Kienzle und Mauthe exportiert. Die Fabrikation untersteht der französischen Kontrolle. 80 Prozent der Produktion wird für den französischen Export verwendet. Bisher durften die Uhren nur unter der Herkunftsbezeichnung ›Made in France‹ ausgeführt werden, neuerdings ist die Kennzeichnung ›Made in Franz. Zone‹ erlaubt worden.« (›Der Spiegel‹ 39/1947)

1945 ließen sich die Sieger noch zu einer gewissen Strenge bei ihren Forderungen hinreißen. In den Augen der Alliierten waren die Deutschen gefährliche Wiederholungstäter. Deshalb musste die Strafe diesmal höher und schmerzhafter ausfallen als nach 1918, um einen weiteren Rückfall zu verhindern. Dabei wussten die Sieger, dass die maßlosen Reparationsleistungen, die dem deutschen Kaiserreich nach dem ersten Weltkrieg auferlegt worden waren, ihren Teil zu der Radikalisierung der deutschen Politik in den zwanziger Jahren beigetragen und Hitler und den Nationalsozialismus befördert hatten.

Den hohen Reparationen war moralisch wenig entgegenzusetzen. Weniger wäre in einer Zeit, in der die Toten noch in den Straßen lagen, nicht integer gewesen. Manchem war bewusst, dass die am Anfang sehr vermessen klingenden Forderungen noch weit unter dem lagen, was den Deutschen aus der Sicht der Sieger hätte abverlangt werden können.

Unterschiedliche Meinungen gab es darüber, wie man die Reparationen berechnen sollte. Die Sowjets, die das Geld am dringendsten zum Wiederaufbau ihres Landes benötigten, nannten Summen. Ihnen war der Spatz in der Hand wichtiger als die Taube auf dem Dach. In Potsdam war von zehn Milliarden Dollar die Rede gewesen. Die sollen allein den Russen zugestanden worden sein. Man zierte sich ein wenig, eine derart astronomisch hohe Summe nach außen dringen zu lassen. Noch waren die Sieger unerfahren im Umgang mit der Gemütslage der Besiegten. Möglich war alles: vom Zusammenbruch des kollektiven Lebenswillens bis zu Aufständen, bei denen ein massenhaftes Sterben unvermeidbar gewesen wäre.

Die Amerikaner dachten pragmatisch, und sie standen nicht mit dem Rücken zur Wand. Die Umstellung ihrer Wirtschaft vom Kriegsbetrieb auf den Frieden gelang geräuschloser, als das in der UdSSR der Fall war. Sie konnten mit der Kriegsbeute deshalb entspannter umgehen. Sie waren auch erfahrener als die Russen, was die Effektivität relativ freier ökonomischer Systeme anging. Sie wollen keinen *Buy Out* – also keinen Batzen auf die Hand. Sie wollten die Kuh vorsichtig melken. Deshalb verwahrten sie sich gegen die absoluten Summen, die die nervösen Russen ins Spiel brachten. Sie versprachen sich mehr von einer prozentualen Beteiligung, weil Prozente etwas für langfristige Modelle waren. Aus den Konsequenzen von Versailles hatten die Amerikaner gelernt: Sie wehrten sich 1945 gegen die Ausrufung einer endgültigen Reparationssumme. Immerhin wurden dennoch bis 1953 deutsche Reparationsleistungen von über 19 Milliarden Dollar erbracht. Davon trug der Westen des besiegten Landes fünf Milliarden und der Osten wegen der hohen Forderungen der Sowjets fast 14 Milliarden – was im Osten eine zwanzig Mal höhere Pro-Kopf-Belastung als im Westen ergab.[1] Rechnet man die Demontagen, Besatzungskosten und die Zwangsarbeitsleistungen der Kriegsgefangenen mit ein, so sollen die Gesamtleistungen an die Sowjetunion sogar 66 Milliarden Mark erreicht haben. Also bedeutend mehr als die in Jalta und Potsdam geforderten Summen.[2]

Und noch etwas war 1945 anders als 1918: Die Abgeltung lief nicht mehr über Kredite, sondern durch Demontagen und Entnahmen aus der laufenden Produktion, was die Angelegenheit effektiver für klamme Gläubiger wie die UdSSR und Großbritannien machte und weniger Staub an den Kreditmärkten aufwühlte. Für die Schuldner aber war es ein langsames Sterben.

Da man sich zwischen Quoten und absoluten Zahlungen nicht einigen konnte, schlug der US-Außenminister Byrnes um des lieben Friedens willen vor, dass sich jede Besatzungsmacht in ihrer Zone bedienen sollte. Das war mehr ein Akt der Verzweiflung als ein wirklicher Fortschritt. Byrnes wusste, dass damit eine Weiche gestellt wurde: In der wichtigen Frage der Bewirtschaftung gingen die Siegermächte nun getrennte Wege. Damit war die Spaltung des Landes vorgezeichnet. Die letzte Gemeinsamkeit auf diesem Gebiet war die Vereinbarung der gegenseitigen Lieferung von Gütern. Doch auch die erlosch 1948, als General Clay veranlasste, dass keine Güter aus den Westzonen mehr an die Sowjets geliefert wurden. Diese hatten zahlungspflichtige Waren nicht wie vereinbart mit Lebensmittellieferungen bezahlt. Und sie blockierten Berlin.

Die Deutschen haben von den wichtigen Beschlüssen, die die Reparationen und Demontagen betrafen, nur wenig erfahren. Absolute Zahlen, soweit sie überhaupt beschlossen waren, wurden meist gar nicht bekannt gegeben – oder sehr viel später. Die meisten Deutschen waren bestürzt und zeigten sich verständnislos, als schrittweise bekannt wurde, dass die Reparationsleistungen und die unabsehbaren Demontagen nicht nur den Zweck der Wiedergutmachung verfolgten, sondern dass sie gezielt als Mittel dafür eingesetzt wurden, das Land in einen Zustand ökonomischer Ohnmacht zu versetzen. Die Alliierten waren zwar vorsichtig, was konkrete Summen anging, aber sehr offen, wenn es darum ging, das eigentliche Ziel der Auflagen zu kommunizieren: Deutschland sollte ökonomisch so schwach werden, dass es

217

gar nicht mehr auf die Idee kam, einen neuen Krieg zu beginnen. Das löste bei der Bevölkerung allgemeine Mutlosigkeit aus. Doch die meisten dachten sowieso nur noch von Tag zu Tag oder besser: von Mahlzeit zu Mahlzeit.

Im Alliierten Kontrollrat wurde über die erlaubte Industriekapazität erbittert gestritten. Amerikaner und Briten hatten eine andere Perspektive als Franzosen und Russen. Sie wollten ihr Engagement in Deutschland mittelfristig beenden (die Briten dachten sogar kurzzeitig daran, ihre Zone wegen der hohen Kosten an die Amerikaner abzugeben). Beide strebten deshalb schnellstens einen Zustand an, in dem Deutschland sich selbst versorgen konnte. Sie bemühten sich nach Kräften darum, die Forderungen auf ein realistisches Maß herunterzuschrauben.

Die Franzosen hingegen waren an Deutschland geografisch gebunden. Sie wollten die Gelegenheit nutzen: Wenn sich Deutschland in diese passive Rolle manövriert hatte, dann wollten sie auch dazu beitragen, dass das aggressive Nachbarland so weit wie möglich geschwächt wurde und dass die eigenen Schäden durch den Krieg sowie die Besatzungskosten in Deutschland abgegolten wurden. Paris befürchtete, dass die Deutschen, wenn sie sich erst einmal wieder artikulieren konnten, an die Amerikaner und Briten appellieren und um Nachsicht bitten würden. Womöglich mit dem gar nicht mal so unwillkommenen Angebot, sich an der Seite des Westens gegen die Sowjets nützlich zu machen. Also stellte Frankreich sich, was die Reparationsproblematik anging, an die Seite der Sowjets. Die lebten sowieso von der Hand in den Mund: Sie hatten ganz andere Sorgen zu Hause, ihren Besatzungsstatus konnten sie sich eigentlich gar nicht leisten. Sie wahrten ihn nur, weil sie sich schnelles Geld und eine Erweiterung ihrer Einflusssphäre erhofften – beides, in ihren Augen, durch den Krieg mehr als verdient. Die Einigung wurde schwierig.

Schließlich rang sich der Alliierte Kontrollrat zu einer Stahlquote von 39 Prozent der Vorkriegsproduktion durch. In der Chemie durften die Kapazitäten zu 40 Prozent bestehen bleiben, Leichtmetalle lagen bei 54 Prozent und Werkzeugmaschinen bei nur 11 Prozent – verglichen mit dem Stand von 1939. Ein Land, das einen Neuaufbau dringend brauchte, wenn seine Menschen nicht verhungern sollten, durfte nur 11 Prozent so viele Werkzeuge produzieren wie vor dem Krieg. Damit war kein Staat zu machen. Zumal allein in der Bizone, also der britischen und amerikanischen Zone, 1946 bereits sechs Millionen Menschen mehr lebten als 1936.[3]

Die Magie des sterbenden Wesens

»Die sanfte Kunst des Jiu-Jitsu ist den Deutschen durch die Militärregierung noch immer verboten. Nur der Polizei waren die Kunstgriffe bisher gestattet. Nun scheint auch bei den Angestellten des Hamburger Gaswerk-Außendienstes Bedarf für die eigene Sicherheit durch Selbstverteidigung vorzuliegen. In Sonderkursen werden sie in die Geheimnisse des Jiu-Jitsu eingeweiht.«
(›Der Spiegel‹ 15/1948)

Der Alliierte Kontrollrat verabschiedete einen sogenannten Industrieniveau-Plan («Plan für Reparationen und den Nachkriegsstand der deutschen Wirtschaft«). In dem Plan enthalten war eine Liste der zu demontierenden Betriebe. Es gab kaum Firmen, die nicht von Demontagen betroffen waren. Die Wirtschaftszweige, die mit der Rüstung verbunden gewesen waren, würden keine Zukunft in Deutschland mehr haben. Die ›Zeit‹ schrieb am 21. März 1946: »Woher soll da der innere Ansporn kommen? Wenn ein Werk aufgebaut wird, so geht von ihm eine magische Kraft aus, die alle in den Bann schlägt, die an ihm mitgearbeitet haben. Wenn es abgebaut wird, so lähmt die gleiche Magie, diesmal des sterbenden Wesens, die Umgebung und die frühere Gefolgschaft. Sie verlieren den Mut, etwas Neues anzufangen, wenn sie überzeugt sind, daß ihr Handeln sinnlos, ihre Arbeit vergeblich sein müssen.«

In der amerikanischen und britischen Zone allein waren 1600 Fabriken zur Demontage vorgesehen. Allerdings wurden die Zahlen 1947 revidiert, als die Amerikaner realisierten, dass der Demontage-Plan die Deutschen zu ersticken drohte: »Weder das Gebiet der Bizone noch das gesamte Deutschland kann wieder gesunden, wenn der Plan, wie er jetzt ist, weiter besteht. Zudem hat sich herausgestellt, dass unter den gegenwärtigen Bedingungen Deutschland seinen unumgänglichen Beitrag zum wirtschaftlichen Wiederaufbau des gesamten Europas nicht leisten kann.«[4]

Hatte ein Jahr vorher noch die Lähmung des militärisch-industriellen Komplexes im Mittelpunkt des alliierten Interesses gestanden, so schauten Amerikaner und Briten unter dem Eindruck ihrer frisch zusammengelegten Bizone jetzt über den Tellerrand. Die Deutschen sollten ihren Beitrag zum Aufbau in Europa leisten. Die wirtschaftlichen Anlaufprobleme in Italien und Frankreich waren enorm. Großbritannien galt sowieso schon lange als Sorgenfall. Und das waren noch die gesunden Kandidaten einer zukünftigen Wirtschaftsmacht Europa.

Wenn das rein rechnerisch stärkste Land, nämlich Deutschland, nicht auf die Beine kam, würden die amerikanischen Steuerzahler ewig Hilfe leisten müssen. Deshalb setzten die Amerikaner die Quoten neu fest. Ihre Partner, die Briten, waren davon alles andere als begeistert. Sie wollten noch eine Weile demontieren, denn zu Hause konnten sie jede noch so kleine Unterstützung brauchen. Das Königreich ächzte unter den hohen Schulden. Es gab eine ungesunde Spanne zwischen den anspruchsvollen Preisen und den vergleichsweise geringen Löhnen. Lebensmittel und Benzin waren rationiert. Ohne die enorme Hilfe durch den Leih- und Pachtvertrag mit den USA hätten die Briten die Nachkriegslasten nie tragen können.[5]

Die Amerikaner hingegen fanden, dass sie den Briten genug Hilfe leisteten. Sie erlaubten den deutschen Fabriken in der gemeinsamen Bizone einen Bestand, der fast an den von 1936 heranreichte (ein Jahr zuvor waren noch 75 Prozent von 1936 erlaubt).[6] Für die wichtige Stahlproduktion bedeutete das eine Steigerung von 7,5 Millionen Tonnen auf 10,7 Millionen Tonnen jährlich. Im Bereich Maschinenbau, der für die Aufbauarbeit im Land wichtig war, sollten anstatt 60 Prozent der Anlagen nur noch 36 Prozent demontiert werden. Im Bereich der leichten Maschinen durfte Deutschland sogar 19 Prozent mehr produzieren dürfen als vor dem Krieg. Die Fotoindustrie sollte ihre Kapazität auf 115 Prozent der Vorkriegsproduktion steigern dürfen. Die Kraftfahrzeugindustrie durfte vier Mal so viele Pkws produzieren wie im ersten Industrieniveauplan vorgesehen.

Die Briten demontierten noch eine Weile. Aber eigentlich durfte im alten Stil nur noch dort demontiert werden, wo es ausschließlich um Kriegswaffen ging – also zum Beispiel in der Sprengstoffindustrie. In diesem Bereich blieb es sogar erlaubt, Anlagen, die man nicht demontieren konnte oder wollte, zu zerstören.[7]

Das Ergebnis ihrer Revision teilten die Militärkommandeure Lucius D. Clay und Sir William Sholto Douglas am 15. Oktober 1947 der Öffentlichkeit mit. Wie es nun hieß, sollten statt der vorgesehenen 1600 Fabriken nur noch 682 demontiert werden. Davon waren 302 pure Rüstungsunternehmen – von denen die meisten sowieso schon demontiert und über die Interalliierte Reparationsagentur in Brüssel an die UdSSR, Polen und andere Mitgliedsstaaten der Agentur geliefert worden waren. Um wegen der Revision keinen Unmut unter den alten Verbündeten aufkommen zu lassen, unterstrichen die USA noch einmal, dass der Wiederaufbau in Deutschland keinen Vorrang vor dem der westeuropäischen Demokratien haben würde. Die amerikanische Großzügigkeit im schwerindustriellen Sektor hatte vor allem ein Ziel: Sie sollte die Grundlage für ein Exportprogramm legen.

Verglichen mit der französischen Zone oder gar mit der sowjetischen Zone kamen die deutschen Werke in der US-Zone glimpflich davon. Industrie-Anlagen über den Atlantik zu transportieren hätte sich nicht gerechnet. Zudem befand sich die US-Industrie auf einem hohen technischen Standard, die deutschen Maschinen hätten da gar nicht hingepasst. Mal abgesehen davon, dass ein wesentliches Problem der amerikanischen Wirtschaft nach dem Krieg ihre Überkapazitäten waren: Was den USA fehlte, waren nicht deutsche Maschinen – ihnen fehlten vor allem Absatzmärkte.

Auch wenn die Liste der zu demontierenden Fabriken kürzer wurde – für die Deutschen war jede Fabrik, die abgebaut und weggeschafft wurde, ein Verlust. Die Demontagen bedeuteten: weniger Arbeit, weniger Waren, noch schlechtere Versorgung. Deshalb reagierten die Ministerpräsidenten der betroffenen Länder auch auf die neuen Listen mit Protest: Sie baten die Besatzer im Interesse einer Gesundung des Landes darum, auf die restlichen Demontagen ganz zu verzichten. Solche Eingaben waren in der Regel vorsichtig formuliert und enthielten keine offenen Vorwürfe. Dennoch reagierten selbst die Amerikaner kühl. Am 3. Dezember 1947 teilten sie der württembergisch-badischen Regierung lapidar mit, die Reparations- und Demontagelisten vom 16. Oktober 1947 seien »endgültig«.[8]

Der Antwortbrief der Militärregierung an den Ministerpräsidenten enthielt noch einen Zusatz. Es handelte sich um Anweisungen zu den Demontagen. Die Landesregierung habe einen Plan vorzulegen, in dem die Reihenfolge der befohlenen Demontagen geklärt wurde. Weiter sei die Fabrikation in den Fabriken am Tag des Demontagebeginns einzustellen. Und drittens: Für die Demontage seien genügend deutsche Arbeitskräfte und Hilfsmittel bereitzustellen. So viel zum Verantwortungsbereich eines Ministerpräsidenten im Jahr 1947.

Die Menschen litten unter der Willkür der Eingriffe, die sich unmittelbar auf ihre Lebenssituation auswirkten. Es rumorte. Vor allem als weitere Versuche, die Sieger umzustimmen, ebenso harsch abgewehrt wurden wie in Württemberg-Baden. Zum ersten Mal zeigte sich ansatzweise die Bereitschaft zum Aufruhr. Doch die Sieger mussten keine militärischen Einheiten aufmarschieren lassen. Es genügte, dass der allgegenwärtige Oberbefehlshaber General Clay erklärte, dass im Falle »eines absichtlichen Widerstandes der deutschen Arbeiterschaft gegen die Demontage« die Bereitschaft der amerikanischen und britischen Bevölkerung, den Deutschen zu helfen, »sicherlich abnehmen« würde.[9]

Damit die Deutschen nicht gleich in Panik ausbrachen, versicherte wenige Tage später im Lancaster-Haus, dem Berliner Hauptquartier der Briten am Fehrbelliner Platz, US-Oberst Wilkinson, der Leiter der Wirtschaftsabteilung von OMGUS (dem Büro der amerikanischen Militärregierung): Es sei natürlich nicht beabsichtigt, die Lebensmittel zu sperren, falls in den zu demontierenden Fabriken Streiks ausbrechen würden.[10] Dennoch wussten die Deutschen nun, dass auch die Bereitschaft der Besatzer, sie vor dem Hungertod zu bewahren, ihre Grenzen hatte: Sollten sie sich nicht weiter allen Befehlen beugen, würde man sie fallenlassen. Sogar die großzügigen Amerikaner würden nicht gleichzeitig die aufständischen Arbeiter bekämpfen und deren Familien versorgen.

Die Politikverdrossenheit und politische Sturheit (»Keine Experimente!«) der späten fünfziger und frühen sechziger Jahre ist auf dieses Grundtrauma der Besatzungszeit zurückzuführen. Zwar hat man damals nicht gewagt, gegen die Besatzer aufzumucken. Aber das Vertrauen in die Fürsorge der Politik war empfindlich gestört. Und das blieb lange so. Eigentlich hat sich das Misstrauen gegenüber der Politik in Deutschland erst Anfang der siebziger Jahre etwas gelegt – als Willy Brandt mit einem neuen, kooperativen Politikstil den Deutschen Partnerschaft und soziale Sicherheit versprach.

Am 22. Oktober 1947 trafen sich die Ministerpräsidenten und die Arbeitsminister der Bizone mit Vertretern des Exekutivrates und des Wirtschaftsrates in Wiesbaden. Es ging um das Demontageproblem. Vorausgegangen war am 18. Oktober in Berlin die offizielle Bekanntgabe der Demontagelisten für die Bizone durch Sir Brian Robertson und Generalmajor Hays. Immerhin war bei der Bekanntgabe der Listen betont worden, es bleibe nach der Demontage genug Arbeit für die beschäftigungslos gewordenen Arbeiter. Allein die Ausführung des Demontageplanes werde zwei Jahre beanspruchen, man würde dafür 35 000 deutsche Arbeitskräfte brauchen. Exportaufträge könnten zu Ende gebracht werden.

Man war in den Länderregierungen übereingekommen, sich zusammenzusetzen, um der Aufforderung der Besatzer zur Stellungnahme nachzukommen – und vor allem den Deutschen ein Zeichen zu geben. Das sollte von Wiesbaden aus geschehen. Die Anregung zur Konferenz war von Karl Arnold, dem Ministerpräsidenten des Landes Nordrhein-Westfalen, ausgegangen. Arnolds Land musste mit den größten Verlusten durch die Demontagen rechnen. Schon im Vorfeld hatte sich die Diskussion zugespitzt: Vertreter einer Rathenau-Position der Übererfüllung hatten vorgeschlagen, den Besatzern neuwertige Maschinen zu liefern, damit diese mit der Demontage der alten Maschinen in den Fabriken aufhörten. Das war von den selbstbewussten Befürwortern einer Konfrontationslinie entschieden abgelehnt worden.

Und es zeigte sich eine Front innerhalb der deutschen Bizonen-Vertreter, die die Beobachter aufmerksam werden ließen. Offensichtlich machte es einen Unterschied, unter welcher der beiden Besatzungsmächte man lebte. Während die Briten mit ihren Deutschen korrekt, aber streng verfuhren, schienen die Amerikaner eher nachsichtig zu sein. Zumindest stellten das die hessischen Vertreter so dar und erschreckten damit ihre Kollegen aus den anderen Ländern: Sollte es wirklich bald eine Teilung der deutschen Interessen geben?

Dr. Magnus aus dem hessischen Wirtschaftsministerium erklärte bei einem Vorbereitungstreffen der Wirtschaftsminister der Bizone im Höchster IG-Haus: »Wir stehen uns mit unserer amerikanischen Regierung sehr gut. Unsere Amerikaner (sic) haben erklärt, daß wir ja weiterarbeiten könnten. Wir fragten: Aber wie lange noch. Da meinten sie, ein bis zwei Jahre. Und dann, fragten wir. Na, was in zwei Jahren ist, weiß man heute noch nicht.«

Auf der Ministerpräsidenten-Konferenz im Saal des Taunushotels von Wiesbaden nahm man eine Bestandsaufnahme der Demontagetätigkeit vor. Es wurde allgemein festgestellt, dass die Besatzer versuchten, Deutschland auf dem Weltmarkt konkurrenzunfähig zu machen. Der Hamburger Bürgermeister Max

Brauer sah die Gefahr, dass die Deutschen zu einem dauerhaften Hungerdasein verurteilt werden würden. Johannes Semler, Bizonen-Direktor für Wirtschaft, wies auf den Zusammenhang zwischen Demontage und Kohlenförderung hin: »Für die Erschließung dieser Braunkohlevorkommen benötigen wir Maschinen aller Art, insbesondere Bagger. Meine Herren, diese Spezialfirmen, die diese Bagger herstellen, stehen auf der Demontageliste, mehr brauche ich dazu wohl nicht zu sagen.«[11]

Die Ministerpräsidenten verurteilten einhellig die Demontagepolitik der Alliierten. Weiter betonten sie, dass die Maßnahmen ein einseitiger Akt der Militärregierung seien und keine deutschen Stellen daran mitgewirkt hätten. Die Deutschen seien allerdings bereit, Wiedergutmachung zu leisten. Diese Wiedergutmachung dürfe aber nicht »das Leben des Volkes« und seine Rückgliederung in die Gemeinschaft der Völker gefährden.[12] Man war sich einig darüber, dass eine künftige Wirtschaft nur auf der Kohleförderung beruhen konnte. In Nordrhein-Westfalen, also dem Ruhrkohlengebiet, standen aber 294 Firmen auf der Demontageliste der Alliierten. Nur 15 Prozent davon waren Rüstungsbetriebe.[13] Unter diesen Umständen gab es kaum noch Hoffnung darauf, dass die Deutschen die Versorgungslücke zwischen ihrem Bedarf und der unzureichenden Zuteilung der Besatzer jemals aus eigener Kraft würden schließen können.

Streiks lagen in der Luft. Streiks und Aufstände. Deshalb war das Signal aus Wiesbaden wichtig. Auch für die Besatzer, die bei Streiks die drohenden Produktionsausfälle zu Hause hätten begründen müssen. Die Erklärung der Ministerpräsidenten war taktisch in ihrem Sinne. Wenn sie ihnen auch vom Ton her gegen den Strich ging – und eigentlich eine scharfe Maßnahme hätte nach sich ziehen müssen. Doch nichts dergleichen geschah.

Die Ministerpräsidenten der Bizone hatten ihre Aufgabe erfüllt: Sie hatten die Alliierten nicht vor den Kopf gestoßen (oder nicht mehr, als diese ertrugen) und standen vor dem Volk nicht als Erfüllungspolitiker da. Die englische ›Tribune‹ sah in der Wiesbadener Konferenz von 1947 die »Geburtsstunde eines deut-

Ruhrgebiet, Arbeiter demonstrieren gegen die Demontage
ihres Betriebes, 1948.

schen Nationalismus«, die »psychologisch erklärbar« aus den Demontagen folgen musste.

Die Demontagen gingen so weiter, wie die Besatzer es vorgesehen hatten. Ein langsames Ende begann erst nach der Gründung der Bundesrepublik. Mit dem Petersberger Abkommen
vom 22. November 1949 erklärten sich die Besatzer bereit, Streichungen vorzunehmen. Streichungen, jedoch keinen Demontagestopp. Einen Stopp der Demontagen im Westen gab es erst
mit dem Deutschlandvertrag von 1952. Da war die Bundesrepublik Deutschland schon drei Jahre alt.

EINGLEISIGER BETRIEB

»Die letzten Hundert Wlassow-Kosaken haben das Fürstentum
Liechtenstein verlassen. Sie befinden sich auf der Reise nach
Argentinien. Nach der Kapitulation Deutschlands hatten rund
tausend Kosaken, die auf deutscher Seite gekämpft hatten, die
Liechtensteinsche Grenze überschritten. Sie wurden interniert.
Ihre Auslieferung an Rußland verweigerte das Zwergfürstentum.«
(›Der Spiegel‹ 40/1947)

In der SBZ wurde zwei Mal demontiert. Die erste Welle gab es
gleich nach der Besetzung durch die Rote Armee. Viele Fabriken
und Eisenbahngleise wurden sofort abgebaut und nach Osten
verschickt. 1946 gingen fast 20 Prozent der ostdeutschen Produk-
tionsanlagen durch einen Federstrich in den Besitz der »Sowjetischen Aktiengesellschaft« SAG über. Das heißt: Diese Fabriken
arbeiteten nur noch für die Sowjetunion. Das betraf etwa 200 Unternehmen; unter diesen so bedeutende wie die Buna- und Leuna-
werke. Nur ein Drittel der Produktion dieser SAG-Betriebe wurde
auf das Reparationskonto verrechnet. Der Rest wurde auf dem
Binnenmarkt verkauft oder exportiert. Profitiert haben in jedem
Fall die Sowjets.

Die eigentliche Demontage im Osten betraf vor allem die
Stahlproduktion, die Chemie und die Optik.[14] Als sich die Versorgungslage in der SBZ verschlechterte, gaben die Sowjets am
27. Februar 1947 zur Demontage vorgesehene Betriebe an die
Landesverwaltungen zurück. Es ging dabei aber nur um 25 Fabriken. Schon früh hatte sich herausgestellt, dass der Osten, wenn er
denn die Bedingungen des allseits geltenden Industrieniveau-
plans erfüllte, den sonstigen Forderungen der Sowjets nicht würde
nachkommen können. Deshalb meldete Moskau im November
1946 eine Erhöhung des Industrieniveaus für ganz Deutschland
auf 75 Prozent des Standes von 1939 an (vorher galten 50 Prozent

als vereinbart). Auch die Stahlproduktion sollte erhöht werden dürfen, damit die Deutschen ihren Reparations-Verpflichtungen gegenüber den Sowjets nachkommen konnten: von drei Millionen Tonnen (im Februar 1946) auf zehn bis zwölf Millionen Tonnen (im November 1946).

Der Leiter der sowjetischen Wirtschaftsabteilung Kowel bot sogar an, für Güter im Wert von zwei Milliarden Dollar, die die Deutschen für die Sowjetunion produzieren mussten, die erforderlichen Rohstoffe zu liefern. Die Sowjetunion brauchte vor allem Werkzeugmaschinen, Lokomotiven, Waggons. Aber auch Kleider, Betttücher, Strümpfe, Schuhe. Kowel wollte dafür keine Fabriken mehr demontieren. Im Übrigen sei die Sowjetunion bereit, Deutschland als wirtschaftliche Einheit zu betrachten.

Angesichts solcher Großzügigkeit war klar: Die Sowjetunion steckte in Schwierigkeiten. Die Umstellung ihrer Wirtschaft von Kriegs- auf Friedensbedingungen schien nicht zu funktionieren. Und dann machte ihr die Demobilisierung von Millionen Soldaten zu schaffen. Sie wusste nicht, wie sie diese ausrangierten Rotarmisten ernähren sollte. Unter anderem aus diesem Grund war es den Sowjets erlaubt worden, sich auch in den anderen Zonen zu bedienen.

Briten und Amerikaner lieferten nun verstärkt an die Brüsseler Reparationsagentur, die für die Verteilung der Güter an die Staaten zuständig war, die zwar gegen Hitler gekämpft hatten, aber in Deutschland als Besatzer nicht präsent sein konnten. So meldete sogar Australien Anspruch auf deutsche Reparationen an. Zudem ärgerte man sich im Westen darüber, dass die Sowjets zahlreiche Fabriken in der SBZ demontiert hatten, ohne sie auf den gemeinsamen Reparationslisten zu verrechnen.

Am 1. April 1948 stoppten die Amerikaner in Abstimmung mit den Briten endgültig die Lieferung von Industriegütern an die UdSSR. Die Alliierten hatten keinen gemeinsamen Nenner mehr, auf den sie sich hätten verständigen können. Die Amerikaner wollten einen Umschwung erzwingen, indem sie den Deutschen mehr Raum zum Wirtschaften ließen. Die Franzosen wollten für sich retten, was noch zu retten war, und, wenn sie schon das

Ruhrgebiet nicht unter ihre Kontrolle bekamen, wenigstens verhindern, dass es bald wieder eine deutsche Zentralregierung gab. Die Briten wollten mit den Amerikanern mithalten und von deren neuem Kurs profitieren, konnten aber nicht auf die Demontagen verzichten. Die Russen hingegen hätten alles dafür gegeben, wenn sie eine Wirtschaftseinheit zu ihren Bedingungen hätten erreichen können. Denn dann hätten sie ihre Reparationsforderungen in allen Zonen befriedigen können.

Wie verfahren die Situation war, zeigt eine Begebenheit im Ruhrgebiet. Der Stahlkonzern Krupp war durch den Krieg zu 30 Prozent zerstört, weitere 40 Prozent waren von den Alliierten demontiert worden.[15] Die Russen wollten sich von dem restlichen Kuchen ein möglichst großes Stück holen. Deshalb rückten sowjetische Demontagetrupps in Essen an, um die Lokomotiven-Werkstätten bei Krupp abzubauen. Die Amerikaner wollten aber einen Teil des Krupp-Konzerns für eine Friedensproduktion erhalten. So schickten sie die demontagewilligen Sowjets einfach mit leeren Händen nach Hause.[16]

Es blieb dabei, dass die Hauptlast der Reparationen und Demontagen die SBZ zu tragen hatte. Schon kurz nach der Kapitulation hatten die ostdeutschen Länder und Provinzen 300 Millionen Mark auf ein Konto »Reparationslieferungen« zahlen müssen. Das waren offizielle und nachprüfbare Leistungen. Auf viel mehr beliefen sich die sogenannten wilden Requisitionen, also willkürliche Entnahmen und Übernahmen bzw. Beschlagnahmungen, über die keine Bücher geführt wurden, zumindest nicht gegenüber den Westalliierten.

Aber auch innerhalb der SBZ-Militärverwaltung herrschte Chaos. So beschwerte sich die Allgemeine Deutsche Eisenbahnbetriebs-Gesellschaft im November 1945, dass eine sowjetische Einkaufsgesellschaft »Wojentorg«, die für die Versorgung der Truppen zuständig war, 600 Waggons für ihre Zwecke laufen lasse, ohne dass die deutschen Betreiber dafür eine Bestätigung in die Hand bekamen. In mittelständischen Betrieben wie dem Säge- und Hobelwerk Lobenstein in Thüringen erschienen sowjetische Offiziere, holten sich Waren und verschwanden. Die

Stadt Riesa erlitt in ihren Betrieben einen Schaden von 2,6 Millionen Mark durch unbestätigte Lieferungen von Getreide, Mehl- und Teigwaren, Glas, Holz oder Leder an das sowjetische Militär.

Der Befehl Nr. 95 der SMAD besagte, dass deutsche Arbeitskräfte nicht ohne Bezahlung in Anspruch genommen werden durften. Doch daran hielt sich kaum jemand. Die Militärs ließen nach Gutdünken Arbeiter kommen, wenn sie sie brauchten. Bezahlt wurde nicht. Besonders eigenmächtig verhielt sich der NKWD, der sowjetische Geheimdienst. Seine Angehörigen beschädigten Gebäude, die sie nutzten, und nahmen Wert- und Einrichtungsgegenstände mit. Sie waren der Meinung, dass sie nicht zu den Besatzungstruppen gehörten und sich deshalb auch nicht an deren Regelungen zu halten hatten.[17] Der NKWD betrieb auch die ehemaligen Nazi-Konzentrationslager auf dem Boden der SBZ (wie Buchenwald und Sachsenhausen), die von den Sowjets nach dem Krieg für ihre politischen Gefangenen genutzt wurden. Ebenso wie bei den neu errichteten Lagern mussten die zuständigen Kommunen die Unkosten tragen.

Wenn ostdeutsche Betriebe Fahrzeuge an die Sowjets ausliehen, bekamen sie sie meist nicht mehr zurück – oder in einem schlechten Zustand. Der sächsische Ministerpräsident beschwerte sich darüber, dass Militärs 400 Lkw mit Anhänger nach Bernau beordert hatten, um demontierte Maschinenteile aus Berlin und Spandau zur Verschiffung nach Stettin zu transportieren. Von den 400 Fahrzeugen bekam Sachsen nur 66 zurück, sieben davon als Wracks, 50 mussten repariert werden. 30 Anhänger waren verloren gegangen, 1500 Reifen fehlten. Der Schaden belief sich auf drei bis fünf Millionen Reichsmark.[18] Allein die Reichsbahn musste bis zum Juni 1946 Leistungen im Wert von 408 Millionen Reichsmark für die Besatzungsmacht erbringen. Diese hohen Kosten erklären sich aus der Vielzahl der Demontagen und aus den weiten Entfernungen, die die Züge der Reichsbahn bis zu den Bestimmungsorten in der Sowjetunion zurückzulegen hatten.

Die erwähnten Sowjetischen Aktien-Gesellschaften (SAG) waren eine simple, aber lohnende Form der Reparationseintreibung.

Auf Grundlage des Befehls Nr. 146 des SMAD vom 8. März 1946 wurden deutsche Firmen zu Quasi-Eigentum der UdSSR erklärt. Dabei zogen die Russen jedoch nur die Erträge ab, die Verpflichtungen (Schulden und andere Kosten) hatten die Deutschen weiter zu tragen. Der Grundbucheintrag auf die Firma erfolgte für die UdSSR, so dass die SAG auch Pacht an diese zahlen und Fehlbeträge ausgleichen mussten.

Die Überführung der Firmen in den Besitz der UdSSR geschah in einem Fließbandverfahren. So wurden an einem Tag im Juni 1946 mehrere sächsische Unternehmen zu SAGs: Die Mitteldeutschen Fahrradwerke Sangershausen, die Kyffhäuserhütte Artern, die Grube Golpe, die Eisen- und Hüttenwerke Thale, die Stahl- und Eisenwerke Frankleben, die Schwelerei Profen, die Kali-Grube Aschersleben, die Dachpappenfabrik Hoppe & Röhming, IG-Farben Wolfen, die Zelluloidfabrik Eilendorf, die Anhaltinischen Salzwerke, das Hydrierwerk Rodleben, das Kraftwerk Großkany und die Firma Schäffer & Budenberg.[19]

Am 22. Dezember 1945 forderte die SMAD die Länder und Provinzen auf, 218 000 Arbeiter für Demontagearbeiten abzustellen. Dabei wurden ehemalige Mitglieder der NSDAP bevorzugt eingesetzt. Pikant ist in diesem Zusammenhang, dass Sachsen statt der geforderten 20 000 Arbeitskräfte über 39 000 schickte. Vizepräsident Selbmann bezeichnete Demontagen am 8. Dezember 1945 als »Tat der Gerechtigkeit« – die Landesverwaltung fühlte sich gegenüber der UdSSR »moralisch verpflichtet«, hoffte aber wohl auf baldige Einstellung der Demontagen, wenn sie sich mit besonders vielen Helfern engagierte.[20]

Betriebe, die nur zu einem Teil demontiert worden waren, hatten dennoch weiterhin hohe Produktionsraten zu erbringen. Schafften sie das nicht, drohten ihnen Strafen: Geldzahlungen und unter Umständen Haft für verantwortliche Leiter. Selbst der SED wurde das Treiben der Demontageabteilungen irgendwann zu viel. Zumal der Wiederaufbau, auf den die Menschen hofften, nicht in Gang kam, solange Fertigungsstätten, die mühevoll repariert worden waren, gleich erneut von den Russen demontiert wurden.

Die Partei machte vorsichtige Eingaben bei der SMAD. Doch dort wurden die Politiker nur vertröstet: So sagte Marschall Sokolowski am 11. Januar 1947 einer SED-Delegation überraschend ein Ende der Demontage zu. Sogar 74 der 200 in sowjetischen Besitz übergegangenen SAG-Betriebe sollten zurückgegeben werden. Das hätte fast 70 000 Arbeiter betroffen. Aber das war Hinhaltetaktik der SMAD. Auch im Jahr 1947 gingen die Demontagen in der SBZ unvermindert weiter. Schon sechs Tage später erklärte der damals noch sehr mächtige Polit-Leiter Oberst Tjulpanow, begonnene Demontagen würden natürlich zu Ende geführt werden. Gleichzeitig deklarierte er die »Entnahme« von Tieren aus dem Zoo in Leipzig als reguläre Käufe, die nicht unter die Reparationsbedingungen fallen würden. Eine neue Demontagewelle im ersten Halbjahr 1948 begründete die SMAD damit, dass es sich um sogenannte »Restdemontagen« handelte: Mit Demontagegütern aufgebaute Anlagen in der UdSSR brauchten Ersatzteile.

Inzwischen hatte es ein Gesetz zur Enteignung der Bergwerke und Bodenschätze gegeben. Man hatte den Arbeitern erklärt, nun gehörten die Gruben und die Kohlen ihnen. Da aber weiter in der Kohleförderung demontiert wurde, fühlten sich die Menschen hinters Licht geführt. Viele der frustrierten Arbeiter, denen man ihre Maschinen wegnahm, wussten, dass diese in der Sowjetunion nicht zum Einsatz kamen. Entweder funktionierte der Transport nicht, oder sie wurden beschädigt. Dann fehlten Ersatzteile, oder die Anlagen waren produktionsbereit, es gab aber keine Rohstoffe, die sie hätten verarbeiten können. Im Großen und Ganzen profitierte die sowjetische Wirtschaft kaum von den Demontagen in Ostdeutschland. Im Westen war es nicht sehr viel anders. Der Unmut war groß. Es wurde eine Saat gesät, die im Osten ein paar Jahre später, im Juni 1953, aufging, als die Arbeiter die Normenerhöhungen nicht mehr mittrugen, deshalb auf die Straße gingen und bei dieser Gelegenheit das Regime weggefegt hätten, wenn die russischen Panzer nicht eingegriffen hätten.

Insgesamt waren im Osten fast 4000 Betriebe von Demontage

betroffen (im Westen waren es etwa 1800). 2000 der Fabriken in der SBZ wurden bis auf den letzten Nagel abgebaut und weggeschafft. 1948, als die letzte große Demontagewelle langsam abebbte, hatte der Osten nur noch eine industrielle Kapazität von etwa 60 Prozent des Wertes von 1936, also der Zeit vor Hitlers Rüstungsboom. Durch die Demontagen war besonders der Verkehr betroffen. Da die Russen bei den Eisenbahnlinien das zweite Gleis abbauen ließen, gab es keinen störungsfreien Bahnbetrieb mehr. Das war auch der Grund dafür, dass bis 1990 die Bahnstrecken zwischen Berlin und Hamburg und zwischen Berlin und Hannover nur eingleisig befahrbar waren.[21]

Stalin hat der DDR 1950 die Hälfte der ursprünglich erhobenen Forderungen erlassen. Für die noch ausstehenden 3,17 Milliarden Dollar sollte Ostdeutschland 15 Jahre Zeit haben. In der Folge der Arbeiteraufstände vom Juni 1953 erließen die »Freunde« in Moskau den Ostdeutschen alle Nachkriegsschulden.[22] Die interessanteste SAG – die Wismut AG, einer der größten Uranproduzenten der Welt – blieb jedoch in sowjetischer Regie. Die DDR musste nach 1953 weiterhin SAG-üblich Milliarden Subventionen für den Uranbergbau zahlen. Also Reparationen, wenn auch verdeckt.

Die Demontagen hatten psychologische Folgen. Die Menschen mussten zusehen oder sogar dabei mithelfen, Fabriken zu demontieren, in denen sie arbeiteten. Diese Erfahrung der Ohnmacht war demütigend und führte zu einer weit verbreiteten Hoffnungslosigkeit. In den ersten Jahren der Nachkriegszeit war kaum eine Firma ausgelastet: Es fehlten Arbeiter und Rohstoffe, die Waren konnten nicht transportiert werden. Insofern haben die Demontagen möglicherweise weniger wirtschaftlichen Schaden angerichtet, als die Menschen damals befürchteten. Einen großen Segen brachten die Demontagegüter auch den Siegerländern nicht. Die Technik, die man in Deutschland demontierte, war veraltet. Mittlerweile hatte in anderen modernen Ländern ein Wechsel der Modelle stattgefunden.

Durch die Demontage haben die Besatzer allerdings ein wichtiges Ziel erreicht: dass den Deutschen die wirklichen Machtverhältnisse vor Augen geführt und sie so in ihrem Tatendrang noch eine Weile gebremst wurden. Dieser Effekt war von den Besatzern gewollt. Nicht beabsichtigt war allerdings, dass als Folge der Demontage der Aufbau einer deutschen Selbstversorgung verzögert wurde und damit die Kosten der Alliierten nicht reduziert werden konnten.

Aber irgendwann begannen die Deutschen, die technologischen Lücken wieder zu füllen. Und das geschah dann eben mit neuer, also moderner Technik. Insofern bewirkte die Demontage in Deutschland einen späten Innovationsschub. Man spricht sogar euphemistisch von einer »Modernisierung im Wiederaufbau«.[23]

7. Entnazifizierung

DIE KARTEI

»Konnten wir wir nicht von Göring erwarten, daß er sein Mitwissen bekennend zugleich erklärte, wieso die Masse trotzdem nichts wissen konnte?« (Gerd Bucerius in: ›Die Zeit‹ 6/1946)

Ein graues Fabrikgebäude im Münchner Vorort Freimann. Sitz der Papier-, Pappen- und Wellpappenfabrik Josef Wirth. Im Mai 1945 hätte die kleine Firma genug Aufträge gehabt, konnte aber infolge des Kohlenmangels die Produktion nicht ganz hochfahren. Deshalb arbeitete auch nur die Hälfte der Belegschaft, etwa 40 Mann. Geschäftsführer Hans Huber wandte sich an den amerikanischen Kommandeur und meldete, dass sich in seiner Fabrik wichtige Dokumente befänden. Doch die US-Truppen hatten in diesen Tagen Wichtigeres zu tun, als alten Papierkram in einer Abfallfirma zu sichten.

Am 15. April 1945, drei Wochen vorher, war ein Mitglied der Reichsleitung der NSDAP in der Abfallfabrik erschienen und hatte Huber auf einen Großauftrag vorbereitet. Am 18. April hatte die Anlieferung des Papiermülls begonnen. Bis zum 27. April hatten zwanzig Lastzüge der NSDAP-Reichsleitung die Firma erreicht. Geschäftsführer Huber hatte strikte Anweisung, das Altmaterial unverzüglich zu vernichten. Die Lkws waren voll mit Karteikarten, die man in Körben aus der Reichsleitung der NS-

DAP in der Gabelsberger Straße 39 zu der Abfallfabrik geschafft hatte. Als der letzte Lkw am 27. April – zwei Tage vor dem Einmarsch der US-Army in München – den Hof der Firma Wirth verließ, waren acht Millionen Karteikarten angeliefert worden.

Huber hatte seine Arbeiter angewiesen, die Karteikarten in einer Ecke seiner Halle zu deponieren und mit anderen Papierabfällen zu überdecken. So waren die acht Millionen Karteikarten gerettet worden. Nun machten Huber und seine Leute sich daran, die 65 000 Kilo Papier der NS-Reichsleitung von dem übrigen Müll zu befreien und zu stapeln. Gegenüber der ›Neuen Zeitung‹ erklärte er, nachdem die amerikanischen Stellen sich doch noch für seinen Schatz interessierten, er habe seinem Land einen Dienst erweisen wollen.[1] Wie sich herausstellte, hatte der Papiermüllverwerter Huber die vollständige Mitgliederkartei der NSDAP vor der Vernichtung bewahrt. Damit konnte das beginnen, was etwas unklar mit »Entnazifizierung« benannt werden sollte.

Archivraum im Berlin Document Center, um 1946.

Auf der Konferenz in Teheran 1943 hatte Stalin auf die Frage, was mit den Nazitätern geschehen sollte, polternd geantwortet: »Erschießen. Alle deutschen Kriegsverbrecher. Mindestens aber 50 000.« Churchill soll sich so aufgebracht erhoben haben, dass sein Stuhl umfiel: »Das britische Volk wird einen solchen Massenmord nicht billigen.« Der US-Präsident Roosevelt schlug daraufhin einen Kompromiss vor: »49 500.« So berichtet es jedenfalls der Augenzeuge Elliott Roosevelt, der Sohn des Präsidenten.[2] Wie konfus es auf dieser Konferenz zuging, auf der das Schicksal Europas beschlossen wurde, zeigt die Tatsache, dass die Verschiebung der Grenzen Polens anhand einer aus der ›Times‹ ausgerissenen Karte diskutiert wurde. Eine öffentlichkeitswirksame Abrechnung mit den Hauptschuldigen des Nazisystems wurde dennoch ein wichtiger Baustein in der Strategie der Besatzer. Die Deutschen sollten sehen, wie gerecht und hart man mit den Tätern verfuhr. Am 8. August 1945 wurde in London von den USA, Großbritannien, Frankreich und der Sowjetunion das Abkommen über die »Verfolgung und Bestrafung der Hauptkriegsverbrecher der europäischen Achse« unterschrieben.

Ein internationaler Gerichtshof sollte gebildet werden. Nun war nicht mehr von Massen-Erschießungen die Rede. Der gewonnene Krieg machte die Sieger großzügig – und vorsichtig. Sie dachten jetzt mit mehr Realitätssinn an die kommenden Jahre: Wie wollte man mit einem Volk über Demokratie und Rechtsstaatlichkeit verhandeln, wenn man vor seinen Augen 50 000 oder gar 100 000 aus seiner Mitte ohne Prozess erschossen hätte?

Anfang 1945 hatten neun Millionen Deutsche der NSDAP angehört.[3] Die Mitgliedschaft in anderen NS-Gliederungen übertraf die Zahl der Parteigenossen um ein Vielfaches. Trotz des Krieges war die überwältigende Mehrheit der Deutschen mit dem Regime noch eng verbunden gewesen. Das war auch ein Grund dafür, dass nach dem Zusammenbruch von deutscher Seite aus keine eigenständige Abrechnung mit denen stattfand, die als aktive Mitläufer oder kleine Handlanger den Krieg und den Tod von Millionen Menschen mit zu verantworten hatten. Es blieb ruhig. Selbst ausgewiesene Täter, die vor den Augen ihrer

Nachbarn schuldig geworden waren, wurden allenfalls mit Verachtung gestraft.

So berichtet der Zeitzeuge Hans Brenner davon, dass mit dem Nachbarn Schuh, der im nahen Zwangsarbeiterlager Friedrichsthal/Saar einen Russen erschossen hatte, nach dem Krieg niemand gerne Umgang pflegte. Geschehen ist dem Todesschützen Schuh in der Friedrichsthaler Arbeiter-Siedlung neben dem Russenlager aber nichts. »Eines Tages fehlte beim Einrücken der Russen nach der Arbeit im Schacht ein Russe. Der Mann war im Wald verschwunden. Am nächsten Morgen wollte dieser Russe wieder ins Lager zurück. Er hat sich dem Lager genähert und wurde von Herrn Schuh vom Wachturm aus erschossen. Er wurde an Ort und Stelle verscharrt. Die Leute aus unserer Straße haben dort einen Grabhügel errichtet und Blumen auf diesen Hügel gelegt. Nach dem Krieg ist die Leiche des Russen exhumiert worden. Auf dem Friedhof in Friedrichsthal lagen einige Russen, die bei einem Artillerieangriff ums Leben gekommen waren. Dort wurde er auch beerdigt. Dem Schuh ist nichts passiert. Er ist Ende der vierziger Jahre gestorben. Dem hat niemand nachgetrauert. Der ist von den Leuten gemieden worden.«[4]

Diese Indifferenz den Tätern gegenüber war der Lethargie geschuldet, die sich durch die anhaltende Versorgungsnot über das Land gelegt hatte. Aber auch der Anwesenheit der Alliierten. Da man zu Anfang nicht genau wusste, wie die Besatzer auf Selbstjustiz reagieren würden, ließen viele, denen danach war, lieber die Hände davon. Die andere Seite war die unverbrüchliche Präsenz der Naziideologie: 1947 hielten 52 Prozent der Deutschen den Nationalsozialismus immer noch für eine »gute Idee«. Sie meinten, wenn etwas schiefgelaufen sei, so deshalb, weil der Nationalsozialismus schlecht praktiziert worden wäre. Und das blieb auch so: Im Sommer 1952 bezeichneten über 30 Prozent der Deutschen Adolf Hitler als einen großen Staatsmann, insgesamt 60 Prozent hatten eine gute Meinung vom Führer. Bis 1967 hielten 32 Prozent an diesem Urteil fest.[5]

Man wollte sich das Leben in der schwierigen neuen Zeit nicht noch schwerer machen. Also verleugnete man nicht nur seine ungebrochene Sympathie für die Nazis, sondern auch seine eigene NS-Vergangenheit. Das führte zu einer beklemmenden Atmosphäre der Lüge und Verdrängung in den Jahren des Interregnums. Die amerikanische Schriftstellerin und Journalistin Martha Gellhorn hat diese ungute Stimmung pointiert in einer ihrer Deutschland-Reportagen eingefangen: »Niemand ist ein Nazi. Niemand ist je einer gewesen. Es hat vielleicht ein paar Nazis im nächsten Dorf gegeben, und es stimmt schon, diese Stadt da zwanzig Kilometer entfernt war eine regelrechte Brutstätte des Nationalsozialismus. Um die Wahrheit zu sagen, ganz im Vertrauen, es hat hier eine Menge Kommunisten gegeben. Wir waren schon immer als Rote verschrien. Oh, die Juden? Tja, es gab eigentlich in dieser Gegend nicht viele Juden. Zwei vielleicht, vielleicht auch sechs. Sie wurden weggebracht. Ich habe sechs Wochen lang einen Juden versteckt. Ich habe acht Wochen lang einen Juden versteckt. (…) Wir haben nichts gegen Juden; wir sind immer gut mit ihnen ausgekommen. Die Nazis sind Schweinehunde.

Wir haben von dieser Regierung die Nase voll gehabt. Ach, wie wir gelitten haben. Die Bomben. Wir haben wochenlang im Keller gelebt. Die Amerikaner sind uns willkommen. Wir haben keine Angst vor ihnen; wir haben keinen Grund zur Angst. Wir haben nichts Unrechtes getan; wir sind keine Nazis. (…) Ein ganzes Volk, das sich vor der Verantwortung drückt, ist kein erbaulicher Anblick.«[6]

Der Prozess

»Eine der Mythen geht dahin, in Nürnberg seien die Angeklagten für Taten verurteilt worden, die zur Zeit ihrer Begehung nicht strafbar gewesen sein. Die überwiegende Mehrzahl der Angeklagten ist für Verbrechen verurteilt worden, die nach dem Gesetz eines jeden Kulturstaates strafbar sind. Die Massenermordung von Juden, katholischen Priestern, Zigeunern, Kriegsgefangenen, sogenannten nutzlosen Essern, abgesprungenen feindlichen Fliegern, ›rassisch Unerwünschten‹ usw. sind von jeher als Morde Verbrechen gegen das Leben gewesen und gegen das ewige und eherne Gebot: ›Du sollst nicht töten.‹ Daran ändert nicht, daß diese Verbrechen in Nürnberg unter einer neuen Terminologie, wie Verbrechen gegen die Menschlichkeit, Völkermord etc., bezeichnet wurden.« (Robert M. W. Kemper, 1966)[7]

In Nürnberg sollten diejenigen Nazis vor den Internationalen Gerichtshof gestellt werden, deren Verbrechen »nicht einem bestimmten Land zugeordnet« werden konnten. Juristisch prekärer war die Tatsache, dass der Straftatbestand des »Verbrechens gegen die Menschlichkeit und den Frieden« soeben erst gefasst worden war. Damit waren die Taten, die in Nürnberg verhandelt wurden, begangen worden, als es diesen Tatbestand juristisch noch gar nicht gab. Eigentlich verstießen die Prozesse also gegen ein wichtiges Rechtsprinzip: Niemand darf wegen etwas verurteilt werden, was zum Zeitpunkt der Tat noch nicht strafwürdig war (»Nulla poena sine lege«).[8] Doch es ging darum, die Akteure eines barbarischen Angriffskrieges zu verurteilen und damit die Welt für die Zukunft sicherer zu machen. Das glaubten jedenfalls viele, vor allem die Amerikaner.

»(…) der letzte Schritt, periodisch wiederkehrende Kriege zu verhüten, die bei internationaler Gesetzlosigkeit unvermeidlich sind, ist, die Staatsmänner vor dem Gesetz verantwortlich zu machen. Und lassen Sie es mich deutlich aussprechen: Dieses Gesetz wird hier zwar zunächst auf deutsche Angreifer angewandt, es schließt aber ein und muss, wenn es von Nutzen sein soll, den Angriff jeder anderen Nation verdammen, nicht ausgenommen die, die jetzt hier zu Gericht sitzen.« Diese eindrucksvollen Worte sagte der amerikanische Hauptankläger Robert H. Jackson in seiner Eröffnungsrede zu den Nürnberger Kriegsverbrecherprozessen am 21. November 1945.

Damit war das Feld abgesteckt. Es ging nicht mehr allein um die Verbrechen der deutschen Nazis. Es ging darum, dass von diesem Militärtribunal in Nürnberg eine abschreckende Wirkung ausgehen sollte auf alle künftigen Aggressoren, die wie Hitler ihre Nachbarländer mit Krieg und Zerstörung heimsuchen wollten. In Zukunft sollten solche Unternehmen geahndet und hart bestraft werden. Das hieß zwischen den Zeilen aber auch, dass man auf alliierter Seite den Nationalsozialismus und seine Verbrechen als eine wiederkehrende historische Erscheinung verstand. Im November 1945, als der US-Ankläger Jackson diese Grundsätze der Nürnberger Prozesse formulierte, kannte man noch nicht die ganze Tragweite der Nazi-Verbrechen, um diese schon historisch einordnen zu können. Und man stand erst am Beginn der Prozesse und hatte noch keine Ahnung davon, inwiefern das große Vorhaben einer Ächtung der Nazi-Gräueltaten auch rechtlich gelingen würde.

Doch erst einmal war das Signal unüberhörbar und beeindruckend: Die Sieger setzten auf das Recht. Ein eigens geschaffener Internationaler Militärgerichtshof sollte die Maßstäbe, die in der zivilisierten Welt geherrscht hatten, bis der Nationalsozialismus in Deutschland Einzug hielt, wieder zurechtrücken. (Göring behauptete dreist, er habe in der Haager Landkriegsordnung »geblättert«, sie aber »veraltet gefunden«.[9])

Das Nürnberger Gericht hatte vier Richter, die jeweils von einem Alliierten gestellt wurden. Jede Siegermacht schickte einen Hauptankläger. Verteidiger durften auch Deutsche sein, was der pädagogischen Wirkung der Veranstaltung nicht guttat: Sah es doch so aus, als stünden die Deutschen auf der Angeklagtenseite und die Alliierten auf der Anklägerseite. Das mag zwar historisch richtig gewesen sein. Aber Nürnberg war auch eine politische Veranstaltung der Besatzer für die Moral der Besetzten – und die deutsche Verteidigung festigte die sowieso schon aufkommende Wagenburgmentalität in der verunsicherten deutschen Bevölkerung. Eine effektive internationale Verteidigung hätte die Prozesse zumindest juristisch unpolitischer aussehen lassen.

Die Nürnberger Prozesse begannen am 18. Oktober in Berlin. Im ehemaligen Volksgerichtshof, dem späteren Kontrollratsgebäude am Kleistpark, trat das neue Gericht erstmals zusammen. Ab November tagte das Gericht dann in Nürnberg. Es begann eine monatelange Beweisaufnahme, während deren man den Gang des nationalsozialistischen Regimes nachzuzeichnen versuchte. Dass es einer akribischen Beweisführung bedurfte, um den psychologischen Widerstand der Deutschen gegen die Fakten aus den Konzentrationslagern zu unterlaufen, zeigt folgende Aussage. Sie stammt von Erado Rautenberg, dem brandenburgischen Generalstaatsanwalt. Er berichtete anlässlich einer Würdigung von Fritz Bauer, dem Ankläger bei den Frankfurter Auschwitz-Prozessen, in der ›Zeit‹ 47/2014: »Vor diesen Prozessen taten nicht wenige Deutsche die Bilder aus den befreiten Konzentrationslagern als Propaganda der Alliierten ab. Mein Vater, der als 21-jähriger Leutnant 1945 in amerikanische Kriegsgefangenschaft geraten war, hat mir berichtet, dass seine Kameraden und er nach einer Filmvorführung empört in ihre Baracken zurückgekehrt seien, weil die Amerikaner den Deutschen nach dem verlorenen Krieg auch noch ›solche Schweinereien in die Schuhe schieben‹ wollten. Doch als zwei SS-Offiziere, die stumm geblieben waren, nach der Aufforderung, sich dazu zu äußern (›Ihr wisst es doch am besten!‹), nur verlegen gegrinst hätten, sei eine Totenstille eingetreten, und keiner in der Baracke habe mehr an der Wahrheit des Gesehenen gezweifelt.«

Die Verhandlung dauerte vom 20. November 1945 bis zum 1. Oktober 1946, also mehr als zehn Monate, insgesamt 218 Prozesstage. Sie fanden im Saal 600 des Justizpalastes statt, der im Krieg unzerstört geblieben war. Nürnberg als Verhandlungsort war nicht zwingend, aber es war bedeutsam: Es war die Stadt der Reichsparteitage, also der großen massenwirksamen Triumphe der Nazis, und es war die Stadt der Nürnberger Gesetze, mit denen im Jahr 1938 die längst begonnene Ausgrenzung und Bekriegung der jüdischen Bevölkerung juristisch festgeschrieben und forciert worden waren. Diesen Punkt sollten die Deutschen nämlich verstehen: Das Recht würde das Monströse aburteilen und es damit bannen. Die Zivilisation sollte über die Barbarei richten. In der Stadt, in der sich das Regime selbst am exzessivsten gefeiert hatte und die Massen ihm zugejubelt hatten.

Auf der Anklagebank saßen 24 Naziführer aus der Spitze der NSDAP, der SS, des Sicherheitsdienstes, der Kriegswirtschaft und der Wehrmacht. Für die Alliierten gab es damals keinen Zweifel, dass das Treiben der Wehrmacht in den besetzten Gebieten ebenso justiziabel war wie die Verbrechen der Nazis. Die Schuld des Militärs und von Teilen der Industrie an den Naziverbrechen lag in Nürnberg schon auf der Hand, im Laufe des Prozesses ist sie schließlich belegt worden. Das betrifft die Beteiligung der Wehrmachtsspitzen an der Entartung des Krieges ebenso wie die Verquickung der Wirtschaft in diesen Krieg und in die Massenvernichtung in den KZs oder durch Zwangsarbeit in den Fabriken. Der Zeuge Erwin Lahousen, ehemaliger Leiter der Abteilung II des militärischen Abwehrdienstes, legte in Nürnberg eine vielbeachtete Aussage über die geheimen Hintergründe des Krieges der Nazis im Osten ab: Polens angeblicher Angriff auf deutsches Gebiet war nach seiner Darstellung fingiert. Der Angriff auf Russland war nicht – wie behauptet – ein Präventivschlag, sondern der Beginn eines durchgeplanten Vernichtungsfeldzuges. Die Bombardierung Warschaus war gegen den Protest von Abwehrchef Admiral Canaris von Generalstabschef Keitel gefordert worden. Die Liquidierung der polnischen Intelligenz, das Niederbrennen polnischer Bauernhäuser, die massenhafte Ermordung sowjetischer Kriegsgefangener – für all das nannte Lahousen in Nürnberg Zahlen und Namen.[10]

Walther Karsch, Mitbegründer des ›Tagesspiegels‹, war als Journalist in Nürnberg. Er schrieb in seiner Zeitung am 4. Dezember 1945, Lahousen habe sich gewiss wenig Gedanken darüber gemacht, »ob Kriege eine moralische Angelegenheit« seien, aber wenigstens habe er sich »Gedanken über die Spielregeln« gemacht. Und: »Die Anklagebehörde hat in dem Kampf um diesen ersten wichtigen Kronzeugen gesiegt.«

Die Anklage lautete auf Verschwörung (ein wichtiger Aspekt: die Anklage wies den Tätern nach, dass sie schon früh gemeinsam im Sinne Hitlers gehandelt hatten), Verbrechen gegen den Frieden, Kriegsverbrechen und Verbrechen gegen die Menschlichkeit. Der Tatbestand »Vorbereitung zum Angriffskrieg« war ein Novum in der Rechtsgeschichte und wurde von der Verteidigung in Frage gestellt (teils mit dem absurden Argument, Nazideutschland sei unzureichend auf den Krieg vorbereitet gewesen). Unabhängig von diesem Rabulismus: Die Mehrzahl der Angeklagten konnte anhand herkömmlicher Strafgesetze verurteilt werden – kein einziger wegen des umstrittenen Tatbestandes der Vorbereitung eines Angriffskrieges.[11]

Die Hälfte der Angeklagten wurde am 30. September und 1. Oktober 1946 zum Tode verurteilt und vierzehn Tage später in der Turnhalle des Nürnberger Gefängnisses, in der sie einmal die Woche hatten Sport treiben dürfen, gehängt. An zwei Galgen gleichzeitig, damit es schnell ging.[12] Göring hatte sich Giftampullen besorgt und sie kurz vor der Exekution zerbissen. Arbeitsfrontchef Robert Ley hatte sich schon vor dem Prozess selbst getötet, NSDAP-Reichsleiter Martin Bormann, von dem man damals glaubte, er lebe noch, war in Abwesenheit zum Tode verurteilt worden (Bormann hatte sich Anfang Mai in Berlin umgebracht, das wurde durch DNA-Analyse seines Leichnams 1986 zweifelsfrei bestätigt).

Die Hingerichteten waren Generalgouverneur Hans Frank, Generaloberst Alfred Jodl, der Chef des Reichssicherheitshauptamts Ernst Kaltenbrunner, der Chef des Oberkommandos der Wehrmacht Wilhelm Keitel, Innenminister Wilhelm Frick, der Nürnberger Gauleiter und ›Stürmer‹-Herausgeber Julius Streicher, der Reichsstatthalter in Österreich Arthur Seyß-Inquart, der Generalbevollmächtigte für den Arbeitseinsatz Fritz Sauckel, der Rassenideologe und Reichsminister Alfred Rosenberg, Reichsaußenminister Joachim von Ribbentrop.

Sieben Angeklagte erhielten Haftstrafen: Heß, Funk, Raeder, Schirach, Speer, von Neurath, Dönitz. Der ehemalige Reichskanzler Franz von Papen, Reichsbankpräsident Hjalmar Schacht und der Goebbels-Ministerialrat Hans Fritzsche wurden – gegen heftigen Protest der Sowjets – freigesprochen. Diese Freisprüche wurden angesichts der Entnazifizierungsprozeduren von vielen als Skandal empfunden. Flüchtlinge und Heimatvertriebene zeigten sich empört darüber, dass die für die Vertreibungen Verantwortlichen in Polen, Tschechoslowakei und anderswo nicht zur Rechenschaft gezogen wurden.[13]

Gnadengesuche wurden nicht bewilligt. Auch das war wie die Todesurteile ein Signal: Es gibt keine Vergebung, es gibt keine Gnade angesichts der Schwere der Verbrechen. Die Hinrichtungen am 16. Oktober gingen still über die Bühne. Nur Julius Streicher brüllte auf dem Schafott »Heil Hitler« und verfluchte die Juden. Die Leichen der Exekutierten wurden ins Krematorium des Münchner Ostfriedhofes gebracht. In Anwesenheit des Chefbestatters der US-Army, Major Rex S. Morgan, wurde ihre Asche in einen Bach gestreut. Nicht einmal die Angehörigen der Hingerichteten kannten den Ort der Beisetzung. Die Deutschen erfuhren von der Vollstreckung des Todesurteils und von der Beisetzung, »irgendwo in Deutschland«, aus der Presse.[14] Die Alliierten wollten keinen Wallfahrtsort für Nazis.

Es fanden zwölf Folgeprozesse statt, in denen 185 Personen angeklagt wurden. Verhandelt wurde gegen 177 davon, die anderen hatten sich umgebracht oder waren für verhandlungsunfähig erklärt worden. Die Angeklagten dieser Folgeprozesse waren Ärzte, Juristen, Generale und Minister, aber auch die Vertreter der Wirtschaft und der Banken, die besonders eng mit Hitlers Vernichtungsindustrie verbunden gewesen waren: Friedrich Flick, Alfried Krupp von Bohlen und Halbach, der I.G. Farben-Aufsichtsratschef und Wehrwirtschaftsführer Carl Krauch. Die meisten dieser Angeklagten wurden freigesprochen, der Rest wurde früher aus der Haft entlassen.

Die Amerikaner hatten bei der sehr kurzfristigen Vorbereitung der Nürnberger Kriegsverbrecher-Prozesse Außergewöhnliches geleistet. Ihre Suchtrupps hatten 4000 Dokumente aus NS-Verstecken und Ruinenkellern zusammengetragen. Die belastenden Dokumente wiesen oft die Unterschriften der Angeklagten auf. Aufgrund der Beweislage wurden 270 Zeugen geladen. Unter ihnen – zum Entsetzen der Angeklagten – auch der Auschwitz-Kommandant Rudolf Höß, der die Mordindustrie detailliert bezeugte. Höß wurde später an Polen ausgeliefert, wo man ihm den Prozess machte und ihn hinrichtete. Der Massenmord an den

Juden, dessen Folgen, die Leichenberge, von Militärkameraleuten festgehalten worden waren, war damit zweifelsfrei belegt. Das Protokoll der Wannsee-Konferenz vom Januar 1942 wurde zwar erst 1947 aufgefunden, doch waren die bei dem Prozess vorliegenden Beweise erdrückend und durch Zeugenaussagen war etwa die Funktion eines Adolf Eichmann im Detail bekannt. Ebenso lagen, mit Unterschriften oder Paraphen der Generäle Wilhelm Keitel und Alfred Jodl, die Befehle zur Ermordung russischer Kriegsgefangener und kommunistischer »Kommissare« vor. Die Jahrzehnte später so heftig diskutierten »Verbrechen der Wehrmacht« waren also dokumentiert.[15]

Der Prozess war ein Risiko für die Besatzungsmächte. Vor Gericht kamen Aspekte zur Sprache, die den Anklägern nicht angenehm waren. So kam man auf den Fall Katyn zu sprechen. 22 000 polnische Offiziere und Intellektuelle waren zwischen dem 3. April und dem 19. Mai 1940 erschossen und bei Katyn (Oblast Smolensk) verscharrt worden. Als die Gräber 1943 gefunden wurden, hieß es erst, die Deutschen seien die Täter gewesen.[16] In Nürnberg zeigte sich, dass es der sowjetische NKWD war, der die Polen hingerichtet hatte (mit aus Deutschland gelieferten Pistolen). Die russischen Ankläger protestierten heftig. Aber sie konnten nicht verhindern, dass die Angelegenheit an die Öffentlichkeit drang. US-Präsident Roosevelt hatte am 28. März 1945, noch kurz vor seinem Tod, dem US-Botschafter in Bulgarien befohlen, Stillschweigen zu bewahren über seine Erkenntnisse im Fall Katyn und die russische Täterschaft – im Interesse des Bündnisses. Dementsprechend verhielten sich die Amerikaner auch in Nürnberg, die Verteidigung stand auf verlorenem Posten: Der Fall Katyn wurde im Urteil mit keinem Wort erwähnt.[17]

Der deutsche Verteidiger Alfred Seidl provozierte am 25. März 1946 einen noch größeren Eklat: Er brachte das kurz zuvor entdeckte Zusatzprotokoll zum Hitler-Stalin-Pakt von 1939 in den Prozess ein, das offenbarte, wie skrupellos Stalin mit Hitler über polnische und baltische Gebiete gefeilscht hatte. Die Russen waren außer sich vor Wut, der Prozess war kurz davor zu platzen: Nun standen nämlich nicht nur die Nazis als Angriffskrieger da, sondern auch Stalin. Die Amerikaner wollten jedoch den Prozess auf jeden Fall zu Ende bringen. Deshalb spielten sie die Angelegenheit herunter, kamen aber nicht umhin, die Tatsache und den Inhalt des Protokolls zum Hitler-Stalin-Pakt zu den Akten zu geben. Nicht wenige in Deutschland sahen das als ihren Triumph an. Und als eine Bankrotterklärung des moralischen Anspruchs derer, die über Deutschland zu Gericht saßen. Dennoch trug die Langmut der Amerikaner Früchte: Im Nürnberger Prozess konnten – lange vor endlosen Streitereien über die Relativität und das Ausmaß des Massenmordes der Nazis – grundlegende Fakten gesichert werden.

Obwohl sich das Interesse der Deutschen an den Vorgängen in Nürnberg in Grenzen hielt, wurde großflächig über den Prozess berichtet. 216 Journalisten aus 20 Ländern waren im Nürnberger Justizpalast akkreditiert – für damalige Verhältnisse ein enormer Aufwand. In der französischen Zone erschien in einer Auflage von 20 000 Exemplaren die Aufklärungsschrift ›Der Nürnberger Lehrprozeß‹. Als Autor zeichnete ein gewisser Hans Fiedeler. Das war Alfred Döblin.[18]

Alle wussten, dass Nürnberg ein Meilenstein auf dem Weg der schwierigen und langwierigen Umerziehung war, von deren Erfolg die Dauer der Besatzung abhing. Dabei waren es nicht die absoluten Zahlen des Grauens, die sich in den Köpfen der Menschen verfingen. Es war vielmehr die unbeteiligte Detailgenauigkeit der Aussagen, die auch Zweiflern und Verdrängern den Atem nahm: »Es dauerte drei bis fünfzehn Minuten, die Menschen in den Gaskammern zu töten. Wenn das Kreischen aufhörte, wussten wir, dass sie tot waren. Unsere Sonderkommandos nahmen den Leichen die Ringe ab und zogen aus ihren Gebissen die Goldzähne. Das Gold wurde nach Berlin an die SS geschickt.« Das war die Aussage des Auschwitz-Kommandanten Rudolf Höß, die der Berliner Rundfunk im August 1946 verbreitete.[19]

Dennoch: Das Echo, das die Amerikaner sich von den Nürnberger Prozessen versprochen hatten, stellte sich nicht ein. Die Deutschen waren mit anderen Dingen beschäftigt. Sie weigerten sich auch, die Monstrositäten zu glauben, die die internationalen Journalisten nach draußen trugen und die nach der Meinung der Amerikaner nicht drastisch genug sein konnten, um die Deutschen endlich aufzurütteln. Selbst Victor Klemperer, zeitweilig Kommunist, schrieb am 9. Dezember 1945: »Reingruber meinte, es sei ein Fehler der Alliierten, den Nürnberger Prozeß so weit und lang im Radio auszuspinnen. Das wirke einschläfernd u. abstumpfend. Das war genau meine Meinung.«[20]

In den folgenden, sekundären Prozessen standen die Handlanger der Nürnberger Naziführer vor Gericht. Die Franzosen richteten ein »Tribunal Général« in Rastatt ein, die Amerikaner Gerichte in Darmstadt, Ludwigsburg und Dachau, wo das Wachpersonal der Konzentrationslager angeklagt wurde. Auch bei diesen Prozessen wurden mit großer Sorgfalt umfangreiche Beweismaterialien gegen die Nazi-Täter zusammengetragen, fast 20 Jahre vor den großen Auschwitz-Prozessen, die ab Dezember 1963 in Frankfurt stattfanden. In Dachau wurden 1672 KZ-Bedienstete angeklagt, 426 Mal wurde die Todesstrafe verhängt.[21] In der SBZ ergingen von deutschen Gerichten, die eigentlich durch einen Kontrollratsbeschluss von Kriegsverbrecherverfahren ausgeschlossen bleiben sollten, 8300 Urteile wegen NS-Straftaten. 50 Mal wurde die Todesstrafe verhängt. Im Westen gab es bis 1949 4419 Urteile. Insgesamt wurden 13 600 Ermittlungsverfahren eröffnet. Bei diesen Verfahren ging es um die Morde an Juden, Behinderten und Zwangsarbeitern. Erst mit dem Überleitungsgesetz von 1955 waren bundesdeutsche Gerichte in der Lage, gegen Kriegsverbrecher vorzugehen. Bis dahin behielten sich die Besatzer das Recht auf die Aburteilung dieser Täter vor. Sie trauten den Deutschen nicht zu, dass sie mit der nötigen Strenge verfahren würden. Womit sie durchaus Recht hatten, wie die Geschichte der Strafverfolgung von NS-Verbrechen in der Zeit der vollen Souveränität zeigt.

Am 31. Dezember 1949 – da bestand die Bundesrepublik Deutschland gerade mal ein halbes Jahr – erließ die neue Regierung schon Straffreiheit für minder belastete Täter. Darunter fielen alle NS-Täter, deren Strafmaß unter einem halben Jahr lag.

Geldstrafen für diese Tätergruppe wurden erlassen. Laufende Verfahren mussten eingestellt werden, wenn sie kein höheres Strafmaß erwarten ließen, und noch nicht verbüßte Gefängnisstrafen von bis zu einem Jahr wurden gestrichen. Die junge Republik zeigte dem durch die Nazi-Aufarbeitung genervten Volk, dass es Verständnis für seinen Überdruss an allzu viel Wahrhaftigkeit hatte. Das war kein guter Anfang in Sachen nationalsozialistischer Vergangenheitsaufarbeitung.

Diese kollektive Gleichgültigkeit war nur möglich, weil die Besatzer längst das Interesse an einer konsequenten Verfolgung der NS-Täter verloren hatten. Sie verfolgten nun andere Ziele: Es ging nicht mehr um die Demokratisierung des besetzten Landes. Es ging den Besatzern jetzt vielmehr darum, ihre Zone wirtschaftlich funktionsfähig zu machen. Und dabei konnte man keine Deutschen gebrauchen, die durch das unentwegte Fragen nach der Vergangenheit verunsichert waren. Die Besatzer brauchten keine suspekten Nazi-Mitläufer. Sie brauchten Mitkämpfer für eine neue Front. Den Kalten Krieg.

DIE MÜHEN DER EBENE

»Rund 2000 deutsche Fremdenlegionäre sind in Indochina zu den Viet-Nam-Streitkräften übergelaufen, teilte der Vertreter Viet Nams auf der panasiatischen Konferenz in Delhi, Prof. Tranvan Giau, mit. Wie er weiter bekanntgab, stehen in den Reihen der französischen Streitkräfte in Indochina annähernd 25 000 deutsche Fremdenlegionäre. Viele von ihnen hätten früher zum Afrika-Korps gehört.« (›Der Spiegel‹ 14/1947)

Da sie damit rechnen mussten, dass sich in der Masse ein nazistischer Bodensatz hielt, verhängten die Alliierten recht früh einen sogenannten *automatic arrest* für alle Parteimitglieder oberhalb des Ortsgruppenleiters. Bis Mitte Juli 1945 hatten die Amerikaner schon 70 000 Personen unter Arrest gestellt.[22] Den Briten unterstand die bevölkerungsreichste Zone. Sie allein inhaftierten auf diese Weise 90 000 Deutsche, und die Franzosen 20 000.

Die betroffenen Personen kamen in Internierungslager, in denen sie von der Umwelt abgeschnitten waren. Kontakte nach draußen waren ihnen strengstens untersagt. Die Behandlung in den Lagern war rüde. Die Eingewiesenen wurden bei »Renitenz« geprügelt.[23] Die Kontaktsperre wurde streng überwacht. Am Zaun des US-Internierungslagers Altenbach in Bayern wurde eine Frau durch einen Kopfschuss tödlich verletzt, die ihrem inhaftieren Mann zugewinkt hatte. Der Mann musste vom Lager aus zusehen, wie seine Frau im Straßengraben starb.[24]

Im Lager Darmstadt waren im Frühsommer 16 000 Zivilisten zusammen mit 12 000 Kriegsgefangenen untergebracht. Eugen Kogon, der unter den Nazis selbst im KZ gesessen hatte, besuchte das Lager und schrieb anschließend in seinem Beitrag ›Kampf um Gerechtigkeit‹: »Ernährt werden sie mit 1700 Kalorien täglich verhältnismäßig gut; nur eintönig und geschmacklos ist das Essen: immer Haferflocken, Grieß, Nudeln (mit Bohnen oder Erbsen). Für Kranke oder Schwerarbeiter gibt es Zulagen bis zu weiteren 700 Kalorien täglich. Aber nur die wenigsten Internierten dürfen nach den amerikanischen Sicherheitsverfügungen außerhalb des Lagers arbeiten; lediglich 150 Mann sind im Wiederaufbau tätig. Etwa 3400 Mann arbeiten in der Lagerselbstversorgung, deren eigene Verwaltung ganz formal-demokratisch aufgebaut – mit hochtrabenden Titeln wie ›Oberbürgermeister‹, ›Bürgermeister‹, ›Stadtrat‹ und so fort – , zum vollen Vorteil der unmittelbar Beteiligten und zum ausreichend bis mäßigen Vorteil der mittleren Beteiligten reicht. Das Internationale Rote Kreuz hat im Lager Darmstadt mit einiger Mühe 14 Fälle leichter Unterernährung festgestellt. 121 Mann sind zwischen dem 1. November 1946 und dem 5. März 1947 geflohen. Innerhalb von 13 Monaten starben 43 Patienten, keiner davon an Lungenentzündung oder Grippe, alle an anderen Krankheiten. Und dies während des strengsten Winters seit fünfzig Jahren. Unter amerikanischer Verwaltung kamen drei Selbstmorde vor, seit dem 1. November 1946 keiner mehr.«

Seit September 1946 stand das Lager unter deutscher Verwaltung. Dennoch zog Kogon ein negatives Fazit: »Kaum ein Nationalsozialist wird in einem Internierungslager zum Demokraten. Die Haft wird als Rache und Vernichtungswille empfunden.«[25] Die Bevölkerung sah die Internierungen auch deshalb mit Unbehagen, weil jeder aus seiner unmittelbaren Umgebung wusste, dass es nicht nur ehemalige Nazis traf. Die Verhaftungen im Zuge des *automatic arrest* waren willkürlich. Oft genug lagen ihnen Denunziationen zugrunde. Die Empörung darüber war so groß, dass sich sogar die Kirche einschaltete. Weihnachten 1948 schrieben der Münchner Erzbischof Michael Faulhaber, der Erzbischof von Freiburg Conrad Gröber und der Ratsvorsitzende der Evangelischen Kirche in Deutschland Theophil Wurm einen offenen Brief an die Christen in den Vereinigten Staaten: »Wir können aber nicht verstehen, daß so viele Frauen und Männer, denen kein Verbrechen nachgewiesen werden kann, so lange in Haft gehalten werden, ohne daß Vorbereitungen für ein geordnetes Verfahren getroffen werden.«[26] Als besonders erschreckend empfanden es die deutschen Bischöfe, dass inhaftierte Frauen im Lager Kinder zur Welt bringen mussten, die nun aufgrund der langen Inhaftierung der Mutter unter Lagerbedingungen aufwuchsen, und dass zahlreiche inhaftierte Eltern ihre Kinder unbeaufsichtigt zurücklassen mussten.

Der hessische Minister für politische Bereinigung Gottlob Binder war nach der Inspektion des Dortmunder Lagers, für das er ab September 1946 zuständig war, so aufgebracht, dass er eine Parallele zu den Zuständen in den Konzentrationslagern der Nazis zog und verlangte, dass die Inhaftierten zu sinnvollen Arbeiten herangezogen und ernsthaft politisch umerzogen wurden.[27] Die Missstände und die unterschiedliche Behandlung der Inhaftierten nicht nur in den verschiedenen Zonen, sondern auch in den Lagern einer Zone warfen ein schlechtes Licht auf den gesamten Prozess der Entnazifizierung. Damals dachten viele wie der angesehene Publizist Eugen Kogon: Sie beklagten den Aufwand, der in Notzeiten anderswo eher am Platz gewesen wäre, und befürchteten, dass die beabsichtigte »Umerziehung« zu einer »politischen Verschlimmerung« führen könnte.[28]

Zwar kam es nicht zu einem nennenswerten Wiedererstarken nationalsozialistischer Kräfte (abgesehen von einer Anschlagsserie auf Spruchkammern in Backnang, Stuttgart und Eßlingen), aber die Sache der Aufarbeitung der NS-Zeit erlitt einen propagandistischen Schaden. Viele Deutsche glaubten, aus den Fehlern der Besatzer in dieser frühen Phase der Entnazifizierung den Schluss ziehen zu können, dass jede Art der Auseinandersetzung mit der NS-Schuld nutzlos oder gar ungerecht sei. Entweder weil die Schuld kaum zu fassen sei. Oder gar: weil der Nationalsozialismus weniger schlimm gewesen sein könnte als sein Ruf. Auch setzte sich die Meinung fest, dass im Namen der Entnazifizierung schlimmeres Unrecht geschehe, als die Entnazifizierten jemals begangen haben könnten. Diese Lehren aus der Zeit des *automatic arrest* waren ein Grund dafür, dass es in Deutschland zwei Jahrzehnte dauerte, bis eine breite und tiefgreifende Aufarbeitung der Naziverbrechen stattfinden konnte. Erst ab Mitte der sechziger Jahre wurden die Nazizeit und das Verschweigen oder Ignorieren der NS-Verbrechen zu einem großen politischen Thema, das die Menschen bewegte.

Briten und Franzosen zeigten sich weniger hart im Umgang mit den kleinen Nazis als die Amerikaner. Sie orientierten sich nicht an dem Prinzip der unterschiedslosen Aussonderung, sondern entschieden nach den Bedürfnissen ihrer Zonen. Die Franzosen, die Kriegsverbrecher hart bestraften, beließen notorische Nazis in ihren Ämtern, wenn diese effektiv arbeiteten und den Besatzern von Nutzen waren. Die Militärregierung köderte sogar Deutsche im Südwesten mit dem Versprechen, besonders »behutsam« bei der Entnazifizierung vorzugehen, damit diese sich gegen die Amerikaner für ein Land Baden in der französischen Zone engagierten.[29]

Während sich also in der britischen und französischen Zone schnell eine gewisse Nachlässigkeit im Umgang mit ehemaligen Nazis einstellte, veranlassten die Amerikaner fristlose Entlassungen aus der Verwaltung, wenn die Betroffenen vor dem 1. Mai 1937 der NSDAP beigetreten waren, bei SA und SS galt der April 1933. Für viele sah es so aus, als spielte die Nähe zu den Nazis für die US-Besatzer keine Rolle mehr oder sei nur ein Vorwand. Viele Deutsche waren der Meinung, dass es in erster Linie um einen umfassenden Austausch des Personals ging (was die Sowjets in ihrer Zone dann auch bewerkstelligten, indem sie alle wichtigen Funktionen mit Kommunisten besetzten).

Damit sah eine Mehrheit der Deutschen die Absicht der Entnazifizierung vollends diskreditiert: Sie schien nur noch ein Mittel zum Zweck zu sein, nämlich eine völlig neue Elite in der amerikanischen Zone zu etablieren. Das Argument der Besatzer, dass jeder Funktionsträger in einer deutschen Behörde während der Nazizeit dem Regime diente, wie auch immer er weltanschaulich zu diesem stand, sahen die Betroffenen und viele ihrer Landsleute als unrealistisch und ungerecht an. Schließlich hatten sie diese Zeit überstehen müssen und in ihren Positionen möglicherweise Schlimmeres verhindert. Ein Argument, das wiederum den Besatzern zum Halse heraushing, weil sie es allzu oft und nicht immer aus berufenem Munde zu hören bekamen.

In Frankfurt am Main jagten die Amerikaner im August 1945 70 Prozent aller Beamten aus den Behörden, in großen fränkischen Städten waren es weit über 30 Prozent. Die Franzosen hingegen entließen in ihrer Zone nur 13 Prozent der Beamten, und in der großen britischen Zone mussten insgesamt nur 13 000 Menschen wegen des Vorwurfs der NS-Belastung ihre Posten räumen. Insgesamt setzten die US-Besatzer bis zum März 1946 340 000 Menschen auf die Straße. Während die Amerikaner sich gegenüber der normalen deutschen Zivilbevölkerung nachgiebig, bisweilen sogar großzügig erwiesen, sprangen sie mit den Nazis rüde um. Und zwar nicht nur in der öffentlichen Verwaltung, in einigen privatwirtschaftlichen Betrieben setzten sie durch, dass bis zu einem Viertel der Manager als nazibelastet gehen musste.[30]

In einer Zeit, in der es an allem fehlte und die Wirtschaft nur mühsam wieder auf die Beine kam, fehlte den Deutschen dafür jegliches Verständnis. Viele fragten sich, was ein Fachmann, der in seiner Firma gebraucht wurde, an Schaden anrichten sollte, bloß weil er in der NSDAP gewesen war. Die Briten mussten in der bevölkerungsreichsten Zone den ersten harten Winter 1945/46 überstehen und wollten deshalb weder in der Verwaltung, die für die Lebensmittel- und Brennstoffzuteilungen zuständig war, noch in der Wirtschaft auf erfahrene Fachkräfte verzichten. Im Frühjahr 1946 – der Winter war vorbei – trennten sie sich dann doch von nazibelasteten Mitarbeitern, aber nur sehr zaghaft. Deren ökonomischer Nutzen für die aufkeimende Wirtschaft war ihnen wichtiger als ideologische Sauberkeit. Die Franzosen entwickelten in Sachen Entnazifizierung noch weniger Eifer als die Briten. Bis Ende Dezember 1945 waren in ihrem Bereich gerade mal 60 Prozent der Mitarbeiter überprüft, 13 Prozent der Beschäftigten wurden entlassen.

Die Sowjets gingen in ihrer Zone strenger vor. Ehemalige SS-, SA-, Gestapo-, SD-Leute und die Wachleute der KZ wurden sofort nach dem Einmarsch der Roten Armee in Speziallager gesperrt. Das waren meistens die soeben erst befreiten NS-Konzentrationslager. Diejenigen, die paramilitärischen Verbänden angehörten, wurden in die Sowjetunion deportiert, wo sie Zwangsarbeit verrichten mussten.[31] Schon im Frühjahr 1945 steckten die Sowjets nicht nur Nazis in die Lager, sondern auch ihre politischen Gegner – das konnten Kommunisten oder Sozialisten sein. Als sich Unmut gegen die Bodenreform regte, wurden die Kritiker mit den Nazis zusammen eingesperrt, was zu der weit verbreiteten Meinung beitrug, die Entnazifizierung würde als Vorwand benutzt werden, um sich unliebsamer Kritiker entledigen zu können. Die Lage in diesen Speziallagern war bedrohlich für die Insassen. Wenn jemandem die Flucht gelang, straften die Wachen die Insassen mit quotenmäßigen Sühneexekutionen: Auf einen Entwichenen kamen zwei, die dafür mit dem Leben bezahlen mussten.[32]

Wer dem Horror lebend entkam, musste darüber schweigen. Eine Klage wäre Propaganda gegen die Besatzungsmacht gewesen und schwer bestraft worden. Deshalb sind die ersten Berichte darüber erst nach dem Ende der DDR an die Öffentlichkeit gelangt. Man nimmt an, dass in den sowjetischen Sonderlagern bis 1950 122 000 deutsche Häftlinge saßen. 43 000 Menschen sind in den Lagern in der SBZ ums Leben gekommen, wobei die häufigsten Todesursachen Hunger und Krankheiten waren. Offiziell wurden nur 756 Todesurteile vollstreckt.[33]

Die Entnazifizierungen in der SBZ waren eng verbunden mit den sozialen und wirtschaftlichen Reformen der Besatzungsmacht. Wenn eine solche Umwälzung anstand, erschienen immer Kritiker auf der Bildfläche, die man auf ihre Vergangenheit hin abklopfen konnte. Oft genug war es auch objektiv so, dass ausgerechnet die ehemalige Funktionselite der NS-Zeit die gesellschaftlichen Veränderungen, die durch die Russen ins Land getragen wurden, besonders skeptisch sah. Die Sowjets spürten diese Reserviertheit und sie wandten umso mehr Kraft auf, die alten Eliten zu ersetzen, die sich ihren Reformvorhaben in den Weg stellten. Auch in der Industrie griffen die Besatzer rigoros durch: Sie wollten bei ihren epochalen gesellschaftlichen Vorhaben nicht ständig mit dem Reibungsverlust durch die Alt-Nazis kämpfen müssen. Bis August 1947 waren insgesamt 500 000 Menschen betroffen.[34]

Es gab einen wesentlichen Unterschied der Sowjetzone zu den Westzonen: Wer im Osten einmal wegen seiner Nazi-Vergangenheit entlassen war, kam nie mehr auf seine Position zurück. Das war im Westen anders. Auch konzentrierten die Sowjets ihre Kräfte bei der Entnazifizierung. Die Sowjets sahen es als gefährlich an, Ex-Nazis an den sensiblen Bereichen des öffentlichen Lebens sitzen zu haben. Deshalb säuberten die Russen die Schulen und die Justiz besonders gründlich. Victor Klemperer notierte am 12. August 1945 in Dresden: »Die Russen haben neuerdings die schon ›angelaufenen‹ Volksschulen wieder geschlossen. Erst soll ›gesäubert‹ werden, u. zum Ersatz der hinausgeworfenen Nazis muss man eben provisorisch ausgebildete Laienkräfte heranziehen.«[35]

Viele Deutsche in der SBZ engagierten sich in »antifaschistischen Ausschüssen« und nahmen die Säuberung der besonders sensiblen Ressorts selbst in die Hand – also Polizei, Erziehung und Personalämter. Ab Juli gab es schon einzelne Landesgesetze in den neuen Ländern, die die jeweiligen Säuberungen steuern sollten. So wurden in Brandenburg und Mecklenburg alle Nationalsozialisten von ihren Arbeitsplätzen verjagt. In Thüringen hingegen wurden nur aktive Parteiarbeiter der NSDAP entlassen. In Sachsen mussten die höherrangigen Nazis automatisch gehen, während in Sachsen-Anhalt jeder Fall einzeln geprüft wurde.

Als die deutschen Ausschüsse immer öfter Ausnahmegenehmigungen erteilten, schritt die Besatzungsmacht ein. So kam es zwischen August 1945 und März 1946 zu besonders vielen Entlassungen von ehemaligen Nazis. Ende des Jahres 1946 befanden sich nur noch fünf bis sechs Prozent Belastete in den Landesregierungen der südlichen SBZ-Länder.[36] Ab Dezember 1946 entschieden Landeskommissionen über Entlassungen, die Besatzer überprüften nur noch die Entscheidungen dieser Kommissionen. Seit August 1947 entschieden auch die Sowjets nicht mehr nach ideologischen oder politischen Maßstäben. Es zählte vor allem der ökonomische Wert eines Falles. Man musste den Verlust der Fachkräfte durch Abwanderung und Entlassungen ausgleichen, wenn man nicht wirtschaftlich untergehen wollte. In der SED kam es zu einer spektakulären Wende, die nicht alle Kommunisten gerne sahen: Der Kampf ums Überleben zwang die Partei zu einer überraschenden Toleranz gegenüber den Nazis.

Wilhelm Pieck schrieb im ›Neuen Deutschland‹, auch wenn die Nazis nicht frei von Schuld wären, so sollten sie dennoch aufgefordert werden, sich am Wiederaufbau zu beteiligen. Anfang August 1948 wurde Lothar Bolz aus Moskau geholt. Das Gründungsmitglied des »Nationalkomitees Freies Deutschland« gründete nun in der SBZ die neue Nationaldemokratische Partei Deutschlands NDPD für ehemalige Mitglieder der NSDAP. Was die wenigsten Anhänger dieser Partei wussten: Bolz war bewährter Kommunist. Mit einem Kommunisten als Chef war die NDPD »besser lenkbar als die ursprünglich eigenständigen Parteien CDU und LDP«, schreibt Irina Liebmann.[37] (Die NDPD ging übrigens 1990 zusammen mit der LDP in die bundesrepublikanische FDP über.) Beim sich abzeichnenden Wettkampf der Systeme wurde jeder gebraucht. Vor allem wenn er in seinem Beruf erfahren und gut ausgebildet war. Die SMAD stellte dazu eigens einen Befehl Nr. 201 aus: Nominelle NSDAP-Parteimitglieder konnten rehabilitiert werden. Die Wirtschaft sollte stabiler werden, deshalb mussten die Entnazifizierungswellen ein Ende haben.

Im Februar 1948 verfügte die SMAD kurzerhand die Auflösung der Entnazifizierungs-Kommissionen. In den Augen der Besatzer war das wesentliche Ziel erreicht: Die Nazigefahr war gebannt, und die Verwaltung und die Wirtschaft der SBZ hatten eine neue Machtelite bekommen. An den Schalthebeln saßen vor allem Kommunisten aus der Arbeiterklasse. Auch in der Polizei, im Schulwesen und in der Justiz war dieser Paradigmenwechsel abgeschlossen: »Volksrichter und Neulehrer« ersetzten ihre politisch belasteten Vorgänger.[38] 80 Prozent aller Richter und Staatsanwälte waren aus ihren Ämtern entfernt worden. Ihre Nachfolger wurden in einjährigen Schnellkursen ausgebildet. Über die Neulehrer machte man sich schon hinter vorgehaltener Hand lustig. Selbst der mit den Säuberungen einverstandene Victor Klemperer arbeitete an einem Artikel zum Thema: »Frau Wolff erzählte gläubig von der Lehrerin, die Persohn mit h geschrieben habe. Frau Blanke sagt dazu: ›Flüsterpropaganda‹.«[39]

Inge Deutschkron, die deutsch-israelische Journalistin und Autorin von ›Ich trug den gelben Stern‹, arbeitete in der Berliner Zentralverwaltung für Volksbildung. Sie erlebte die Entnazifizierungsmaßnahmen hautnah. Nach ihrer Auskunft wurden 28 000 Lehrer wegen ihrer Zugehörigkeit zur NSDAP entlassen. Da Marschall Shukow per Erlass vom 25. August 1945 die Wiedereröffnung der Schulen zum 1. Oktober 1945 befohlen hatte, musste schnellstens Ersatz gefunden werden. Kurzerhand wurden 15 000 »antifaschistisch gesinnte Arbeiter« rekrutiert und auf Kurzlehrgänge geschickt. Diesen Instant-Lehrern waren nun Kinder ausgeliefert, die durch den Krieg traumatisiert waren. 25 Prozent der Schüler hatten ihre Eltern verloren. Als der erste Bedarf gestillt war, schickte man weitere 30 000 Lehrer in Acht-Monats-Kurse.

Die Auswahl geschah ausschließlich aufgrund der politischen Haltung. Anfangs bestand über die Hälfte die Abschlussprüfung nicht.[40] Eine schwierige Schulreform wurde trotz der enormen Personalmängel durchgepaukt: die einheitliche achtklassige Grundschule sollte eingeführt werden. Der Verlag Volk und Welt hatte die Aufgabe, trotz Papierknappheit für das Jahr 1946 fast zehn Millionen neue Schulbücher zu liefern.[41]

Da die neuen Kräfte zur Klientel der KPD bzw. SED gehörten, wurde durch die Entnazifizierungen auch die Position der Partei im Staat gestärkt. So stellte die SED 1948 bereits 44 Prozent aller Mitarbeiter in den Verwaltungen.[42] Die großen Reformprojekte liefen Hand in Hand mit der Entnazifizierung – oder umgekehrt. Im Zuge der Landreform wurden 7000 Großgrundbesitzer entschädigungslos enteignet. Ihr Besitz ging an 500 000 Kleinbauern. Im Oktober 1945 wurde eine Industriereform vorgenommen. In zweieinhalb Jahren wurden 10 000 Betriebe verstaatlicht.

Papierkrieg

»Der erste Deutsche Kriegsgefangenen-Klub in Großbritannien wurde jetzt in der Grafschaft Essex eröffnet. 50 Gefangene aus dem berühmten Umerziehungslager für eingefleischte und zum Teil unverbesserliche Nazis, Radwinter, wurden vom Kirchenrat der kleinen Stadt Saffron Walden eingeladen. Man bewirtete die Soldaten im Gemeindesaal mit Kakao und Kaffee, und junge Mädchen sangen mit ihnen gemeinsame Lieder.«
(›Der Spiegel‹ 10/1947)

Bei der Entnazifizierung der Deutschen, die weder Kriegsverbrecher noch aktive Parteimitglieder gewesen waren, wollten die Westalliierten jede Pauschalisierung vermeiden. Zwei Stützen sollte die neue Entnazifizierungsphase haben: Spruchkammern entschieden von Fall zu Fall, und mittels einer breit gefächerten Fragebogen-Aktion sollten alle in Frage kommenden Personen eine differenzierte Auskunft über ihre Tätigkeit im »Dritten Reich« geben. Die Fragebogen-Aktion begann im Juli 1945 in der amerikanischen Zone. Jeder Deutsche über 18 Jahre musste einen Bogen ausfüllen. 131 Fragen sollten beantwortet werden. Die Sachbearbeiter, die die Fragebogen zu verarbeiten hatten, mussten entscheiden, ob ein Spruchkammerverfahren eröffnet wurde. Maßgeblich waren dabei gewisse »Verdachtsmomente«.

Mit der zentralen Mitgliederkartei der NSDAP hatten die Amerikaner ein wichtiges Instrument in der Hand: Sie konnten schnell feststellen, ob jemand bei der zentralen Frage log: Waren Sie Mitglied in der Partei, und welche Funktion hatten Sie? Die acht Millionen Pappkarten mit den Namen der NSDAP-Mitglieder erlaubte den Alliierten die Überprüfung der Antworten, die ihnen die Deutschen in den Fragebögen gaben. Die NSDAP war eine bürokratische Partei gewesen. Schon ab Mitte der zwanziger Jahre hatte sie die Daten ihrer Mitglieder festgehalten. Die Kartei wurde bis 1945 »minutiös geführt«.[43]

Im Oktober 1945 wurde die Kartei nach Berlin gebracht, wo die Amerikaner sie in einem unterirdischen Bunker am Wasserkäfersteig im US-Sektor versteckten. In dieser Anlage hatte Görings persönlicher Geheimdienst eine Verstärker- und Abhörzentrale eingerichtet, mit der die Telefongespräche von Berlin nach Westen abgehört wurden. Die Amerikaner begannen in dem Gelass mit dem Aufbau des Berlin Document Centers, zu dessen Kernstück die Münchner NSDAP-Kartei wurde.

Während der Berliner Blockade zogen die Amerikaner in den sowieso robusten Bau zusätzliche Betonverstärkungen ein: Sie wollten verhindern, dass sowjetische Panzer beim Überfahren des Geländes Schaden an den Karteikarten anrichteten. Die Amerikaner bewegten den Alliierten Kontrollrat dazu, ab Januar 1946 ihre Praxis auf alle Westzonen auszudehnen: So mussten auch die Briten, die dem Aufwand skeptisch gegenüberstanden, ab April 1947 Einzelfallprüfungen vornehmen und Spruchkammerurteile ergehen lassen. In der britischen Zone fanden zwei

Millionen Entnazifizierungsverfahren statt. Allerdings war das meistens ein bürokratischer Vorgang: Wer den Fragebogen ausgefüllt einreichte, bekam mehr oder weniger verlässlich seinen Entlastungsschein. Nur 1,3 Prozent der möglicherweise Belasteten wurden von den Spruchkammern als »geringe Übeltäter« eingestuft. Diejenigen, deren Treiben während der Nazizeit als verwerflich angesehen wurde, lagen im Promillebereich. Von den 40 000 im Januar 1947 in britischen Lagern inhaftierten SS-Angehörigen kam nur ein Prozent vor eine Spruchkammer.[44]

In der amerikanischen Zone allein füllten 13 Millionen Deutsche Fragebögen aus. Auslassungen oder unvollständige Angaben stellten Vergehen gegen die Verordnungen der Militärregierung dar und wurden bestraft. Durch die Spruchkammern in den Westzonen wurden bis 1948 3,66 Millionen Verdachtsfälle weiterbearbeitet. Wenn sich kein Verdacht ergab, wurde der Unbedenklichkeitsnachweis erteilt. Dieser wurde benötigt, wenn man eine Arbeit annehmen wollte. Der Nachweis hatte das Format einer Postkarte und wurde »Persilschein« genannt – wohl weil man sich im Besitz dieses Dokuments »reingewaschen« fühlen konnte von jedem Verdacht. Wer die Fragebögen nicht ausgefüllt zurückschickte, wurde von der Lebensmittelversorgung ausgeschlossen.[45] Gegen die Entscheidung der Spruchkammern war Widerspruch möglich. Daraufhin befasste sich eine unter dem Vorsitz eines Juristen stehende Berufungskammer damit.

Die Spruchkammern begannen in der US-Zone im März 1946 mit ihrer Arbeit, die in den französischen Zonen erst Ende 1946. Bei den Briten trat eine Verzögerung von einem Jahr ein – wegen eines allgemeinen Desinteresses der Besatzungsmacht, das die Amerikaner erst mit etwas Nachdruck beenden mussten. Bei allem Elan zu Anfang der Entnazifizierungskampagne: Selbst die Amerikaner strebten danach, die Kampagne in die Hände der Deutschen zu legen. Sie erließen deshalb ein Gesetz. Schon am 5. März 1946 heißt es in einer diesbezüglichen Einführung der Militärregierung: »Sollte sich das Gesetz als ein Fehlschlag erweisen, so würde das bedeuten, dass das deutsche Volk noch nicht reif ist, die Scherben seiner politischen Vergangenheit selbst zu beseitigen.« Die Besatzer unterzogen die Deutschen also einer Prüfung. Nun sollten die Deutschen zeigen, dass sie selbst dazu in der Lage waren, die Entnazifizierung zu leisten.

In der amerikanischen Zone allein mussten 545 Spruchkammern gebildet werden. Dazu gehörten 22 000 Mitglieder, die man erst mal finden musste. Die Amerikaner setzten generell am ehesten die Deutschen ein, die gut Englisch sprachen. Den antifaschistischen Ausschüssen, die vielerorts die kampflose Übergabe an die US-Truppen arrangiert hatten und in den ersten Wochen nach dem Krieg für Ordnung sorgten, misstrauten sie: Die Arbeiter sprachen nicht so gut Englisch wie die alten NS-Funktionsträger.[46]

Die Tätigkeit der Spruchkammern lief auf eine Kategorisierung hinaus: Sie sollten die Akteure in Hauptschuldige, Belastete, Minderbelastete, Mitläufer und Entlastete einteilen.[47] Es oblag dem Beschuldigten selbst, die Verdachtsmomente, die sich aus seinem Fragebogen ergeben hatten, zu entkräften. Das heißt, vor der Spruchkammer tat jeder alles in seiner Macht Stehende, um als Saubermann zu erscheinen. Wer keinen Persilschein bekam, konnte nicht arbeiten und wusste nicht, wie er sich und die Seinen ernähren sollte. Neben Inhaftierung, Arbeitsverbot oder Ausschluss von der Lebensmittelversorgung drohten noch andere Sanktionen: vollständige Enteignung, Einziehung des Vermögens, Verlust der Rentenansprüche. Wer auf freien Fuß kam, durfte zehn beziehungsweise fünf Jahre (nach der Begnadigung) nur Handlangerarbeit verrichten.

Die, die es sich leisten konnten, zogen einen Rechtsanwalt zu dem Spruchkammerverfahren hinzu. Was dazu führte, dass Verfahren mit Rechtsbeistand für die Beschuldigten günstiger ausgingen als die ohne Anwalt. In Bremen wurde eine 59-jährige Witwe zu sieben Jahren Arbeitslager verurteilt, weil sie einen Arbeiter wegen »Wehrkraftzersetzung« denunziert hatte. Der Mann war daraufhin hingerichtet worden. Ein vermögender Arzt, SS-Mitglied, der 1944 einen Juden denunziert hatte, kam dank seines Anwaltes mit 4000 RM Buße und einer Bewährung davon.[48]

Die Spruchkammern hatten einen schlechten Ruf bei der Bevölkerung. Nicht so sehr, weil sie schlecht arbeiteten. Sondern weil diese Institution als eine Zumutung empfunden wurde. Nicht nur dass Deutsche über Deutsche urteilten, die Urteilenden waren oft Nazigegner, oft genug Kommunisten. Diese wurden von vielen Deutschen als voreingenommen betrachtet, durch die Verfolgung, die sie unter den Nazis erlitten hatten. So verwundert es nicht, dass diejenigen, die den Spruchkammern angehörten, nach deren Auflösung Probleme bekamen. Man gab ihnen die Schuld daran, dass einige wenige aufgrund ihrer NS-Vergangenheit erhebliche Nachteile zu erleiden hatten. Spruchkammerangehörige wurden sozial gemieden. Es wurde schwierig für sie, anschließend eine neue Arbeit zu finden.[49] Die Urteile der einzelnen Kammern unterschieden sich so stark, dass sogar der US-Geheimdienst sich im Dezember 1946 darüber beklagte: Man befürchtete, durch stark voneinander abweichende Einschätzungen werde das Gerechtigkeitsgefühl der Deutschen »erschüttert«.

Der eigentliche Schaden war erheblicher. Ein ganzes Volk ließ sich korrumpieren. Um das Verfahren heil zu überstehen, brachten viele Verdächtige Zeugnisse von jüdischen Opfern und von Geistlichen bei, die ihre Unschuld belegen sollten. Verheerend war nicht, dass die Angeklagten auf diesem Weg freizukommen versuchten. Verheerend war, dass sich Opfer der Nazidiktatur genötigt fühlten, solche Zeugnisse auszustellen. Viele von ihnen fürchteten, wieder in Schwierigkeiten zu geraten, wenn sie sich weigerten, für einen Belasteten zu lügen. Also gaben sie nach. Das Ergebnis war eine wahre Flut von durch Gewährsleute beglaubigten Persilscheinen. In Lagern für *displaced persons* entwickelten sich die Persilscheine sogar zum Geschäftszweig. Es gab feste Preise für Zeugendienste. Die Menschen, die dort oft jahrelang auf ihre Ausreise warteten, hatten keine andere Verdienstmöglichkeit.

Victor Klemperer, der dank seiner nichtjüdischen Frau dem KZ entgangen war, beklagte sich 1945 über die ständigen Bitten um »Atteste«, denen er sich nicht entziehen zu können glaubte. So am 6. September: »Einmal traf ich unterwegs Schnauder, den durchaus freundlichen Prokuristen der Firma Schlüter, er arbeitet jetzt in irgendeiner Chokoladen-etc.-Fabrik u. schenkte mir eine Tüte Puddingmehl. Gestern schickte er seinen Sohn zu mir mit der Bitte um ein Attest, daß er trotz seines Hakenkreuzes judenfreundlich gewesen. (Jeder Pg, der freikommen möchte, braucht 2 oder 3 solcher Leumundszeugnisse.)«[50] Wie viele andere bekam auch Klemperer irgendwann Skrupel wegen der häufigen Attestgesuche: »Widerwärtig, dieses Winseln um Zeugnisse. Und irgendwann wird den Juden einmal die Rechnung dafür praesentiert; ich sehe einen neuen Hitlerismus kommen, ich fühle mich durchaus nicht in Sicherheit.«[51]

Bis Ende 1949 fielen die meisten Angeklagten, etwa 75 Prozent, unter das sogenannte Befreiungsgesetz, das Jugendliche, finanziell Minderbemittelte und Kriegsheimkehrer aus den Verfahren entließ. Die Verurteilten konnten sich die Zeit ihrer Inhaftierung im Lager anrechnen lassen. Deshalb kehrten viele nach ihrer Entlassung gleich wieder an den alten Arbeitsplatz zurück.

Auch Zeitzeuge Hermann Catrein geriet wegen seiner Parteizugehörigkeit in die Mühlen der Entnazifizierung. Er musste ein paar Wochen Forstarbeit für die Franzosen machen. Aber er hatte Glück. »Ich war ja auf der AOK. Unser Chef, das war ein schwerer Nazi, der war abgehauen. Und die Angestellten haben so vor sich hin gearbeitet. Und ich bin, als ich mich nach der Gefangenschaft erholt hatte, da hin und habe da mitgemacht. Hier in Morbach. Da gab es keine großen Einstellungsprobleme oder sowas. Allerdings wurde ich danach entnazifiziert. Da hat man mich zwei Stufen zurückgesetzt. Das Geld, das mir entgangen ist, wurde aber später nachgezahlt. Aber Geld hat ja sowieso keinen Wert gehabt damals. Die Fragebogen-Aktion ging von der deutschen Verwaltung aus. Da wurde eine Entnazifizierungskommission gegründet. Das waren Leute, die nicht in der Partei waren. Das war im Großen und Ganzen fair, kann man sagen. Die haben ja keine großen Strafen verhängt. Ich kann nicht sagen, dass da jemand ins Gefängnis kam – aufgrund des Fragebogens.«[52]

Grundsätzlich hing es sehr davon ab, wer über wen richtete und in welcher Beziehung er zu ihm stand. Der amerikanische Geheimdienst warnte in einer Analyse vom 3. Juni 1947 davor, dass an den Universitäten Kollegen über Kollegen befanden und dazu neigten, diese zu entlasten: »So wurden z. B. von 100 Professoren und technischen Assistenten, deren Fälle dem Komitee der Universität München vorgelegt wurden, rund 90 zur Weiterbeschäftigung empfohlen.« Nach erneuten Überprüfungen wurden 33 Professoren der Universität München entlassen, und in 55 weiteren Fällen wurde eine erneute Überprüfung angeordnet.[53] Weiter monierte der US-Geheimdienst, dass an vielen Universitäten, wie zum Beispiel in Erlangen und Marburg, fast die Hälfte der Professoren, die als NS-belastet entlassen worden waren, einfach weiterlehrte. Als die Agenten die Zustände in der französischen Zone untersuchten, mussten sie feststellen, dass die dortige Militärregierung negative Entscheidungen des Entnazifizierungsausschusses an der Universität Mainz einfach revidiert hatte: Die entlassenen Dozenten arbeiteten auf ihrer alten Stelle.

Als die Sowjets ihre Entnazifizierungen im August 1947 als abgeschlossen erklärten, fühlten sich die Westalliierten unter Druck gesetzt. Zu Weihnachten 1947 verkündeten sie eine Amnestie. Im Oktober 1947 stuften sie auch NS-Aktivisten als Mitläufer ein, ein halbes Jahr später konnten solche Abmilderungen von den Deutschen ohne Zustimmung der Militärregierung durchgeführt werden, was eine wahre Entlastungswelle in Gang setzte.

Durchgängig machte sich in der Bevölkerung eine zynische Haltung bemerkbar, die eine Aufarbeitung der nationalsozialistischen Schuld als taktische Maßnahme der Besatzer ansah. Von einer selbstkritischen Prüfung konnte keine Rede mehr sein. In vielen Behörden wurden die alten Nazis mit offenen Armen aufgenommen. In Oberbayern waren im Juli 1949 42 Prozent der Beamten in den Stadtverwaltungen ehemalige NSDAP-Mitglieder, auf der Bezirksebene waren es sogar über 80 Prozent. In ganz Bayern waren 1948 60 Prozent der Richter und 76 Prozent der Staatsanwälte NS-belastet. Bei den Briten galt das für 80 Prozent der Richter. Die saarländische Beamtenschaft bestand im Juli 1948 zu mehr als der Hälfte aus ehemaligen Parteigenossen.[54]

Damit entstand ein deutsches Grundgefühl der nächsten Jahrzehnte: Es wurde niemals ernsthaft mit der Nazizeit gebrochen, es gab nur ein kurzes Innehalten und Atemholen, dann ging es für die Verantwortlichen in ihrer persönlichen Biografie ungebrochen weiter. Dieser Eindruck wurde durch viele individuelle Erfahrungen gestützt – sei es durch die völlige Straffreiheit in der Justiz, die sich durch Rechtsbeugungen ganz erheblich schuldig gemacht hatte, oder auch durch das plötzliche Auftauchen von unter Hitler exponierten Wissenschaftlern in der amerikanischen Raumfahrt. Dieses Gefühl der Vergeblichkeit wurde zu einem Grundton des politischen Bewusstseins in Deutschland: Der Nationalsozialismus ist personell nicht wirklich beendet worden. Und noch schlimmer: Es ging nicht um Gesinnung oder Schuld. Was in der Politik und der Wirtschaft ebenso wie in der Justiz und der Verwaltung belohnt wurde, waren Zähigkeit, Dienstbarkeit, Effizienz und Vergesslichkeit.

Das war nicht allein die Schuld der Besatzer. Ihre Methoden waren nicht immer sehr fein und selten wirklich effizient, aber die große Fragebogenaktion stellte im Grunde einen ehrenwerten Versuch dar, dem eigenen hohen Anspruch auf Bereinigung gerecht zu werden und trotz der immens hohen Zahl der Fälle individuell zu entscheiden. Was das Ganze dann aus dem Ruder laufen ließ, war vor allem der Unwille der Befragten, sich auf eine Auseinandersetzung über ihre Beteiligung am Nationalsozialismus mit Ernst und Selbstkritik einzulassen. Und natürlich die allzu menschliche Tendenz, sich der unangenehmen Affäre durch Flunkern und Tricksen bequem zu entziehen.

Die Deutschen lernten, dass die Entnazifizierung fragwürdig war, weil die Instrumente, die dafür eingesetzt wurden, fragwürdig gewesen waren. Zumindest wollten sie das lernen. Insgeheim hielten viele auch für sich fest: So schlimm konnte der Nationalsozialismus nicht gewesen sein, wenn bei seiner juristischen und moralischen Aufarbeitung in den Spruchkammern kaum harte Urteile herauskamen. Offensichtlich hatte es diese kollektive kriminelle Energie, die die Sieger den Deutschen unterstellten, nicht gegeben: Diese halbgare Lehre setzte sich sehr schnell durch und bestimmte die nächsten zwanzig Jahre in

Deutschland. Der Kanzler Konrad Adenauer sagte in seiner ersten Regierungserklärung: »(…) die nun bestehende Aufteilung des Volkes in zwei Klassen, politisch Einwandfreie und Nichteinwandfreie, muss verschwinden.« So gelangten bis März 1953 fast 40 000 wegen ihrer Vergangenheit entlassene Beamte wieder in den Staatsdienst.

Von amerikanischer Seite zog der für Bremen zuständige US-Entnazifizierungsoffizier Joseph F. Napoli im Sommer 1949 eine bittere Bilanz: »Wir, die wir die politischen Vorstellungen der Militärregierung zu verwirklichen suchten, haben – wie es heute scheint – den Kampf um eine durchgreifende Entnazifizierung sowohl der öffentlichen Verwaltung als auch der privaten Wirtschaft in Deutschland verloren. (…) Wir, die wir aktiv an der Entnazifizierung beteiligt waren, konnten seit den ersten Tagen feststellen, daß wir gegen den Strom schwammen.«[55]

»Die Bewußtlosigkeit war die Bedingung ihres Erfolgs«, schrieb Hans Magnus Enzensberger über die Deutschen in der Nachkriegszeit. Er belegt seine Behauptung mit dem Bericht des amerikanischen Geheimdienst-Offiziers Robert Thompson Pell, der im Frühjahr 1945 die Verstrickung der I. G. Farbenindustrie untersucht hatte. Die Skizze des Agenten lässt schrill die Verfassung der deutschen Führungsschicht aufleuchten. Mit einem Schlag wird klar, wie naiv die wohlmeinende Entnazifizierungskampagne der Amerikaner war und wie immun und kalkulierend die Deutschen wirklich gewesen sein mögen: »Insgesamt gewann ich den Eindruck, daß die deutschen Führer dazu übergegangen sind, sich mit den Notwendigkeiten zu arrangieren. (…) Sie vertrauen darauf, daß wir so viele Fehler machen, daß es unausweichlich sein wird, daß sie wieder die Führung übernehmen. Solange wollen sie abwarten und zusehen, wie wir alles verpatzen. Außerdem spielen sie die ›rote Gefahr‹ aus, soweit sie sich gerade trauen. (…)

Viele von ihnen, wenn nicht die meisten, erwarten zuversichtlich, das amerikanische Kapital werde sich unverzüglich bei der Aufbauarbeit engagieren, und sie erklärten sich bereit, ihre Arbeitskraft und ihren Verstand in den Dienst dieser vorübergehenden Herren zu stellen; davon erhoffen sie sich unverhohlen, Deutschland mächtiger, größer wiederaufzubauen, als es in der Vergangenheit war.«[56]

Was – wenn man es aus der heutigen Perspektive sieht – genauso eingetroffen ist.

Porträt Philipp Auerbach

MEIN BLUT KOMME AUF DAS HAUPT DER MEINEIDIGEN

Es war eine Szene wie in einem Thriller: Am 10. März 1951 nahm die bayrische Polizei auf der (damals noch fast völlig leeren) Autobahn Stuttgart-München einen seit Langem observierten Kriminellen fest. Die Staatsanwaltschaft hatte schwerwiegende Vorwürfe zusammengetragen: Erpressung, Untreue, Betrug, Bestechung, Abgabenüberhebung, Amtsunterschlagung, Angabe falscher Versicherung an Eides statt und die unbefugte Führung eines akademischen Grades. Der Kriminelle war kein Unbekannter, er stand seit Jahren im Lichte der Öffentlichkeit. Er galt vielen als cholerisch, machtgierig und selbstherrlich. Andere wiederum bezeichneten ihn als hilfsbereit, gutmütig und selbstlos.[57] Es handelte sich um den 44-jährigen Philipp Auerbach, seit 1946 Staatskommissar der bayrischen Staatsregierung für rassisch, religiös und politisch Verfolgte.

Auerbach stammte aus einer kinderreichen Hamburger Familie, der Vater hatte ein Import-Export-Geschäft für Chemikalien geführt. Philipp sollte Industrie-Chemiker werden und war deshalb zwei Jahre lang für seinen Vater in Spanien tätig. Er war Mitglied der jüdischen Gemeinde in Hamburg und der Deutschen Demokratischen Partei DDP. Nachdem die Familie ihr Vermögen in der Weltwirtschaftskrise verloren hatte, tat Auerbach sich als Aktivist hervor. Er kämpfte überall im Land gegen die Nazis und für die Rettung der demokratischen Gesellschaft. Deshalb kam er auch schon im Februar 1933 in Untersuchungshaft. 1934 gelang es ihm, sich mit seiner Familie nach Belgien abzusetzen. Dort baute er eine Export-Firma für chemische Stoffe auf und unterstützte die republikanischen Kräfte im spanischen Bürgerkrieg mit Lieferungen von Benzin und Chemikalien.

Als die Wehrmacht am 10. Mai 1940 Belgien besetzte, wurde Auerbach von den belgischen Behörden nach Frankreich abgeschoben, wo er mehrere Lager durchlief. Seine Frau und seine Tochter konnten in die USA fliehen, während Auerbach vom Vichy-Regime an die Nazis ausgeliefert wurde. Auerbach konnte sich vor der Vernichtung im KZ retten, indem er der SS seine Fähigkeiten als Chemiker zur Verfügung stellte (angeblich hat er Ungeziefer in den SS-Baracken bekämpft). Nachdem die US-Truppen Buchenwald befreit hatten, setzten sie den Häftling Auerbach in der dortigen Verwaltung ein. Auerbach ging aber in den Westen, als die Amerikaner Thüringen räumten.

In Düsseldorf wurde er mit Unterstützung des britischen Geheimdienstes im September 1945 Oberregierungsrat in der Abteilung »Fürsorge für politisch, religiös und rassisch Verfolgte«. Durch die Ermittlungen seiner Dienststelle musste der Düsseldorfer Oberbürgermeister Füllenbach wegen seiner Nazi-Vergangenheit zurücktreten. Das kam nicht bei allen Teilen der Bevölkerung gut an. Weil Auerbach ohne das Wissen seines Dienstherrn gegen den Düsseldorfer Oberpräsidenten Robert Lehr ermittelte, entließen ihn die Briten am 15. Januar 1946 aus dem Amt – unter anderem unter dem Vorwurf, einen falschen Doktortitel zu tragen. Der eigentliche Grund aber war: Auerbach hatte sich aus den Archiven heimlich Material gegen Lehr beschafft, der unter dem Schutz der Militärregierung stand.

Bevor Auerbach durch die Hilfe der Amerikaner im Dezember 1946 in die bayrische Staatsregierung wechselte, organisierte er noch in Nordrhein-Westfalen einen ersten Landesverband der jüdischen Gemeinden. Als Staatskommissar war Auerbach sehr erfolgreich. Bayern war das einzige Land, das sich diese Position leistete, in den anderen Ländern war die Betreuung der Verfolgten des Naziregimes durch Ausschüsse geregelt, die den Innenministerien unterstellt waren.[58] In München vertrat Auerbach die Auffassung, dass den Nazi-Opfern eine Wiedergutmachung zustand, die durch das konfiszierte Vermögen der ehemaligen NS-Größen finanziert werden sollte. Da Auerbach ein Gegner der These von der Kollektivschuld war, wollte er für die Zahlungen die Allgemeinheit nicht in Haftung nehmen. Die Gesamtforderung der Opfer belief sich nach seinen Berechnungen auf 200 Millionen Mark. Durch das Säuberungsgesetz waren bis 1947 insgesamt 70 Millionen RM durch Enteignungen eingenommen worden. Davon waren aber nur drei Millionen den Opfern zu Gute gekommen. Das wollte Philipp Auerbach ändern.

Zudem sah er sich nicht nur als Anwalt der Wiedergutmachung, sondern auch als Verfolger der Nazitäter. Beides brachte ihm im neuen Deutschland mehr Feinde als Unterstützer ein. Und die saßen auch in der Staatsregierung. Der Sonderminister Alfred Loritz, für Entnazifizierung zuständig und selbst später wegen Meineids und anderer Delikte angeklagt und flüchtig, schickte schon 1947 einen Ermittler nach Düsseldorf, der die Vergangenheit Auerbachs durchwühlen sollte. Dieser Ermittler war ein ehemaliger SA-Mann und ab 1942 Mitglied der »Abteilung für Volksschädlinge« am Münchner Oberlandesgericht gewesen.

Sobald Auerbach für die Sache der Naziopfer aktiv wurde, sammelten sich die NS-Reste der deutschen Justiz gegen ihn. Als er auch für die damals noch nicht als Opfer anerkannten Homosexuellen und Sinti und Roma eine Entschädigung von zehn Mark pro KZ-Hafttag verlangte, mobilisierten sich sogar die jüdischen Verbände gegen Auerbach, der zeitweilig auch als Präsident des Münchner Landesentschädigungsamtes, Präsident des Landesverbands der Israelitischen Kultusgemeinden in Bayern und als Direktoriumsmitglied des 1950 gegründeten Zentralrats der Juden fungierte. Selbst die Amerikaner brachte Auerbach gegen sich auf, als er sich für einen Verbleib des Vorkriegseigentums der jüdischen Gemeinden in Deutschland einsetzte und eine härtere Verfolgung von NS-belasteten Funktionsträgern in der US-Zone forderte.

Auerbach störte das erst einmal wenig, er teilte sogar kräftig aus. So kritisierte er 1947 die schweigende Mehrheit der Deutschen, die ihn und seine radikalen Forderungen verabscheute: »Während wir im Kampf um unsere Idee gegen den Hitler-Terror kämpften und unser Leben aufs Spiel setzten, misshandelt, verkrüppelt und tyrannisiert wurden, haben große Teile von ihnen in Ruhe ihrer Beschäftigung nachgehen können oder sogar in Amt und Würden gestanden und von dem System Nutzen gezogen, das wir bekämpften. Sie hatten, bis die Bomben einschlugen, ihre Wohnung, ihr Heim.«[59]

1949 stellte der bayrische Justizminister Josef Müller (als »Ochsensepp« legendäres Urgestein der CSU) heimlich einen Staatsanwalt ab, der die Verfolgung Auerbachs mit Hochdruck betreiben sollte. Die Mühlen der Macht mahlten langsam. Doch 1951 holten Auerbachs Feinde zum entscheidenden Schlag aus: Die bayrische Polizei besetzte zehn Wochen lang das Landesentschädigungsamt und legte die Behörde Auerbachs völlig lahm. Angeblich hatte eine Clique um den Chef 100 000 Mark veruntreut. Auerbachs Intimfeind Josef Müller klagte öffentlich, er könne es nicht ertragen, dass Bayern von einem »jüdischen König« regiert werden würde, und machte Auerbach dafür verantwortlich, dass der Antisemitismus in Deutschland immer stärker wurde – ein Argument, das sich seither in rechten Kreisen großer Beliebtheit erfreut.[60]

Nach dreizehn Monaten Untersuchungshaft begann im April 1952 der Prozess gegen Auerbach und zwei seiner Mitangeklagten. Richter Mulzer war Obergerichtsrat im »Dritten Reich« gewesen, zwei Beisitzer waren ehemalige NSDAP-Parteiangehörige, einer war Ex-SA-Mann. »Es müßten sich doch in Bayern drei Richter finden lassen, die auch formal unbelastet sind«, klagte beschämt die ›Süddeutsche Zeitung‹. Und die ›Zeit‹ gab zu bedenken, dass ein »Mann, der jahrelang im Konzentrationslager saß, (…) der Gefahr, selber demoralisiert zu werden und schließlich keine Maßstäbe von Recht und Unrecht mehr anzuerkennen, jenseits des Maßstabes des eigenen Vorteils, im höchsten Grade ausgesetzt« sei.[61]

Am 14. August 1952 wurde der gesundheitlich schwer ange-schlagene Auerbach zu zweieinhalb Jahren Haft und 2700 Mark Geldstrafe verurteilt. Von der langen Liste der Anklagen war nur noch übrig geblieben: das unberechtigte Führen eines akademischen Grades (Auerbach hatte seine Promotion allerdings 1949 nachgeholt), zwei falsche eidesstattliche Erklärungen, ein Erpressungsversuch, Bestechung in drei und Untreue in vier Fällen. Den schwerwiegendsten Punkt, die Veruntreuung von Entschädigungsgeldern, hatte das Gericht fallenlassen müssen. Nur zwei Tage später, am 16. August, nahm Auerbach eine Überdosis Schlaftabletten. »Ich habe mich niemals persönlich bereichert und kann das entehrende Urteil nicht weiterhin ertragen. Ich habe bis zuletzt gekämpft – umsonst … Mein Blut komme auf das Haupt der Meineidigen«, hieß es in seinem Abschiedsbrief.

An seiner Beerdigung auf dem Jüdischen Friedhof nahmen viele Menschen teil. Unter ihnen auch DPs, die den Verstorbenen als »Robin Hood der Wiedergutmachung« verehrten.[62] Als einige davon ein Transparent mit den Worten »Bist Du nun zufrieden, Josef Müller?« zeigten, setzte die Polizei Wasserwerfer und Schlagstöcke ein. Der bayrische Justizminister hatte schon während des Prozesses zurücktreten müssen. Es war herausgekommen, dass er ohne dienstlichen Grund gegen Auerbach hatte ermitteln lassen. Wie die bayrische Polizei in einem Bericht vermerkte, wurde der Selbstmord Auerbachs in der Bevölkerung allgemein »als Schuldbekenntnis« gewertet.[63]

Im Jahr 1954 wurde Philipp Auerbach von einem Untersuchungsausschuss des Bayrischen Landtages rehabilitiert.

8. Das Reich und die Parteien

Die Konkursmasse

»Haile Selassi, Kaiser von Abessinien, will nicht länger auf
echtes Münchener Vollbier verzichten. So schickte er den Rohstoff
für 1100 Kisten Bier, zehn Tonnen Gerste, nach Deutschland.
In Hamburg erwartet man täglich die Sendung.«
(›Der Spiegel‹ 10/1948)

Im März 1946 erklärte der Leiter der Wirtschaftsabteilung der
US-Militärregierung Berlin, Generalmajor Draper, bei einer
Zusammenkunft der Wirtschaftsverwaltungen der britischen
und der amerikanischen Zone in Frankfurt, das Wichtigste sei
momentan, Klarheit über den Bedarf der Industrie an Kohle zu
schaffen. Als Nächstes müssten der Bedarf der Industrie an Roh-
material und natürlich auch der Bedarf der Besatzungstruppen
geklärt werden. Erst wenn diese Punkte geklärt seien, könne
man darüber nachdenken, was für die deutsche Bevölkerung
übrig bleibe. Dabei dürfe man, so Generalmajor Draper, nicht
vergessen, den Export anzukurbeln, damit die nötigen Lebens-
mitteleinfuhren durch entsprechende Ausfuhrleistungen getragen werden konnten. Dies alles funktioniere aber nach Ansicht
des US-Wirtschaftsfachmannes nur, wenn man überregional zu-
sammenarbeitete. Deshalb kündigte Draper an, dass die Alliierten ein zentrales Büro einrichten würden, das die wirtschaft-

liche Zusammenarbeit der vier Besatzungszonen voranzubringen helfe.

Es schien also loszugehen – zumindest klang das auf der Frankfurter Presse-Konferenz des zupackenden Generalmajors Draper so. Allerdings konnte Draper nicht verhehlen, dass die industrielle Produktion nur einen geringen Bruchteil von dem erzeugte, was gebraucht wurde. Es ging in erster Linie um Kohle. An der hing alles im Deutschland des Jahres 1946. Ein anderer Mangelstoff war Baumwolle. Die USA führten sie in großen Mengen über Bremen ein, damit Berufskleidung, Decken und Sandalen hergestellt werden konnten. Die amerikanische Baumwolle war für alle vier Zonen bestimmt. Währenddessen führten die Russen tausend Ballen aus ihren asiatischen Anbaugebieten über Stettin ein – zur ausschließlichen Verarbeitung in der SBZ, vor allem für die sächsischen Textilbetriebe.[1] Von dem dringend notwendigen einheitlichen Produktions- und Wirtschaftsgebiet Deutschland konnte also keine Rede sein. Drapers Einheitsbüro würde da auch nicht viel ändern.

An einzelnen Orten machten die entnervten Verbraucher ihrem Unmut bereits Luft. Die Besatzer wussten: Wenn diese Stimmung sich bis in die Gruben fortsetzte, drohten Streiks. Eine Beeinträchtigung der Kohleförderung würde aber alles zusammenbrechen lassen. Deshalb wurde immer wieder darauf hingewiesen, dass nicht nur die Deutschen Versorgungsprobleme hatten: selbst im »Siegerlande Frankreich« (›Die Zeit‹) funktionierte die Versorgung mit Bekleidung nicht. Aber dort zeichnete sich eine Verbesserung für den Sommer 1946 ab: Frankreich hatte eine zentrale Verwaltung und eine kooperierende Wirtschaft. Solange das in Deutschland nicht der Fall war, würden die Menschen weiter darben müssen.

Nach dem Verlust der oberschlesischen Industriereviere war Deutschland noch stärker vom Ruhrgebiet abhängig: Dort lagen die großen Steinkohlevorkommen, mit denen man den Energiebedarf der Deutschen decken wollte. Die östlichen Gebiete waren landwirtschaftlich genutzt, im Süden gab es eine weiterverarbeitende Industrie, die auf die Lieferungen aus dem Westen angewiesen war. Umgekehrt wurde der industrielle Westen von den landwirtschaftlichen Gebieten des Ostens ernährt.

Aber diese Arbeitsteilung war in Frage gestellt, denn die vier Besatzungszonen waren voneinander abgeschlossen. Der Verkehr über die Zonengrenzen hinweg gestaltete sich schwieriger als über Staatsgrenzen. Die Post funktionierte nicht richtig. Der Reiseverkehr war ebenso eingeschränkt wie der Frachtverkehr. »Kann man da noch von einer deutschen Einheit sprechen?«, fragte Gerd Bucerius in der ›Zeit‹. »Deutschland gleicht heute einem Körper, dessen Gliedmaßen durch starke Einschnürungen abgebunden sind. Die Zonen sind ohne eigene Kraft, ja manchmal möchte es scheinen, selbst ohne den Willen zum Leben.«[2]

In allen Zonen lief noch dasselbe Geld um, aber die Beschränkungen des Geldverkehrs waren überall anders. Im Osten gab es eine Bodenreform, die vieles änderte, der Westen zog nicht nach. Im Osten wurden die Bankguthaben gesperrt – wie sollten Firmen aus den Westzonen Handel mit dem Osten treiben können? Es wurden Betriebe enteignet, deren Mutterunternehmen sich in anderen Zonen befanden. Wie sollte da eine Zusammenarbeit innerhalb des Betriebes funktionieren?

Die Menschen hungerten 1946 und 1947 immer noch und hatten zu wenig Kleidung. Aber die Besatzungsmächte verhinderten durch ihre Partialpolitik, dass die Deutschen sich gegenseitig auf die Beine halfen. Die USA traten aus gesundem Eigeninteresse für eine deutsche Einheit ein. Der französische Vertreter im Alliierten Kontrollrat, General Kœnig, aber mauerte: Entweder die französische Neuordnung der deutschen Westgrenzen wurde akzeptiert, oder Paris boykottierte die Potsdamer Beschlüsse. Die Deutschen waren eine Konkursmasse, über deren Schicksal die Gläubiger im Streit miteinander lagen, während die Dinge, um die gestritten wurde, immer mehr an Wert verloren. Immerhin bot Frankreich an, dass die Demontagen aufhörten und die Stahlquoten erhöht wurden, wenn das Ruhrgebiet unter internationale Kontrolle gestellt werden würde. Aber das Ruhrgebiet konnte nur unter den Bedingungen eines geeinten Umfeldes seine ganze Kraft entfalten.

Den Zusammenhang von Einheit und Wirtschaft spürten die Menschen tagtäglich am eigenen Leibe: Sie hatten nicht genug zu essen und zu heizen, weil die Produktion nicht anlief, weil die Transportwege verstopft waren, weil der Handel nicht funktionierte, weil man keine Ersatzteile und Rohstoffe bekam. Eine zentrale Verwaltung hätte viele dieser Probleme gelöst.

PDW und AAM

»Die Zonenenleiter der CDU und der KP, Dr. Adenauer und Max Reimann, waren ebenso wie Franz Blücher von der FDP und Dr. Schumacher von der SPD in einer Reihe größerer Versammlungen zu hören, Adenauer nahm Stellung gegen Wahlmüdigkeit, Mutlosigkeit und Apathie. An die Kommunisten richtete er die Aufforderung, sich freiwillig ins Sowjet-Paradies zum Austausch gegen deutsche Kriegsgefangene zu melden.« (›Der Spiegel‹ 16/1947)

Politisch waren die Deutschen uneinig. Dabei verlief der Graben weniger zwischen Ideologien. Es gab vielmehr eine Gruppe von Menschen, die hochmotiviert waren und besessen davon, endlich mit dem Aufbau politischer Machtzentren zu beginnen. Und auf der anderen Seite stand eine große Mehrheit, die nach dem Krieg und der Nazidiktatur mit der Politik nichts mehr zu tun haben wollte oder an nichts anderes mehr denken konnte als daran, wie sie für sich und die Ihren Nahrung, Kleidung und Unterkunft organisierten.

Eigentlich hatten die Sieger eine lange Umerziehungsphase vorgesehen. Mit bis zu 25 Jahren Besatzungszeit rechneten sowohl die Westalliierten als auch die Sowjets. Doch dann regte sich eine politische Kultur, die wie aus dem Nichts plötzlich da war – als hätte es die 13 Jahre dauernde Naziherrschaft nie gegeben. Den Alliierten war das suspekt. Schon in den ersten Tagen und Wochen nach dem Einmarsch fanden sich alte politische Freunde wieder. Die politisch wohl stärkste und aktivste Gruppe bildeten diejenigen, die die Alliierten aus den Gefängnissen und KZs befreit hatten. Das waren meist linke oder liberale Aktivisten, die schon in der Gefangenschaft viel über die Zeit danach diskutiert hatten. Es handelte sich um Menschen, die wenig zu verlieren hatten, aber nicht zur Tagesordnung übergehen konnten. Sie waren es auch, die als Erste daran dachten, eine Partei zu gründen.

Auf Initiative ehemaliger KZ-Häftlinge entstand in Thüringen und im heutigen Sachsen-Anhalt die »Partei der Werktätigen«, PdW. Angeführt von Robert Büchner und Otto Gotsche sammelten sich im Mansfelder Land Mitglieder der »Antifaschistischen Arbeitergruppe Mitteldeutschlands«, einer während der Nazizeit illegal operierenden Untergruppe der KPD, schon im April 1945 zu einer Partei. Diese vermied es, die Attribute »kommunistisch« oder »sozialdemokratisch« für sich zu beanspruchen.

Dieser unabhängigen und ideologisch unvoreingenommenen kleinen Partei kommt die Ehre zu, die erste Gründung im besetzten Deutschland gewesen zu sein. Allerdings auch diejenige, die am wenigsten Aussichten darauf hatte, sich weiterzuentwickeln.[3] Die Partei der Werktätigen PdW formierte sich nämlich zwei Monate vor der offiziellen Erlaubnis einer Besatzungsmacht und war deshalb illegal. Der betreffende Befehl der SMAD erging erst am 10. Juni 1945; dieser berühmte Befehl Nr. 2 erlaubte den Deutschen die »Bildung aller antifaschistischen Parteien, die sich Ausrottung des Faschismus und Festigung der Demokratie und bürgerlicher Freiheiten widmen«. Das war alles andere als ein Freibrief. Parteien und Gewerkschaften sollten von Organen der Selbstverwaltung und natürlich von der zuständigen Militärregierung kontrolliert werden.

Der Westen zögerte noch mit seiner Freigabe der Parteien. Erst nach der Potsdamer Konferenz zogen die Westalliierten nach: Die Briten und Amerikaner erlaubten deutsche Parteien im September 1945. Die Franzosen konnten sich erst im Dezember dazu entschließen.

Nur einen Tag nach dem Befehl Nr. 2 der SMAD, am 11. Juni 1945, ging in Berlin als erste Partei in der SBZ die KPD an die Öffentlichkeit (genau genommen als zweite: die PdW war zuerst, kam aber nicht weit). Der kurze Abstand offenbarte damals schon, dass es eine Abstimmung zwischen der sowjetischen Besatzungsmacht und den Parteigründern gegeben hatte. Wolfgang Leonhard, der zum engsten Umkreis von Walter Ulbricht gehörte, hat diesen Zusammenhang später offenbart: Ursprünglich wollte Moskau gar nicht so gerne auf die deutschen Kommunisten setzen. Die Sowjets hätten es lieber gesehen, wenn bürgerliche Kräfte den Anfang in ihrer Zone gemacht hätten, mit denen zusammen man dann später ein breites Volksfront-Bündnis hätte auf die Beine stellen können. Das hätte den Vorteil gehabt, dass eine zentrale Deutschlandpolitik mit westlichen Kräften einfacher zu bewerkstelligen gewesen wäre als mit der kleinen und als moskauhörig verschrienen KPD. In einem sogenannten »Block der kämpferischen Demokratie« sollten alle nazifeindlichen Kräfte zusammengefasst werden.[4]

Aber aus Angst, andere könnten ihnen zuvorkommen, und sie hätten dann weniger Einflussmöglichkeiten auf diesen Parteien, war der Gründungsaufruf der SMAD in aller Eile auf die Kommunisten zugeschnitten worden. Die Mitglieder der Gruppe Ulbricht und zweier anderer Gruppen, die in Schwerin und Chemnitz tätig wurden, waren in Moskau unter den Emigranten bzw. im Umfeld des in Kriegsgefangenenlagern gegründeten Nationalkomitees Freies Deutschland ausgesucht worden, um in Deutschland eine Politik anzuschieben, die im Sinne der UdSSR war. Diese quasi unter konspirativen Bedingungen tätigen Gruppen wurden mit dem Befehl Nr. 2 in aller Eile aufgelöst. Die Mitglieder bekamen alle Funktionen im bald gebildeten Staatsapparat und in der neuen Partei – der KPD.

Dass sie einmal in der Gruppe Ulbricht tätig gewesen waren und alles vorbereitet hatten für die Gründung der ostdeutschen KPD, wurde in den Biografien der Mitglieder nicht mehr erwähnt. Leonhard dazu: »Viele Jahre hindurch wurde der Eindruck aufrecht erhalten, die KPD habe sich, genau wie die anderen Parteien, erst nach dem Befehl Marschall Shukows am 10. Juni 1945 gebildet. Es schien nicht ratsam – zumindest in der ersten Zeit nach 1945 –, über die Tätigkeit der Gruppe Ulbricht zu sprechen, da die enge Verbindung zu Moskauer Emigranten allzu deutlich geworden wäre.«[5]

In ihrem Aufruf, den die Funktionäre aus Moskau mitgebracht hatten, erklärten die deutschen Kommunisten, die Linke hätte in der Vergangenheit Fehler gemacht (die Streitigkeiten, die eine einheitliche Front gegen Hitler unmöglich gemacht hatten). Nun ginge es aber darum, diese Fehler zu vermeiden und »die Spaltung des schaffenden Volkes zu überwinden«. Mit der Vernichtung des Nazistaates und seiner Ideologie gelte es, »die Sache der bürgerlich-demokratischen Umbildung, die 1848 begonnen wurde, zu Ende zu führen, die feudalen Überreste völlig zu beseitigen und den reaktionären altpreußischen Militarismus mit allen seinen ökonomischen und politischen Ablegern zu vernichten.« Und dann kam die eigentliche Botschaft: »Wir sind der Auffassung, daß der Weg, Deutschland das Sowjetsystem aufzuzwingen, falsch wäre, denn dieser Weg entspricht nicht den gegenwärtigen Entwicklungsbedingungen in Deutschland.«

Die UdSSR hatte verstanden, dass man für Deutschland einen langen Atem brauchte und dass man mit den zuhause praktizierten leninistischen Methoden einer Kaderpartei, die die Diktatur des Proletariats durchsetzte, kaum eine Chance hatte. Die Westalliierten drängten auf Wahlen – zwar nicht jetzt, aber irgendwann. Mit Wahlen aber konnte man als orthodoxe KPD kein Land erobern. Dafür brauchte man starke demokratische Kräfte, die das Volk zu wählen bereit war. Deshalb also das etwas bizarr anmutende Bekenntnis zur bürgerlich-liberalen Revolution von 1848 und deshalb der Verzicht auf eine Übertragung des sowjetischen Systems auf deutsche Verhältnisse. Die Sowjets waren bereit, sich mit bürgerlichen Kräften zusammenzutun und alles daranzusetzen, bei Wahlen Mehrheiten in ganz Deutschland zu bekommen. Eines wollten sie aber auf keinen Fall: die Macht, die sie gewonnen hatten, an diese bürgerlich-demokratischen Kräfte wieder abgeben.

In dem Gründungsaufruf der KPD kamen weder Marx noch Engels vor. Dafür sollte es eine »völlig ungehinderte Entfaltung des freien Handels und der privaten Unternehmerinitiative auf der Grundlage des Privateigentums geben«. Da rieben sich in der Berliner Eckkneipe »Rose«, wo Ulbricht den Moskauer Text seinen Leuten vorlas, einige alte Kommunisten die Augen. Es sollten alle demokratischen Freiheiten wiederhergestellt werden. Demokratische Selbstverwaltungsorgane sollten gewählt werden – ebenso wie die Betriebsvertretungen der Arbeiter, Angestellten und Beamten. Dann war angekündigt worden, dass Nazi- und Kriegsverbrecher enteignet werden sollten, eine Bodenreform sollte umgesetzt werden, und alle von ihren geflohenen Besitzern verlassenen Betriebe sollten der Allgemeinheit gehören. Vieles davon wurde umgesetzt, mit den wichtigen demokratischen Freiheiten aber sollte es Probleme geben.

Walter Ulbricht und Wilhelm Pieck wurden die führenden KPD-Funktionäre. Pieck war nach dem Zusammenbruch der Weimarer Republik nomineller Führer der KPD gewesen. Ulbricht hatte den neuen Volksfront-Kurs 1935 in Moskau zur Festigung seiner Position genutzt. 1939 hatte er für den Hitler-Stalin-Pakt geworben. Die beiden hatten in den Jahren des Aufbaus eine klare Arbeitsteilung: Ulbricht war für die Taktik, Pieck für die Pflege der KP-Tradition zuständig.

Die Kommunisten vertraten keine Mehrheit der Deutschen, auch nicht in der SBZ. Sie waren eine Minderheit, und ihre Anhänger wurden immer weniger, je autoritärer und selbstgefälliger die russischen Besatzer verfuhren. Das Problem der deutschen Kommunisten war: Sie wollten nicht wahrhaben, dass sie dieses Problem hatten und dass deshalb keine Mehrheit hinter ihnen stand. Oder sie ignorierten ihr Popularitätsproblem und hofften einfach, dass die Macht der Besatzer ihnen schon zum Durchbruch verhelfen würde. Noch während der Straßenkämpfe in Berlin schrieb der Sozialdemokrat Max Fechner einen Brief an Ulbricht, in dem er eine Aussprache über eine gemeinsame Einheitsorganisation anregte. Doch Ulbricht wollte nicht – er war sich sicher, dass er die Sozialdemokraten für seinen

Durchmarsch zur Macht nicht brauchen würde. Er hatte ja die Russen.

So trat dann am 15. Juni 1945 die SPD mit einem eigenen Programm als deutsche Partei in Erscheinung. Sie wollte für Demokratie in Staat und Gemeinde und für einen Sozialismus in Wirtschaft und Gesellschaft kämpfen. Das bedeutete, dass die Sozialdemokraten die Banken verstaatlichen wollten, ebenso wie die Versicherungen, die Bodenschätze und die Schlüsselindustrien. Weiter waren sie für die Beseitigung des »arbeitslosen Einkommens« – also für ein Verbot der Pacht und der Mieten auf Grund und Boden. Die Leitung der SPD in der SBZ erfolgte durch den Berliner Zentralausschuss, an dessen Spitze Otto Grotewohl stand. Am 17. Juni 1945 fand die erste Versammlung der SPD in Berlin statt – mit 1500 Berlinern und 300 Auswärtigen.[6]

So war im Osten eine kuriose Situation eingetreten. Durch das Vorpreschen der KPD und die Moskauer Linie der Einstimmung auf bürgerliche und gemäßigt linke Wähler stand die neue SPD mit dem revolutionäreren Programm da, während die KPD wie eine bürgerlich gestimmte sozialdemokratische Partei wirkte. Einige alte Kommunisten aus der Weimarer Republik warfen Ulbricht und seinen Leuten deshalb auch schon einen Rechtsruck vor und drohten mit massivem Gegendruck. Doch das beeindruckte die eigentlichen Herren in der KPD nicht. Die sowjetischen Besatzungsoffiziere setzten auf eine langfristige Entwicklung.

Andreas Hermes, Minister der Weimarer Republik, und dem Gewerkschafter Jakob Kaiser schwebte eine christliche Partei beider Konfessionen vor: ein katholisches Zentrum mit protestantischen Demokraten. In den Augen Kaisers am ehesten noch eine nichtmarxistische Partei der Arbeit. Auch diese beiden von Berlin aus agierenden Politiker waren schneller als die alten konfessionellen Eliten des Westens. Wie umgekehrt die SPD Grotewohls dem Hannoveraner Kurt Schumacher zuvorkam. Am 26. Juni 1945 erging der Gründungsaufruf einer christlichen Partei in der SBZ. Die neue Partei trat für eine strikte Trennung kirchlicher und staatlicher Aufgaben ein. Der Staat sollte unabhängig sein von wirtschaftlichen Machtzusammenballungen. Bodenschätze und Schlüsselunternehmen sollten verstaatlicht und Großgrundbesitz aufgelöst werden.

Die Liberaldemokratische Partei Deutschlands LDPD wurde am 5. Juli 1945 (zuerst noch als LDP) unter der Beteiligung des Ex-Reichsinnenministers Wilhelm Külz (ehemals Deutsche Demokratische Partei DDP) gegründet. Die LDPD war die einzige neue Partei, die keine Sozialisierungsforderungen stellte: Sie trat für eine einheitliche, deutsche Volkswirtschaft ein, für Privateigentum und für eine freie Wirtschaft.

Keine der in Berlin gegründeten Parteien hatte die Kraft, allein etwas zu bewegen – vor allem nicht bei den enormen Versorgungsproblemen des Landes. So kam es sehr schnell zu dem Versuch einer Kooperation. Schon am 19. Juni 1945 gründeten das Zentralkomitee der KPD und der Berliner Zentralausschuss der SPD einen gemeinsamen Ausschuss aus je fünf Vertretern. Einen Monat später, am 14. Juli 1945, entstand dann der ursprünglich von den Moskauer Emigranten geplante Block antifaschistischer-demokratischer Parteien aus KPD, SPD, CDU und LDPD. Sie verabschiedeten ein gemeinsames Aktionsprogramm und erklärten ihren gemeinsamen Willen zur Einheitsfront.

Das neue Spektrum der Parteien ist schnell aufgefächert: Es ist das, was wir seit 70 Jahren kennen und was sich in unserem Denken verfestigt hat – bis zum Auftauchen ökologischer, an der Internetgesellschaft orientierter und neuerdings fremdenfeindlicher Parteien. Ab 1945 gab es für lange Zeit nichts anderes als die SPD, die CDU/CSU, die KPD und die Liberalen – von einigen kurzlebigen Splitterparteien mal abgesehen, die in den fünfziger Jahren, spätestens in den sechziger Jahren sang- und klanglos verschwanden: die Partei der Vertriebenen, die Partei der Dänen in Deutschland, die Bayernpartei, die Reste des alten Zentrums. Im Osten kam 1948 die NDPD, die Nationaldemokratische Partei Deutschlands, eine Blockpartei der SBZ, dazu. (Die NPD im Westen erst 1964.)

Die »großen«, überlebenden Parteien unterschieden sich in einigem. Was sie jedoch gemeinsam hatten, war das Ziel einer einheitlichen Zentralregierung für Deutschland. Keine überregional bedeutende deutsche Partei wollte die Zersplitterung des Landes beibehalten. Für die SPD war die nationale Einheit sogar das letzte Maß, nach dem sie vieles beurteilte. Es war also allgemeiner und mehrheitlicher Wille der Deutschen, wieder zentral verwaltet und regiert zu werden.

SPD+KPD=SED

»2,5 Millionen Formulare im Gewicht von elf Tonnen werden vom bizonalen Ernährungsamt Frankfurt verschickt, um die letzten Reste aus den Speisekammern zu erfassen. Die anglo-amerikanischen Gouverneure sind angewiesen, den deutschen Behörden bei der Durchführung des Speisekammergesetzes jede mögliche Unterstützung zu gewähren. General Clay putzte in Washington die Klinken, um Brot für seine hungrigen Untertanen zu erbitten. Die Besatzungsmänner kehren auf dem Weltmarkt das Unterste zu oberst, nach zusätzlichen Lebensmitteln. Sie erhielten Lieferungszusagen für Fische, Obst und Nüsse.« (›Der Spiegel‹ 6/1948)

In den zukünftigen Volksparteien mehrten sich die Konflikte zwischen Berlin und dem Westen. Die SMAD hatte nicht nur schon früh die Gründung der neuen Parteien erlaubt, sie ließ ihnen nun auch logistische Unterstützung zukommen. Die Berliner Parteiführer mussten dafür etwas leisten: Sie versuchten gleichermaßen, die jeweilige reichsweite Führung an sich zu reißen. Jakob Kaiser und Andreas Hermes scheiterten, wie wir gesehen haben, in der CDU an Konrad Adenauer, obwohl der Gewerkschafter Kaiser mit seiner Vision von Deutschland als verbindender Schwelle zwischen Ost und West eine zeitgemäßere Politik vertrat als die Konservativen vom Rhein.

In der SPD zeichneten sich ähnliche Konfliktlinien ab. Die Berliner waren sich untereinander näher als ihren Parteifreunden im Westen. Die wiederum waren sich über alle Parteigrenzen hinweg einig in der Ablehnung des Berliner Führungsanspruches – wenn das in der SPD auch nicht so militant geschah wie bei Adenauer.

Dieser Berliner Anspruch war aber auch massiv. Nicht nur, weil er durch die Sowjets mitgetragen wurde. Jakob Kaiser, Heinrich Krone und Ernst Lemmer nannten ihre Berliner Gründung »Christlich-Demokratische Union Deutschlands« – also CDUD. Otto Grotewohl, Max Fechner und Erich Gniffke gaben sich mit ihrem »Zentralausschuss der Sozialdemokratischen Partei Deutschlands« keinen Deut bescheidener.

Die Sozialdemokraten im Osten hatten ein Heer von Helfern und bekamen auch sofort eine Zeitung. Kurt Schumacher, ein kantiger, großer, dünner Mann, der im Ersten Weltkrieg ein Bein verloren und dessen Gesundheit im KZ ganz ruiniert worden war, durfte seine Parteizentrale in Hannover nicht einmal sozialdemokratisch nennen. Sie hieß »Büro Schumacher«, und Schumacher, dessen Autorität die Genossen in den West-Zonen sofort anerkannten, hatte Probleme, wenn er zu einem Treffen reisen wollte: Die Briten schränkten seine Bewegungsfreiheit ein. Obwohl seit Churchills Sturz in London Labour an der Macht war, tat man sich dort mit offener Unterstützung der West-SPD schwer.

Während die Leute vom Berliner ZA ganz offen Parteiarbeit betrieben, zögerte man im Westen die Zulassung von Schumachers SPD hinaus. So befand er sich in einem halblegalen Zustand und war bei allem, was er für die Partei tat, vom Wohlwollen der zuständigen Offiziere abhängig.[7] Doch Kurt Schumacher, der schwer magenkrank war, hatte all die Jahre im KZ darauf gewartet, endlich Politik machen zu können. Er vertrat klare Positionen, im Gegensatz zu vielen anderen deutschen Politikern, die noch unsicher herumexperimentierten. Und er ließ sich nicht ausbremsen, auch nicht von den Besatzern.

So wollte Schumacher zwar auch die deutsche Einheit. Aber er war bereit, die Teilung über eine lange Zeit hinzunehmen, wenn die Einheit nur unter Führung der Sowjets möglich war. Für ihn hatten Grotewohl und die Berliner nicht das Recht, für die gesamte SPD zu sprechen. In dieser Hinsicht legte sich Schumacher auch mit den Besatzern an – unter den neuen deutschen Parteiführern war er am wenigsten zu Kompromissen mit den Alliierten bereit. Damit hat er sich das Leben schwergemacht. Doch daran, dass sein Leben schwer war, war er gewöhnt.

Die Einheit lag zumindest parteipolitisch in der Luft. Alle wollten stark sein und so viele Kräfte wie möglich hinter sich scharen. Für Kurt Schumacher war die Einheit zwar wichtig, aber nicht das Maß aller Dinge. Er wies immer wieder darauf hin, dass die Trennungslinie zwischen SPD und KPD dadurch gezogen war, dass die Kommunisten fest an Russland gebunden waren.[8] Schumacher war viele Jahre isoliert gewesen. Nun war er in Freiheit, und es fehlten ihm die mächtigen Unterstützer, die ihm alles das zur Verfügung stellten, was die Kommunisten und in gewissem Sinn auch die Sozialdemokraten in Berlin von den Russen bekamen. Dabei war Schumacher nicht gerade jemand, der leicht auf Menschen zuging. Er wirkte streng und verschlossen. Aber wenn er vor den Massen redete, entwickelte dieser schwierige Mensch, dem man ansah, was er hatte ertragen müssen, eine besondere Anziehungskraft.

Sein Einfluss festigte sich schnell. Man hörte auf ihn – auch wenn er seine Sätze wie ein Findelkind, das die Sprache erst erkunden muss, langsam und sehr steinern zusammensetzte. Die Menschen spürten, dass Kurt Schumacher nicht mehr viel Zeit blieb und dass er deshalb drängte. Da die wenigsten selbst wussten, in welche Richtung es gehen könnte, schlossen sich ihm viele an.

Otto Grotewohl war schon für die USPD Minister in Braunschweig gewesen – mit 27 Jahren jüngster Minister des Reiches. Grotewohl sagte am 17. Juni 1945: »Das höchste und wertvollste Gut der Arbeiterklasse ist die Einheit. Unbefleckt und rein wollen wir sie einst in die Hände der nachfolgenden Generationen legen, damit sie uns nicht später den Vorwurf machen: Ihr habt euch in großer Stunde klein gezeigt.«[9] Allerdings waren damit nicht nur die moskaufreundlichen Emigranten der KP gemeint, sondern auch die vielen sozialistisch gesinnten Aktivisten der antifaschistischen Ausschüsse.

Man gewinnt den Eindruck, dass den Berliner Sozialdemokraten der ersten Stunde über all den Beteuerungen ihrer Lehren aus dem Faschismus der Realitätssinn abhandengekommen war. Sie konnten nicht verstehen, dass die Kommunisten ihnen die kalte Schulter zeigten. Dass Ulbricht und seine Leute jeden Schritt taktisch durchdachten, bevor sie ihn taten, schien ihnen nicht aufzufallen.

Am 12. Juni 1945 kam es im Berliner Stadthaus dann doch zu einem ersten Gespräch mit Ulbricht über einen antifaschistischen Block in der SBZ. Schumacher tobte. Da die Russen »die unbarmherzigsten aller Reparationsgläubiger« seien, stünden sie zu den »vitalsten Interessen« der deutschen Arbeiter im schroffsten Widerspruch. Zwischen den Zeilen hieß das: Auch die Sozialdemokraten, die sich vor den Karren der Russen spannen ließen, standen in diesem »schroffen Widerspruch«. »Wir wollen an Reparationen leisten, was zu leisten möglich ist, aber wir wollen keinen Selbstmord begehen. Am allerwenigsten aber kann man den deutschen Arbeitern zumuten, den Selbstmord an sich noch mit überströmender Begeisterung vorzunehmen.«

Damit war das Tischtuch auch zwischen der West-SPD, also dem Büro Schumacher, und dem Zentralausschuss unter Grotewohl und Gniffke zerschnitten. Beiläufig kreidete Schumacher den Amerikanern und Briten auch noch an, dass sie nicht gegen die Politik der Sowjets in der SBZ mobil machten. Und eines war klar für ihn: »Die russische Besatzungszone ist zu weit nach Westen gerückt.« Er meinte das natürlich geografisch.

Damit überschritt er die Grenze, die die Besatzer den Deutschen gesetzt hatten. Aber Schumacher schien nichts zu fürchten – auch nicht die politische Lähmung durch die Briten. Wenn er es jetzt nicht schaffte, die Sozialdemokraten hinter sich zu einen, hatte er verloren. Einen zweiten Versuch würde er nicht bekommen. Er hatte nicht einmal Angst vor falschen Tönen. In seiner Kritik an der Oder-Neiße-Grenze wies er in einem völkisch klingenden Tremolo darauf hin, dass damit den Deutschen in ihrem Rumpfgebiet nur noch ein »unzureichender Lebens- und Ernährungsraum« zugewiesen worden war. Das kam damals gut an – bei vielen Deutschen, die sich in ihrer wirtschaftlichen Not auch geografisch zusammengezwängt fühlten.

Kurz bevor die Amerikaner in Westberlin einrückten, drängte die SMAD den Zentralausschuss zu einem Umzug von der Westberliner Bülowstraße in die Behrensstraße im Osten. Das ehemalige Gebäude der Dresdner Bank wurde eigens für sie freigeräumt. Gniffke und Grotewohl fanden nichts dabei, sich so unmittelbar unter die Fittiche der Russen zu begeben. Sie wussten, dass die SPD eine breite Mehrheit in der Bevölkerung hinter sich hatte – und überschätzten damit ihre Position gegenüber den Kommunisten in dem beschlossenen überparteilichen antifaschistischen Block.

Schumacher erwies sich als weitblickender als seine Genossen aus dem ZA. Die Kommunisten konnten als Beauftragte der Besatzungsmacht auftreten; sie hatten sehr schnell das Sagen im Parteienblock. Wer das nicht akzeptieren wollte, bekam Schwierigkeiten mit den »Freunden«, wie die Russen in der SED-Sprache später heißen sollten. Grotewohl nahm vieles hin. Er war sich sicher, dass das Volk die Verhältnisse an der Wahlurne klären würde. Da die SMAD unentwegt von Demokratie redete, würde sie SPD-freundlichen Ergebnissen Rechnung tragen müssen. Und gab es nicht schon vereinzelte Stimmen bei den Russen, die sich fragten, ob es nicht klüger wäre, beim Aufbau des neuen deutschen Staates auf die SPD zu setzen als auf die unbeliebten Kommunisten …

Eine Weile sah es so aus, als habe Schumacher sich durch seine Sturheit ins Aus manövriert und der vermittelnde und elegant lavierende Grotewohl es mit den Russen im Rücken geschafft, den Westen zu erobern. Aber das war eine Täuschung. Grotewohl dankte der SMAD bei jeder Gelegenheit für ihre Großzügigkeit gegenüber den Sozialdemokraten. Gleichzeitig musste er aber hinnehmen, dass die russische Zensur ihm bei einer Rede vor 4000 Funktionären die Passage wegstrich, in der er das Elend der Vertriebenen aus dem Osten beklagte. Eigentlich hätte das dem SPD-Mann zu denken geben müssen.

Plötzlich änderten die Kommunisten ihre Haltung in der Einheitsfrage. Die, die vorher die ausgestreckte Hand des SPD-Zentralausschusses auf kränkende Weise ignoriert hatten, redeten nun selbst von der Einheit. Allerdings war ihnen nicht jeder Sozialdemokrat recht: Man müsse zwischen ehrlichen sozialdemokratischen Arbeitern und Revisionisten unterscheiden, tönte Pieck. Und Ulbricht zog Grotewohls Vermittlerfunktion der SPD zwischen Ost und West in Zweifel …

Grotewohl setzte sich zur Wehr. Bis Anfang 1946 versuchte er, die Sowjets, insbesondere den abwägenden Marschall Shukow, dazu zu bringen, ihre Gunst den Sozialdemokraten zu schenken und die Kommunisten beim Aufbau des neuen Staates in die zweite Reihe zu verbannen. Er suchte sein Heil darin, sich voll und ganz an die Sowjets zu ketten und sich so vor der Vereinnahmung durch die Kommunisten zu retten. Was Grotewohl in seiner Not da praktizierte, war eine radikale Version der späteren Politik Adenauers. Beiden Konzepten lag der Gedanke zugrunde, dass ein neues Deutschland nur erfolgreich sein konnte, wenn es sich mit Haut und Haaren einer der beiden Großmächte verschrieb.

Dieses Muster, das sich unmittelbar aus der Konstellation der Besatzungszeit ergab, war bestimmend für die Zukunftsperspektive vieler Deutschen: Sobald sie unter die Fittiche einer Großmacht gekrochen waren, war vieles vergessen, und es gab Aussicht auf ein besseres Leben. Dass die Deutschen mit dieser Selbstübergabe auch die imperialistische Grundtendenz des jeweiligen Schutzherrn akzeptieren mussten, verstand sich von selbst. Das war auch nie ein Problem – weder im Osten noch im Westen. Das Ganze hatte ein bisschen den Beigeschmack eines religiösen Aktes: Mit der Selbstübergabe und dem bedingungslosen Sich-Verschreiben an die jeweilige Supermacht fand eine Selbstreinigung statt. Die Verfehlungen der Nazijahre waren plötzlich vergessen. Die Deutschen hätten es gerne gesehen, dass sie auch vergeben gewesen wären. Aber das wollten wiederum die neuen Mächte nicht.

Und doch gibt es Unterschiede in der Art, wie dieses Grundmuster auf beiden Seiten des Eisernen Vorhanges durchexerziert wurde. Adenauer hatte die Integration nicht mit dem Rücken zur Wand betrieben und oft genug auch die neuen Herren mit seiner sturen und eigensinnigen Haltung vor den Kopf gestoßen. Anders Grotewohl: Für ihn und seinen Berliner Zentralausschuss war das Andienen »seiner« SPD an die Sowjetunion ein Griff nach dem rettenden Ast. Noch etwas macht einen Unterschied: So weit wie Grotewohl wäre Adenauer nie gegangen, auch nicht in der Not. Im November 1945 stellte Grotewohl den führenden Offizieren der SMAD in Aussicht, dass sich ein Deutschland unter der Führung seiner SPD in eine Konföderation mit der Sowjetunion begeben könnte.[10]

Kurt Schumacher, dem die Gestapo die Zähne ausgeschlagen hatte, wäre nie dazu bereit gewesen, den Stalinismus zugunsten der Sicherheit in Kauf zu nehmen, wie Grotewohl das sehenden Auges tat. Aber Kurt Schumacher hätte auch die Unterwerfung unter die amerikanische Politik nicht mitgemacht, auf die Adenauer seinen neuen Staat aufbauen sollte. Das war vielleicht auch der Grund dafür, dass Schumachers illegale Aktivitäten zwar von einigen britischen Offizieren stillschweigend geduldet wurden, er aber als deutscher Politiker bei den Besatzungsmächten unbeliebt war. In einer Analyse des britischen Oberstleutnants Noel Annan für seinen Außenminister Bevin – immerhin ein Labour-Abgeordneter – hieß es sogar, Grotewohl sei der »bessere und fähigere Mann«.[11]

High Noon in Wennigsen

»Die Polnische ›Westagentur‹ in Breslau – die Polen nennen es Wroclaw – ist ebenfalls der Ansicht, daß ›die historischen und moralischen Rechte des polnischen Volkes an der Oder-Neiße-Linie nicht haltmachen.‹ Im Verein mit dem ›Slawischen Komitee‹ in Breslau versucht die Agentur die Welt davon zu überzeugen,

288

daß die Ostgrenzen Deutschlands mindestens bis zur Elbe zurückverlegt werden müssen. Die ›historischen Rechte‹ gehen in diesem Fall bis auf das Jahr 1000 zurück. Berlin, Magdeburg, Lübeck, Kiel und Hamburg sollen nach dem Plan eines Professors Stojanowski die wichtigsten Städte eines slawischen Elbstaates werden. Auch die Lausitz soll nach ihm einen selbständigen Staat bilden, während andere Leute der Einfachheit halber gleich eine Annexion durch Polen vorschlagen.« (›Der Spiegel‹ 1/1947)

Schumacher drängte vorwärts. Selbst unter Magenkrämpfen reiste er zu Konferenzen und arbeitete seine Termine ab. Er spürte, dass der politisch eher farblose, aber auf oberflächliche Menschen einnehmend wirkende Grotewohl dabei war, seinen Einfluss in der Partei auszubauen. Für den 5. und 6. Oktober 1945 rief Schumacher 21 West-Parteibezirke der SPD dazu auf, jeweils drei Delegierte ins niedersächsische Wennigsen zu entsenden, um dort über das weitere Vorgehen zu beraten. Schumacher konnte sich sicher sein, dass 14 Bezirke hinter ihm standen. Er lud, um die Bedeutung der Veranstaltung zu unterstreichen, Vertreter der Londoner Exil-Führung der SPD ein, auch wenn die alten Emigranten in Deutschland immer weniger Rückhalt besaßen.

Am 30. August bat er auch Vertreter des Berliner Zentralausschusses als Beobachter zu seinem Kongress: »Es ist unser fester Wille, die geistige und taktische Aufsplitterung der Partei zu vermeiden.«[12] Schumacher hatte Wennigsen als Tagungsort gewählt, weil er dort die Verpflegung der Teilnehmer garantieren konnte – 1945 ein Problem. Die Veranstaltung konnte nur in ländlicher Abgeschiedenheit stattfinden, weil die britischen Offiziere so die Möglichkeit hatten, sie zu ignorieren. In einer Großstadt wäre Schumachers Plan, über eine nationale SPD zu debattieren, publik geworden. Die Briten hätten eine solche Veranstaltung verbieten müssen.

Trotzdem war die »Reichskonferenz«, wie Schumachers Büro ankündigte, genehmigungspflichtig – allerdings nur als privates Treffen. Drei Tage vor Beginn deckte ein Rundfunksender den eigentlichen Charakter der Veranstaltung auf. Die Briten waren alarmiert: Auf keinen Fall durften sie erlauben, dass Deutsche in ihrer Zone über ein gemeinsames Vorgehen gegen die Politik der UdSSR in ihrer Zone verhandelten.

Offiziell zu Beratungen treffen durften sich nur die 38 Delegierten ihrer Zone. Alle Gespräche mit den Vertretern der anderen Zonen, also der amerikanischen, französischen und besonders der sowjetischen Zone, wurden als »privat« deklariert. Offizielle Verlautbarungen durfte es nicht geben, es sei denn, sie wären durch die Zensoren der Briten erlaubt worden.

Die Bauern der Gegend hatten dafür gesorgt, dass es reichlich zu essen gab – was selbst für die aus London angereisten Exilanten nicht selbstverständlich war: Viel Landbrot, Wurst, Bier, Schnaps. Der Saal war mit roten Tüchern verhängt, auf der Bühne stand ein überlebensgroßes Marx-Porträt. Ein Chor sang Arbeiterlieder, eine Kapelle spielte die Internationale.

Doch Kurt Schumacher war nicht der Typ für Kameradschaftsabende. Er polterte los: Jetzt gehe es darum, sich auf eine Stelle zu einigen, die die Einheit der Partei vorbereitete. Dabei hätten auch die Londoner Genossen ein Wörtchen mitzureden. Die verstanden jetzt, warum sie überhaupt in den Genuss einer Einladung aufs niedersächsische Land gekommen waren: Sie sollten Schumachers Gruppe Rückenwind gegen Berlin und die Russen verschaffen.

Schumacher wollte, dass weiterhin drei unabhängige Kraftfelder bestanden: Seine West-SPD, der Berliner Zentralausschuss und die Londoner Exilführung. Allerdings nur so lange, bis alle vier Zonen auf einem gemeinsamen Parteitag unabhängig eine zentrale Reichsinstanz wählen konnten. Grotewohl hatte versucht, in Braunschweig, wo er einst politisch begonnen hatte, seine Truppen für die Unterstützung des Berliner ZA zu sammeln. Er hatte für die Reise in den Westen von den Russen eine Limousine zur Verfügung gestellt bekommen – samt Chauffeur, in dessen Gegenwart sich einige westdeutsche Genossen bespitzelt fühlten.[13]

Schumacher redete bei seinem ersten Auftritt zweieinhalb

Stunden lang. Er wusste, dass britische Kontrolloffiziere im Saal waren. Aber dennoch konnte er es sich nicht verkneifen, seine SPD deutlich von dem abzusetzen, was die Berliner vorhatten: »Wir deutschen Sozialdemokraten sind nicht britisch und nicht russisch, nicht amerikanisch und nicht französisch. Wir sind die Vertreter des deutschen arbeitenden Volkes und damit der deutschen Nation.«[14] Die Leute vom Zentralausschuss ließ Schumacher auflaufen. Er wies Grotewohls Gründungsaufruf zurück, weil es nicht statthaft war, »die Verfügung über die Sozialdemokratische Partei und ihre Anhängerschaft von den besonderen Bedingungen und den Voraussetzungen einer einzelnen Besatzungszone abhängig zu machen«.

Grotewohl reagierte bissig und bereicherte die Palette der politischen Visionen in der Besatzungszeit um eine besondere Variante. Er wollte die Westzonen aus ihrer Bevormundung durch die jeweiligen Besatzer befreien: »Ich glaube versprechen zu können, dass wir für euch die politische Freiheit erkämpfen.«

Bei einer nachfolgenden Aussprache in Schumachers Büro in Hannover machte Grotewohl einen Rückzieher: Er verzichtete darauf, für den Zentralausschuss die Führung der deutschen SPD einzufordern, plädierte aber für ein Büro in Berlin, das die Sozialdemokraten reichsweit koordinierte, ohne sie zu kontrollieren. Seine Mitstreiter Fechner und Dahrendorf verließen deshalb erzürnt den Raum. Dem britischen Kontrolloffizier wurde es zu viel: Er wollte die »private« Veranstaltung beenden. Schumacher und Grotewohl zogen sich daraufhin in ein Nebenzimmer zurück. Unter der Vermittlung von Willy Knothe und Egon Franke, damals enger Mitarbeiter Schumachers, ab 1969 Bundesminister für innerdeutsche Beziehungen und Vizekanzler, einigten sich die beiden Kontrahenten auf ein Abkommen: Schumacher vertrat die SPD in den drei Westzonen, Grotewohls Zentralausschuss leitete von Berlin aus die Sozialdemokraten in der SBZ. Beide verpflichteten sich, sich gegenseitig auf dem Laufenden zu halten und ihre Politik aufeinander abzustimmen. Egon Franke sollte später bezeugen, dass Grotewohl Schumacher noch in die Hand versprochen hatte, allein ein Reichsparteitag könne die Vereinigung der SPD mit der KPD beschließen. Und er würde die SPD in der Ostzone lieber auflösen, als eine Vereinigung auf Druck der Kommunisten hinzunehmen. Mit diesem Versprechen gingen die beiden auseinander.

Franke berichtete, Schumacher habe das Versprechen Grotewohls nicht ernst genommen. Er hielt ihn für einen weichen Charakter, »der das gute Leben liebe und Druck nicht standhalten könne«. Zu Franke sagte Schumacher noch: »Der ist längst im Sack, der ist verkauft.«[15] Kurt Schumacher wurde im Nachhinein von vielen Seiten dafür kritisiert, dass er Grotewohl in Wennigsen so harsch Paroli geboten hatte. Einige seiner Kritiker behaupteten sogar, er habe mit seiner Front gegen die Ost-SPD eine nationale Einheit verhindert und die Teilung der Partei und des Landes erst vorbereitet. Vor allem aber wurde ihm auch von den Genossen vorgeworfen, Grotewohl, der ja nach Niedersachsen gekommen war, um Unterstützung für seine Politik zu finden, im Regen stehen gelassen zu haben. Allerdings wirft die Folgerichtigkeit, mit der Grotewohls friedfertiges Angebot an die Kommunisten von denen mit einer Übernahme quittiert worden ist, auch ein neues Licht auf Schumachers Eigensinn. Er hat diese Entwicklung gesehen und davor gewarnt. Die Geschichte hat ihm Recht gegeben.

Am 20. Dezember kritisierte Grotewohl auf einer gemeinsamen Konferenz des Zentralausschusses mit dem ZK der KPD den »undemokratischen Druck auf Sozialdemokraten«.[16] Als Grotewohl das sagte, führten die politischen Offiziere der SMAD schon »lange Gespräche« mit SPD-Funktionären, die sich der angeordneten Vereinigung widersetzten. In Sachsen-Anhalt wurden die Sozialdemokraten zu gemeinsamen Oktoberrevolutionsfeiern mit den Kommunisten zitiert.[17] Grotewohls kritische Worte über die Oder-Neiße-Grenze, über die Reparationspraxis und über die Verhinderung des Aufbaus einer Eigenversorgung gelangten gar nicht mehr über die Versammlung hinaus. Die sowjetische Zensur verbot ihre Verbreitung.

Die KP hatte es plötzlich eilig. Die Kommunisten hatten bei Wahlen in Österreich und Ungarn empfindliche Niederlagen erlitten, in den deutschen Besatzungszonen schwand ihr Rückhalt

Vereinigung von SPD und KPD
zur SED, Plakat.

in der Bevölkerung immer mehr. Die KP konnte es sich nicht
mehr leisten, bei Wahlen gegen die populären Sozialdemokraten
anzutreten, deshalb drängte sie auf eine schnelle »Vereinigung
von unten«.

Im Januar 1946 fanden Gemeindewahlen in der US-Zone
statt – seit 13 Jahren die ersten freien Wahlen in Deutschland. Die
KPD fiel dabei weit hinter SPD und CDU zurück. In der SBZ
reagierte die SMAD mit Redeverboten und Verhaftungen sozial-
demokratischer Politiker. Grotewohl hoffte noch darauf, die neue
Partei durch die schiere Mehrheit der SPD demokratisieren zu
können. Doch in seiner Berliner Sektion wollten nicht alle Genossen diesen riskanten Kurs mitgehen. Auf der Funktionärskon-
ferenz vom 1. März 1946 wehrte sich eine starke Gruppe um den
Reinickendorfer Kreisvorsitzenden Franz Neumann gegen die
drohende Zwangsvereinigung. Die westlichen Stadtkommandanten erlaubten daraufhin eine Urabstimmung in der Berliner
SPD. Die Mitgliederbefragung konnte nur im Westteil Berlins

293

stattfinden. Dort sprach sich am 30. März 1946 eine Mehrheit von 82 Prozent gegen die Vereinigung mit der KP aus, nur 12,4 Prozent der Berliner Genossen waren dafür.

Doch der Druck im Osten war zu stark: Kaum jemand wagte es dort noch, sich offen der Zwangsvereinigung zu widersetzen. Am 19. und 20. April tagten die Führungsgremien der Parteien getrennt – anlässlich des 40. Parteitages der SPD und des 15. Parteitages der KPD. Im direkten Anschluss daran, am 21. und 22. April 1946, fand im Admiralspalast der erste Parteitag der SED statt. Als Symbol der geglückten Vereinigung prangte an der Frontwand das von nun an gängige Emblem der beiden Hände, die sich drücken.

Porträt Julius Meyer

GROSSMUTTER LIEGT IM STERBEN

Julius Meyer wurde 1943 verhaftet und von den Nazis ins KZ geschickt. Er saß in Auschwitz und in Ravensbrück. 1945 glaubte der dem Holocaust entronnene 36-jährige Jude an einen Neuanfang in Deutschland. Julius Meyer engagierte sich beim Ostberliner Magistrat für die Opferfürsorge. Das tat er mit Nachdruck und ohne einen Zweifel daran zu lassen, dass ihm die Opfer des Faschismus wichtiger waren als die Linie seiner Partei, also der KPD bzw. der SED. Das wurde Meyer zum Verhängnis. Das und eine antijüdische Kampagne des Kreml-Herrschers Stalin.

Zuerst lief alles gut für Julius Meyer. Er übernahm zusammen mit Heinz Galinski den Vorsitz der sich langsam wieder formierenden jüdischen Gemeinde zu Berlin. Meyer war für den Ostteil der Stadt zuständig. Dort arbeitete er in der SED und in der Führung der VVN, der 1947 gegründeten Vereinigung der Verfolgten des Naziregimes (VVN).

Die VVN war in Ost und West aktiv – und eckte auf beiden

Seiten an. Den Westlern war die Vereinigung zu kommunistisch orientiert, im Osten wurde ihr schon früh unterstellt, eher dem neu gegründeten Staat Israel und den in die USA emigrierten Glaubensbrüdern als der SED zu dienen. Der Konflikt war vorprogrammiert. Durch den in den Köpfen der DDR-Mächtigen noch wabernden Antisemitismus und durch die Hetzjagden, die in Moskau, Budapest und Prag auf Juden veranstaltet wurden.

Julius Meyer hatte in den KZs der Nazis gelernt, seinen Kopf über Wasser zu halten. Er schaffte es, als Vertreter der VVN in die Volkskammer entsendet zu werden. Obwohl die Stimmung im Osten Anfang der fünfziger Jahre gegen eine gesetzliche Regelung der Opferfürsorge war, trat Julius Meyer in der Volkskammer offen für ein Wiedergutmachungsgesetz ein und machte sich damit Feinde in seiner Partei.

Als sich 1950 in Frankfurt am Main der Zentralrat der Juden gründete, wurde Philipp Auerbach Vertreter der amerikanisch besetzten Zone, in der die meisten Juden lebten. Sein Gegenpart im Direktorium sollte unter anderem Julius Meyer als Vertreter der Juden in der DDR sein – doch er bekam keine Ausreiseerlaubnis zu den Direktoriumssitzungen.[18]

Eine Weile ließ man Meyer gewähren. Doch dann kam ein beängstigendes Signal aus der Sowjetunion, das Julius Meyer irritierte. Am 13. Januar 1953 meldete die sowjetische Nachrichtenagentur TASS eine ungewöhnliche Polizeiaktion. Die Behörden hatten angeblich eine Verschwörung einflussreicher Ärzte des Kreml-Krankenhauses aufgedeckt und die Rädelsführer verhaftet: Diese Mediziner hätten ihre exponierte Position dazu genutzt, kommunistische Funktionäre durch falsche Behandlungsmethoden zu ermorden. Es wurden auch schon zwei prominente Opfer der Bande genannt: der bei sowjetischen Künstlern gefürchtete Stalin-Vertraute Andrej Schdanow und Alexander Schtscherbakow, beide damals schon einige Jahre tot.

Sieben Ärzte waren inhaftiert worden. Vier davon waren Juden, die anderen drei wurden als »verkappte Juden« bezeichnet. Sie hatten angeblich Verbindungen zu JOINT, dem American Jewish Joint Distribution Comittee, das amerikanische Juden

1914 für durch den Weltkrieg bedrohte Glaubensbrüder in Europa gegründet hatten. Während der Nazizeit hatte JOINT sich um die verfolgten Juden gekümmert, Ausreisemöglichkeiten sondiert und sogar Pakete nach Theresienstadt geschickt. Nach dem Krieg war JOINT die wichtigste Hilfsorganisation für die Überlebenden des Holocaust in Europa.

Stalin hatte eine Unterorganisation von JOINT, die sich um das Schicksal der enteigneten jüdischen Händler in der UdSSR kümmerte, schon 1938 verboten und die Helfer aus dem Land geworfen. Nun beschuldigte er die Hilfsorganisation offen der Spionage. Bei den Anschuldigungen gegen die Kreml-Ärzte handelte es sich um eine unappetitliche Mixtur aus Denunziationen im Mediziner-Milieu, panischen Schutzbehauptungen und tiefsitzenden antisemitischen Ressentiments.[19]

Die verhafteten Professoren, die wenige Monate zuvor noch das Vertrauen der Mächtigen genossen hatten, wurden so lange gefoltert, bis sie zugaben, die Ermordung Stalins und seiner Helfer geplant zu haben. 28 Ärzte waren letztendlich betroffen, eine landesweite Kampagne heizte die Stimmung gegen sie an. In der gesamten UdSSR weigerten sich die Menschen, sich von jüdischen Ärzten behandeln zu lassen. Als die antijüdische Stimmung im Land ihren Höhepunkt erreicht hatte und es schon zu Übergriffen in aller Öffentlichkeit kam, wurde der Prozess gegen die »Ärzteverschwörung« für den März 1953 anberaumt. Stalins Tod am 5. März sollte die Dinge jedoch grundsätzlich ändern. Die Ärzte wurden rehabilitiert, und sie teilten dem verstörten Sowjetvolk schon Jahre vor der berühmten Rede Chruschtschows mit, dass ihre Aussagen durch Folter erzwungen worden waren.

Julius Meyer war gewarnt. Schon im Jahr 1952 waren in Ostberlin zwei einflussreiche Funktionäre wegen angeblichen Zionismus verhaftet worden: Franz Dahlem und Paul Merker. Sie waren keine Juden, aber Merker machte seit Langem die Sache der Juden zu seinem Anliegen. So betrieb er zusammen mit Leo Zuckermann die Verabschiedung eines Wiedergutmachungsgesetzes – ebenso wie Julius Meyer. Merker wurde deshalb in der SED scharf angegriffen: Von jüdischen Kapitalisten »zusammen-

geraubte Kapitalien« seien kein Gegenstand der Wiedergutma-
chung, hieß es in einer Stellungnahme. Das war eine eigenartige
Sprache für Kommunisten, die sich den Antifaschismus auf die
Fahnen geschrieben hatten.

Wie viele andere glaubte auch Julius Meyer, die DDR könne
sich nach Millionen toter Juden keine antisemitischen Kampa-
gnen oder gar Schauprozesse erlauben. Ende 1952 änderten sich
jedoch die Vorzeichen. Stalins Idee eines wiedervereinigten und
neutralen Deutschlands war von Adenauer abgelehnt worden.
Nun wehte auch innenpolitisch ein anderer Wind. Das Signal für
eine Wende kam mit dem Kesseltreiben gegen die Kreml-Ärzte.
Jetzt wusste auch Julius Meyer, dass er in Ostdeutschland nicht
mehr sicher war.

Anfang 1953 wurde der Volkskammerabgeordnete Meyer vor
die Zentrale Parteikommission bestellt. Dort musste er sich stun-
denlangen Verhören unterziehen. Was Meyer neben den üblichen
stalinistischen Demütigungen am meisten verunsicherte, waren
die bohrenden Fragen nach seinen Verbindungen zur Hilfsorganisation JOINT. Die Gemeinden waren damals zuständig für die
Verteilung der lebenswichtigen Care-Pakete unter den Juden in
der DDR. Auch wollte man von Meyer Genaueres über Verbindungen seiner politischen Freunde zu Israel wissen. Als er endlich entlassen war, wartete schon ein sowjetischer Offizier auf
ihn. Auch der drängte darauf, mehr über Meyers Verbindungen
zu JOINT zu erfahren. Der Offizier glaubte, dass die jüdischen
Gemeinden im Ostblock ihre politischen Anweisungen über die
Hilfsorganisation bekämen.

Julius Meyer spielte auf Zeit. Scheinbar ging er auf die Forderungen der Staatssicherheit ein: Er fertigte Spitzelberichte an,
hütete sich aber davor, Namen von Juden zu nennen, die Care-Pakete empfangen hatten.[20] Meyer konnte sich denken, dass solche
Sendungen, die JOINT und andere Komitees über Mittelsmänner
in den Osten schleusten, als Beweise für die Spionagetätigkeit der
Adressaten gegen die DDR benutzt werden würden.

Doch Julius Meyer wartete nicht ab, bis man ihn verhaftete. Er
nahm Kontakt mit seinem Ko-Vorsitzenden Heinz Galinski in

Westberlin auf. Ein Evakuierungsplan für die Juden in der DDR wurde entworfen. Meyer informierte die Gemeindevorsitzenden über die Vorgänge in der Hauptstadt. Sobald ein bestimmtes Codewort von ihm ausgegeben wurde, sollten sich alle ausreisewilligen Juden der DDR mit ihren Angehörigen auf den Weg nach Berlin machen. Die Parole lautete: »Großmutter liegt im Sterben.«

Die Historikerin Annette Leo berichtet von subversiven Autofahrten, auf denen Meyer besonders gefährdete Juden aus den Bezirken nach Berlin schaffte, während ihre Familien per Bahn hinterherreisten. Als Volkskammerabgeordneter genoss er eine gewisse Freizügigkeit. Erstaunlicherweise gelang es allen Beteiligten, über Ostberlin in den Westen zu kommen. Dass eine solche landesweite Aktion über die Bühne gehen konnte, ohne dass die Staatssicherheit Wind davon bekam, ist schwer vorstellbar. Eher muss man vermuten, dass die Politführung es angesichts der historischen Belastung Deutschlands als klüger ansah, die jüdischen Mitbürger auf diese Art entkommen zu lassen, als ihnen auf Druck aus Moskau hin einen peinlichen Schauprozess machen zu müssen. Dass die Stasi zu solchen Kapriolen in der Lage war, bewies sie nur wenig später auf spektakuläre Weise im Fall des ersten Verfassungsschutzpräsidenten Otto John, der nach seinem Übertritt in den Osten lange für antiwestliche Propaganda instrumentalisiert worden war. Als der labile John die Nase voll hatte von inszenierten Pressekonferenzen und dem ohnehin trostlosen Leben in Ostberlin, ließ man ihn unbehelligt entkommen – mithilfe eines weithin bekannten dänischen Journalisten und eines abenteuerlich unbedarften Fluchtplanes, quasi unter den Augen der Bewacher.

Julius Meyer folgten 1953 mehr als 500 Juden in den Westen. Unter ihnen Vorsitzende und Beisitzer der jüdischen Gemeinden von Leipzig, Dresden, Halle und Erfurt. Das gesamte jüdische Kinderheim in Berlin-Niederschönhausen floh gemeinsam mit seinen Betreuern nach Westberlin. Ebenso wie der Ostberliner Kammergerichtspräsident Heinz Freund und Heinz Fried, der Direktor der Wasserbetriebe. Was diese Abwanderungsbewegung bedeutete, zeigt die Statistik des Zentralrates der Juden in Deutschland: 1989, im Jahr der Wende, lebten in der DDR nur noch 400 Mitglieder der jüdischen Gemeinden, allein 250 davon in Ostberlin.

Julius Meyer ging es nach seiner Flucht in den Westen nicht viel besser als Otto John. Er lieferte sich einen jahrelangen Kampf mit westdeutschen Gerichten, die seinen Anspruch auf Entschädigung nicht anerkennen wollten. Als der westdeutsche Staat ihm auch noch den Status eines politischen Flüchtlings verweigerte, wanderte er mit seiner Familie nach Brasilien aus. Dort ist Julius Meyer 1979 gestorben.

Der Landesrabbiner Levinson, der an der Vorbereitung der Massenflucht beteiligt war, wurde dafür auch nicht belohnt. Wie Andreas Nachama 2011 in einem Artikel in der ›Jüdischen Allgemeinen‹ berichtete, verlor er nach einer »mutigen Pressekonferenz zur Rettung von in der DDR bedrohten Juden« auf Betreiben seines Gemeindevorstandes sein Amt – er hatte angeblich die Einheit der Berliner Juden gefährdet, die Galinski noch retten zu können glaubte. Levinson wurde nach Amerika geschickt und fortan als Militärrabbiner, unter anderem in Japan, eingesetzt. Eine Rückkehr nach Berlin war ihm für Jahrzehnte verwehrt.

9. Aktion Bird Dog

INITIALZÜNDUNG: DER MARSHALL-PLAN

»Fünf Millionen Eier lagern in München und dürfen nicht verteilt werden. Im Allgäu müssen die Käsefabriken anbauen, um den gelagerten Käse vor Verderb zu schützen. Dabei werden Hunger und Not immer größer. Mit diesen Argumenten begründet die bayrische Wirtschaftliche Aufbau-Vereinigung das Versagen der bizonalen Wirtschaftsleitung. In einem Dringlichkeitsantrag an den Landtag wird der Austritt Bayerns aus dem Frankfurter Wirtschaftsrat gefordert. Zum ersten Male schwangen auch die Süddeutschen das Streikbeil. In Frankfurt und der ›Stadt der Reichsparteitage‹ marschierten wieder Hunderttausende wegen Hungers.« (›Der Spiegel‹ 4/1948)

Im Januar 1947 besuchte der Amerikaner Herbert Hoover das besiegte Deutschland. US-Präsident Truman hatte ihn beauftragt, eine Inspektion der soeben zusammengeschlossenen Bizone vorzunehmen, also der amerikanisch und britisch besetzten Gebiete. Man empfand es in den USA als absurd, dass ausgerechnet der Sieger die Versorgung des Besiegten übernehmen sollte – »zum ersten Mal in der Geschichte«, wie bitter angemerkt wurde.

Der ehemalige US-Präsident Herbert Hoover schien der richtige Mann für diese Mission zu sein: Er hatte bereits große Hilfsaktionen organisiert und kannte die Lage im Nachkriegseuropa von einer ähnlichen Inspektionsreise im Jahr 1946. Vielleicht würde Hoover – so hoffte man jedenfalls in Washington – Möglichkeiten finden, den Eigenanteil der Deutschen an ihrer Versorgung zu erhöhen.

Die mehrwöchige Reise Hoovers durch das zerstörte Land erregte Aufsehen. In Hamburg sah man ihn wegen der herrschenden Brennstoffkrise in dicke Wolldecken eingehüllt am Karbid-Ofen sitzen und mit den Ministerpräsidenten der britischen Zone verhandeln. In München trat Hoover vor die Presse, um seine Eindrücke zu schildern: Die Ernährung der Menschen sei in Deutschland zwei Jahre nach Kriegsende schlechter als in allen anderen Ländern Europas. Vor allem Kinder und alte Leute bräuchten dringend eine bessere Versorgung.[1]

Bevor er in die USA zurückkehrte, sprach Hoover in Rom mit Papst Pius über seine Deutschland-Reise. Dann machte er dem US-Präsidenten einen konkreten Vorschlag: Bis September 1948 sollten die USA Nahrungsmittel im Wert von 950 Millionen Dollar nach Deutschland einführen. Nur so könnte eine biblische Hungersnot verhindert werden.

Hoover hatte festgestellt, dass fast vier Millionen Kinder in einem »erbärmlichen Zustand« leben mussten. 18 Millionen Erwachsene, sogenannte Normalverbraucher, also Menschen ohne Sondervergütungen bei der Lebensmittelzuteilung, existierten unter lebensbedrohlichen Bedingungen. Der Bremer Wirtschaftssenator Harmssen, der eine Dokumentation über die Not im Nachkriegsdeutschland angefertigt hatte, sprach von Zuständen wie im Dreißigjährigen Krieg. Konrad Adenauer äußerte öffentlich die Befürchtung, dass noch Millionen Deutsche sterben könnten.

Hoovers Bericht war keine Schwarzseherei: Es brodelte schon verdächtig. Was keine der sporadisch auftauchenden Nazi-Grüppchen geschafft hatte, das schaffte die Hungersnot in kurzer Zeit: »Halbwüchsige Randalierer« griffen offen die Besatzungsmacht an. In Braunschweig wurden britische Soldaten durch Steinwürfe verletzt, Aufrührer steckten Personenwagen in Brand und schmissen die Scheiben von alliierten und deutschen Dienstgebäuden ein. In Düsseldorf warf der Mob einen Volkswagen, in dem Schieber vermutet wurden, in den Hofgarten-Teich. Eine Gruppe von Aufständischen wollte mit Entführungen die britische Besatzungsmacht zu einer Änderung ihrer Politik erpressen.

Die US-Regierung hatte für das Rechnungsjahr 1947 für 435 Millionen Dollar Ernährungshilfe bewilligt – die mussten aber für Deutschland, Österreich, Japan und Korea reichen.[2] In all diesen Ländern wurde gehungert. Die Situation verschärfte sich im Herbst. Deshalb bekam am 7. November 1947 Tracy S. Voorhees, Assistent des Kriegsministers, den Auftrag, im Washingtoner Regierungsapparat eine Hilfsaktion zu koordinieren. Voorhees sorgte dafür, dass 300 000 Tonnen Schiffsladeraum für die Transporte nach Deutschland zur Verfügung standen. Dann prüfte er die Lebensmittel-Bestände des US-Militärs. Dabei stellte er fest, dass große Mengen an Lebensmitteln für *displaced persons* zurückgehalten wurden. Voorhees bestellte die dafür zuständigen Frankfurter Divisionschefs nach Berlin. Er vergewisserte sich, dass aufgrund der vorhandenen Vorräte eine Versorgung der DPs gesichert war. Danach waren immer noch Lebensmittel im Wert von 19 Millionen Dollar übrig. Darunter waren auch fett- und proteinreiche Nahrungsmittel, die Hoover für die unterernährten Kinder zwischen 6 und 16 Jahren angemahnt hatte.

Im April 1947 konnte die Army mit Schulspeisungen beginnen. Bis Mitte Juni 1947 bekamen 3 550 000 Kinder in der Bizone eine Schulmahlzeit von 350 Kalorien täglich.[3] Zu besonderen Querelen führte es, als Lehrer darauf bestanden, ebenso wie ihre Schüler an der Speisung der Army teilnehmen zu dürfen. An einigen Schulen wurde das vom Militär angelieferte Essen zunächst in das Lehrerzimmer gebracht, wo die Erwachsenen sich satt aßen. Erst danach wurden die Schüler an die Töpfe gelassen.[4]

Im Ruhrgebiet wurden aufgrund des schlechten gesundheitlichen Zustandes der Bergleute statt der üblichen 450 000 Tonnen Kohle nur 230 000 Tonnen täglich gefördert. Von diesen 230 000 Tonnen ging ein beträchtlicher Teil an die ebenfalls bedürftigen Nachbarländer, so dass kaum etwas für den Eigenbedarf geschweige denn für den Export übrig blieb. Wo Kohlen fehlten, konnte nicht geheizt, aber auch nicht gekocht werden.

3,3 Millionen Kinder in Deutschland litten unter Mangelerschei-
nungen, darunter sogar Hungerödemen. Die Todesrate unter
alten Menschen war erschreckend hoch.

Hoover redete seinen Landsleuten ins Gewissen: Ein Deutschland unter dem »Industrieniveau-Konzept«, eine Volkswirtschaft
also, die in ihrer Produktion permanent gedeckelt wurde, kostete
Geld – viel Geld sogar, denn die USA mussten die Defizite der
Versorgung, die durch die Industriedeckelung entstanden, finanzieren. Oder sie mussten sich endlich entscheiden, die Deutschen
sterben zu lassen …

Das traf die USA. Hoover wurde kritisiert, vor allem, als er an
einem Grundprinzip der Besatzungspolitik rührte: an der Entnazifizierung. Der Ex-Präsident verlangte die Wiedereinstellung
qualifizierter Techniker – unabhängig von ihrer Nazivergangen-
heit. Die Entrüstung war Heuchelei: Auch die USA hatten (genauso wie die Sowjets) Ausnahmen gemacht, wenn sie nazibelas-
tete Spezialisten für ihre eigenen Projekte brauchten, also in der
Raumfahrt und in der Rüstung. Der hochbelastete Wernher von
Braun, einer der wichtigsten Raketenbauer Hitlers, wurde sofort
ins amerikanische Weltraumprogramm überführt, und auch bei
Hitlers Russlandaufklärer Reinhard Gehlen hatten die Amerikaner keine Bedenken, ihn bis zur Spitze des späteren Bundesnach-
richtendienstes aufsteigen zu lassen.

Obwohl Hoover die Amerikaner mit seiner Deutschland-
Analyse schockierte, hatte er Erfolg: Neben der zusätzlichen
Bereitstellung von 300 Millionen Dollar für Nahrungsmittel,
Kunstdünger und Samen durch den Kongress bewilligte das
Kriegsministerium im Mai 1947 die Lieferung von 400 000 Ton-
nen Lebensmitteln, mit denen die Missernte des trockenen Som-
mers kompensiert werden sollte.

Ein Grund für den Erfolg Hoovers war die Angst der Westalliierten, dass Stalin mit seiner schrittweisen Ausbreitung des sowjetischen Systems in Deutschland leichtes Spiel haben würde,
wenn die Menschen weiter hungerten. Im US-Außenministerium beobachtete man mit großer Sorge, wie die Sowjets einen
osteuropäischen Staat nach dem anderen zur »Volksdemokratie«

machten. Um die Tschechoslowakei wurde 1947 noch gekämpft, ebenso um Griechenland, wo offener Bürgerkrieg herrschte und die Russen die kommunistischen Gruppen unter dem Rebellengeneral Marcos unterstützten. Die Amerikaner befürchteten, dass derartige Verhältnisse auch in Italien und Frankreich herbeigeführt werden könnten, wenn die US-Army ihre Truppen würde abziehen müssen.

Am wichtigsten war es den Leuten um Außenminister Marshall daher, Deutschland oder wenigstens die Westzonen für das westliche Lager zu retten. Für die Deutschen hieß das: Wenn sie die ausgestreckte Hand des Westens ergriffen, würde damit auch eine Teilung des Reiches festgeschrieben werden. Aber die Not war so groß, dass ihnen gar nichts anderes übrig blieb: Wenn sie nicht verhungern wollten, mussten sie den Osten aufgeben.

US-Außenminister Marshall setzte beim Kampf um Deutschland auf eine wirtschaftliche Strategie. Am 4. April 1948 konnte er einen ersten Erfolg verzeichnen: Der Kongress verabschiedete das European Recovery Program ERP: 6,8 Milliarden Dollar sollten in 15 Monaten nach Europa fließen und dort helfen, die Wirtschaft wieder aufzubauen. Wenig später wurde der Umfang auf 5,3 Milliarden Dollar reduziert, allerdings erst einmal für zwölf Monate. Die Abgeordneten wollten das Riesenprojekt etwas übersichtlicher gestalten – immerhin waren im Herbst 1948 Wahlen in den USA. Insgesamt wurden in den folgenden Jahren bis 1952 13 Milliarden Dollar bewilligt. Davon flossen über neun Milliarden wieder in die US-Staatskasse zurück, da die europäischen Staaten, die in den Genuss der Unterstützung kamen, mit den Geldern amerikanische Waren kauften.

Das war nämlich ein weiterer Grund für die Großzügigkeit des Kongresses: Die US-Wirtschaft litt unter einer Absatzkrise. Indem Europa Geld in die Hände bekam und sich mit Gütern versorgen konnte, entstand ein neuer interessanter Absatzmarkt für die amerikanischen Firmen. Dass diese Rechnung im Sinne der Amerikaner aufging, war sichergestellt: Die Länder, die ERP-Mittel haben wollten, mussten sich verpflichten, ihre Investitionen durch Washington genehmigen zu lassen.[5]

Der Marshallplan wirkte als Initialzündung für die Wohlstandskultur des Westens. Und dass, obwohl die Finanzhilfen, die nach Europa flossen, weniger als drei Prozent des Nationaleinkommens der Hilfenehmer ausmachten. Die 16 Länder, die vom ERP profitierten, erlebten eine Steigerung ihres Bruttoinlandsproduktes von durchschnittlich 0,5 Prozent.[6] Man muss den besonderen Effekt des Marshallplans wohl in seiner psychologischen Wirkung auf die darbenden Volkswirtschaften Westeuropas sehen. Der Aufschwung selbst, der 1948/49 begann, hatte nach Meinung vieler Ökonomen vor allem damit zu tun, dass im Gefolge des ERP-Programms eine europäische Integration vorangetrieben wurde. So sorgten die Amerikaner dafür, dass noch 1948 die OECC gegründet wurde, die Organisation für wirtschaftliche Zusammenarbeit in Europa. Das heißt, die Länder öffneten ihre Märkte für die Nachbarstaaten, der Handel in Europa wurde durch neue freizügige Regeln insgesamt einfacher. So kam es dann zu einem Auftrieb, der die Konjunkturen in Gang brachte.

Allerdings waren die Voraussetzungen 1947 nicht mehr so schlecht wie zwei Jahre zuvor. Der Krieg hatte zwar im Westen 22 Prozent, in der Ostzone 15 Prozent der Industrieanlagen zerstört, allerdings waren drei Viertel der erhaltenen Anlagen auch auf einem für europäische Verhältnisse (nicht für US-Verhältnisse!) relativ modernen Stand – dafür hatte der NS-Rüstungsboom gesorgt. So waren unter den Nazis erstmals Mehrzweck-Werkzeugmaschinen eingeführt worden.[7] Zudem hatte 1945 bis 1947 eine Bevölkerungsverschiebung stattgefunden: Das Arbeitskräftepotenzial in der Bizone war verglichen mit 1939 gewachsen (in der US-Zone um 17,1 Prozent und in der britischen Zone um 11,3 Prozent). Bis 1946 waren schon sieben Millionen Flüchtlinge nach Westen geströmt. Das machte den allgemeinen Arbeitskräftemangel etwas erträglicher. In dieser wirtschaftlichen und technologischen Notlage konzentrierte sich die Industrie der Bizone 1947 ganz auf die sensiblen Bereiche der Volkswirtschaft: Alles, was verfügbar war, wurde in das marode Verkehrssystem, in die Infrastruktur, in die Stahlindustrie, in den lebensnotwendigen Bergbau und in den Wohnungsbau für Bergleute gesteckt.[8] So hatte sich schon ein winziger Aufschwung gezeigt, bevor der Marshallplan überhaupt einsetzte – nämlich nach der Überwindung der Transportkrise im Winter 1947/48.

Der Marshallplan war ursprünglich ein Vorhaben, das den verbündeten europäischen Staaten helfen sollte – also den Staaten, die in der Anti-Hitler-Allianz hatten bluten müssen und nur sehr langsam wieder auf die Beine kamen. Nun aber unternahm die Administration in Washington Anstrengungen, die Westzonen Deutschlands in ihre Aufbauleistung einzubeziehen.

Möglicherweise lief es aber auch ganz anders: Der Sozialhistoriker Hans-Ulrich Wehler vermutet, dass die USA den Aufbau Deutschlands von Anfang an fest im Blick hatten. Allerdings mussten sie diesen Plan den anderen europäischen Staaten, die gegen Hitler gekämpft hatten, etwas versüßen – und so entstand das ERP, also ein Programm, das angeblich Europa insgesamt helfen sollte. Nach der Meinung der Planer im US-Außenministerium war Europa auf jeden Fall geholfen, wenn die stärkste wirtschaftliche Macht wieder gangbar gemacht werden konnte. Also ging es vor allem um Deutschland. Dadurch entsteht der Eindruck, das meiste Geld sei in die Westzonen geflossen. Das ist jedoch falsch. Größter Nutznießer des ERP-Programms war Großbritannien mit fast 25 Prozent der Gesamtsumme von 14 Milliarden Dollar. An zweiter Stelle stand Frankreich mit 20 Prozent. Deutschland – also die Westzonen – bekamen nur 10 Prozent.

Ursprünglich boten die Amerikaner ihre Unterstützung durch ERP-Gelder allen europäischen Staaten an, die im Krieg gelitten hatten. Auch denen Osteuropas. Doch Stalin witterte hinter dem Marshallplan eine gigantische Maschinerie zur politischen Gleichschaltung der europäischen Staaten – womit er nicht ganz falsch lag, denn die Hilfenehmer mussten sich schriftlich zu allerlei Maßnahmen verpflichten, wie Währungsreform oder Investitionen nach Vorgaben. Stalin untersagte es allen Staaten seiner Einflusssphäre, ERP-Hilfen in Anspruch zu nehmen. Sie gehorchten unter Zähneknirschen, denn die meisten hätten die amerikanischen Vorgaben angesichts ihrer ökonomischen Probleme liebend gerne erfüllt.

Die Hälfte der Leistungen des Marshallplans in Deutschland betraf Lebensmittellieferungen, zumindest war das anfangs so. Später reduzierte sich der Lebensmittelanteil auf 36 Prozent (1952). Dennoch kam das gut an bei der hungernden Bevölkerung. Wirtschaftlich vielleicht noch wichtiger waren Rohstofflieferungen, die Deutschland so lange entbehrt hatte. Aber auch hier entstand durch die nachträgliche Glorifizierung des Marshallplans der Eindruck, dass die Amerikaner erst ab 1947/48 ihre Herzen weit geöffnet hätten. Dabei waren von 1945 bis 1948 schon zwei Milliarden Dollar aus verschiedenen Quellen in die Besatzungszonen gepumpt worden. Und europaweit flossen immer noch die Mittel des Leih- und Pachtvertrages für die Kriegsalliierten.

1948 sanken erstmals die Besatzungskosten in den Westzonen, der Außenhandel lief richtig an, die Bergbauförderung kletterte in die Höhe und viele der hemmenden Transportprobleme wurden gelöst. Die seit nunmehr drei Jahren katastrophale Ernährungslage begann sich zu entspannen. Die Menschen mussten nicht mehr hungern. Das vergaßen die Deutschen den Amerikanern nicht.

Die Reaktion auf den Marshall-Plan war dennoch zunächst verhalten. Fast alle westdeutschen Länder waren vergrätzt, weil die Westmächte ihnen nicht erlaubten, über die eingesetzten Mittel für die Einfuhr von Lebensmitteln nach Belieben zu verfügen. So wollten die Bayern ihren Kohlebedarf lieber bei den Tschechen decken als im entfernter gelegenen Ruhrgebiet. Einem geschenkten Gaul schaut man nicht ins Maul, heißt es. Das taten die Deutschen aber. Und sie vergaßen darüber, dass der Marshallplan ja nicht in erster Linie politische Handlungsfreiheit verschaffen, sondern dass er dem Aufbau und der Stärkung der europäischen Wirtschaft nutzen sollte. Und natürlich dem US-Export. Aber selbst das konnte man den Amerikanern nicht übelnehmen, da sie die immensen Summen, die das Programm kostete, selbst aufbrachten.

Einzig die ERP-Unterstützung für die Landwirtschaft fand unter den Deutschen Anklang: Wenn die Pläne verwirklicht werden würden, so bedeutete das eine Steigerung der Kalorienzuteilung auf 1800 Kalorien für den Normalverbraucher. Die geplante Einfuhr von 200 000 Tonnen Fett sicherten eine Fettzuteilung von über 400 Gramm pro Karten-Periode, was vielen unterernährten Deutschen sehr geholfen hat.

Die Forderungen der deutschen Kritiker am Marshallplan lauteten: Bevor ERP-Mittel flossen, sollte ein Demontagestopp für volkswirtschaftlich wichtige Betriebe gelten. Weiterhin durfte es keine Demontage von ganzen Betriebsanlagen mehr geben, vielmehr sollten dafür Lieferungen von gewünschten Produktionsmitteln durch die Deutschen erfolgen.

Der Marshallplan hat in Deutschland dennoch einen Wandel herbeigeführt, bevor überhaupt der erste Dollar überwiesen wurde. Dieser Wandel betraf das Verhältnis der Einheimischen gegenüber den Besatzern – und der Besatzer gegenüber den Einheimischen. Angesichts der Tatsache, dass Deutschland immer noch eine zentrale Größe in Europa war und nach dem Wegfall von Polen den Westen davor schützen musste, von den Russen eingenommen zu werden, gab die Lage Anlass zur Besorgnis. Die Antwort, die die amerikanischen Planer gaben, lautete: Schluss mit dem Taktieren auf der Ebene des Kontrollrats. Man musste Stalin klar zeigen: Bis hierher und nicht weiter! Die weitere Ausdehnung seines Imperiums nach Westen musste unbedingt verhindert werden. Alles andere war zweitrangig. Doch dafür brauchte der Westen die Deutschen. Sie sollten nicht die nächste »Beute« des Kremls werden, weil sie schwach waren und frustriert und enttäuscht von den Besatzern. Sie sollten stark und selbstbewusst werden, damit sie den Lockungen Stalins widerstehen konnten.

Aus den mit der Naziideologie verseuchten Barbaren waren unversehens wieder fleißige und zivilisierte Europäer geworden, um die man sich bemühen musste, denen man helfen musste, die man sogar stärken musste. Das war die Sichtweise der Amerikaner, die hinter Truman und dem Marshallplan standen. Auch Hoover stand hinter dem Marshallplan, aber der ehemalige US-Präsident hatte seine Analyse auf Humanität gegründet.

Jetzt ging es nicht mehr um Humanität, jetzt ging es um Machtpolitik.

Dennoch: Diese Sichtweise war einseitig, und sie war auch in großen Teilen übertrieben. Stalin wusste sehr genau, wo er zum Hammer greifen durfte und wo er vorsichtig agieren musste. Das hatte er bewiesen, als er die Kommunisten in Deutschland und in Westeuropa an die Kette gelegt und ihnen die Kooperation mit den Bürgerlichen aufgegeben hatte. Er hatte genug wirtschaftliche Probleme zu Hause, und er konnte das westliche Lager nicht allzu nahe an seine Hemisphäre herankommen lassen, ohne dabei seine Position aufs Spiel zu setzen.

Aber es war nicht die Zeit der Differenzierungen. Die Amerikaner glaubten, die Gefahr kommen zu sehen – und sie verhielten sich entsprechend. Sie brauchten die Deutschen, um Stalin zurückzudrängen. Dafür mussten die Deutschen satt und stark werden. Es war also nicht mehr von der Schuld die Rede. Auch die Entnazifizierung, die für viele Deutsche immer noch eine Bedrohung darstellte, war nicht mehr so wichtig. Überhaupt spielte die Vergangenheit keine große Rolle mehr. Die Besatzer sahen die Deutschen nun anders. Und die Deutschen gewannen wieder Selbstvertrauen: Ohne uns geht nichts in Europa.

Am 7. Juni 1948 veröffentlichten die USA, Großbritannien, Frankreich und die drei Benelux-Staaten das Deutschland-Kommuniqué: Dies sah eine enge Zusammenarbeit der drei Militärgouverneure mit den Benelux-Staaten vor. Zudem wurde eine internationale Behörde zur Kontrolle des Ruhrgebiets einberufen – wobei Deutschland neben den sechs Mächten am Tisch saß. Es würde also keine Loslösung des Ruhrgebietes von Deutschland geben. Auch wenn genau das von den Westmächten angekündigt worden war; den Russen und den Franzosen zuliebe. Aber die Franzosen spielten momentan keine Rolle, und den Russen zuliebe geschah nun gar nichts mehr. Das hieß für die Deutschen: Sie wurden nicht mehr als Feinde betrachtet. Sie konnten hoffen, einen eigenen Staat zu bekommen. Aber die Teilung des Landes – und das war ein tieferer Grund für ihre Zurückhaltung dem ERP-Programm gegenüber – wurde unumgänglich. Die Militärgouver-

neure bekamen den Auftrag, die Ministerpräsidenten der West-
zone zu bevollmächtigen, eine verfassungsgebende Versammlung
einzuberufen. Zudem sollte es fortan eine gemeinsame Planung
des Außenhandels der drei Westzonen geben.

Trotz all dieser überraschenden Neuerungen bedeutete die
neue Situation keine Beendigung der Besatzung. So verrückt waren die Amerikaner und die Briten und erst recht die Franzosen
nun doch nicht. Ein westzonales Sicherheitsamt würde weiterhin
über die Deutschen wachen.

DIE MICKEY-MOUSE-MARK

»Es war wie Zauberei: das neue Geld war kaum verteilt, da gaben
die Kühe plötzlich wieder Milch, die Hühner legten wieder Eier,
die Kartoffeln wuchsen wieder. Was Hungerstreiks, Schweige-
märsche, Erfüllungssolls und Strafandrohungen nicht vermocht
hatten, gelang dem bunten DM-Papier: Gegen gutes Geld taten
sich alle geheimen Lager auf, in denen die Fabrikanten, Grossisten
und Einzelhändler die rarsten Waren deponiert hatten.«
(Zeitzeuge in: ›Trümmer, Träume, Truman‹, 1985)

Kurz nach der Währungsumstellung ergaben Stichproben bei einem Lebensmittelgroßhändler in Köln: 427 000 Kilo Weißzucker,
287 000 Kilo Mehl und 208 000 Kilo Nährmittel waren nicht an
die Einzelhändler ausgeliefert worden.[9] Was die meisten immer
geahnt hatten: In der Mangelwirtschaft waren die ersehnten Waren durchaus vorhanden, sie waren bloß nicht in den offiziellen
Verkauf gelangt, der durch die Kartenbewirtschaftung reguliert
worden war.

Für die wenigen Waren, die Deutschland importierte, musste
es harte Dollars bezahlen. Die Reichsmark war kaum noch das
Papier der Banknoten wert. Der Warenverkehr lief vor allem

über Tauschhandel. Die Kaufhäuser und Geschäfte bunkerten ihre Waren, die Regale blieben leer. Die Fabriken produzierten wenig. Butter, Fleisch oder Eier gab es nur noch auf dem Schwarzmarkt. Dort kostete ein Wecker 800, eine Hose 2500 und ein Sommermantel 2800 Reichsmark. Der Preis für eine Zigarette stieg bis auf 30 Mark.[10]

In allen anderen Staaten, die vom Krieg betroffen gewesen waren, hatte es eine Drosselung des Geldumlaufes gegeben. In Deutschland war das ausgeblieben. Deshalb kam enorm viel Geld in den Umlauf – vor allem weil die Nazis unentwegt neues gedruckt hatten, um ihren Krieg zu finanzieren. Das Warenangebot aber war überschaubar, und die angebotenen Waren hatten eine minderwertige Qualität. Auf dem Schwarzmarkt galt die Zigarettenwährung, was das Vertrauen in die offizielle Währung erheblich schwächte. Der Normalverbraucher war auf Hamsterfahrten angewiesen – letzten Endes auch ein Schwarzmarkt und verboten.

Bis 1947 gab es Hoffnung auf eine zonenübergreifende Maßnahme gegen den Verfall der Währung und das Schwarzmarktunwesen – so wie es das Potsdamer Abkommen verlangte. Aber General Clay und Marschall Sokolowski konnten sich im Kontrollrat nicht auf ein gemeinsames finanzpolitisches Vorgehen einigen. Am 20. März 1948 zogen sich die Sowjets lautstark aus dem Alliierten Kontrollrat zurück.

Später wurde die Vorgeschichte der Währungsreform so dargestellt, als hätten sich die interzonalen Pläne der USA erst durch die harte Haltung der Russen als Illusionen erwiesen. Dabei waren die neuen Banknoten, die die Reichsmark in den Westzonen ersetzen sollten, bereits im Winter 1947 in den USA gedruckt worden. Schon am 20. Mai 1946 hatten die Alliierten den sogenannten Colm-Dodge-Goldsmith-Plan (CDG) als Grundlage für eine Währungsreform gebilligt, ein Planspiel deutschstämmiger US-Ökonomen, die General Clay in seine Zone gebeten hatte. Der Plan sah eine Kopfpauschale, eine starke Abwertung der bestehenden Währung und den Aufbau eines neuen Zentralbanken-Systems vor. Alles geschah unter strikter Geheimhaltung: Die Aktion Währungsreform trug den Tarnnamen »Bird Dog«. Die in

New York und Washington gedruckten Banknoten wurden Ende April 1948 mit der Tarnadresse »Barcelona« verschickt. Anfang Juni wurden in Bremerhaven 23 000 Metallkisten von einem US-Schiff geladen. Die Metallkisten wurden nach Frankfurt am Main geschafft, wo sie im alten Reichsbankgelände bis zum Tag X eingelagert wurden.

Die Scheine ähnelten dem Dollar, sie trugen aber den Aufdruck »Deutsche Mark«. Am 14. Juni brachte man sie in die Landeszentralbanken der beteiligten Länder der Westzonen. Von dort wurden sie auf 170 Lkws zu den Ausgabestellen transportiert. Niemand wusste allerdings zu diesem Zeitpunkt, wann die neuen DM-Noten ausgegeben werden würden. Da der Tag X jederzeit erwartet wurde, hielten die Händler nun alle höherwertigen Waren zurück – mehr noch als früher. Die Regale blieben leer. Wie Bremens Senatspräsident Kaisen gegenüber dem Stellvertreter General Clays, General George Hays, beklagte, zogen die Bauern sehr viel mehr Vieh als nötig in den Ställen auf, ohne das Fleisch auf den Markt zu bringen. Selbst das Saatgut wurde gehortet – und das zur Zeit der Aussaat, womit eine Missernte vorprogrammiert war. Auch im Bergbau machte sich

Eine halbe Deutsche Mark.

die Unsicherheit bemerkbar. So bekamen die Gruben kein Grubenholz für den Ausbau der Stollen. Die Holzwirte ließen die geschlagenen Bäume einfach in den Wäldern liegen. Sie hofften, nach einer Währungsumstellung mehr Geld damit zu verdienen.[11]

Es herrschte also eine ungesunde Stimmung des Zögerns und Spekulierens. Politiker wie Kaisen forderten bereits Zwangsmaßnahmen gegen die Händler. General Clay sah diese Problematik. Er wies noch am 15. Juni 1948 die bizonalen Ministerpräsidenten an, Geschäfte, die horteten, polizeilich zu schließen.

Die Amerikaner hatten, um die Wogen zu glätten, höhere Lebensmittelzuteilungen bewilligt. So waren die Fleischrationen in der Bizone am 7. Mai um 100 Gramm erhöht worden. Zusätzlich wurden Fischkonserven ausgegeben. Es war sogar die Rede davon, dass im Juli 1948 7,5 Millionen Kilo mexikanisches Ochsenfleisch in Dosen nach Deutschland geliefert werden würde. Da der Weltmarkt nicht genug Schweine- und Rindfleisch produzierte, um die 40 Millionen Bewohner der Bizone zu versorgen, hatten die Amerikaner zudem für Juni und Juli 7,5 Millionen Kilo Pferdefleisch geordert.

Eine erste leichte Aufwärtsbewegung der deutschen Wirtschaft, die sich Anfang 1947 überraschend gezeigt hatte, war durch die Gerüchteküche um die bevorstehende Währungsreform abgeebbt. Betriebe, die gerade angefangen hatten, bessere Absätze zu verzeichnen, fürchteten um ihre Erträge und verordneten ihren Belegschaften Betriebsferien.

Immerhin nahmen sich die Alliierten noch die Zeit, eine deutsche Expertenrunde einzuberufen – der sogenannte Konklave in Rothwesten bei Kassel. Am 20. April 1948 brachte ein US-Army-Bus mit abgedunkelten Scheiben 25 deutsche Finanzwissenschaftler in den ehemaligen Luftwaffen-Fliegerhorst. Der Bus wurde von der US-Militärpolizei streng bewacht, die deutschen Experten kamen sich vor wie arretierte Nazis. Sie durften weder telefonieren noch Briefe schreiben. Niemand sollte wissen, dass sie sich im Haus Posen des Fliegerhorsts Rothwesten aufhielten und was sie dort taten: Die Finanzexperten berieten auf einem Konklave – also abgeschottet von der Außenwelt –

über die Umstände der Auszahlung eines Kopfbetrages für jeden Deutschen.

Der junge US-Leutnant Edward Tenenbaum, der die deutschen Wirtschaftswissenschaftler während ihrer Beratung betreute, hatte die Idee für den Namen der Mark. Ursprünglich wurde an »Deutschmark« gedacht, aber man einigte sich auf Tenenbaums Vorschlag »Deutsche Mark«. Auf der Vorschlagsliste standen noch andere Namen, die die Ökonomen favorisierten – so zum Beispiel »Deutscher Batzen«.[12]

Den Amerikanern ging es weniger um eine ausführliche Diskussion ihrer Reformpläne als um eine technische Unterstützung durch einheimische Spezialisten. Das führte zu Missverständnissen auf deutscher Seite. So wollten die deutschen Experten die Reform sozialer gestalten. Sie plädierten für einen günstigeren Tauschkurs und einen Lastenausgleich zwischen vermögenden und benachteiligten Bürgern. Doch der erst 27-jährige Tenenbaum beendete diese Initiative schnell.[13]

Im Juni 1948 mokierte man sich in der Presse, zum Beispiel im ›Spiegel‹, darüber, dass die deutschen Experten in Rothwesten bei ihrem siebenwöchigen Konklave bis zu 20 Pfund Gewicht zugenommen hatten. Während die Army sie gefüttert hatte, hatten sie die von den Besatzern formulierten Bestimmungen studieren und ins Deutsche übertragen müssen.[14]

Wirtschaftsrat-Chef Pünder moserte: »Es geht nicht an, daß wir die entscheidenden Dinge als letzte erfahren.« Die deutschen Politiker der Bizonen-Verwaltung wollten nicht in der Zeitung lesen, dass ihr Geld soeben umgestellt worden war.

Am 18. Juni 1948 verkündeten die drei Militärregierungen das Gesetz der Währungsumstellung von Reichsmark auf Deutsche Mark (DM). Jeder Deutsche konnte 60 Reichsmark im Verhältnis 1:1 umtauschen. Der Rest seiner Reichsmarksbestände war fast wertlos geworden. Bankguthaben konnten offiziell nur noch im Verhältnis 100 RM zu 10 DM umgetauscht werden. Allerdings wurden Löhne, Gehälter, Mieten und Renten wie im CDG-Plan vorgesehen im Verhältnis 1:1 umgestellt. Am Sonntag, dem 20. Juni, sollte jeder einen Festbetrag von 40 D-Mark erhalten. Eine zweite

Zahlung von 20 DM sollte im August erfolgen. Das war weniger eine finanztechnische Finesse als ein logistisches Problem. Die Druckereien in den USA hatten nicht genug DM-Noten drucken und nach Westdeutschland schicken können. Die Ausgabe der neuen Banknoten geschah durch die »Bank deutscher Länder« in Frankfurt, die heutige Bundesbank. Der Umlauf sollte zehn Milliarden der von den Deutschen spöttisch »Micky-Maus-Geld« genannten D-Mark nicht überschreiten.

Der Hamburger Finanzsenator Dr. Dudek hatte einen Plan für die Praxis des Umtausches entworfen, den die Besatzungsmächte auch für andere Kommunen übernahmen. Die Auszahlung der Kopfquoten wurde in den Wirtschaftsämtern durchgeführt. Als Nachweis galt der blaue Personalausweis oder der Bezugsnachweis der Lebensmittelkarten. Der Umtausch sollte sich an einem Tage vollziehen – zwischen morgens 7 und abends 6 Uhr. Allein in Hamburg wurden dafür 12 000 Hilfskräfte benötigt. Beamte der

Geldausgabestelle in München.

Kriminalpolizei prüften die strittigen Fälle. Schon der Versuch des Betruges war strafbar. Die Täter wurden sofort verhaftet.[15]

Die Firmen wussten nicht, woher sie das neue Geld für die Löhne nehmen sollten. Man hatte ihnen Kredite dafür zugesichert. Der ›New York Herald Tribune‹ berichtete, dass eine »Wiederaufbau-Anleihe-Korporation« mit 100 Millionen Mark Grundkapital die Kreditschwierigkeiten beheben sollte. Doch das dauerte …

TAPETENMARK

> »Auch die Angehörigen der französischen Besatzungsmacht sind auf dem großen Run nach neuer deutscher Mark. Pro Haushalt wurden vorerst 100 DM ausgegeben, ohne Rücksicht auf die Zahl der Familienmitglieder. Der neue Wechselkurs 1 DM = 60 frs (vor der Reformation 1 RM = 2 frs) jagt das Gros der französischen Kurgäste aus Frankreichs bisher billigsten Erholungsorten am deutschen Rhein. (…) Mit 60 D-Mark Skalpgeld sind die Deutschen für die erste Zeit besser bei Kasse als die Franzosen. Die Besatzung sucht neue Einnahme-Quellen. Eine verlorene Kennkarte kostet 75 DM, mangelhafte Beleuchtung an Autos 50 DM. (…) Ein Schwarzwaldstädtchen mußte nach dem X-Tag 100 DM zücken, weil die Russengräber nicht genügend betreut worden waren.« (›Der Spiegel‹ 27/1948)

Schon wenige Tage nach der Währungsumstellung im Westen verfügten die Sowjets am 23. Juni 1948 eine eigene Reform in ihrer Zone: Bis zu 70 RM pro Kopf durften im Verhältnis 1:1 zur neuen Währung eingetauscht werden. Für Sparguthaben lag die Obergrenze bei 100 RM. Da auch die Russen unter Papiermangel litten, druckten sie keine neuen Scheine, sondern überklebten die alte Reichsmark mit Wertmarken, die diese als Mark der SBZ auswiesen. Deshalb hieß das Ostzonen-Geld im Volksmund schnell »Tapetenmark«.

Die Berliner Bürgermeisterin Louise Schroeder bekam einen Umschlag vom Chef des Sokolowski-Stabes, General Lukjantschenko. Darin ein Brief: »Sehr geehrte Frau Schroeder. Ich schicke Ihnen zur strikten Durchführung den Befehl Nr. 111 des obersten Chefs der sowjetischen Militärverwaltung.« Die sowjetische Führung der SBZ in Karlshorst war von der D-Mark überrascht worden – die Russen hatten geglaubt, den Westen noch eine Weile hinhalten zu können. Nun wollten aber die Berliner das neue Westgeld haben, denn ihr altes Geld war nichts mehr wert, seit die Russen, die durch die Amerikaner in den Besitz von Reichsmark-Druckstöcken gekommen waren, nach Belieben davon nachdruckten. 12 bis 14 Milliarden Reichsmark hatten die Sowjets so in Umlauf gebracht.

Nun verfügte der sowjetische Stadtkommandant, dass in ganz Berlin die Tapetenmark galt. Die sowjetzonale ›Tägliche Rundschau‹ druckte eilig Wertmarken zum Bekleben des Altgeldes. Im Hof des Wirtschaftskommissions-Sitzes wurden die Klebemarken unter dem Schutz von Volkspolizisten aus Sachsen auf russische Lastwagen verladen. Sie waren so groß wie Briefmarken

Tapetenmark.

und trugen den Aufdruck »1948«. An 80 Stellen warteten Kleber auf die Aufdrucke. 43 Millionen Banknoten mussten durch die Bastelaktion »aufgewertet« werden.

Das Ost-Radio Berlin brachte für alle Sektoren Sokolowskis Befehl Nummer 111. Rias Berlin – das Radio im amerikanischen Sektor – erklärte im Gegenzug, aufgrund eines Befehls der drei Westgouverneure sei in ihren Sektoren die D-Mark gültig. Ein Währungskrieg hatte begonnen. Der Schwarzmarkt würde zeigen, welcher Mark die Berliner vertrauten: der D-Mark oder der Tapetenmark. Der Schwarzmarkt notierte eins zu eins. Erst mal. Ansonsten regierte dort das Hartgeld, das seinen Wert beibehielt. Am Alex kostete die amerikanische Zigarette fünf Hartgroschen. Bei einer Razzia fand die Polizei im Norden der Stadt 20 Zentner Zehnpfennigstücke (etwa 360 000 Reichsmark).

Es gab in Berlin also zwei Währungen. Zum ersten Male widersprach damit eine Besatzungsmacht den Befehlen einer anderen. Im Stadthaus kam es zu Tumulten. Organisierte Störer stürmten den Flur mit den Fraktionszimmern, während das Stadtparlament über die neue Währungssituation beriet. Der Stadtverordnetenvorsteher Otto Suhr wurde als »dreckiger Dollarhund« beschimpft. Die Volkspolizei des sowjetischen Sektors weigerte sich einzugreifen. »Selbst Louise Schroeder, die personifizierte Güte mit grauhaarigem Charme, konnte nichts ausrichten. Sie wurde überschrien.«[16] Der SPD-Finanzfachmann Otto Bach forderte keck: »Lassen Sie zwei Währungen sich entwickeln. Die Berliner haben ein gutes Unterscheidungsvermögen, was echt ist, was Talmi.« Kurt Maron (SED) hielt dagegen: Die Währungsreform des Westens diene den Kapitalisten, Separatisten, Faschisten, Amerikanern. Ferdinand Friedensburg (CDU) versuchte zu vermitteln: »Machen Sie sich gegenseitig Ihre Währungen nicht schlecht. Es darf doch nicht zu einem ruinösen Währungskrieg kommen.«

Die westlichen Stadtverordneten konnten erst gegen 22 Uhr unter Polizeischutz das belagerte Stadthaus verlassen. Für Stadtparlament und Magistrat war es unmöglich geworden, im Osten zu tagen. Sie trafen sich fortan im Westen. Damit war die Zweiteilung der Stadt eingeläutet. ›Der Spiegel‹ schrieb: »Doch der Berliner hat Köpfchen. Er würde auch mit zwei Währungen fertig werden. Das geht, siehe Hongkong. Oder siehe Danzig. Mit Danzig bekommt Berlin überhaupt frappante Ähnlichkeit.«[17] Großberlin war nun währungstechnisch gespalten. Für die Russen bot dieser Alleingang des Westens Anlass zu einer harschen Reaktion: der Berliner Blockade.

Volk unter der Knute

»In Moskau werden neue Lebensmittelläden eröffnet, die Waren ohne Karten verkaufen.« (›Die Zeit‹ 5/1946)

Ludwig Erhard, Direktor des Wirtschaftsrates der Bizone, beabsichtigte, die Währungsreform mit einer Wirtschaftsreform zu verbinden – ob die Amerikaner nun wollten oder nicht. Das war auch ein Auswuchs des in diesen Tagen wachsenden Selbstbewusstseins deutscher Politiker. Und ihres Trotzes. Erhard sprach in Hinblick auf das bürokratische Planungssystem, das die Wirtschaft immer noch lenkte, von einem »Volk unter der Knute«.[18] Natürlich war damit ein ökonomischer Sachverhalt gemeint; Erhard war ein Ökonom von Grund auf, das war seine Stärke – und seine Schwäche.

Ludwig Erhard glaubte, dass die Dynamik einer freien Wirtschaft die Deutschen vom Mangel erlösen würde. Vom Wirtschaftsrat dazu ermächtigt, ging Erhard daran, im Stillen eine zweite Währungsreform vorzubereiten, die Hand in Hand mit der Reform der Besatzer gehen sollte: So verkündete er schon am Montag nach der Kopfgeldauszahlung, also am 21. Juni, im Radio, in Kürze werde die Zwangsbewirtschaftung für bestimmte Konsumgüter aufgehoben.

Die Amerikaner, die alle Hände voll mit der eigentlichen Währungsumstellung zu tun hatten, fielen aus allen Wolken. Und nicht nur die: Auch die SPD zeigte sich überrumpelt. Doch Erhard gelang es durch geduldige Gespräche, die Besatzungsoffiziere, die um das Gelingen ihrer Währungsreform besorgt waren, davon zu überzeugen, dass gerade die Lockerung der strengen Bewirtschaftung den Aufstieg der D-Mark und damit der deutschen Wirtschaft ankurbeln würde.

Erhard wollte erreichen, dass die sowieso nicht funktionierende Bewirtschaftung – also die Rationierung und die Ausgabe gegen Bezugsscheine – gelockert wurde. Wenn sich anschließend die Verbrauchsgüterproduktion steigerte, wäre das das Ende des Schwarzen Marktes. »Nicht mehr der Bezugschein, sondern allein das verdiente Geld soll der Berechtigungsnachweis für den Kauf von Gütern sein«, erklärte der Frankfurter Verwaltungsdirektor den Amerikanern und Briten. Allerdings glaubte auch er nicht daran, dass der Schwarzhandel nach der Währungsreform sofort verschwinden würde: 1800 Kalorien täglich reichten einfach noch nicht aus, um die Konkurrenz des Schwarzmarktes kleinzukriegen.[19]

Und es lief nicht alles so gut wie erhofft. Die Leute sahen die Dinge in den Schaufenstern, nach denen sie sich jahrelang gesehnt hatten. Sie kauften und kauften. Denn niemand konnte sagen, was aus dem DM-Experiment werden würde. Es kam schon wieder enorm viel Geld in Umlauf. Die verlockenden Waren verschwanden aus den Auslagen, so schnell konnten keine nachgeliefert werden.

In Bayern debattierte der Ministerrat darüber, dass Handelsfirmen dringend Kredite benötigten, um den Ankauf der vielen angebotenen Eier, die lange zurückgehalten worden waren, zu finanzieren. Ebenso staute sich das Schlachtvieh. Die Metzger wagten nicht, große Mengen aufzukaufen, weil nur geringe Karten-Mengen an die Verbraucher weitergegeben werden durften. Damit die riesigen aufgelaufenen Fleischmengen nicht verdarben, mussten sie eingefroren werden. Das Angebot stockte. Die Leute wurden misstrauisch, die Preise stiegen wieder stärker an als erhofft. Das ganze Unternehmen schien zu misslingen.

Zudem gab es viele Menschen in Deutschland, die keine Reichsmark besaßen, die sie gegen die neue D-Mark hätten eintauschen können. Sie waren von Anfang an von dem Rummel um die übervollen Schaufenster ausgeschlossen – und sie blieben es auch. Als die bayrische Landesregierung sich mit diesem Problem an die Militärregierung wandte und darum bat, den Armen einfach genügend D-Mark zukommen zu lassen, damit sie am Aufschwung teilhaben konnten, bekam sie eine ernüchternde Antwort: Wenn Bayern eine solche Wohltat aus seinem Haushalt finanzieren wollte, so sei das seine Sache.[20]

Bayern stand nicht allein. Auch die Länder Hessen, Nordrhein-Westfalen, Schleswig-Holstein, Hamburg und Bremen wollten es nicht hinnehmen, dass ein Teil ihrer Bürger trotz Währungsreform ohne Geld blieb. Sie alle strebten Regelungen für die Mittellosen an. Doch Erhard blieb bei seiner Linie. Ende August 1948 erklärte er auf dem Bizonen-Parteitag der CDU in Recklinghausen: »… die Entwicklung wird mir recht geben, daß, wenn jetzt das Pendel der Preise unter dem einseitigen Druck kostenerhöhender Faktoren und unter dem psychologischen Druck dieses Kopfgeldrausches die Grenzen des Zulässigen und Moralischen (!) allenthalben überschritten hat, wir doch bald in die Phase eintreten, in der über den Wettbewerb die Preise wieder auf das richtige Maß zurückgeführt werden …«[21]

Man folgte seinen Ratschlägen. Am 7. Oktober erging ein Gesetz gegen Preistreiberei; und am 3. November wurde in der Bizone endlich der Lohnstopp aufgehoben. Erhard schien recht zu behalten. Und das war in diesem Fall auch im Sinne der Besatzer. »Der Start der Deutschen Mark wäre wohl nie zu jenem denkwürdigen Ereignis geworden ohne die gleichzeitige weitgehende Freigabe der Preise. (…) Währungs- und Wirtschaftsreform waren ökonomische Zwillinge«, lobte 1998 zum 50-jährigen Geburtstag der D-Mark Ex-Bundesbank-Präsident Hans Tietmeyer Erhards damaligen Wagemut.

Die Marktwirtschaft berappelte sich, wenn auch die Preise zunächst stiegen und die meisten Waren für viele unerschwinglich blieben, was für Unmut sorgte und auf die Moral der Bevölkerung drückte. Bei einem monatlichen Verdienst von durchschnittlichen 300 D-Mark kostete ein Ei 35 Pfennige.[22] Doch die Menschen hatten lange auf so vieles verzichten müssen, deshalb blieb die Nachfrage hoch, deshalb wurde weiter gekauft, auch wenn die Waren teuer waren. Die Kopfprämie von 60 Mark pro Person wurde in Konsum umgesetzt, ebenso wie die kargen Reste der Bankeinlagen. Das schob die schwache Wirtschaft an. Nach anfänglichen Rezessionsbefürchtungen kam es Ende 1948 endlich zu einem kleinen Aufschwung. Der Motor lief an. Das sogenannte Wirtschaftswunder begann.

10. Good Cop – bad Cop

Stromsperre

»Louise Schroeder, Berlins 60jährige Oberbürgermeisterin,
bezeichnete den Frauenüberschuß Berlins als die bitterste unter
den anormalen Erscheinungen in Berlin.« (›Der Spiegel‹ 11/1947)

In der Nacht zum 24. Juni 1948 hängten die Sowjets Westberlin
von der Stromversorgung durch Ost-Kraftwerke ab. Das Groß-
kraftwerk Golpa-Zschornewitz, das den Westen der Stadt versorgte, wurde ausgeschaltet. Gleichzeitig wurden die Schienen-,
Land- und Wasserwege zwischen Westdeutschland und Berlin
gesperrt. 2,3 Millionen Menschen waren ohne Strom, ohne Lebensmittel, ohne Medikamente, ohne Brennstoffe. Die sowjetische Blockade sollte fast elf Monate lang dauern – bis zum 12. Mai
1949. Sie hatte das Ziel, die Westalliierten zum Abzug aus Berlin
zu zwingen. Die Russen wollten die Westberliner aushungern,
um damit Druck auf die westlichen Besatzer auszuüben.

Es gab aus sowjetischer Sicht zwei Möglichkeiten, diese Abschnürung zu überleben. Einmal dadurch, dass die Amerikaner,
Briten und Franzosen Berlin aufgaben und abzogen – dann würden die Berliner wieder zu essen bekommen und mit Strom aus
den Ostberliner Kraftwerken versorgt werden. Oder dass sich
möglichst viele Westberliner im Osten als Lebensmittelkarten-
inhaber registrieren ließen.

Energiemangel: Wegen Stromsperren kündigt ein Kino veränderte Vorführungszeiten an.

Im Dezember 1947 war die seit drei Wochen in London tagende Konferenz der Außenminister der vier Siegermächte ergebnislos abgebrochen worden. Man hatte sich – wie schon mehrfach vorher – auch diesmal nicht über die Zukunft der vier Zonen einigen können. Beide Mächte blockierten sich also gegenseitig. Die Amerikaner und die Briten gaben die gemeinsame Lösung und damit auch die Potsdamer Einhelligkeit auf, um in ihrem Einflussbereich das machen zu können, was sie im ganzen Land nicht konnten. Die Russen zeigten sich nicht weniger rücksichtslos: Sie spielten die beleidigte Leberwurst (der Auszug aus dem Kontrollrat war überflüssig) und parierten die noch spielerischen und diplomatischen Winkelzüge des Westens mit Geiselnahme. Was die Sowjets mit Berlin taten, war ein gefährlicher Schritt in Richtung Krieg.

Schon Anfang 1948 war es immer wieder zu Verkehrsbehinderungen auf den Zufahrten nach Berlin gekommen. Die SMAD hatte Lkws und Züge mit Gütern für Berlin so lange kontrolliert, dass die Waren zu verderben drohten. Ab dem 15. Januar hatten Berliner Kraftfahrzeuge für Fahrten durch die SBZ einen *Propusk* benötigt, also eine behördliche Genehmigung. Am 24. Januar hatten die Russen sogar einen britischen Militärzug am Kontrollpunkt Marienborn angehalten und die Berliner Zivilisten, die sich im Zug befanden, zurückgeschickt. Dieser Vorgang wiederholte sich. Dann wurden die Elbbrücken bei Magdeburg gesperrt. Grund: technische Störungen. Im Nu fehlten 600 Tonnen Güter in Westberlin. Auch die Garnisonen waren betroffen. General Clay ordnete eine vorübergehende Ersatz-Versorgung an – die sogenannte Baby-Luftbrücke, die vom 2. bis zum 4. April 1948 durchgeführt wurde. Ein Signal an die Sowjets, dass die US-Militärs die Herausforderung angenommen hatten.

Nur – in Karlshorst und Moskau übersah oder unterschätzte man die Bereitschaft Clays, seine Position in Berlin unter allen Umständen zu verteidigen. Zwar wurden einige Störungen aufgelöst, aber an anderer Stelle ging es weiter. Westdeutsche Hilfe bei den angeblichen Problemen an den Elbbrücken lehnten die Russen kategorisch ab.

Als Reaktion auf die Währungsreform im Westen unterbrach die SMAD am 19. Juni 1948 den Personenverkehr von und nach Berlin. Der US-Stadtkommandant Howley und sein sowjetischer Gegenspieler Generalmajor Kotikow verließen wutschnaubend die pro forma noch stattfindenden Sitzungen der Kommandantura. Oberst Howley erklärte theatralisch, die verhängte Blockade sei der »barbarischste Akt in der Geschichte, seit Dschingis Khan eroberte Städte zu Pyramiden von Totenschädeln verarbeitete«.[1] Dabei haben die Sowjets zwar den Warenverkehr behindert, aber niemals alle Zugänge zur Stadt geschlossen. Die Westberliner konnten bei Bedarf auch in den Osten – nur tat das kaum noch jemand.

Gegen Westmark gab es sogar in speziellen »Freien Läden«, den Vorläufern der Intershops, Waren aus der SBZ zu kaufen.

Westberliner konnten sich Pakete aus den Westzonen schicken lassen – nur hatten die Deutschen dort nicht allzu viel, was sie hätten schicken können. Dafür brachte die amerikanische Fluggesellschaft AOA (American Overseas Airlines) während der Blockade 40 000 Tonnen CARE-Pakete nach Berlin.

Einige Westberliner Fabriken wurden sogar weiter mit Strom beliefert, wenn sie nahe genug an der Sektorengrenze lagen. Oder sie zapften die Stromtrassen der S-Bahn an. Grund für diese Laxheit bei der Abschnürung: Der Ostsektor brauchte gewisse Güter aus dem Westen – und er war angewiesen auf den Zufluss der neuen D-Mark, denn zum Handel benötigte man harte Währung, und die D-Mark war härter als die eigene Tapetenmark.[2]

Ruth Andreas-Friedrich notierte in ihr Tagebuch: »Aus dem Grenzgebiet überstürzen sich die Nachrichten. (…) Am Brandenburger Tor und anderen Übergangsstellen vom russischen zu den westlichen Sektoren stehen russische Soldaten oder deutsche Polizisten und stoppen jedes Fahrzeug, das die Sektorengrenze überquert. Noch nie lag der Krieg so greifbar in der Luft.«[3] Die Maschinerie war hochgelaufen. Nun ging gar nichts mehr. Am 3. Juli empfing der sowjetische Militärgouverneur Marschall Sokolowski seine drei westlichen Kollegen in Potsdam und erklärte ihnen, die technischen Schwierigkeiten, die die Sperrung verursachten, würden »so lange anhalten«, bis sie ihre Pläne für die Errichtung eines westdeutschen Staates aufgeben würden.[4]

Der US-Stadtkommandant Frank L. Howley hatte schon im März 1948 eine Lebensmittelbevorratung für 30 Tage anlegen lassen. Am 26. Juli erklärte General Clay die Gegenblockade: Lieferungen von Industriegütern aus dem Westen in die SBZ wurden unterbunden. Am 15. Juli hatte die US-Regierung 60 B-52-Bomber nach Europa verlegt. Damit sollte den Sowjets die Bereitschaft, zum Äußersten zu gehen, signalisiert werden. Allerdings war in Washington niemand bereit, wegen der »Halbstadt« Berlin einen neuen Krieg zu führen. Vor allem nicht um 2,3 Millionen Deutscher willen, die man drei Jahre zuvor noch bekämpft hatte. US-Präsident Truman erklärte dennoch am 28. Juni, der geforderte Rückzug käme für die USA nicht in Frage. Auch die

Briten stießen in dieses Horn. Nur die Franzosen machten keinen Hehl daraus, dass sie nicht für Deutschland den Kopf hinhalten wollten.

Gleichzeitig aber zeigte sich Washington bereit, über die schwierige Währungssituation in Berlin zu reden. Dass in der Stadt seit der Einführung der D-Mark und der Überklebeaktion der Sowjets zwei Währungen im Umlauf waren, konnte kein Dauerzustand bleiben. Doch Stalin und Außenminister Molotow bestanden darauf, dass die beabsichtigte Gründung eines Weststaates Thema neuer Verhandlungen sein musste. Darüber aber wollten die Amerikaner nicht mit sich reden lassen. So blieb es bei der gegenseitigen Blockade.

US-Staatssekretär Sumner Welles behauptete später, Clay sei zur Zeit der Berliner Blockade mit einer Vollmacht ausgestattet gewesen, »wenn nötig, schießen zu lassen«.[5] Das war sicher so – aber das heißt nicht, dass sich Truman durch seinen Statthalter gleich in einen neuen Krieg hätte hineinziehen lassen. Zeitzeuge Wolfgang Weinmann wurde 1948 von der US-Militärpolizei zeitweise als Dolmetscher herangezogen. Er berichtet über ein denkwürdiges Erlebnis in Dreilinden – am südwestlichen Übergang von Westberlin in die SBZ. »Da hat die Vopo einen amerikanischen Konvoi angehalten, die Amerikaner durften ja über die Autobahn fahren. Da hat Clay seine drei Panzer und seine paar Jeeps zusammengezogen, und er hat den russischen Stadtkommandanten angerufen und gesagt: Hör mal, die Vopo hat die gestoppt. Jetzt gibt's zwei Möglichkeiten: Du sorgst dafür, dass die weiterfahren – oder wir holen sie. Das war kein Spaß. Das hat die russische Seite ganz schnell begriffen und hat den Vopos befohlen abzuziehen, damit die weiterfahren konnten.«

Diese subjektive Sicht aus Dreilinden offenbart eine eigenartige Haltung der Amerikaner. Sie spielten in gewisser Weise *good cop/bad cop*. Clay hatte wirklich freie Hand – wenn er die nicht gehabt hätte, hätten die Russen auch die Verteidigungshaltung der Westalliierten nicht ernst genommen. General Clay wurde in dieser Zwangslage zur historischen Figur. Er widerstand der Erpressung entschlossen und fand auch bei Truman die volle Rückendeckung für seinen Willen, die Freiheit Westberlins zu erhalten – nur nicht mit den Mitteln eines Kriegs.[6] Truman gab den *good cop* nicht in Richtung der Sowjets, sondern eher seinen eigenen Leuten in Washington gegenüber, die Clay zeitweise stark dafür kritisierten, dass er sich so unbeirrbar zeigte – auch den Verbündeten gegenüber, die noch weniger daran dachten, für Berlin in den Krieg zu ziehen.

Dennoch: Nichts deutete darauf hin, dass es für Clay eine feste, vom Präsidenten und vom Außenminister vorgezeichnete Linie gab.[7] Die Amerikaner wollten Berlin behalten – denn viele orakelten, wenn Westberlin falle, sei auch Deutschland an die Russen verloren. Aber sie wollten keinen neuen großen Krieg führen. Also brauchten sie eine glaubwürdige Drohkulisse. Dafür war Clay zuständig. Und eine stabile Trennlinie zur unkontrollierten Eskalation. Die schuf Truman durch sein hintergründiges Mantra der vollen Verteidigung Berlins und gleichzeitigen Vermeidung eines militärischen Großkonfliktes.

Es heißt, Clay hätte die Luftbrücke gegen den Willen seiner Regierung durchgesetzt, indem er eigenmächtig die nötige Flugstreitmacht ins Herz Europas beordert hätte. Zuzutrauen wäre ihm das, denn er war nicht nur ein guter Heerführer, er war vor allem ein heimlicher Freund der Deutschen, speziell der Berliner, geworden. Das Abschiedskonzert, das ihm die Medien und die Politik 1949 bei seinem nicht ganz freiwilligen Abgang gaben, war beidseitig rührend und rührselig bis zur Klamotte. Vor allem aber war General Clay gemäß seinem Auftrag bemüht, alles zu tun, um den offenen Kampf zu vermeiden.

Seine Widersacher in der US-Administration warfen ihm später vor, er habe seine unumschränkte Macht als Besatzungschef in Deutschland missbraucht, um einen westdeutschen Staat durchzusetzen. Dadurch aber habe er die Krise mit Moskau erst hervorgerufen. Und – fast noch schlimmer – er habe einen Keil ins Lager der Westalliierten getrieben, indem er Frankreich mehrmals vor den Kopf gestoßen habe. Das zumindest ist die Kritik des wütenden Sumner Welles an General Clay.

General Clay reichte am 30. Juni 1948 seinen Rücktritt ein. Es heißt, in Washington sei der Rücktritt des Oberbefehlshabers in Deutschland nur deshalb nicht angenommen worden, weil man den General für die Bewältigung der Blockade brauchte. Es sieht jedoch eher danach aus, als habe Clay seinen Rücktritt eingereicht, um seinen Willen gegen diejenigen in Washington durchzusetzen, die im Gegensatz zu ihm dafür waren, Berlin aufzugeben. Die Verwaltung Deutschlands stand im Juni 1948 noch unter der Leitung des US-Heeresministeriums. Später ist sie auf das Außenministerium übertragen worden. Man muss davon ausgehen, dass die Front zwischen Falken und Tauben in Washington zwischen, vielleicht auch durch diese beiden Ministerien verlief. Clay hat sie für 15 Monate begradigt – damit er die nötige Ruhe fand, um Berlin zu retten.

Es ging nicht nur darum, selbst standhaft zu bleiben. Man musste auch die Berliner bei der Stange halten. Noch waren sie kämpferisch und feuerten die Amerikaner und die Briten an, die über Nacht von Besatzern zu Schutzmächten wurden (zumindest gefühlt). Clay befürchtete, in der Not könnten die Berliner den Abzug der Westmächte erzwingen, um sich so aus der Umklammerung durch die Sowjets zu lösen. Was ja auch das Kalkül der Russen war.

Clay war hin- und hergerissen. Er agierte zeitweise, als stände er allein für den Westen ein. So ließ er Pläne für eine militärische Stärkungsaktion ausarbeiten: Ein Konvoi von 6000 Mann sollte sich die 160 Kilometer lange Strecke von Marienborn nach Babelsberg durchkämpfen. Clay bat den Europabefehlshaber der US-Luftwaffe General Curtis LeMay um Luftunterstützung für seinen Konvoi. Der alte Haudegen LeMay war begeistert von dieser Aufgabe und schoss sofort weit übers Ziel hinaus: Er ließ präventive Luftangriffe gegen alle russischen Flughäfen in der SBZ vorbereiten. LeMay wollte gar nicht erst abwarten, bis die Russen Clays Konvoi aus der Luft angriffen, sondern vorher »sauber mit ihnen aufräumen, in null Komma nichts«.[8] Clay war schwer zu stoppen, da er einsam auf einem Vorposten agierte. Aber der verrückte LeMay befand sich in Wiesbaden außerhalb der Kampfzone und wurde schnellstens vom Außenministerium und vom

Pentagon zurückgepfiffen. Mit dem einfachen Argument, die Sowjets bräuchten keine Kampfflieger, um Clays imaginären Konvoi mit Kampftruppen zu stoppen, es reiche völlig aus, rechtzeitig ein paar Brücken zu sprengen.

Das gab auch Clay zu denken. Und er konzentrierte sich wieder auf seine halbmilitärische Lösung der Rettung Berlins ohne Kampfeinsatz. Zumal eine Luftbrücke, für die Großbritanniens Außenminister Bevin vehement warb, die Sowjets vielleicht stärker beeindruckte als eine halsbrecherische Militäraktion. Sie würde dem Osten die technische Überlegenheit des Westens beweisen – und das war drei Jahre nach dem letzten Krieg das bessere Argument. Außen- und Verteidigungsministerium waren dagegen. Vor allem der Heeresminister Kenneth Royall, der die Freiheiten, die sein General Clay genoss, mit Argwohn sah, befürchtete, die vielen Flugzeuge, die permanent die SBZ überflogen, könnten die Sowjets reizen und eine kriegerische Auseinandersetzung provozieren.[9] Am 26. Juni, zwei Tage nach dem Beginn der Blockade, machte Präsident Truman dem Gerangel um seinen im Regen stehenden Oberbefehlshaber in Deutschland ein Ende: Er befahl die Einrichtung einer Luftbrücke, wie Clay und Bevin sie befürworteten.

Die US-Luftwaffe hatte in Europa nur zwei Großraumtransporter vom Typ C-54 Douglas Skymaster stationiert. Beide hatten eine Ladekapazität von je zehn Tonnen. Daneben gab es noch 102 nicht gerade taufrische C-47 (Gooney Birds), die jeweils drei Tonnen Güter transportieren konnten. Die Briten hatten 14 Dakotas, die den amerikanischen C-47 entsprachen. Die französischen Maschinen waren in einem schlechten Zustand. Die Rhein-Main-Air-Base war der wichtigste US-Flughafen im Westen. Aber er hatte keine für schwere Maschinen wie die Skymaster ausgelegten Landebahnen. Damals waren noch Rasenbahnen im Luftverkehr üblich. Auch in Tempelhof, im amerikanischen Sektor gelegen, gab es keine Betonpisten – die hatten nur einige wenige Flughäfen in den USA.[10] Seit 1946 existierte am Flughafen Tempelhof eine Lochblechlandebahn aus Stahl und Aluminium, die für die Reifen der Flugzeuge gefährlich war.[11]

Der Flughafen in Gatow, britischer Sektor, war leichter anzu-
fliegen, aber seine Frachtbereiche waren zu klein. Im französischen Sektor gab es keinen Flughafen. Noch im Juli 1948 begannen die Franzosen mit dem Bau des späteren Flughafens Tegel.
Tegel wurde schließlich in der Rekordzeit von 90 Tagen fertigge-
stellt, am 5. November 1948 landete dort das erste Flugzeug. Da
die Sendemasten des sowjetisch kontrollierten Rundfunks in der
Einflugschneise standen und die Sowjets sich weigerten, diese zu
entfernen, ließ General Ganeval, Kommandant des französischen
Sektors, sie am 16. Dezember in einer Nacht- und Nebelaktion
sprengen.[12]

Vittles

»Einen Hammel sollte ein Landwirt aus Lanbach bei Kassel
abliefern. Er lieferte auch ein geschlachtetes Tier ab, das aber
nach Feststellung Sachverständiger alle Merkmale eines Hundes
trug. Die Polizei verhaftete den Landwirt.« (›Der Spiegel‹ 15/1948)

Für die US-Army lief die Luftbrücke unter dem Codenamen Operation Vittles (Lebensmittel), für die Briten war es die Operation
Plainfare (Hausmannskost). Es kamen Maschinen aus Alaska,
Guam, Hawaii und Panama nach Deutschland. Am 28. Juli 1948
landeten die ersten Flugzeuge in Tempelhof und Gatow. Die Loch-
bleche der Tempelhofer Piste lösten sich voneinander und mussten von einer Schweißerkolonne während des laufenden Flug-
betriebes wieder gerichtet werden.[13] Die neuen Asphaltbahnen
waren im Bau. Dies geschah, während nur wenige Meter weiter
die Rosinenbomber auf der alten Bahn landeten. Die beiden
neuen Bahnen konnten ab September 1948 genutzt werden, sie
hatten eine Länge von jeweils 1600 Metern.[14]
Wegen der unzureichenden Endladungskapazitäten und um

Zeit zu sparen, warfen die ersten Piloten ihre Fracht im Berliner Olympiastadion ab. Die Pakete platzten beim Aufprall. Selbst Clay war entmutigt. Anfang Juli befürchtete US-Botschafter Robert Murphy sogar einen Hunger-Aufstand der Berliner. Doch gerade in dieser schwierigen Phase trafen neue Flugzeuge ein – darunter Dutzende der riesigen C-54-Transporter, britische York-Maschinen und zahlreiche Sunderland-Flugboote, die von Hamburg-Finkenwerder kommend auf der Havel landen konnten. Die Logistiker der US-Army entwickelten neue Strategien: So wurden keine fertigen Lebensmittel mehr geflogen, sondern nur noch Trockenprodukte, also etwa Kartoffelpulver anstatt roher Kartoffeln. (Eine Karikatur in einer ›Berliner Zeitung‹ zeigte einen Storch, der einen Säugling mit Pulvernahrung füttert.) Die Briten beauftragten Charterfirmen mit dem Transport von Öl und Benzin. Insgesamt bewältigte die Royal Air Force 23 Prozent der Luftbrücken-Flüge.

Zudem konnten die C-54 Skymaster auch schwere Technik für die BEWAG transportieren und so dazu beitragen, dass der Westteil sich wieder selbst mit Strom versorgte.[15] Im Juli übernahm General William Tunner das Kommando über die Combined Airlift Task Forces CALTF in Wiesbaden. Tunner führte ein rigoroses Zeitsystem ein: Flugzeugtypen, Geschwindigkeiten und Ladevolumen waren maßgeblich bei der Einreihung in den differenzierten Flugplan. Jeder hatte dort zu sein, wo er hingehörte, und durfte diesen Platz nicht verlassen. In Great Falls in Montana entstand ein spezielles Ausbildungszentrum für Luftbrücken-Piloten und das Bodenpersonal. Dort waren die Berliner Landebahnen nachgebaut worden.

Die Berliner wurden zuversichtlicher, auch die Wirtschaft im Westteil lief wieder besser. Die Kinder freuten sich, wenn US-Pilot Gail Halverson beim Anflug kleine Fallschirme mit Süßigkeiten zur Erde fallen ließ. So entstand der Name »Rosinenbomber« für die Frachtmaschinen. Zur Belustigung der Jugend wurde auch mal ein Kamel in die eingeschlossene Stadt transportiert.

Im Gegensatz zu den Land- und den Wasserwegen, deren Nutzung durch die Alliierten im Potsdamer Abkommen nicht verbindlich geregelt worden war, beruhten die drei Luftkorridore auf dem Air Agreement der vier Siegermächte. Die Luftkorridore waren jeweils 32 Kilometer breit und verbanden Berlin mit Hamburg, Hannover und Frankfurt.[16] Sie wurden als Einbahnstraßen verwendet: im nördlichen (von Hamburg aus) und südlichen (von Frankfurt a. M. aus) Korridor fanden die Hinflüge statt, im mittleren (nach Hannover) die Rückflüge. Die Maschinen wurden in Hamburg, Lübeck, Celle, Wunstorf (am Steinhuder Meer), Frankfurt und Wiesbaden-Erbenheim beladen.[17]

Um die Stadt notdürftig am Leben zu erhalten, mussten mindestens 2000 Tonnen Kohlen und 1400 Tonnen Verbrauchsgüter nach Berlin geflogen werden. Andere Berechnungen gingen von allein 5000 Tonnen Lebensmitteln aus. Pro Tag. In den ersten Monaten klappte nicht mal der Transport der täglichen Notration. Erst im Spätsommer 1948 war das System so weit eingespielt, dass die Lieferungen gesteigert werden konnten.[18] Ab Herbst 1948 wurden täglich 5000 Tonnen Güter nach Berlin transportiert – zum Großteil Kohlen, die in Seesäcken verpackt waren. Im Winter 1948/49 kamen 7000 Tonnen Güter am Tag auf dem Luftweg nach Berlin. Im Frühjahr 1949 wurden 8000 Tonnen täglich erreicht. Dennoch ging es Berlin materiell nicht gut – während der Westen seinen ersten zaghaften Aufschwung erlebte.

Den Besatzern und Politikern lag viel daran, den Kampf um Berlin zu zeigen. Man ahnte, dass sich dort gerade das politische Weltbild der nächsten Jahrzehnte neu ordnete. Nur – die Deutschen im Westen waren mit sich und ihren bescheidenen Wohlstandssprüngen beschäftigt, die ihnen die Währungsreform beschert hatte. Für die Berliner Hungerleider hatten sie wenig Sinn. Zeitzeuge Hermann Catrein: »Man hat das hier als so wichtig nicht wahrgenommen, weil jeder hier doch sehr mit sich selbst beschäftigt war. Jeder hat für sich selbst sorgen müssen. Klar – Berlin, man hat das gelesen und gesehen. Man hat die Berliner bewundert, dass die standgehalten haben. Das war aber auch alles.«[19]

Der Flughafen Tegel konnte im November 1948 in Betrieb genommen werden – noch gerade rechtzeitig vor Verschärfung des

Winters. Er war unter französischer Leitung von 19 000 Arbeitern und Arbeiterinnen in nur drei Monaten errichtet worden. Seine Landebahn war mit 2400 Metern die längste in Europa.[20] Alle 90 Sekunden landete nun eine Transportmaschine auf einem der drei Berliner Flughäfen. Wenn eine Maschine ihren Landeplatz auf der synchron genutzten Piste verfehlte, musste sie durchstarten, vollgeladen nach Westdeutschland zurückfliegen und sich in der Warteschleife hinten anstellen. Die Luftbrücke war der Beginn »des Kalten Krieges auf Millimeterpapier«.[21]

Natürlich heizte die Luftbrücke die Konfrontation mit den Sowjets noch an. Die Ost-Nachrichtenagentur ADN schüttete Öl ins Feuer: Die Westberliner Bevölkerung ersehne den Abzug der Amerikaner, Briten, Franzosen, hieß es nun regelmäßig, sie halte die Spannung nicht mehr aus. Die Ost-Zeitungen listeten jeden Westalliierten auf, der routinemäßig abberufen wurde oder auf Heimaturlaub ging – sie wollten den Eindruck erwecken, dass die Westalliierten mit dem Abzug begannen.

Sowjetische Panzer rollten auf Berlin zu und umkreisten die Stadt. Man wollte eine Kurzschlussreaktion der eingekesselten Bewohner provozieren. Als das nicht gelang, verlangte Ulbricht, dass die Panzer in die Stadt fahren sollten. Das aber hat Stalin abgelehnt.[22] Sowjetische Jagdflugzeuge flogen über Berlin Scheinangriffe. Am Boden unter dem nördlichen Luftkorridor übten Flakbatterien den Angriff auf Flugzeuge.

Truman genehmigte am 22. Oktober 1948 die Entsendung von weiteren 66 C-54-Transportern nach Deutschland. Damit waren bei der Luftbrücke 225 dieser Riesenflugzeuge im Einsatz. Neue Radartechnik konnte eingesetzt werden und vergrößerte die Einsatzmöglichkeiten auch bei schlechtem Flugwetter. Der Januar 1949 war fast frostfrei – das heißt, es wurde weniger Kohle benötigt, und es fielen kaum Flüge wegen schlechten Wetters aus. Trotz Luftbrücke standen jedem Westberliner Haushalt im Winter 1948/49 dennoch nicht mehr als 12,5 Kilogramm Kohle zu. Die Menschen waren also weiter auf Holz angewiesen. So verlor der Tiergarten während der Blockade seine letzten Bäume.[23]

Bis März wurden täglich mehr als 6000 Tonnen eingeflogen.

Den Rekord stellten die Alliierten mit ihrer sogenannten Oster-parade am 16. April 1949 auf: In 24 Stunden wurden auf 1398 Flü-gen 12 940 Tonnen Güter transportiert. Durchschnittlich landete an diesem Tag alle 60 Sekunden ein Flugzeug in Berlin. 1949 wur-den über die Luftbrücke an manchen Tagen mehr Güter einge-flogen, als in normalen Zeiten auf dem Land- und Wasserweg nach Berlin transportiert worden waren.

Zurück nahmen sie jetzt Waren mit, die Westberlin handelte. Und Kinder. Die Alliierten sorgten mit der »Aktion Storch« dafür, dass Berliner Kinder über den Winter in westdeutsche Dörfer und Kleinstädte ausweichen konnten – dabei waren viele Eltern nach den Evakuierungen noch gar nicht so lange wieder mit ihren Kindern zusammen. Die meisten Kinder-Transporte gingen vom Flughafen Gatow aus.[24]

General Clay, der als ein Mann des »Karthagischen Friedens« gekommen war und die Deutschen lehren wollte, »daß sie diese Leiden über sich und die ganze Welt durch ihre eigenen Taten gebracht haben«, war unversehens zum Helden geworden. Zu einem Helden, der sich und seine Leute in Gefahr brachte, um die Berliner vor dem Verhungern zu bewahren (natürlich auch und in erster Linie, um den Sowjets Paroli zu bieten, aber die Berliner profitierten davon). So etwas prägte sich den Deutschen ein.

In der kabarettistischen Hörfunksendung ›Die Insulaner‹ die der RIAS ausstrahlte, wurde gewitzelt: »Sind wir nicht glücklich dran? Man stelle sich nur vor, wie es wäre, wenn die Amerikaner die Blockade errichtet hätten und die Russen die Luftbrücke?« Das war schwarzer Humor. Aber es vermittelte eine Stimmungs-änderung. Auch wenn viele Berliner immer noch der Meinung waren, dass es so weit gekommen war, sei die Schuld der Ameri-kaner gewesen. Und dass das Kartoffelmehl »Pom«, das diese ein-flogen, viel zu teuer sei und sie es ebenso wenig mochten wie das Trockengemüse. Aber das gehörte zur alltäglichen Schizophrenie dazu, die zwischen Besatzern und Besetzten unvermeidlich ist. Was die Berliner und viele Westdeutsche durchaus genossen: Sie hatten jetzt einen Bundesgenossen gegen die Russen, die sich mit der Blockade endgültig disqualifiziert hatten. Und Berlin war vom »Germania« Hitlers in nur vier Jahren zu einem »Symbol der Freiheit« geworden.

Im Westen war die Haltung ebenso ambivalent wie in Westberlin. Hamburg schickte Medikamente, Westfalen Kerzen (die auch zu Hause als Mahnung in den Fenstern standen), Schleswig-Holstein Baumsetzlinge für den Tiergarten und den Grunewald. Andererseits stöhnte man unter der Berlin-Steuer, die der Wirtschaftsrat in Frankfurt am Main verfügte. Überhaupt hatten viele Angst, dass die geteilte Stadt zum Klotz am Bein werden könnte. Ludwig Erhard hatte händeringend versucht, die Alliierten davon abzubringen, die neue D-Mark auch in Berlin einzuführen. Er fürchtete, die teure Mark könne dadurch an Wert verlieren. Ein eifriger Politiker aus dem Hessischen plädierte sogar dafür, dass die Deutschen den Amerikanern bei der Luftbrücke nicht auch noch helfen sollten. Da die Luftbrücke eine »politische Aktion der Amerikaner gegen die Russen« sei, wäre es für die Deutschen klüger, sich da rauszuhalten.[25] Da war sie wieder – die in vier Jahren bitter anerzogene und angelernte Gerissenheit des Schmuddelkindes, das zwischen den Mächtigen hin und her laviert und peinlich darauf achtet, dass es sich immer in einem vorteilhaften Schatten befindet.

Für die Russen entwickelte die Blockade Berlins einen gegenläufigen Effekt. Es gibt Hinweise darauf, dass sich die Sowjets durch die Währungsreform im Westen und die Vorbereitungen zur Bildung eines Staates gar nicht so sehr in die Enge getrieben fühlten. Die Blockade sollte eine moralische Niederlage des Westens werden. Nach dieser, so das Kalkül der Sowjets, würde kein Deutscher dem Westen mehr etwas zutrauen. So ganz allein scheinen die Russen mit dieser Einschätzung nicht gestanden zu haben. Curt Riess berichtet, dass ihm der amerikanische Botschafter Robert D. Murphy Folgendes anvertraut habe: Wenn die Westalliierten abziehen müssten, würde das auf die Menschen in Europa einen sehr starken Eindruck machen. Die meisten Europäer würden in diesem Fall in die KP eintreten, weil sie vom Westen keinen Schutz mehr zu erwarten hätten.[26]

Doch es kam anders. Erstens, weil die Russen die Luftbrücke technisch für nicht machbar hielten. Zweitens, weil sie nicht glaubten, dass die Westmächte sich einer solchen Kraftanstrengung unterziehen würden. Vor allem aber, weil sie, drittens, maßlos erstaunt darüber waren, dass der Westen so tat, als würden die Berliner verhungern müssen. Niemand wusste besser als die Russen, dass ihre Blockade halbherzig war, dass die Berliner aus dem Westen nur in den Osten gehen mussten, um sich Lebensmittel zu beschaffen. Aber das taten sie nicht. Und die Amerikaner und Briten verhielten sich auch so, als stünden die Westberliner auf verlorenem Posten.

Für die Amerikaner war die Blockade ein Geschenk. Sie konnten beweisen, dass sie es gut mit den Deutschen meinten, und die Deutschen so auf ihre Seite ziehen. Nicht für den Kampf um Berlin – das war eine schnell zu entscheidende Sache. Es ging um die Vorherrschaft in Europa und in der Welt. Die Luftbrücke blieb auch nach dem Blockadeende am 12. Mai 1949 noch bestehen. Bis in den Spätsommer 1949 transportierten die Flugzeuge der Alliierten weiter Güter nach West-Berlin. Das geschah, weil man den Russen nicht traute und fürchtete, sie könnten die Landwege jederzeit wieder schließen.

Die Amerikaner hatten politisch ihren Vorteil errungen. Die Gegenblockade, die die Lieferung wichtiger Rohstoffe aus den Westzonen in die SBZ unterband, zeigte Wirkung. Es gab in der SBZ keine Steinkohle aus dem Ruhrgebiet mehr, aber auch keine Elektromotoren, keine Diamantbohrer und keine Optik.[27]

Und selbst die Russen hatten schließlich genug von Blockaden. Im März 1949 begann ihr Vertreter beim Sicherheitsrat der UN, Yakov Malik, heimlich mit seinem US-Kollegen Philip Jessup zu verhandeln. Die Gespräche zogen sich eine Weile hin. Die Sowjets verlangten eine Außenministerkonferenz über die deutsche Frage noch im Frühjahr. Der Westen dachte nicht daran, seine weit fortgeschrittenen Vorbereitungen zur Bildung eines West-Staates zu stoppen.

Als am 11. April 1949 die millionste Tonne über die Luftbrücke transportiert wurde, stand ihr baldiges Ende fest. Viele Berliner trauten dem Frieden jedoch nicht, sie fürchteten, die Bereitschaft der Russen, die Blockade aufzuheben, sei ein taktischer Trick. Doch am 12. Mai um Mitternacht war es so weit: In Berlin gingen die Lichter wieder an, die die letzten elf Monate nur sporadisch und auch nie überall gleichzeitig geleuchtet hatten. Am 8. Mai, vier Tage zuvor, war im Parlamentarischen Rat in Bonn das Grundgesetz angenommen worden – Grundlage für einen künftigen westdeutschen Staat. 78 Menschen starben während der Luftbrücke, darunter acht Deutsche. Ihre Namen sind auf dem Luftbrückendenkmal vermerkt.

Am 17. Juli 1951 wurde dieses Luftbrückendenkmal eingeweiht, dem die Berliner den Namen »Hungerharke« gaben. Der Platz am Flughafen Tempelhof (früher »Bahnhof Kreuzberg« bzw. »Flughafen«) wurde fortan »Platz der Luftbrücke« genannt.

Die Blockade war der Anfang vom Ende der Nachkriegszeit. Aber dieses Ende sollte noch viele Jahre dauern.

11. Zweigeteilt – niemals?

Das Leben geht weiter

»›Gegen den Kommunismus in der Sowjet-Union ist nichts
einzuwenden. Wir können aber nicht zulassen, daß der
Kommunismus Deutschland in dem gegenwärtigen Zustand
auferlegt wird.‹ Bei diesen Worten General Robertsons klopften
die Mitglieder des amerikanischen Universitätsklubs in Berlin
mit Bleistiften und Stiefelspitzen Beifall. Er forderte eine vom
deutschen Volk und dem Ausland anerkannte Regierung für
das westliche Zweidrittel-Deutschland.« (›Der Spiegel‹ 14/1948)

Es sieht fast aus, als seien die Einschnürung der Stadt durch die
Sowjets und die Reaktion der Westmächte ein Startschuss gewesen für all die schlummernden Kräfte, die auf beiden Seiten weg
wollten von der fruchtlosen Pattsituation – hin zu einer neuen,
wenn auch zweigeteilten Staatlichkeit. Dass das auch eine Teilung
des Landes mit sich brachte, war bitter und musste erst akzeptiert
werden. Aber die Blockadezeit hat diesen Prozess beidseitig be-
schleunigt.

Es ging Schlag auf Schlag. Nach den Wahlen im Oktober 1946,
die ein klares Votum gegen die SED erbracht hatten, hatte die
Partei sich mit der sowjetischen Militäradministration SMAD im
Rücken noch verbissener die Schlüsselstellungen in der kommunalen und Landespolitik gesichert. In Berlin ignorierte die Poli-

zei unter dem berüchtigten Polizeichef Paul Markgraf wichtige Weisungen des noch für die gesamte Stadt sprechenden Magistrats. Ritterkreuzträger Markgraf war von den Sowjets eingesetzt worden und sorgte immer wieder für Zündstoff. Selbst zwei parlamentarische Misstrauensvoten hatte er nur mit Schulterzucken quittiert.

Als die Währungslage immer undurchsichtiger geworden war, hatte der Stadtverordnetenvorsteher Otto Suhr (SPD) für den 23. Juni 1948 zu einer Sitzung des Stadtparlamentes ins Stadthaus an der Parochialstraße gerufen. Doch die SED hatte Demonstranten mobilisiert. Einzelne Stadtverordnete wurden von den Demonstranten ergriffen und misshandelt, ohne dass Polizei einschritt.[1] Deshalb enthob der Magistrat – unterstützt durch die Westalliierten – Markgraf seines Postens. Der Magistrat ernannte mit Rückendeckung der Westalliierten Johannes Stumm zu Markgrafs Nachfolger. Die Sowjets aber blockierten die Suspendierung von Markgraf in der Kommandantura – und enthoben ihrerseits Stumm seines Postens. Es kam zur Aufspaltung der Berliner Polizei. Die Westabteilung – Stumm-Polizei genannt – residierte ab dem 7. August 1948 mit Johannes Stumm als Polizeipräsidenten in der Friesenstraße 16, in der Nähe des Flughafens Tempelhof.[2] Damit war erst mal im Kleinen vollzogen, was sich bald auch im Großen ereignen würde.

Nach neuen massiven Störungen beschloss die Mehrheit der Stadtverordneten, ihre Sitzungen in den Westsektor zu verlegen. Am 9. September 1948 demonstrierten Hunderttausende – manche Beobachter sprechen von einer Million – auf dem Platz der Republik gegen die Repressionspolitik der SED. Als aufgebrachte Jugendliche die Rote Fahne vom Brandenburger Tor zu holen versuchten, eröffneten Sowjetsoldaten das Feuer. Ein Jugendlicher wurde getötet. Britisches Militär löste die Demonstration auf. Die Ostpolizei verhaftete vier Jugendliche. Sie wurden wenige Tage später zu 25 Jahren Zwangsarbeit verurteilt.

Am 16. September sollte ein Artikel von Oberst Tjulpanow, höchster Polit-Offizier und graue Eminenz in der SMAD, in der ›Täglichen Rundschau‹ erscheinen, der die harten Urteile gegen die Jugendlichen vom Brandenburger Tor rechtfertigte. Der Artikel Tjulpanows wurde vor Erscheinen gestoppt. Tjulpanow, der nicht nur unter den Deutschen wegen seiner Strenge verhasst war, wurde abberufen. Die Russen milderten die drakonischen Strafen von 25 Jahren Zwangsarbeit auf jeweils fünf Jahre Gefängnis ab.[3] Die Revision des Urteils war eine Zäsur. Zum ersten Mal seit Mai 1945 standen die Russen nicht mehr auf dem Standpunkt, sie müssten nur befehlen, und die Deutschen hätten zu gehorchen. Das heißt aber nicht, dass sich damit auch der Stil der SED geändert hätte.

Am 30. November rief die SED über 1600 Funktionäre der Partei und Vertreter der Massenorganisationen zu einer »außerordentlichen Stadtverordnetenversammlung«. Das Plenum (in dem nur 26 gewählte Vertreter des Stadtparlamentes saßen) erklärte den demokratisch gewählten Berliner Magistrat für abgesetzt. Fritz Ebert (SED), der Sohn des ehemaligen Reichspräsidenten Friedrich Ebert, wurde zum Berliner Oberbürgermeister ernannt. Und Ebert versicherte sogleich, die Stadt Berlin sei nun in ihrer Gänze in die sowjetische Zone eingegliedert.[4] Die westlichen Militärbehörden lehnten diesen Geltungsanspruch für ganz Berlin ab.

Nach der vorläufigen Verfassung Berlins mussten alle zwei Jahre Wahlen abgehalten werden. Die nächsten Wahlen standen im Dezember 1948 an. Die SED ahnte, was ihr blühte, und rief die Bevölkerung zum Boykott auf. Am 5. Dezember 1948 war es dann so weit: 86,6 Prozent der wahlberechtigten Westberliner nahmen an der Wahl zum Stadtparlament teil. Am besten schnitt die SPD mit 64,5 Prozent ab. Die CDU erreichte 19,4 Prozent. 16,1 Prozent hatten für die Liberaldemokratische Partei LDP gestimmt.

Bereits im Juni 1948 war Ernst Reuter (SPD) von der Stadtverordnetenversammlung als Oberbürgermeister gewählt worden. Nötig war eine Bestätigung der Wahl durch die Alliierte Kommandantur, doch der sowjetische Befehlshaber lehnte Reuter ab. Den Sowjets galt er als »Abtrünniger«: Reuter war Kommunist gewesen und hatte in den zwanziger Jahren als Volkskommissar im Auftrag Lenins im Wolga-Gebiet gearbeitet. Die Russen nahmen ihm übel, dass er sich nach den Erfahrungen in der UdSSR und im Kampf gegen die Nazis vom Kommunismus abgewandt hatte. An Reuters Stelle führte Louise Schroeder (SPD) die Geschäfte des Oberbürgermeisters, wie sie es bereits seit dem Rücktritt Ostrowkis getan hatte. Am 7. Dezember wählte nun die Stadtverordnetenversammlung Ernst Reuter zum Oberbürgermeister, und da die Sowjets ihm nun keine Steine mehr in den Weg legen konnten, trat Reuter das Amt des Oberbürgermeisters an. Die Wahlen vom Dezember 1948 waren ein klares Signal an die SED: Sie würde in Berlin und wahrscheinlich auch im Rest des Landes nach demokratischen Spielregeln keine echte Mehrheit erlangen. In Ost-Berlin und Karlshorst reagierte man mit einer Richtungskorrektur. Hatten die deutschen Kommunisten bei ihrem Gründungsaufruf noch jeden radikalen Ton vermieden und sich sogar die Vollendung der misslungenen bürgerlichen Revolution von 1848 auf die Fahnen geschrieben, so machten« sie sich nach dem Wahldebakel daran, die »Partei neuen Typs« zu werden. 1948/49 hieß das: Die SED mauserte sich zur leninistischen Kaderpartei, sie wollte eine Elite der kommunistischen Revolution werden und nur wirklich verlässliche Genossen in ihren Reihen dulden. Die Kaderpartei würde in Zukunft auf alle überflüssigen demokratischen Übungen verzichten: Sie wollte die Macht im Staate sein.

Die Partei neuen Typs zu sein hieß aber auch, sich dem Führungsanspruch der KPdSU zu unterwerfen. Damit waren all die lauen Bekenntnisse zu einem deutschen Sonderweg in den Sozialismus hinfällig geworden. Im September 1948 rückte die SED in aller Form von der bis dahin propagierten deutschen Strategie ab. Anton Ackermann, der eifrigste Verfechter des Sonderwegs im Frühjahr 1946, übte Selbstkritik: »Die KPDSU (B) ist in jeder Hinsicht Vorbild.« (B stand für Bolschewiki.) Damit war ein eigener deutscher Ansatz der Nachkriegszeit abrupt abgebrochen. Die Vorzeichen für einen spezifisch deutschen linken Weg hatten gut gestanden. Es gab Zuversicht und Tatkraft im Osten, viele Menschen hatten das Projekt eines nichtkapitalistischen Deutschlands unterstützt, das dann auch noch durch die entschlossene Landreform befeuert wurde.

Am 29. September 1948 erklärte der SED-Parteivorstand, in den nächsten Jahren eine weitgehende Orientierung nach Osten vornehmen zu wollen. Die Volksdemokratie sei die einzige Entwicklungsmöglichkeit in der Sowjetzone. Der Chefredakteur des ›Neuen Deutschland‹ Lex Ende verlor im Mai 1949 wegen »Sozialdemokratismus« seine Position und wurde in die Provinz geschickt.[5] Im Januar 1949 fand die erste Parteikonferenz der SED statt. Die paritätische Besetzung der Parteigremien wurde abgeschafft. Die Besetzung der Gremien geschah weitgehend durch die Parteispitze. Sozialdemokraten, die nicht zum Kommunismus überwechseln wollten, schieden aus der SED aus. Die neuen Gewerkschaften sollten nicht mehr in erster Linie Vertreter der Arbeiter sein. Ihre Aufgabe würde vor allem darin bestehen, Arbeitsdisziplin und Produktivität zu fördern. Die frei gewählten Betriebsräte wurden aufgelöst. In Zukunft sollte es nur noch Betriebsgewerkschaftsleitungen geben – also Gruppen, die die Belegschaften im Interesse des jeweiligen Betriebes und der allgemeinen Wirtschaftspolitik anleiteten und kontrollierten. Die DDR gab es noch nicht. Aber sie war bereits auf dem Vormarsch. Es fehlte nicht mehr viel.

Porträt Louise Schroeder

Wer klug ist, der wählt diese

Am 12. Mai 1949, am ersten Tag nach der Blockade, kamen 300 000 Berliner vor dem Schöneberger Rathaus zusammen. Sieben Redner sprachen, alle beschworen das »stille Heldentum der Frauen«. Aber es stand keine Frau auf der Rednerliste. Ernst Reuter hatte die Versammlung schon geschlossen, als die Menge zu skandieren begann: Sie verlangten den Auftritt von Louise Schroeder. Diese hatte während der Reden der Männer stumm auf dem Podium gestanden. Nun erteilte Reuter ihr das Wort.

Louise Schroeder, November 1946.

Louise Schroeder war während der schwierigen Monate Berliner Oberbürgermeisterin gewesen. Nun würde sie abtreten müssen. Sie sagte: »(…) am glücklichsten bin ich, dass wir diesen Sieg errungen haben, wir Männer und Frauen von Berlin, ohne dass ein Blutstropfen von unserer Seite gefallen. Allen denen, die da glauben, man könne nur durch Kriege, nur durch entsetzliche Grausamkeit einen Sieg erringen, haben wir bewiesen, dass vielleicht besser gesiegt werden kann mit der Waffe des Geistes, mit der Waffe der Tapferkeit, mit der Waffe des Zusammenhalts und (…) mit der Treue.«

Schon in den zwanziger Jahren war Louise Schroeder eine sehr gute Rednerin gewesen. Sie verstand es, die Menschen zu überraschen. Und das tat sie auch diesmal: In der Zeit des sich stetig erhitzenden Kalten Krieges, nach den 322 Tagen der Blockade, während deren die Waffen gezückt gewesen waren, war es ein Affront, auf der Siegesfeier zu verkünden, dass der Sieg gerade in der Friedfertigkeit bestanden habe.[6]

Louise Schroeder sagte, sie habe nie eine Berlinerin werden

wollen und sei dennoch eine geworden, sogar eine, die in der Nachkriegszeit wie keine andere Frau für diese Stadt stand. Sie ist nicht einmal freiwillig nach Berlin gegangen: Als die Nazis kamen, verlor sie ihre Arbeit als Dozentin und versuchte sich in ihrer Heimatstadt Hamburg als Leiterin einer Bäckerei mehr schlecht als recht über Wasser zu halten. Die Hamburger Polizei zwang die aktive Sozialdemokratin dazu, sich zweimal täglich zu melden. Da war es besser, nach Berlin zu wechseln, wo sie in einer Baufirma als Sekretärin unterkam und der Gestapo-Überwachung entzogen war. Als es auch an der Spree gefährlich für sie wurde, schickte der Prokurist ihrer Firma sie dienstlich nach Dänemark, wo sie sich bis zum Kriegsende verstecken konnte.

Louise Schroeder kam aus Altona, das in ihrem Geburtsjahr 1887 noch zu Schleswig-Holstein gehörte. Ihr Vater war Maurer, die Mutter betrieb einen Gemüseladen. Wie der Vater engagierte sich Louise politisch – entsprechend ihrer Herkunft in der SPD, in die sie 1910 mit 23 Jahren eintrat. Sie hatte eine kaufmännische Ausbildung gemacht und arbeitete in verschiedenen Firmen. 1919 war sie die Jüngste unter den 19 Frauen, die aufgrund des neuen Frauenwahlrechts für die SPD in die Nationalversammlung eintraten. Im Reichstag war sie ununterbrochen bis 1933 tätig. Sie konzentrierte sich auf Sozial- und Gesundheitspolitik, was für Louise Schroeder auch hieß, dass sie sich um die Rechte unehelicher Kinder und die Lage der Prostituierten kümmerte. Sie war von Anfang an eine Universalpolitikerin und sehr in der Aufbruchstimmung der frühen Weimarer Jahre verwurzelt. Insofern sah sie es als unerlässlich an, sich auch um Wirtschafts- und Finanzfragen zu kümmern. 1919 gründete sie mit Marie Juchacz zusammen die Arbeiterwohlfahrt. Ab 1925 lehrte Louise Schroeder an der neuen politischen Hochschule in Berlin und an der Hochschule der AWO.

Nach Kriegsende stieg sie in Berlin wieder in die Politik ein. Louise Schroeder wirkte immer zerbrechlich und leicht angeschlagen. Während der Blockade musste man sie dazu zwingen, für drei Monate in ein Krankenhaus zu gehen – sonst hätte sie diese Zeit nicht überlebt. Dennoch war sie, was die Politik anging, zäh und unnachgiebig sich selbst gegenüber.

Juni 1948 im Berliner Stadthaus. Draußen randalierten von der SED herbeigekarrte Demonstranten. Drinnen warteten die kommissarische Oberbürgermeisterin Louise Schroeder und der Präsident des Abgeordnetenhauses Otto Suhr auf die Russen. Die allmächtige Besatzungsbehörde SMAD hatte die beiden höchsten Repräsentanten der Stadt herbeizitiert. Sie sollten einen Befehl entgegennehmen. Doch die Russen kamen nicht. Die Lage vor dem Stadthaus an der Parochialstraße wurde immer unruhiger. Die Demonstranten drangen in das Gebäude ein, in denen die gewählten Abgeordneten tagten. Louise Schroeder entzog sich dem prügelnden Mob durch eine Hintertür. Die ehemalige KZ-Insassin Jeanette Wolff wurde für Louise Schroeder gehalten und ebenso wie der Sozialdemokrat Otto Bach (später Westberliner Parlamentspräsident) drangsaliert, bevor auch sie in einen Wagen schlüpfen und entkommen konnten. Erst danach erschienen die Russen und übergaben den Befehl Nr. 111. Dieser Befehl über die Währungsreform in der Sowjetzone und in Groß-Berlin »verlegte die viergeteilte Stadt wirtschaftlich und geographisch mitten in die Sowjetzone«.[7]

Louise Schroeder war die amtierende Bürgermeisterin der Stadt. Sie hatte den unglücklichen Ostrowski vertreten, nachdem der wegen seiner von der SPD nicht gewollten Zusammenarbeit mit der SED am 11. April 1947 per Misstrauensantrag zum Rücktritt gezwungen worden war, und war in dieser Position verblieben, nachdem die Sowjets den am 24. Juni 1947 gewählten Oberbürgermeister Ernst Reuter nicht hatten anerkennen wollen. »Im Stadthaus trafen die verschiedenen Währungsbefehle zusammen. Zum ersten Male verbot eine Besatzungsmacht ausdrücklich die Befolgung von Befehlen einer anderen. Louise Schroeder muß vier Herren dienen. Und noch die Weisungen des Stadtparlaments beachten.«[8]

Louise Schroeder verkündete die Entscheidung des Magistrats der Stadt Berlin: Jeder Sektor sollte seine eigene Währung bekommen. Dann wollte man sehen, wie sich die Sache entwickelte.

Diese Entscheidung hatte Louise Schroeder nicht alleine getroffen, aber sie war typisch für sie. Im harten politischen Spiel der Nachkriegsjahre war die Hamburgerin die einzige Frau in den hohen Rängen. Dementsprechend unterschied sich auch ihre Sichtweise von dem meist aggressiven und noch stark durch den Krieg bestimmten Stil ihrer männlichen Kollegen. Sie wusste aus ihrer Praxis der »Fürsorge«, dass die erhitzte Konfrontation immer und sofort spürbare Einflüsse auf das Leben der Schwächsten hatte. Auch die Männer sprachen vom Hunger und der Not der Nachkriegszeit. Aber bei Louise Schroeder war dieses alltägliche Leid der Maßstab ihrer Politik. Und so kam sie oft zu unbegreiflichen Ergebnissen: Anstatt die Konfrontation auf die Spitze zu treiben, was Opfer kosten würde, strebte sie immer einen Ausgleich an. Wie in der Währungsfrage.

Für eine politische Sozialarbeiterin wie Louise Schroeder lag die Sache sowieso auf der Hand: Die Menschen litten unter der Nachkriegssituation, Frauen und Kinder litten am meisten, denn sie hatten keine politische Macht, und sie traf der Mangel am härtesten. Da die Finanz- und die Wirtschaftspolitik in ihren Augen »nur Hilfsmittel zur Durchsetzung politischer Ziele in der Königsdisziplin – der Sozialpolitik« waren[9], musste man an diesen Schrauben drehen. Deshalb war sie eine Verfechterin der Einheit. Sie wusste, dass nur die Einheit Linderung der sozialen Not bringen konnte: »All diese Fragen kann Berlin nicht für sich allein lösen; die Gemeinsamkeit der Not muß zu einer Gemeinsamkeit des Willens zur Ueberwindung und zum Neuaufbau mit dem Osten sowohl als mit dem Westen führen.«[10]

Für diesen Weg war sie auch zu unangenehmen Kompromissen bereit. So blieb ihr Appell, auf eine voreilige westdeutsche Staatsgründung zu verzichten, um die Einheit Berlins (und damit auch die Einheit des Landes) zu retten, erfolglos. Sie hat sich damit taktisch geschadet. Nach der endgültigen Teilung der Stadt nahm Ernst Reuter seinen Platz als Oberbürgermeister ein, und Louise Schroeder wurde in die zweite Reihe gedrängt. Das unwürdige Parteiengerangel um ihre Ehrenbürgerschaft im Jahr 1957 war nur noch ein Schlussakkord zu dieser stillen Entmach-

tung – auch wenn sie dann doch erste weibliche Ehrenbürgerin
der Stadt wurde.

Die Menschen verstanden, was sie antrieb und dass ihre Sichtweise auf die Dinge immer sozial und human war, selten aber
machtpolitisch. Deshalb liebten sie sie. »Wer klug ist, der wählt
diese – unsere Louise!«, hatte die SPD 1948 auf ihren Wahlplaka-
ten gereimt. Die Partei erreichte damit 64,5 Prozent der Stimmen. Das war das beste Ergebnis, das sie jemals in Berlin erzielt
hat. Mit der einzigen weiblichen Bürgermeisterin der Stadt.

Ein deutsches Parlament

»Seit dem 10. Mai 1946 steigen vom Versuchsgelände White Sands
in der Wüste von Neu-Mexiko deutsche V-2-Geschosse auf, deren
Einzelteile die amerikanische Armee bei ihrem Vormarsch in
Nordhausen fand. Bei dem letzten Versuch erreichte eine Rakete
die Rekordhöhe von 114 Meilen. Der Leiter des Uebungsgeländes
gab bekannt, daß die V-2-Versuche jetzt in 14tägigen Abständen
erfolgen sollen.« (›Der Spiegel‹ 3/1947)

Im November 1947 wurde in Berlin ein Deutscher Volkskongress
gebildet. Die SED hatte den Kongress aus Mitgliedern aller Parteien, Gewerkschaften, Massenorganisationen, Betriebsräten und
Standesorganisationen zusammengerufen, um ein Gegengewicht
zu der in London tagenden Konferenz der Außenminister der
vier Siegermächte zu schaffen. Der Deutsche Volkskongress sollte
die Siegermächte aufrütteln und ihnen den Wunsch der Deutschen nach Einheit und Frieden nahebringen. Es war eine Veranstaltung für ganz Deutschland – sollte es zumindest sein.

Ernst Lemmer und Jakob Kaiser weigerten sich, dem Aufruf
zu folgen. Der damals noch residierende Oberst Tjulpanow setzte

sie deshalb am 20. Dezember 1947 als CDU-Vorstände ab. An ihre Stelle trat der dem Volkskongress gegenüber aufgeschlossenere Otto Nuschke. Gegen Jakob Kaiser wurde zudem am 5. Januar 1948 von der SMAD ein Redeverbot verhängt.

Trotz des Widerstandes in der CDU konstituierte sich der Deutsche Volkskongress am 6. und 7. Dezember in Berlin. Von den 2215 Abgeordneten gehörten 893 der SED und der westlichen KPD an. Aber auch Mitglieder der CDU, der Berliner SPD und auch der SPD Schumachers und der LDPD waren vertreten. Der Berliner Volkskongress schickte eine Abordnung nach London, die dort den vier Außenministern der Siegermächte selbstbewusst mitteilte: »Das deutsche Volk wünscht einen den Grundsätzen der Beschlüsse der alliierten Mächte entsprechenden Frieden, (…) Bildung einer zentralen deutschen Regierung aus Vertretern der demokratischen Parteien, (…) und allgemeine, geheime, direkte Wahlen zur Nationalversammlung, die den Friedensvertrag ratifizieren soll.«

Der Londoner Delegation gehörten Wilhelm Pieck, Otto Grotewohl, Wilhelm Külz, Otto Nuschke, Landesbischof Beste und Probst Grüber als Mitglied der einflussreichen Vereinigung der Verfolgten des Naziregimes (VVN) an. UdSSR-Außenminister Molotow beantragte noch am 15. Dezember 1947, die Volkskongress-Delegation sprechen zu lassen. Doch da wurde die Londoner Konferenz der Außenminister bereits auf unbestimmte Zeit vertagt.[11]

Der am 18. März 1948 im Berliner Admiralspalast tagende Zweite Deutsche Volkskongress sah sich als »einzige gesamtdeutsche Repräsentanz« an.[12] Die 2000 Delegierten bestätigten die Oder-Neiße-Linie als östliche Grenze, lehnten den Marshallplan ab und beschlossen ein Volksbegehren über die deutsche Einheit. Gleichzeitig wählten sie einen Deutschen Volksrat, der zwischen den Kongressen Fachausschüsse bilden sollte. Diese beschäftigten sich mit einem Friedensvertrag und einer deutschen Verfassung. Im Oktober 1948 billigte der Deutsche Volksrat den Verfassungsentwurf, dem allerdings ein SED-Entwurf vom November 1946 zugrunde lag.[13] Er berücksichtigte einerseits Bürgerrechte, andererseits enthielt er aber auch totalitäre Elemente wie die Bestrafung der Boykotthetze, was nichts anderes war als ein Mittel zur Bekämpfung der Opposition. Man verzichtete völlig auf jede Verfassungsgerichtsbarkeit, was dem zukünftigen Staat eine unumschränkte Machtfülle verlieh.

Die neue Verfassung sah die Einrichtung einer Volkskammer mit 400 Abgeordneten und einer Länderkammer vor. Beide Kammern wählten gemeinsam den Staatspräsidenten. Der Ministerpräsident sollte von der stärksten Fraktion bestimmt werden, aber jede Fraktion mit mehr als 40 Abgeordneten konnte sich an der Regierungsbildung beteiligen. Es gab – zumindest theoretisch – in dieser Verfassung die Möglichkeit des Volksentscheids.

Im Frühjahr 1949 fanden in der SBZ Wahlen zu einem dritten Volkskongress statt. Den Wählern lag eine Einheitsliste vor. Die Sitze waren willkürlich verteilt worden: Die SED erhielt 25 Prozent, die CDU 15 Prozent, die LDP 15 Prozent, die NDPD 7,5 Prozent und die erstmals bei einer Wahl angetretene Demokratische Bauernpartei Deutschlands DBD 7,5 Prozent. Ein Zehntel aller Sitze gingen an den Gewerkschaftsbund FDGB, ein Zwanzigstel an die Freie Deutsche Jugend FDJ, ebenso viele Sitze standen dem Kulturbund zu, je 3,7 Prozent entfielen auf den Demokratischen Frauenbund DFD und auf die Vereinigung der Verfolgten des Naziregimes VVN, je 1,3 Prozent auf Genossenschaften und auf die Vereinigung der gegenseitigen Bauernhilfe VdgB.[14]

Noch während der Stimmenauszählung erkannte die SED, dass es kein zustimmendes Votum zum Deutschen Volkskongress geben würde. Daraufhin ließen die Länderinnenministerien die Stimmen neu auszählen: Diesmal geschah das nach anderen Gesichtspunkten, so galten jetzt unbeschriebene Wahlzettel als Ja-Stimmen, ebenso Zettel mit Streichungen. Nun hatten dem Volkskongress 61,1 Prozent der Wähler zugestimmt.

Der damit gewählte Volkskongress trat am 29. und 30. Mai in Ostberlin zusammen. 1400 seiner Mitglieder kamen aus der SBZ und 600 aus Westdeutschland. Dieser dritte deutsche Volkskongress bestätigte die Verfassung der Deutschen Demokratischen

Republik DDR und wählte die 400 Mitglieder des Zweiten Deutschen Volksrates. Der Zweite Deutsche Volksrat verschob die vorgesehenen Wahlen zur Volkskammer um ein Jahr. Dafür konstituierte er sich selbst, unter dem Präsidium von Johannes Dieckmann von der LDP, zur »Provisorischen Volkskammer«.

Auch ohne Wahlen ging der neue Staat an den Start. Otto Grotewohl bekam vom Zweiten Deutschen Volksrat den Auftrag zur »Staatsbildung«. Ebenso wie im Westen hatte sich auch in der SBZ eine deutsche Verwaltung bereits herausgebildet: Aus der seit 4. Juni 1947 bestehenden Deutschen Wirtschaftskommission konnten sich mühelos die Fachministerien herauslösen lassen.[15] Die SMAD gab es bald nicht mehr. Was jedoch nicht hieß, dass die Sowjets keine Macht mehr in ihrer Zone hatten. Die Militäradministration wurde bloß ersetzt durch eine Sowjetische Kontrollkommission (SKK), an deren Spitze wieder ein General stand – General Wassili Tschuikow, der Konkurrent Georgi Shukows bei der Eroberung Berlins. Als Berater hatte er einen Zivilisten, den Botschafter Semjonow.

Das vage Versprechen Freiheit

»Der schwarze Markt versteckt sich hinter vielen Bettelbriefen aus Europa, meint Amerikas Nationales Hilfsbüro. Die Organisation verweist auf den Fall eines Mannes in Pensylvanien, der in einer Woche gleich zwei tränenreiche Bittbriefe um Lebensmittelpakete aus Heidelberg erhielt.« (›Der Spiegel‹ 37/1947)

Zu Anfang der Blockade hatten sich einige besonders Resignierte vorgewagt und gefragt, ob es sich denn lohne, für Berlin zu kämpfen. Die Antwort war ernüchternd ausgefallen, und daraufhin war ein Satz geprägt worden, der in den nächsten Jahrzehnten immer wieder auftauchen sollte – meist in polemischer Absicht:

Lieber rot als tot. Das war der Moment, in dem das Gleichgewicht sich hätte verändern können. Es war der Moment, vor dem Leute wie Clay und die Analysten im Washingtoner Außenministerium die größte Angst hatten: Wenn den Deutschen die Luft ausgehen und sie sich dazu entschließen würden, lieber schlecht, aber sicher unter den Sowjets zu leben als »frei« unter den Westalliierten.

»Frei« war in diesem Fall ein sehr vages Versprechen, denn frei waren die Deutschen nach 1945 noch sehr lange nicht. Sie könnten es werden, versprachen ihnen die Amerikaner. Dafür sollten sie hungern und büßen und hoffen. Aber niemand konnte ihnen sagen, wie lange diese Rosskur dauern würde. Die Lage war fragil. Bis zur Luftbrücke. Die zeigte allen, dass die Sowjetunion der schwächere Spieler war. Die Krisenrhetorik um das Verhungernlassen von über zwei Millionen Menschen und um den heroischen Kampf um die Freiheit konnte nicht darüber hinwegtäuschen, dass das Ganze ein eiskaltes Pingpong-Spiel war, bei dem die Sowjets seit dem Währungs-Alleingang des Westens immer leicht verspätet und meistens unangebracht reagierten. Die Deutschen, die zwangsweise die Sensibilität des Unterlegenen gegenüber dem Überlegenen entwickelt hatten, verinnerlichten diese Werteverschiebung. Der Westen hatte seinen Partner für den nächsten großen Schritt gefunden.

Der Osten hatte keine Wahl, er war auf Gedeih und Verderb an die Sowjets gebunden. Die machten es ihm in gewisser Hinsicht leicht, denn die Herausbildung einer deutschen Eigenstaatlichkeit war immer deren Forderung gewesen. Nun setzten sie diese Staatlichkeit auch durch, ohne darüber mit den Deutschen groß zu verhandeln – gezwungenermaßen nur auf ihrem Terrain, auf dem Terrain der SBZ.

Die Initiative in der Deutschland-Politik war seit 1947 auf die USA übergegangen. Die USA hatten das riesige Projekt des Marshallplans in Bewegung gebracht – nun mussten sie auch dafür sorgen, dass die politischen Voraussetzungen für das Aufbauprogramm stimmten. Also förderten sie eine westdeutsche Eigenstaatlichkeit, die die Deutschen in der Lage versetzte, die wirtschaftlichen Initiativen zu ergreifen, die dieser Plan erforderte.

Gleichzeitig wurden die Demontagen fortgesetzt. Doch die Amerikaner zeigten den Deutschen eine verlockende Perspektive auf: Der Marshallplan sollte Europa wirtschaftlich wieder auf die Beine bringen und es zu einem riesigen Markt machen. Die Deutschen sollten nun überraschend (obwohl die Buße noch nicht abgeleistet war, wie viele wussten) Teil dieses prosperierenden Europas werden. Vom halbverhungerten Schmuddelkind zum gut ausgestatteten Wunderknaben – wer hätte da widerstehen können?

Seit Ende 1947 plante man in Washington und London eine Union der drei Westzonen.[16] Frankreich fremdelte damit – bis man ihm am 20. Februar 1948 erlaubte, das Saarland wirtschaftlich voll und ganz zu integrieren. Drei Tage später holten die drei Siegermächte in London die Beneluxstaaten ins Boot. Nun ging alles sehr schnell. Bereits am 6. März 1948 wurde die Einbeziehung der drei Westzonen in das ERP-Programm verkündet – aus Gründen des wirtschaftlichen Aufbaus von Westeuropa und Deutschland. Da es keine offiziellen Vertreter gab, würden Delegierte der drei Oberbefehlshaber, begleitet von deutschen Sachverständigen, an den ERP-Beratungen teilnehmen – ebenso später als Bevollmächtigte an der OEEC (Organisation for European Economic Co-Operation, Organisation für wirtschaftliche Zusammenarbeit in Europa, 1948 gegründet). Es ging also darum, einen deutschen Staat zu bilden – und zwar ohne die SBZ. Das war ein Bruch des Potsdamer Abkommens, die Sowjets tobten.

Die USA gaben die Struktur des neuen Staates vor: Die Länder sollten erhalten bleiben und im föderativen Bundesstaat eine wichtige Rolle spielen. Die Briten gaben trotz ihrer streng zentralistischen Vision schnell klein bei. Die Sechs-Mächte-Verhandlungen (die drei Siegermächte und die drei Benelux-Staaten) in London erbrachten am 7. Juni 1948 eine »Empfehlung«: Die Ministerpräsidenten der elf westdeutschen Länder täten gut daran, schnellstens eine verfassungsgebende Versammlung einzuberufen.

Nun war es heraus: Die Alliierten wollten die Verantwortung für ihren Teil des Landes nicht mehr alleine tragen und deutsche Politiker daran beteiligen. Dass die staatliche Emanzipation jedoch ihre Grenzen hatte, zeigte die Absicht, ein alliiertes Sicherheitsamt einzurichten, das streng darüber wachen sollte, dass die Deutschen nicht wieder rückfällig wurden.

Der Osten protestierte von Warschau aus, wo sich am 24. Juni 1948 die Außenminister des sowjetischen Lagers versammelt hatten. Gleichzeitig reagierte auch das Präsidium des Ostberliner Volkskongresses heftig auf die Londoner »Empfehlung«. Der Rummel um die Blockade führte dazu, dass die Entwicklungen in den beiden Teilen Deutschlands sich immer weiter verselbstständigten. Der nächste Schritt erfolgte schon am 1. Juli 1948: Die Besatzungsmächte überreichten den westdeutschen Länderchefs die Ergebnisse ihrer Londoner Beratungen. Diese später so genannten »Frankfurter Dokumente« bildeten einen Verlaufsplan für die Staatsgründung. Die verfassungsgebende Versammlung sollte spätestens am 1. September 1948 zusammentreten und eine deutsche Verfassung entwerfen. Die Landtage sollten die Zusammensetzung dieser Versammlung bestimmen – für je 750 000 Deutsche einen Delegierten.[17] Zudem wurde es als notwendig erachtet, ein Besatzungsstatut zu erlassen. Also eine Klärung des Verhältnisses der Besatzungsmächte zur zukünftigen deutschen Regierung.

STAAT OHNE HERRSCHER

»Kinobesucher in New York und Washington sehen als Beiprogramm einen Film, der ihnen die Leistungsfähigkeit der hessischen Wirtschaft demonstrieren soll. Die Amerikaner freuen sich, darin Offenbacher Lederwaren, Rheingauer Sekt und andere alte Bekannte wiederzusehen. Der Film ist in Wiesbaden gedreht und wurde auf Veranlassung des Leiters der Exportschau ›Hessische Wirtschaft‹, Direktor Oehmichen, nach Amerika geschickt.«
(›Der Spiegel‹ 33/1947)

Viele fragten sich, wozu denn dieser Staat gut sei, wenn das Land weiter besetzt blieb und bei wichtigen Entscheidungen somit von einer Besatzungsmacht abhängig war. Ging es nur darum, den Siegermächten die zunehmend unbequemer und teurer werdende Organisation der Gesellschaft abzunehmen? Die Begeisterung, die einige im Westen vorzeitig ergriffen hatte, war merklich abgekühlt. Nun schlug die »Stunde der Ministerpräsidenten« – der Männer, die schon seit zwei Jahren die schwierige, aber psychologisch wichtige Rolle deutscher Eigenverantwortung in einem Umfeld absolutistischer Bevormundung zu spielen hatten. Sollten sie nach dieser langen und oft selbstzerstörerischen Gratwanderung Macht abgeben? An eine nebulöse Zentralverwaltung? Sie dachten nicht daran.

Das, was die elf Länderchefs mit den Frankfurter Dokumenten in die Wege leiteten, sah eher aus wie eine aus selbstständigen Ländern bestehende Trizone, die sich wirtschaftlich so weit integrierte, dass jedes der beteiligten Länder einen weitestmöglichen Nutzen für sich daraus ziehen konnte. Sie versammelten sich am 8. Juli 1948 im Hotel Rittersturz bei Koblenz, um sich abzustimmen. Aber sie machten keinen Hehl daraus, dass sie zum Jagen getragen werden wollten. Der schon als freimütig bekannte Ministerpräsident Kopf aus Niedersachsen erklärte kämpferisch: »Zur Frage der verfassungsgebenden Versammlung (Dokument 1) stehen wir (d.h. Niedersachsen) auf dem Standpunkt, dass das deutsche Volk zur Zeit nicht in der Lage ist, sich eine Verfassung zu geben. Solange wir in unserer Willensbildung nicht frei sind, kann man von einer Verfassung nicht reden.«[18] Die Ministerpräsidenten von Nordrhein-Westfalen und Württemberg-Hohenzollern Arnold und Bock äußerten sich ähnlich. Und Bayerns Präsident Ehard fragte offen, ob die Kollegen das wirklich wollten – eine »Regierungsgewalt über den Ländern«?

Die Länder verlangten ein Wahlgesetz, das von den Landtagen verabschiedet werden sollte. Dieses Wahlgesetz sollte den Deutschen eine freie Entscheidung ermöglichen. Das war angesichts der unentwegten Forderung nach mehr und echter Demokratie, die vor allem die Amerikaner zelebrierten, nicht mehr als recht und billig. Zumal gerade von westlicher Seite die undemokratische Verfahrensweise im Osten ständig gerügt wurde.

Selbst der langmütige Clay fragte sich, ob die Ministerpräsidenten die Vorteile der Londoner Empfehlungen auch verstanden hatten. Eine Zurückweisung an die in London vertretenen Staaten durch die deutsche Seite komme natürlich nicht in Frage. Ein Grundgesetz – also eine provisorische Verfassung, wie die Länderchefs sie forderten – lehnten die Amerikaner als eine zu schwache Lösung ab. Bei einem Treffen mit den Länderchefs am 20. Juli in Frankfurt »drohten« die Generäle Clay und Robertson sogar damit, eine endgültige Verfassung, wie sie sie haben wollten, durch ein Referendum, also durch einen Volksentscheid, absegnen zu lassen, falls die Länder den Weg über den parlamentarischen Rat nicht gehen wollten. Die Ministerpräsidenten zogen sich beleidigt auf das Jagdschloss Niederwald bei Rüdesheim zurück. Dort einigten sie sich darauf, dass man einen Volksentscheid vermeiden und sich deshalb mit einer Billigung des »vorläufigen Grundgesetzes« durch die Landtage zufrieden geben wollte.

Am 26. Juli 1948 fand ein weiteres Treffen der Länderchefs mit den Besatzungsgenerälen in Frankfurt statt. Der französische Militärgouverneur war so erzürnt über die Renitenz der Ministerpräsidenten, dass er deren Änderungswünsche gar nicht diskutieren wollte. Er war kurz davor, die Konferenz als gescheitert zu erklären und den alliierten Staatschefs den Vorgang unerledigt zurückzugeben. Das wäre das vorläufige Ende eines neuen deutschen Staates gewesen. Offensichtlich waren auch Clay und Robertson besorgt angesichts der düsteren Aussicht, mit leeren Händen vor ihre Regierungen treten zu müssen. So zeigten sie sich plötzlich zu Kompromissen bereit. Und die kamen schnell.

Die Alliierten akzeptierten das von den Länderchefs favorisierte vorläufige Grundgesetz anstatt einer Verfassung. Der Parlamentarische Rat sollte wie befohlen zum 1. September einberufen werden – und zwar auf Grund elf identischer Ländergesetze. Ob das Grundgesetz durch einen Volksentscheid oder durch eine

Zustimmung der Länderparlamente bestätigt werden sollte, wollten Clay und Robertson noch mit ihren Regierungen klären. Die Ministerpräsidenten der Länder waren eingebunden – hatten sie doch das für ihr chronisch angeschlagenes Selbstbewusstsein wichtige Gefühl, sich gegen das »Diktat« der Siegermächte durchgesetzt zu haben. Sie richteten sich sogar ein gemeinsames Büro in Wiesbaden ein. Das Büro lief kurioserweise unter dem Kürzel BDM.[19]

Am 26. Juli beriefen die Länder einen Verfassungskonvent aus Sachverständigen ein. Gleichzeitig machten sie sich an die Zusammenstellung des Parlamentarischen Rates. Unterschiedliche Meinungen gab es noch hinsichtlich des Tagungsortes des Rates – war damit doch schon eine Festlegung hinsichtlich der zukünftigen Hauptstadt verbunden. NRW-Chef Arnold preschte vor und plädierte für Bonn. Angeblich war das traditionsreicher deutscher Boden. Aber das waren andere Städte auch. Am 16. August stimmte eine Mehrheit von acht Ländern für Bonn, zwei waren für Karlsruhe und ein Land für Celle.

Bei dem Konvent war das einfacher. Es lag eine Einladung aus Bayern vor, dem Land, das sich neben Niedersachsen am stärksten um eine eigene starke Rolle gegenüber den Besatzern bemüht hatte. Tagungsort wurde Herrenchiemsee. In welche Richtung die Regie der Gastgeber ging, zeigte sich, als sich die Frage erhob, ob nach dem Zusammenbruch von 1945 das deutsche Volk noch Träger einer konstitutionellen Gewalt sein könne oder ob das nicht eher die neuen Länder wären …

Zwei Wochen dauerte der Konvent auf Herrenchiemsee. In wichtigen Punkten hatte man sich nicht einigen können und präsentierte deshalb mehrere Varianten. So war unter anderem die Frage nicht beantwortet worden, ob sich die vorgesehene zweite Kammer aus Vertretern der Länder zusammensetzen (Bundesrat) oder mit unabhängigen Persönlichkeiten besetzt sein sollte (Senat).[20]

Die Liberalen in Hessen und Bayern verlangten eine verfassungsgebende Nationalversammlung, die das Volk direkt wählte. Die SPD warnte vor einem »überspitzten Föderalismus«, der sich in der Haltung der Länder ankündigte. Am meisten Widerspruch aber provozierte die beabsichtigte internationale Ruhrkontrolle. Der CDU-Vorsitzende der britischen Zone, Konrad Adenauer, wetterte dagegen in einem Ton, der für die damalige Zeit ganz neu und schockierend war: Er drohte offen damit, dass Deutschland einen Friedensvertrag, der einen Verzicht auf wesentliche Souveränitätsrechte verlangte, nicht unterzeichnen würde.[21]

Das war ein ziemlich gewagter Versuch Adenauers, sich selbst und damit seine Partei als Bollwerk gegen die Bevormundung der Alliierten zu profilieren. Er riskierte damit, von den Besatzern politisch gemieden zu werden. Aber seine harschen Worte kamen gut an. Die SPD – einzige Konkurrenz der durchstartenden CDU – spürte, was sich da abzeichnete. Deshalb hielt der zweite Vorsitzende Erich Ollenhauer kräftig dagegen. Er konnte es nicht hinnehmen, dass Adenauer der SPD die Arbeiter mit nationalen Parolen abspenstig machte. Er plädierte dafür, das Abkommen doch auch mal aus der Sicht der Franzosen zu sehen, die von einem berechtigten Verlangen nach Sicherheit angetrieben werden würden.[22]

Das sahen die meisten Deutschen nach der französischen Destruktionspolitik anders. Und so wurde Adenauer am 1. September trotz seiner harschen Reaktion (oder gerade wegen ihr) auf der konstituierenden Sitzung des Parlamentarischen Rates zu dessen Präsident gewählt. Seine Stellvertreter wurden Adolf Schönfelder (SPD) und Hermann Schäfer (FDP). 65 Delegierte saßen im Parlamentarischen Rat. Die CDU war ebenso wie die SPD mit 27 Abgeordneten vertreten. Die FDP unter dem Fraktionsvorsitzenden Theodor Heuß hatte fünf Abgeordnete. Nur jeweils zwei Vertreter hatten die Deutsche Partei DP, die Kommunisten und das alte Zentrum, das im Rheinland noch eine Weile neben der CDU existierte. Am gleichen Tag untersagten die Briten dem nordrhein-westfälischen Landtag die per Gesetz geplante Sozialisierung der Ruhrindustrie. Noch bestimmten die Siegermächte über Wohl und Wehe des Landes.

Adenauer war kein Länderchef, seine Stellvertreter auch nicht. Die Parteien hatten im Parlamentarischen Rat das Sagen, die

Abgeordneten, obwohl von den Ländern geschickt, richteten sich nach der Partei, in der sie saßen. Damit war der Versuch der Länder, entscheidenden Einfluss auf die neue deutsche Regierung zu gewinnen, gescheitert. Von ihrem Herrenchiemseer Verfassungsentwurf wurde zwar noch geredet, aber es war deutlich, dass sich die Bonner Abgeordneten einen eigenen Weg suchen würden. Das war im Sinne Adenauers und auch im Sinne Kurt Schumachers. Sie waren die unumstrittenen Herrscher der beiden großen Parteien, sie wollten auch im neuen Staat das Wort führen.

Ihr Aufstieg – das heißt: vor allem der Aufstieg Adenauers – markierte das Ende der Vormachtstellung der Länder. Sicher hatte das nicht nur mit der Stellung der beiden großen Parteien zu tun. Es hatte kurioserweise auch damit zu tun, dass Adenauer mit 73 Jahren als ein Mann der Weimarer Zeit galt, dessen Tage politisch gezählt waren, und Schumacher sich sowieso in einem sehr bedenklichen Gesundheitszustand befand. Ihre Möglichkeiten schienen zeitlich sehr beschränkt zu sein. Das stimmte aber nur in einem der beiden Fälle.

Nachdem Frankreich sich in letzter Zeit überraschend zurückgehalten hatte, brach nun doch wieder ein Streit aus. Paris griff die SPD an: Diese wolle eine allzu starke Zentralgewalt installieren und die Montanindustrie der Ruhr sozialisieren. Clay beschwerte sich am 22. November 1948 bei seinen Washingtoner Vorgesetzten entnervt darüber, dass der Militärgouverneur der französischen Besatzungszone, General Kœnig, grundsätzlich gegen einen westdeutschen Staat sei und deshalb Sand ins Getriebe streute. Koenig wolle im Auftrag seiner Regierung weniger die Ruhrfrage klären als vielmehr den Aufbau einer deutschen Wirtschaft verhindern.[23]

Daraufhin zogen die Westalliierten die Regelung der Zuständigkeiten an der Ruhr umso schneller durch, um wenigstens diesen Stein des Anstoßes aus dem Weg zu räumen. Am 29. Dezember wurde der Ruhrstatus bekannt gegeben: Es würde wie bereits angekündigt eine internationale Ruhrbehörde geben, in der zum Ärger Frankreichs auch Deutschland seinen Sitz haben sollte. Dieses Gremium würde die Kohle-, Koks- und Stahlproduktion auf deutschen Verbrauch und Export aufteilen und bei der Preisgestaltung mitreden.

Die deutsche Öffentlichkeit reagierte verärgert. Die SPD sprach bereits von einer schweren Vertrauenskrise der Demokratie und bezweifelte die Vereinbarkeit des Ruhr-Abkommens mit dem Marshallplan.[24] Kaum jemand wollte anerkennen, dass die Amerikaner den Franzosen in der Ruhrfrage entgegenkommen mussten, wenn sie die Schaffung eines neuen Staates weiter betreiben wollten. Paris war immer noch die vierte Besatzungsmacht in Deutschland. Aber aus deutscher Sicht waren die Forderungen aus Frankreich längst abgegolten. Niemand sah ein, dass man bei jedem Schritt zu einer neuen Selbstverantwortung erneut zahlen musste.

Zumal es beim Grundgesetz weiter hakte. Die Bayern liefen Sturm, als bekannt wurde, dass sowohl die SPD als auch Adenauer als zweite Kammer einen Senat aus Einzelpersönlichkeiten des öffentlichen Lebens gegenüber einer reinen Länderkammer favorisierten. Am 22. November 1948 erklärten die Besatzungsmächte, es käme nur eine Länderkammer, also eine Vertretung der Länder in der Zentrale, in Frage. Auch in der wichtigen Finanzhoheit wollten sie die neue Regierung beschnitten sehen: Sie sollte nur noch Grundsätze für Steuern und Abgaben ausarbeiten und nicht über eigene Mittel verfügen, die über die Finanzierung ihrer Pflichten hinausgingen.

Am 13. Februar 1949 konnte den Alliierten der Entwurf eines föderalistisch gemäßigten Bundesstaates überreicht werden. Am 2. März äußerten sich die Generäle dazu: Sie verlangten eine klarere Trennung der Steuerzuständigkeit zwischen Bund und Ländern. Damit mussten die Deutschen leben: Nicht nur Paris – der ganze Westen wollte in Deutschland keine Zentralgewalt, die unumschränkt mit Steuern hantieren konnte, wie es ihr passte. Was den Bonner Parlamentariern aber einen zusätzlichen Schlag versetzte: Westberlin durfte kein zwölftes Bundesland werden. Die SPD war so weit, ihre Zustimmung zu verweigern. Jetzt hatten die Militärbefehlshaber genug. Sie schlugen einen anderen Ton an: Wenn keine Einigung auf Basis ihrer Vorgaben zustande kam, würden die Besatzungsmächte »den ganzen Grundgesetz-Entwurf rundweg ablehnen«[25]. Basta. Die Deutschen sollten sich überlegen, was das für ihre Zukunft heißen würde.

Da geschah doch noch ein Wunder. Auf der Tagung der Außenminister der drei Westmächte vom 5. bis zum 8. April in Washington diskutierten die Beteiligten den Stand der Dinge in Bonn. Gleichzeitig wurde die NATO – der nordatlantische Militärpakt – gegründet. Man musste die Hohe Kommission für Deutschland zusammenstellen, die die Militärregierungen ablösen sollte, das Besatzungsstatut und ein neuer Industrieplan für Deutschland mussten verabschiedet werden.[26] Die deutsche Aufregung um das Grundgesetz kam also äußerst ungelegen. So erging eine Weisung an die alliierten Militärgouverneure, den Deutschen in allen wichtigen Punkten nachzugeben. Allerdings befahl man General Clay, mit dieser Neuigkeit so lange wie möglich hinterm Berg zu halten – die Deutschen sollten nicht das Gefühl bekommen, dass das Grundgesetz unter allen Umständen verabschiedet werden musste, und sich deshalb neue Forderungen einfallen lassen.

Das vorläufige Grundgesetz wurde am vierten Jahrestag der bedingungslosen Kapitulation, also am 8. Mai 1949, vom Parlamentarischen Rat in Bonn angenommen. 53 Delegierte aus CDU, SPD und FDP stimmten dafür. Sechs CSU-Leute, die zwei Abgeordneten der Deutschen Partei und die zwei des Zentrums stimmten dagegen, weil sie immer noch nicht genug Föderalismus verwirklicht sahen. Die beiden Kommunisten waren aus grundsätzlichen Erwägungen dagegen.

Um den Vorgang zu beschleunigen, verzichteten die Siegermächte auf einen Volksentscheid. Am 12. Mai 1949 genehmigten die Alliierten das Grundgesetz. Das war der Tag, an dem in Berlin die Blockade beendet wurde. Anschließend ratifizierten es die Landtage. Der Bayerische Landtag verweigerte am 20. Mai auf Anraten der Staatsregierung die Annahme des Grundgesetzes. Das Parlament sah die Rechte der Länder nicht genügend berücksichtigt. Dennoch ratifizierte Ministerpräsident Ehard den Entwurf. Am 23. Mai 1949 wurde das Grundgesetz im Bundesgesetzblatt verkündet und trat damit in Kraft. Auch die Bayern unterschrieben das Dokument. Ebenso die Berliner.

Neu waren das konstruktive Misstrauensvotum und der Vermittlungsausschuss. Beides waren Sicherungen. Das Misstrauensvotum erlaubte die Abwahl eines Kanzlers im Parlament nur durch die mehrheitliche Wahl eines Nachfolgers. Damit war ausgeschlossen, dass sich Kräfte, die politisch nichts miteinander gemeinsam hatten, nur zusammentaten, um die Regierung zu stürzen – wie es in der Weimarer Republik geschehen war. Der Vermittlungsausschuss sollte verhindern, dass es durch den von den Alliierten erzwungenen mächtigen Bundesrat zur Blockade der Regierungsarbeit kam.

Auch wenn die Deutschen in diesem Gerangel viel haben einstecken müssen, eines aber haben sie gegen die Alliierten durchgesetzt: dass das Grundgesetz eben keine endgültige Verfassung geworden ist, sondern eine vorläufige – und dass nach einer Übergangszeit alles neu geregelt werden musste. Diese Übergangszeit wurde 1949 als eine kurze Zeitspanne von wenigen Jahren angesehen. An ihrem Ende sollte ein Friedensvertrag stehen – und die Wiedervereinigung.

12. Schluss

PROVISORIUM

»Konflikt. Die ›New York Herald Tribune‹ zieht blutige Parallelen
zwischen dem Nachkriegsdeutschland und den USA vor Beginn
der Sezessionskriege. Die Lage eines einheitlichen Deutschlands,
dessen politisches Regime im Westen sich von dem in der Ostzone unterscheide, sei die gleiche wie vor dem amerikanischen
Bruderkrieg. Auch in Deutschland sei ein Bürgerkrieg möglich,
falls ein bundesstaatliches System angenommen werde, das
den Ländern der Ostzone gestatte, Wahlen nach sowjetischem
Muster durchzuführen. An der langen Grenze zwischen Westdeutschland und der Sowjetzone würden sich ständig Reibereien
ergeben, die zu einem bewaffneten Konflikt führen könnten,
in den auch die Besatzungsmächte einbezogen würden.«
(›Der Spiegel‹ 23/1949)

Dieses Grundgesetz ist nicht durch die Bundesrepublik entstanden. Es ist ein Produkt des Interregnums, durch dieses Grundgesetz wurde der westdeutsche Staat erst möglich. Es hat das
Land durch die widersprüchliche Neubewaffnung gebracht,
durch die Revolte von 1968, durch die Zeit des RAF-Terrorismus,
als die Versuchung groß war, es über Bord zu werfen. Aber all das
hat diese »unreife« Verfassung überstanden.

Der Staat war für die Menschen da, und die Verfassung hatte
vor allem den Zweck, die menschliche Gemeinschaft vor den Un-

bilden staatlichen Handelns zu schützen. Erst in zweiter Hinsicht ging es darum, den neuen Staat vor Übergriffen durch seine Bürger zu wappnen. Hinter dieser Defensive im Interesse der Individuen stand nicht nur die Erfahrung des Nationalsozialismus. Viel frischer und vielleicht auch ungewohnter war die Erfahrung der Ohnmacht gegenüber einer fragmentarischen, aber umso strengeren Staatlichkeit: Wenn der Krieg den Deutschen ihr Faible für das Militär abgewöhnt hatte, so hatte die Besatzungszeit dazu beigetragen, ihnen jegliche Form von militärischer Beteiligung an der Politik zu verleiden.

Zwischen Mai 1945 und Mai 1949 gab es in Deutschland nur eine wirkliche und ständig spürbare Autorität: das amerikanische, britische, sowjetische und französische Militär. Das sprach zwar nicht immer die gleiche Sprache: Die von General Clay und General Robertson klang ziviler und umgänglicher als die von Lattre de Tassigny und Schukow. Aber es war in allen vier Fällen eine Befehlssprache. Der zivile Geist war zum Gehorsam verdammt. Das staatsbürgerliche Grundgefühl in dieser Zeit war das der Ohnmacht und des Ausgeliefertseins. Dass daraus der Wille erwuchs, Militärs aus der Politik zu verbannen, ist nicht weiter verwunderlich.

In Artikel 2 (2) heißt es: »Jeder hat das Recht auf Leben und körperliche Unversehrtheit. Die Freiheit der Person ist unverletzlich. In diese Rechte darf nur auf Grund eines Gesetzes eingegriffen werden«. Das resultiert natürlich in erster Linie aus den Erfahrungen des Totalitarismus. Aber ebenso auch aus den Hungerjahren, als Leib und Leben der Deutschen abhingen von der Willkür einer Besatzungsmacht. Die Kalorienzwangsbewirtschaftung der Besatzungszeit, die die Bürger an den Rand gesundheitlicher Schäden brachte, wäre nach den Buchstaben des Grundgesetzes ein Rechtsbruch gewesen.

Artikel 5 (1): »Eine Zensur findet nicht statt.« Auch dieser Passus wurzelt sowohl in der Gleichschaltungspolitik der NS-Zeit als auch in der strengen Zensur der Besatzungszeit, in der deutsche Medien erst nicht zugelassen, dann lizenziert und kontrolliert worden waren.

Die Lehren des Interregnums

»Gustav Voelpkel ist Scharfrichter und nebenamtlich Straßen-
räuber. Ueber seinen Nebenberuf wollte sich das Berliner Schöf-
fengericht mit ihm unterhalten. Der Termin mußte verschoben
und Voelpkel nach Dresden gebracht werden, wo er seinen
Hauptberuf ausüben mußte. Er richtete drei Personen hin,
die wegen Verbrechens gegen die Menschlichkeit verurteilt
worden waren.« (›Der Spiegel‹ 14/1948)

Alle Zeitzeugen erklärten übereinstimmend, die Nachkriegszeit
sei eine harte Zeit für sie gewesen, und sie hätten sehr unter dem
Hunger und dem Mangel an Lebensnotwendigem gelitten. Der
erzwungene Verzicht wurde allerdings durchgängig als eine Art
Naturkatastrophe angesehen – bedingt durch die Zerstörungen
des Krieges und durch eine mehr oder weniger unerklärliche
Krise der Wirtschaft in der Übergangszeit zum Frieden. Eine moralische Verbindung zwischen den Notzeiten, die das deutsche
Volk in der Endphase des Krieges und vor allem danach ertragen
musste, und der Schuld, die es auf sich geladen hatte, wurde meist
abgelehnt. Es wurde höchstens in Erwägung gezogen, dass die
Siegermächte weniger als das in ihrer Macht Stehende getan haben, um den besiegten Deutschen zu helfen, weil sie nicht gut auf
diese zu sprechen waren.

Dennoch wird das Interregnum mit seinen vielfältigen Leiden
als eine persönlich bereichernde Phase angesehen – und zwar nahezu durchgängig. Alle Interviewpartner und viele Zeitzeugen in
den Quellen betonen immer wieder, dass sie trotz vieler schmerzlicher Nöte in dieser Zeit für ihr ganzes Leben geprägt worden
sind. Allerdings sind die beschriebenen Lehren anderer Natur,
als man es angesichts des gerade zu Ende gegangenen Krieges erwarten könnte. So sehen die wenigsten Zeitzeugen in dem Leid,
das der Krieg und die Nazidiktatur über die Welt gebracht haben,

einen Anlass, über die Themen politische Verantwortung, Totalitarismus oder Rassenwahn nachzudenken. Vielmehr scheinen viele Deutsche die Abfolge von nationalsozialistischer Herrschaft, Krieg, Massenmord, Zusammenbruch und Nachkriegszeit als ein schicksalhaftes Wechselbad anzusehen, das ihr Durchhaltevermögen auf eine harte Probe gestellt hat – nicht jedoch ihr moralisches oder politisches Urteilsvermögen.

Die Prägung, die die Deutschen zwischen 1945 und 1949 erfahren haben, war tief und eindrücklich. So geht es meistens darum, dass sie in der genannten Zeit bis an die Grenzen ihrer körperlichen und seelischen Leidensfähigkeit gebracht wurden. Keiner würde diese Zeit noch einmal durchmachen wollen. Aber alle finden, dass sie damals grundlegende Einsichten in das Leben gewonnen haben. An erster Stelle steht die Erfahrung, dass nichts selbstverständlich ist – und damit sind die einfachen Dinge des Lebens gemeint: sich satt essen zu können, ein Dach über dem Kopf zu haben, geschützt zu sein vor Kälte und Wetter. In diesen Jahren habe man erfahren müssen, dass es leicht passieren kann, dass einem diese existenziellen Annehmlichkeiten genommen werden. Aus dieser »Lehre« kann man nur gestärkt hervorgehen: Uns kann nichts mehr umwerfen – das ist ein Tenor in der Interregnums-Generation. Die Not, der Hunger und der jeden Winter auftretende Brennstoffmangel: diese Erfahrungen machten die Deutschen sozial und ökonomisch schmerzunempfindlich und damit erst fähig, den wirtschaftlichen Aufschwung zu schultern.

Die Unfähigkeit zu trauern, die Alexander und Margarete Mitscherlich dieser Generation nachsagten, wurde durch die Nachkriegsjahre ergänzt durch die Unfähigkeit, ein kollektives Glück zu erfahren, das über die Befriedigung der unmittelbaren individuellen Bedürfnisse hinausging. Als positiver, wenn auch hart erkämpfter Lernerfolg wurde allseits die Einsicht empfunden, dass man wenig braucht zum Leben: etwas zu essen, praktische Kleidung, ein Dach über dem Kopf. Aus der Erfahrung heraus, wie verloren man ist, wenn einem diese Dinge vorenthalten werden, wurden sie, die eigentlich selbstverständlich sein sollten, nun hoch geachtet: Das Brot wird nicht in den Müll geworfen, wenn es hart geworden ist. Brot wird überhaupt nicht weggeworfen, es wird rechtzeitig gegessen, unter allen Umständen. »Da ist das Brot an einer Ecke so ein bisschen schimmelig. Das kann man ja abschneiden. Man hat eine Hemmschwelle, Lebensmittel wegzuwerfen«, beschreibt Zeitzeugin Christtraud Storat die Prägung, die bis heute wirkt. Brot ist heilig. Es steht für die einfache, lebensnotwendige Nahrung, für das Unverzichtbare. Nahrung ist das Grundmittel des Lebens. Sie steht niemals zur Disposition. Wer gedankenlos, verschwenderisch oder maßlos mit ihr umgeht, versündigt sich. Kleidung ist fast ebenso wichtig. Sie schützt den Menschen vor den Unbilden der Umwelt und vor der Bloßstellung. Wer keine Kleider mehr hat oder nur noch schadhafte Kleidung trägt, ist ausgeliefert – dem Wetter und der Kälte ebenso wie den despektierlichen Blicken der anderen. Das haben die Mängelwesen der Nachkriegsjahre im wahrsten Sinne des Wortes am eigenen Leib erfahren müssen.

Man bemerkt, dass sich hier eine seltsame Umwertung abspielt. Die Lehren der »schweren Zeit« (so nennen sie fast alle das Interregnum – auch um es von der Zeit vor dem Mai 1945 abzuheben, die in den Augen der meisten trotz allem nicht so schwer war) werden aus der moralischen und politischen Sphäre transferiert in die Sphäre des Alltagslebens. Sie materialisieren sich. Anstatt um Zivilcourage, um ein kritisches Bewusstsein, um ernsthafte demokratische Kontrolle, um Gewaltenteilung, um zivilen Ungehorsam und um moralische Aufrichtigkeit ging es nun um Dinge, die nicht weniger wichtig, aber besser handhabbar waren: um Essen, um Kleidung, um Wohnraum.

Die Ansicht, man brauche auch Kultur, Gedichte, Musik, Bücher, um leben zu können, trifft auf die Nachkriegszeit nur bedingt zu. Zeitweise hatte diese Ansicht ihre Berechtigung, weil die Menschen verzweifelt waren: Da wurde Kultur wirklich lebensnotwendig. Echte, lebensvolle Kultur, keine Surrogate oder bloße Ablenkungen vom Mangel wie Heimatfilme und Schlager. Doch diese Segnung war schnell vergessen, als alles andere plötzlich wieder da war. Als die Menschen zu essen hatten und saubere Kleidung und die ersten Eigenheime, brauchten sie die wahre, autonome Kultur nicht mehr, sie verlegten sich auf Glitzerwelten und Schnulzen.

Die Kinder der Nachkriegszeit hatten es schwer. Einerseits wollten ihre Eltern, dass sie es einmal besser haben würden als sie selbst. Das wollen alle Eltern zu allen Zeiten. Aber dieses Versprechen aus dem Munde eines Menschen der Nachkriegszeit hatte es in sich: Er wusste, wovon er sprach. Die Menschen hatten größte Not erlebt, und sie taten alles, damit ihre Kinder von dieser Erfahrung und dem Leid verschont blieben. Daran hielten sie sich, und ihre Kinder wuchsen wirklich in ungewöhnlich gesicherten und wohlhabenden Verhältnissen auf – verglichen mit der Weimarer Republik, der Nazi-Zeit, dem Krieg und der Nachkriegszeit.

Allerdings wurde ihnen diese Annehmlichkeit von Anfang an vergällt durch den mehr oder weniger unterschwelligen Vorwurf der Interregnums-Eltern, dass sie bei all dem Luxus und der Selbstverständlichkeit nicht wüssten, was wirkliche Not sei. Es wurde ihnen zum Vorwurf gemacht, dass sie in einer sich fieberhaft weiterentwickelnden Besitzvermehrung nicht ihr Lebensziel sahen. Sie galten als undankbar. Dieses Urteil war auszuhalten – es hat allerdings dazu geführt, dass wir, die Nachgeborenen, das Interesse verloren an den Lehren unserer Eltern aus der Nachkriegszeit.

Schließlich hatten wir unsere eigene Zeit. So wie jede Generation.

Anmerkungen

Der Krieg ist nicht vorbei

1 »Rückkehr nach Deutschland«, in: ›Die Zeit‹ 1/1946.

2 ›Deutschland 1945–1963‹, hrsg. von Herbert Lilge, Bundeszentrale für
   politische Bildung, Bonn 1967, S. 4. Siehe auch: Keesings Archiv der
   Gegenwart. Bd. 1945, Siegler-Verlag für Zeitarchive, Königswinter 1945,
   S. 379.

3 Zum 50. Jahrestag des Potsdamer Abkommens. Beitrag von Prof. Dr. Men-
   zel in der WDR-Sendereihe ›Alte und neue Heimat‹ vom 2. Juli 1995.
   Zitiert nach Georg Friebe.

4 Vgl. Alfred M. de Zayas: ›Die deutschen Vertriebenen‹, Graz 2006, 5. Aufl.,
   S. 135 f.

5 Foreign Relations of the United States: Diplomatic papers. Conferences
   at Malta and Yalta, 1945: https://history.state.gov/historicaldocuments/
   frus1945Malta/pg_717

6 Walter Mayr, »Stalins Heimspiel«, in: ›Spiegel Special. Hitlers Krieg‹ 2/2005.

7 »Als die US-Army an der Waffen-SS fast verzweifelte«, in: ›Die Welt‹ vom
   29.4.2010.

8 Wilhelm Cornides: ›Die Weltmächte und Deutschland‹, 2. Auflage, Tübingen und Stuttgart 1961, S. 55.

9 Gallup and Fortune Polls, in: ›The Public Opinion Quarterly‹, Vol. 4, No. 1
   (März 1940), S. 83–115, hier S. 98 ff.

10 Bernd Bonwetsch: »Arme Sieger. Sowjetunion 1945–49«, in: ›Trümmer,
   Träume, Truman‹, hrsg. von Gabriele Dietz und Jürgen Holtfreter, Berlin
   1985, S. 145 f.

11 Robert E. Sherwood: ›Roosevelt und Hopkins‹, Hamburg 1950, S. 583.

12 Cornides, S. 55.

13 ›1945. Niederlage. Befreiung. Neuanfang‹, Deutsches Historisches Museum, Berlin 2015, S. 10.

14 Ebd., S. 17.

15 »Behandelt wie ein drittklassiges Pack«, in: ›Der Spiegel‹ 32/1983.

16 Ebd.

17 Interview Hermann Catreins mit dem Autor, 4. August 2015.
18 ›1945. Niederlage. Befreiung. Neuanfang‹, DHM, Berlin 2015, S. 18.
19 »Grundlagendossier Migration. Zwangswanderungen nach dem Zweiten Weltkrieg«, von Prof. Dr. Jochen Oltmer, Bundeszentrale für politische Bildung, Bonn 15.3.2005.
20 Henric L. Wuermeling: »Umschlagplatz für Millionen«, in: Eva Berthold: ›Kriegsgefangene im Osten‹, Königstein i.Ts. 1981, S. 11.
21 http://www.bundesarchiv.de/zwangsarbeit/geschichte/auslaendisch/russlandfeldzug/index.html
22 Wuermeling, S. 11.
23 Ebd., S. 18.
24 Volker Koop: ›Besetzt. Sowjetische Besatzungspolitik in Deutschland‹, Berlin 2008, S. 13.
25 James F. Byrnes: ›In aller Offenheit‹, Frankfurt a.M. 1947, S. 112.
26 ›Deutschland 1945–1963‹, hrsg. von Herbert Lilge, Bundeszentrale für politische Bildung, Bonn 1967, S. 8.
27 Thilo Vogelsang: ›Das geteilte Deutschland‹, 10. Auflage, München 1980, S. 19 f.
28 Harry S. Truman: ›Memoiren‹, Bd. 1., Bern 1955, S. 285.
29 Erich Kuby: ›Das ist des Deutschen Vaterland. 70 Millionen in zwei Wartesälen‹, Stuttgart 1957, S. 27.
30 ›Deutschland 1945 bis 1963‹, S. 9.
31 Victor Klemperer: ›Ich will Zeugnis ablegen bis zum letzten. Tagebücher 1933–1945‹, Berlin 1995, Bd. 2, S. 770.
32 Klemperer: ›Zeugnis‹, Bd. 2, S. 773.
33 Alfred Döblin: ›Schicksalsreise‹, München 1996, S. 317.
34 Klemperer: ›Zeugnis‹, Bd. 2, S. 788.
35 Ebd., S. 789.
36 Ebd.
37 Ebd., S. 798.
38 Ebd., S. 805.
39 Interview Menta Terweys mit dem Autor, 31. August 2015.
40 Klemperer: ›Zeugnis‹, Bd. 2, S. 809.
41 Ebd., S. 808.
42 Stefan Heym: ›Nachruf‹, München 1988, S. 346.
43 Kurt Piehl: ›Schieber, Tramps, Normalverbraucher. Unterwegs im Nachkriegsdeutschland‹, Frankfurt a.M. 1992, S. 61.
44 Heym: ›Nachruf‹, S. 348 f.
45 Ebd., S. 354.
46 Ebd., S. 356.
47 Terence Prittie: ›Konrad Adenauer. Vier Epochen deutscher Geschichte‹, Frankfurt a.M. 1976, S. 147.
48 ›Deutschland 1945–63‹, S. 11.
49 Volker Koop: ›Besetzt. Amerikanische Besatzungspolitik in Deutschland‹, Berlin 2006, S. 66.

50 »SS-Operation im befreiten Aachen 1945: Werwolf-Kommando ermordet Oberbürgermeister«, von Dominik Reinle, WDR, Stand: 25.03.2015.

51 Ebd.

52 Hans-Peter Leisten: »Neues zum Mord an Oppenhoff.«, in: ›Aachener Zeitung‹ vom 29.3.2013.

53 »Behandelt wie ein drittklassiges Pack«, in: ›Der Spiegel‹ 32/1983.

54 Antonia Meiners: ›Wir haben wieder aufgebaut‹, München 2011, S. 26.

55 Volker Koop: »Besetzt. Amerikanische Besatzungspolitik«, S. 164.

56 »Schäffer. Dilemma seines Lebens«, in: ›Der Spiegel‹ 13/1952.

57 Vogelsang, S. 62.

58 Johannes Hoffmann: ›Das Ziel war Europa‹, München/Wien 1963, S. 47.

59 Rhode-Wagner: »Quellen zur Entstehung der Oder-Neisse-Linie«, S. 161, in: Johannes Hoffmann, ›Die deutschen Ostgebiete‹, Bd. 3, Stuttgart 1956, S. 4.

60 David Clay Large: ›Berlin – Biographie einer Stadt‹, München 2002, S. 338.

61 Ebd., S. 340.

62 Ebd., S. 341.

63 Ebd., S. 349.

64 Ebd., S. 351.

65 Interview Dr. Wolfgang Weinmanns mit dem Autor, 30. September 2015.

66 David Clay Large, S. 351.

67 Carola Stern: ›Doppelleben‹, Reinbek 2004, S. 57.

68 Ebd., S. 63.

69 David Clay Large, S. 353.

70 Ebd., S. 354.

71 Wolfgang Leonhard: ›Die Revolution entlässt ihre Kinder‹, Köln 2006, S. 412.

72 Ebd., S. 418.

73 Ebd., S. 423.

LEBEN

1 »So zerstörten Bomben deutsche Städte – eine Bilanz«, in: ›Die Welt‹ vom 10.5.2015.

2 Sven Reichardt, Malte Zierenberg: ›Damals nach dem Krieg‹, München 2008, S. 17.

3 ›Trümmer, Träume, Truman‹, S. 8 f.

4 Reichardt/Zierenberg, S. 38.

5 ›Trümmer, Träume, Truman‹, S. 18.

6 »Spandauer Totentanz«, in: ›Der Spiegel‹ 7/1947.

7 Reichardt/Zierenberg, S. 49.

8 Ursula von Kardorff: ›Berliner Aufzeichnungen 1942–1945‹, München 1962, S. 300.

9 Leonhard, S. 444 f.

10 ›Trümmer, Träume, Truman‹, S. 9.

11 Kardorff, S. 301.

12 Ebd.

13 Ebd., S. 298.

14 Ebd., S. 261.

15 Reichardt/Zierenberg, S. 37.

16 Hans-Ulrich Wehler: ›Deutsche Gesellschaftsgeschichte‹, Bd. 4, 1914–1919, München 2003, S. 953.

17 Interview Menta Terweys mit dem Autor, 31. August 2015.

18 Hans Schlange-Schöningen: ›Im Schatten des Hungers‹, Hamburg/Berlin 1955, S. 265.

19 Wehler, S. 951.

20 »Hunger-Jubiläum«, in: ›Der Spiegel‹ 13/1947.

21 ›Trümmer, Träume, Truman‹, S. 34.

22 Ebd., S. 37.

23 Ebd., S. 38.

24 »Hunger-Jubiläum«, in: ›Der Spiegel‹ 13/1947

25 »Steine statt Brot«, in: ›Der Spiegel‹ 14/1947.

26 Ebd.

27 »In den letzten Zügen«, in: ›Der Spiegel‹ 9/1947.

28 Ebd.

29 »Kohlen-Tief im April«, in: ›Der Spiegel‹ 18/1947.

30 Reichardt/Zierenberg, S. 116.

31 Interview Christtraud Storats mit dem Autor, 21. August 2015.

32 »Arbeiter können helfen«, in: ›Der Spiegel‹ 5/1947.

33 Interview Hans Brenners mit dem Autor, 20. August 2015.

34 Arthur L. Smith jr.: »Die deutschen Kriegsgefangenen und Frankreich 1945–1949«, in: ›Vierteljahreshefte für Zeitgeschichte‹, Jahrgang 32 (1984), S. 112.

35 »Arbeiter können helfen«, in: ›Der Spiegel‹ 5/1947.

36 ›Trümmer, Träume, Truman‹, S. 29.

37 Ebd., S. 34.

38 »Das Brot der frühen Jahre«, in ›Trümmer, Träume, Truman‹, S. 36.

39 ›Trümmer, Träume, Truman‹, S. 36.

40 Hans Schlange-Schöningen, S. 265.

41 ›Trümmer, Träume, Truman‹, S. 36.

42 Koop: ›Besetzt. Sowjetische Besatzungspolitik in Deutschland‹, Berlin 2008, S. 77.

43 ›Trümmer, Träume, Truman‹, S. 37.

44 Interview Hermann Catreins mit dem Autor, 1. September 2015.

45 Interview Hans Brenners mit dem Autor, 20. August 2015.

46 ›Trümmer, Träume, Truman‹, S. 38. Siehe auch: ›Frauenalltag und Frauenbewegung von 1880–1980‹, Bd. 4, Frankfurt a.M. 1980, S. 25f.

47 Heinrich Böll: ›Das Brot der frühen Jahre‹ 6. Auflage, München 1984, S. 15.

48 ›Trümmer, Träume, Truman‹, S. 27.

49 Inge Deutschkron: ›Mein Leben nach dem Überleben‹, München 1995, S. 32.
50 Ebd., S. 31.
51 Interview Hans Brenners mit dem Autor, 20. August 2015.
52 Interview Maria Simons mit dem Autor, 21. August 2015.
53 ›Trümmer, Träume, Truman‹, S. 76.
54 Interview Hermann Catreins mit dem Autor am 1. September 2015.
55 Deutschkron, S. 31.
56 Ebd., S. 30.
57 Interview Dr. Wolfgang Weinmanns mit dem Autor, 30. September 2015.
58 Curt Riess: ›Berlin Berlin 1945–1953‹, Berlin 2002, S. 108.
59 Interview Dr. Wolfgang Weinmanns mit dem Autor, 30. September 2015.
60 Interview Hans Brenners mit dem Autor, 20. August 2015.
61 ›Trümmer, Träume, Truman‹, S. 12.
62 Interview Hermann Catreins mit dem Autor, 1. September 2015.
63 Interview Hans Brenners mit dem Autor, 20. August 2015.
64 Riess, S. 23.
65 Alfred Döblin: ›Schicksalsreise‹, S. 316.
66 ›Trümmer, Träume, Truman‹, S. 42.
67 Ebd., S. 42 f.
68 Riess, S. 75.
69 ›Trümmer, Träume, Truman‹, S. 41.
70 Riess, S. 197.
71 Interview Hans Brenners mit dem Autor, 20. August 2015.
72 Ebd.
73 Riess, S. 77.
74 ›Trümmer, Träume, Truman‹, S. 80.
75 Riess, S. 39.
76 ›Trümmer, Träume, Truman‹, S. 80.
77 Riess, S. 42.
78 Deutschkron, S. 39.
79 »Stoßgeschäfte mit Ministerien«, in ›Der Spiegel‹ 3/1947.
80 ›Trümmer, Träume, Truman‹, S. 41.
81 Interview Dr. Wolfgang Weinmanns mit dem Autor, 30. September 2015.
82 ›Trümmer, Träume, Truman‹, S. 75.
83 Riess, S. 94 f.
84 Interview Maria Simons mit dem Autor, 21. August 2015.
85 »Gottes Empfang auf UKW«, in: ›Der Spiegel‹ 3/1954.

FLÜCHTLINGSKRISE 1945

1 Meiners, S. 14.
2 Neil MacGregor: ›Deutschland. Erinnerungen einer Nation‹, München 2015, S. 522 ff.
3 Meiners, S. 15.

4 ›Fremde Heimat. Das Schicksal der Vertriebenen nach 1945‹, hrsg. von Burk, Fehse, Krauss, Spröer, Wolter, Berlin 2011, S. 12 f.
5 MacGregor, S. 523.
6 Meiners, S. 28.
7 ›Die Vertriebenen in der SBZ/DDR‹, Bd. 1, hrsg. von Manfred Wille (u. a.) Wiesbaden 1996, S. 101 u. S. 400.
8 ›Fremde Heimat‹, S. 36.
9 Rayan Autze: ›Treibgut des Krieges‹, München 2001, S. 60.
10 Autze, S. 58.
11 Meiners, S. 30.
12 Ebd., S. 31.
13 Piehl, S. 18.
14 Meiners, S. 79.
15 ›Fremde Heimat‹, S. 14.
16 ›Trümmer, Träume, Truman‹, S. 9.
17 Ebd., S. 74.
18 ›Fremde Heimat‹, S. 181.
19 Autze, S. 65.
20 Ebd.
21 Ebd., S. 66.
22 Meiners, S. 18.
23 Ebd., S. 19.
24 Ebd., S. 20.
25 Wehler, S. 944.
26 Ebd., S. 945.
27 MacGregor, S. 524.
28 ›Fremde Heimat‹, S. 191 f.
29 Ebd., S. 194.
30 Ebd., S. 197.
31 Ebd., S. 22.
32 Ebd., S. 23.
33 Meiners, S. 90.
34 ›Fremde Heimat‹, S. 32.
35 Ebd.
36 Ebd., S. 34.
37 Wehler, S. 945.
38 ›Deutschland 1945–1963‹, S. 88.
39 ›Trümmer, Träume, Truman‹, S. 70.
40 Juliane Wetzel: »Displaced Persons (DPs)«, in: ›Historisches Lexikon Bayerns‹, http://www.historisches-lexikon-bayerns.de/Lexikon/Displaced Persons (DPs) (22.06.2016)
41 Wehler, S. 945.
42 »Behandelt wie ein drittklassiges Pack«, in: ›Der Spiegel‹ 23/1983.
43 Ebd.
44 Ebd.

1 David Clay Large, S. 366.
2 Heiner Müller: ›Krieg ohne Schlacht‹, Köln 1992, S. 83.
3 Riess, S. 67.
4 Deutschkron, S. 34 f.
5 Ebd., S. 37.
6 Ebd., S. 39.
7 Riess, S. 137.
8 Meiners, S. 102.
9 Klaus Kreimeier: ›Die Ufa-Story‹, Frankfurt a.M. 2002, S. 430.
10 Meiners, S. 109.
11 Ebd., S. 105.
12 Gabriele Clemens: ›Britische Kulturpolitik in Deutschland 1945 bis 1949‹, Stuttgart 1997, S. 127 f.
13 Kreimeier, S. 430.
14 Hans Borgelt: »Der Untergang des deutschen Films in der Nachkriegszeit«, in: ›Die Ufa – Auf den Spuren einer großen Filmfabrik‹, Berlin 1987, S. 88.
15 Kreimeier, S. 432.
16 Ebd., S. 438.
17 Riess, S. 74.
18 Ebd., S. 71 f.
19 Deutschkron, S. 36.
20 Reinhard Hippen: »Lyrisches Lazarett«, in: ›Trümmer, Träume, Truman‹, S. 173.
21 Meiners, S. 118.
22 Hippen, S. 177 f.
23 Hermann Glaser: ›Die Kulturgeschichte der Bundesrepublik Deutschland‹ Frankfurt a.M. 1990, Bd 1, Zwischen Kapitulation und Währungsreform, S. 126.
24 David Clay Large, S. 370.
25 »Steht Kunst über Politik? Furtwängler vor der Entnazifizierungskommission«, in: ›Neue Zeitung‹ vom 16.12.1946.
26 Glaser, S. 128.
27 Ebd., S. 129.
28 Ebd., S. 131.
29 Hans A. Neunzig: ›Werner Richter und die Gruppe 47‹, Frankfurt a. M., Berlin, Wien 1981, S. 34.
30 »Das junge Europa formt sein Gesicht«, in: ›Der Ruf‹ 1/1946.
31 Neunzig, S. 38.
32 ›Eine kleine Verlagsgeschichte. 1908–1998‹, Privatdruck. Reinbek 1998, S. 11.
33 Peter Rühmkorf: ›Wolfgang Borchert‹, Reinbek 1961, S. 147.
34 Frank Beyer: ›Wenn der Wind sich dreht‹, München 2001, S. 50 ff.

35 »Freiheit auf Lizenz«, in: Guido Knopp, ›Damals 1945. Das Jahr Null‹, München 1994, S. 159.

36 Knud von Harbou: ›Als Deutschland seine Seele retten wollte. Die Süddeutsche Zeitung in den Gründerjahren nach 1945‹, München 2015, S. 30 ff.

37 »Freiheit auf Lizenz«, in: Guido Knopp, ›Damals 1945. Das Jahr Null‹, München 1994, S. 160.

38 Ebd., S. 161.

Jedem Anfang wohnt ein Zauber inne

1 Terence Prittie: ›Konrad Adenauer‹, Frankfurt a.M. 1976, S. 132.

2 Ebd., S. 133.

3 Ebd., S. 135.

4 Ebd., S. 136.

5 Pressemitteilung 6/2003 des Kölner Studierendenwerk, Presse- und Öffentlichkeitsarbeit.

6 Interview Menta Terweys mit dem Autor, 31. August 2015.

7 Volker Koop, ›Besetzt. Britische Besatzungspolitik in Deutschland‹, Berlin 2007, S. 8 f.

8 Prittie, S. 138.

9 »Tagebuch eines Unabhängigen«, in : ›Die Zeit‹ vom 15.6.1990, siehe auch: ›Der Spiegel‹ 43/1961.

10 »Konrad Adenauer, seine Zeit, sein Staat (IV): Adenauers Kampf gegen Berlin«, in: ›Der Spiegel‹ 43/1961.

11 Prittie, S. 150.

12 »Konrad Adenauer, seine Zeit, sein Staat (IV): Adenauers Kampf gegen Berlin«, in: ›Der Spiegel‹ 43/1961.

13 Prittie, S. 154.

14 Koop: ›Besetzt. Britische Besatzungspolitik in Deutschland‹, S. 22 f.

Reparationen und Demontagen

1 Wehler, S. 948 f.

2 Wolfgang Benz: ›Potsdam 1945‹, München 1994, S. 161 f.

3 Koop: ›Besetzt. Amerikanische Besatzungspolitik in Deutschland‹, S. 207.

4 Zweizonen-Wirtschaftsrat, Drucksache Nr. 60, 27.9.47

5 Koop: ›Besetzt. Amerikanische Besatzungspolitik in Deutschland‹, S. 29.

6 Ebd., S. 206.

7 Ebd., S. 208.

8 Ebd., S. 211.

9 ›Süddeutsche Zeitung‹ vom 7.10.1947.

10 »Diese schmerzliche Angelegenheit«, in: ›Der Spiegel‹ 42/1947.

11 Koop: ›Besetzt. Amerikanische Besatzungspolitik in Deutschland‹, S. 213.

12 Ebd.

13 Ebd., S. 214.

14 Reichardt/Zierenberg, S. 108.

15 »Zerstört und demontiert«, in: ›Süddeutsche Zeitung‹ vom 16.11.2011.

16 Koop: ›Besetzt. Sowjetische Besatzungspolitik in Deutschland‹, S. 80.

17 Ebd., S. 89.

18 Ebd., S. 90.

19 Ebd., S. 92 ff.

20 Brandenburgisches Landeshauptarchiv. StA-D, REP.11376 Nr. 4339.

21 Koop: ›Besetzt. Sowjetische Besatzungspolitik in Deutschland‹, S. 114.

22 Wehler, S. 948.

23 Reichardt/Zierenberg, S. 112.

Entnazifizierung

1 »Namen unter Abfallpapier«, in: ›Neue Zeitung‹ vom 28.10.1945.

2 »Die Inquisition der Alliierten«, in: ›Die Zeit‹ vom 29.9.1967.

3 Reichardt/Zierenberg, S. 177.

4 Interview Hans Brenners mit dem Autor, 20. August 2015.

5 Reichardt/Zierenberg, S. 177 f.

6 Martha Gellhorn: ›Das Gesicht des Krieges, Reportagen 1937–87‹, München 1989, zitiert nach: Hans Magnus Enzensberger: »Europa in Trümmern«, in: ›Die Zeit‹, 1.6.1990.

7 Werner Maser: ›Nürnberg – Tribunal der Sieger‹, München 1979, S. 385.

8 Reichardt/Zierenberg: ›Damals nach dem Krieg‹, München 2008, S. 182.

9 »Nürnbergs zweite Phase«, in: ›Die Zeit‹ vom 28.3.1946.

10 »Nürnberger Prozesse«, in: ›Der Tagesspiegel‹ vom 9.11.2015.

11 Benz, S. 166.

12 Koop: ›Besetzt. Amerikanische Besatzungspolitik in Deutschland‹, S. 181.

13 Benz, S. 168.

14 Maser, S. 7.

15 »Der Anfang einer neuen Zeitordnung«, in: ›Der Tagesspiegel‹ vom 18.11.15.

16 »Stalins Schergen feierten Katyn mit Bankett«, in: ›Die Welt‹ vom 1.2.2014.

17 Maser, S. 129 f.

18 Benz, S. 169.

19 Reichardt/Zierenberg, S. 186.

20 Victor Klemperer: ›So sitze ich denn zwischen allen Stühlen‹, Tagebücher 1945–1949, Berlin 1999, Bd. 1, S. 158.

21 Reichardt/Zierenberg, S. 188 f.

22 Benz, S. 163.

23 Reichardt/Zierenberg, S. 190.

24 Reichardt/Zierenberg, S. 191.

25 Eugen Kogon: »Kampf um Gerechtigkeit«, in: ›Frankfurter Hefte 2/1947‹, S. 641 f.

26 Koop, ›Besetzt. Britische Besatzungspolitik in Deutschland‹, S. 161.
27 Ebd., S. 162.
28 Ebd., S. 159.
29 Ebd., S. 153.
30 Reichardt/Zierenberg, S. 192.
31 Ebd., S. 193.
32 Ebd., S. 195.
33 Ebd., S. 196.
34 Ebd., S. 199.
35 Klemperer: ›So sitze ich denn zwischen allen Stühlen‹, Bd. 1, S. 72.
36 Reichardt/Zierenberg, S. 198.
37 Irina Liebmann: ›Wäre es schön? Es wäre schön! Mein Vater Rudolf Herrnstadt‹, Berlin 2008, S. 256.
38 Reichardt/Zierenberg, S. 200.
39 Klemperer: ›So sitze ich denn zwischen allen Stühlen‹, Bd. 1, S. 185.
40 Benz, S. 178.
41 Deutschkron, S. 43 f.
42 Reichardt/Zierenberg, S. 201.
43 »Berlin Document Center«, in: ›Die Welt‹ vom 15.12.2010.
44 Reichardt/Zierenberg, S. 205.
45 ›Trümmer, Träume, Truman‹, S. 111.
46 Ebd., S. 106.
47 Reichardt/Zierenberg, S. 206.
48 ›Trümmer, Träume, Truman‹, S. 111.
49 Reichardt/Zierenberg, S. 207.
50 Klemperer: ›So sitze ich denn zwischen allen Stühlen‹, Bd. 1, S. 94.
51 Ebd., S. 109.
52 Interview Hermann Catreins mit dem Autor, 1. September 2015.
53 Koop ›Besetzt. Amerikanische Besatzungspolitik in Deutschland‹, S. 165 f.
54 Reichardt/Zierenberg, S. 214.
55 ›The Annals of the American Academy of Political and Social Sciences‹, Vol. 264, Philadelphia July 1949, S. 115, Übersetzung Karl-Ludwig Sommer.
56 »Europa in Trümmern«, in: ›Die Zeit‹ vom 1.6.1990.
57 »Der unerwünschte Nazi-Jäger«, in: ›Der Spiegel‹ 4/2013.
58 »Stachel im Gewissen«, in: ›Der Spiegel‹ 16/1947.
59 »Eine Seite für Philipp Auerbach«, in: ›Der Spiegel‹ 42/1947.
60 Wolf Stegemann: »›Auerbach-Affäre‹: 1952 ein beschämendes Stück bayerischer Nachkriegsjustiz und Wiedererstarkung offener antisemitischer Hetze von Presse und Politik«, in: ›Rothenburg unterm Hakenkreuz … und die Jahre danach‹, www.rothenburg-unterm-hakenkreuz. de, 19.1.2014.
61 »Philipp Auerbach und seine Richter« von Hubertus Prinz zu Löwenstein, in: ›Die Zeit‹ vom 17.4.1952.

62 »1952: Der Fall Auerbach« von Michael Brenner, in: ›Jüdische Allgemeine‹ vom 5.9.2014.

63 »Der unerwünschte Nazi-Jäger« in: ›Der Spiegel‹ 4/2013.

Das Reich und die Parteien

1 »Neuer Start«, in: ›Die Zeit‹ vom 7.3.1946.

2 »Um die deutsche Einheit«, in: ›Die Zeit‹ vom 28.2.1946.

3 Andreas Schmidt: ›... mitfahren oder abgeworfen werden. Die Zwangsvereinigung von SPD und KPD in der Provinz Sachsen‹, Halle 2002, S. 40 f.

4 Leonhard, S. 481.

5 Leonhard, S. 482.

6 ›Deutschland 1945–1963‹, S. 18.

7 Peter Merseburger: ›Der schwierige Deutsche. Kurt Schumacher‹, Stuttgart 1995, S. 241.

8 Ebd., S. 244.

9 Ebd., S. 249.

10 Ebd., S. 260.

11 Ebd., S. 265.

12 Ebd., S. 266.

13 Ebd., S. 270.

14 Ebd., S. 271.

15 Ebd., S. 276.

16 »Beiträge zur Vorgeschichte der Vereinigung von SPD und KPD«, in: ›PZ-Archiv‹ (Publizistisches Zentrum für die Einheit Deutschlands), Jg. 1/1950, Heft 2, S. 17.

17 Merseburger, S. 277.

18 Richard Chaim Schneider: ›Wir sind da‹, Berlin 2000.

19 Annette Leo: »Die ›Verschwörung der Weißen Kittel‹ – Antisemitismus in der Sowjetunion und in Osteuropa«, in: ›Das Jahr 1953‹, Potsdam 2004, Brandenburgische Landeszentrale für politische Bildung, S. 8 ff.

20 Ebd., S. 17 f.

Aktion Bird Dog

1 »Steine statt Brot«, in: ›Der Spiegel‹ 13/1947.

2 Koop: ›Besetzt. Amerikanische Besatzungspolitik in Deutschland‹, S. 262.

3 Ebd., S. 265.

4 Ebd., S. 266 f.

5 Ebd., S. 271.

6 »Aufbauhilfe für das zerstörte Europa«, in: ›Frankfurter Allgemeine Zeitung‹ vom 3.4.2008.

7 Wehler, S. 968.

8 Ebd., S. 969.

9 ›Trümmer, Träume, Truman‹, S. 27.

10 »Soziale Marktwirtschaft – ein Kind der Amerikaner«, in: ›Der Tagesspiegel‹ vom 12.6.2008.

11 Koop, ›Besetzt. Amerikanische Besatzungspolitik in Deutschland‹, S. 289.

12 »Neues Geld – neue Herausforderungen«, WDR vom 20.6.2013.

13 »Soziale Marktwirtschaft – Ein Kind der Amerikaner«, in: ›Der Tagesspiegel‹ vom 12.6.2008.

14 »Gleich eine Rede halten«, in: ›Der Spiegel‹ 25/1948.

15 »Zwischen Abend und Morgen«, in: ›Der Spiegel‹ 25/1948.

16 »Vorläufig eins zu eins«, in: ›Der Spiegel‹ 26/1948.

17 Ebd.

18 Vogelsang, S. 79.

19 »Zwischen Abend und Morgen«, in: ›Der Spiegel‹ 25/1948.

20 Koop: ›Besetzt. Amerikanische Besatzungspolitik in Deutschland‹, S. 292.

21 Vogelsang, S. 80.

22 »Soziale Marktwirtschaft – Ein Kind der Amerikaner«, in: ›Der Tagesspiegel‹ vom 12.6.2008.

GOOD COP – BAD COP

1 David Clay Large, S. 376.

2 Ebd., S. 377.

3 Frank Schmitz: ›Flughafen Tempelhof‹, Berlin 1997, S. 100.

4 ›Berlin Handbuch. Das Lexikon der Bundeshauptstadt‹. Berlin 1992, S. 160.

5 »Clay ist so ein Mann«, in: ›Der Spiegel‹ 10/1949.

6 Harald Steffahn: ›Deutschland. Von Bismarck bis heute‹, S. 367.

7 »Clay ist so ein Mann«, in: ›Der Spiegel‹ 10/1949.

8 David Clay Large, S. 378.

9 »Clay ist so ein Mann«, in: ›Der Spiegel‹ 10/1949.

10 Schmitz, S. 99.

11 Ebd.

12 Riess, S. 186.

13 ›Gelandet in Berlin. Zur Geschichte der Berliner Flughäfen‹, Berliner Flughafengesellschaft 1974, S. 221.

14 Schmitz, S. 104.

15 David Clay Large, S. 380.

16 Schmitz, S. 98.

17 ›Gelandet in Berlin‹, S. 220.

18 David Clay Large, S. 381.

19 Interview Hermann Catreins mit dem Autor, 21. September 2015.

20 Schmitz, S. 100.

21 Steffahn, S. 369.

22 Riess, S. 155.

23 Schmitz, S. 105.
24 Riess, S. 148.
25 David Clay Large, S. 384.
26 Riess, S. 124.
27 David Clay Large, S. 385.

ZWEIGETEILT – NIEMALS?

1 ›Deutschland 1945–1963‹, S. 49.
2 Berliner Zentralarchiv. B Rep. 020.
3 Riess, S. 150.
4 Vogelsang, S. 116.
5 Liebmann, S. 268 ff.
6 »Berlinwahl 1948: Eine Stadt – zwei Oberbürgermeister« (Rede von Siegfried Heimann auf der Website der Berliner SPD).
7 »Vorläufig eins zu eins«, in: ›Der Spiegel‹ 26/1948.
8 Ebd.
9 Bettina Michalski: »Mit Herz und Hand«, in: ›Edition Luisenstadt‹, Berlinische Monatsschrift Heft 12/2000.
10 »Warum ich in Berlin blieb« von Louise Schroeder, in: ›Der Spiegel‹ 38/1947.
11 ›Deutschland 1945–1963‹, S. 40.
12 Vogelsang, S. 115.
13 Ebd., S. 116.
14 ›Deutschland 1945–1963‹, S. 55.
15 Vogelsang, S. 117.
16 Ebd., S. 83.
17 ›Deutschland 1945–1963‹, S. 56.
18 »Koblenzer Beschlüsse«, in: ›Dokumente der deutschen Politik und Geschichte‹, Bd. 4, hrsg. von J. Hohlfeld, S. 323–326 und Vogelsang, S. 88.
19 »Man lebt«, in: ›Der Spiegel‹ 32/1948.
20 Vogelsang, S. 95.
21 »Die Empfehlungen von London«, in: ›Die Welt‹ vom 10.6.1948.
22 »Die Ehre auf dem Spiel«, in: ›Die Welt‹ vom 12.6.1948.
23 Lucius Clay: ›Entscheidung in Deutschland‹, Frankfurt a.M. 1950, S. 455.
24 Vogelsang, S. 101 f.
25 Ebd., S. 104.
26 »Drei-Mächte-Abkommen über Industrieniveau«, in: ›Europa-Archiv‹, S. 2165–2168.

Namenregister

Hemingway, Ernest 189 f.
Herking, Ursula 184
Hermes, Andreas 208 ff., 280, 282
Hermlin, Stephan 193, 196
Heß, Rudolf 244
Heuss, Theodor 72, 187
Heym, Stefan 58 ff.
Hilpert, Werner 182
Himmler, Heinrich 66 f.
Hitler, Adolf 19 ff., 24 ff., 39, 43, 47,
    69 f., 79, 82, 89 f., 123, 187, 189, 194,
    197, 215, 228, 233, 238, 241, 243,
    245 ff., 265, 278 f., 303, 306, 336
Hoegner, Wilhelm 72, 75
Hoffmann, Johannes 79
Holland, Heinrich 194
Holzapfel, Friedrich 207
Hoover, Herbert 300 ff., 308
Höß, Rudolf 245, 247
Howley, Frank L. 325 f.
Huber, Franz 142,
Huber, Hans 235 f.
Hull, Cordell 27 f., 68
Hundhammer, Alois 207, 210
Hynd, John Burns 108, 111 f.
Jackson, Robert H. 240 f.
Jacobmeyer, Wolfgang 171
Jessup, Philip 337
Jodl, Alfred 244, 246
John, Otto 298 f.
Juchacz, Marie 345
Kabus, Siegfried 139
Kaisen, Wilhelm 76, 312 f.
Kaiser, Jakob 208 ff., 280, 282, 348
Kaltenbrunner, Ernst 244
Kardorff, Ursula von 99 f.
Karsch, Walther 243
Kaspar, Hermann 187
Kästner, Erich 183 f., 188
Katschaturian/Chatschaturjan,
    Aram 185
Kaufmann, Wolf-Dieter 151
Käutner, Helmut 180
Keitel, Wilhelm 243 f., 246
Kemper, Robert M. W. 240

Klemperer, Victor 248, 255, 257,
    262 f.
Knothe, Willy 291
Kœnig, Marie-Pierre 80, 274, 359
Kogon, Eugen 207, 250 f.
Kopf, Hinrich Wilhelm 74 f., 77, 355
Kotikow, Alexander Georgije-
    witsch 81, 325
Krauch, Carl 245
Kreimeier, Klaus 180
Krone, Heinrich 283
Krupp von Bohlen und Halbach,
    Alfred 245
Kuby, Erich 189
Kühne, Lothar 151
Külz, Wilhelm 281, 349
Kurzek, Peter 164
La Follette, Charle 46
Lachmann, Robert 99
Lahousen, Erwin 243
Langhoff, Wolfgang 187
Lattre de Tassigny, Jean 40, 364
Ledig, Heinrich Maria 190
Lehner, Philumene 151
Lehr, Robert 268
LeMay, Curtis 329
Lemmer, Ernst 208 f., 283, 348
Leo, Annette 298
Leonhard, Wolfgang 92 f., 277 f.
Leppich, Johannes 146 ff.
Levinson, Nathan Peter 299
Lewis, Sinclair 190
Ley, Robert 244
Liebmann, Irina 256
Lorentz, Kay 183
Lorentz, Lore 183
Loritz, Alfred 269
Ludwig, Emil 17, 30
Lukjantschenko, Grigori Sergeje-
    witsch 317
Magnus, Kurt 224
Mahle, Hans 91, 93
Maier, Reinhold 72, 76
Malik, Yakov 337
Mann, Golo 196

Bildnachweis

S. 15: Reproduktion: Cecil F.S. Newman, *Ohne Titel. Trümmerfrau beim Steine Abklopfen vor deutschem Panzerwrack, vermutlich im Tiergarten, britischer Sektor, Berlin 1945/46*: Stiftung Stadtmuseum Berlin.

S. 97: *Zwei Mütter schieben ihre Kinderwagen, vorbei an einer zerstörten Flak*: ullstein bild – ullstein bild.

S. 155: Reproduktion: Cecil F.S. Newman, *Family Quarters. Familienquartier im Flüchtlingslager Kruppstraße Berlin 1945/46*: Stiftung Stadtmuseum Berlin.

S. 178: *Kino in Mainz, 1947*: ullstein bild – Wolff & Tritschler.

S. 199: *Kohlenklau in Köln*: SZ Photo/Süddeutsche Zeitung Photo.

S. 226: *Ruhrgebiet – Arbeiter demonstrieren gegen die Demontage ihres Betriebes, 1948*: ullstein bild – Archiv Gerstenberg.

S. 236: *Archivraum im Berlin Document Center, um 1946*: AlliiertenMuseum / © U.S. Army Photograph

S. 293: *»In Eins nun die Hände«*: Deutsches Historisches Musem, Berlin/S. Ahlers.

S. 312: *Eine halbe Deutsche Mark*: ullstein bild – Carl Schütze.

S. 315: *Geldausgabestelle in München*: ullstein bild – bpk / Hubmann

S. 317: *Tapetenmark*: ullstein bild – Fritz Eschen

S. 324: *Energiemangel· Wegen Stromsperren kündigt ein Kino veränderte Öffnungszeiten an*: AKG Images

S. 344: *Louise Schroeder, November 1946*: ullstein bild – dpa.

Verzeichnis ausgewählter Literatur

›1945. Niederlage. Befreiung. Neuanfang‹, Deutsches Historisches Museum, Berlin 2015.

›Deutschland 1945–1963‹, hrsg. von Herbert Lilge, Bundeszentrale für politische Bildung, Bonn 1967.

›Fremde Heimat. Das Schicksal der Vertriebenen nach 1945‹, hrsg. von Burk, Fehse, Krauss u.a., Reinbek 2013.

›Treibgut des Krieges‹, Volksbund Deutsche Kriegsgräberfürsorge, München 2001.

›Trümmer, Träume, Truman‹, hrsg. von Gabriele Dietz und Jürgen Holtfreter, Berlin 1985.

Wolfgang Benz: ›Potsdam 1945‹, München 1994.

Eva Berthold: ›Kriegsgefangene im Osten‹, Königstein i.Ts. 1981.

Lucius Clay: ›Entscheidung in Deutschland‹, Frankfurt a.M. 1950.

Wilhelm Cornides: ›Die Weltmächte und Deutschland‹, 2. Aufl., Tübingen und Stuttgart 1961.

Inge Deutschkron: ›Mein Leben nach dem Überleben‹, München 2000.

Alfred Döblin: ›Schicksalsreise‹, München 1996.

Hermann Glaser: ›Die Kulturgeschichte der Bundesrepublik Deutschland. Bd 1. Zwischen Kapitulation und Währungsreform‹, Frankfurt a.M. 1990.

Neil MacGregor: ›Deutschland. Erinnerungen einer Nation‹, München 2015.

Stefan Heym: ›Nachruf‹, München 1988.

Johannes Hoffmann: ›Das Ziel war Europa‹, München/Wien 1963.

Ursula von Kardorff, ›Berliner Aufzeichnungen‹, München 1981.

Victor Klemperer, ›Ich will Zeugnis ablegen bis zum letzten. Tagebücher 1933–1945‹, Berlin 1995. Bd. 2.

Victor Klemperer: ›So sitze ich denn zwischen allen Stühlen. Tagebücher 1945–1959‹, Berlin 1999. Bd. 1.

Volker Koop: ›Besetzt. Amerikanische Besatzungspolitik in Deutschland‹, Berlin 2006.

Volker Koop: ›Besetzt. Britische Besatzungspolitik in Deutschland‹, Berlin 2007.

Volker Koop: ›Besetzt. Sowjetische Besatzungspolitik in Deutschland‹, Berlin 2008.

Klaus Kreimeier: ›Die Ufa-Story‹, Frankfurt a.M. 2002.

Erich Kuby: ›Das ist des Deutschen Vaterland. 70 Millionen in zwei Wartesälen‹, Stuttgart 1957.

David Clay Large: ›Berlin – Biographie einer Stadt‹, München 2002.

Wolfgang Leonhard: ›Die Revolution entlässt ihre Kinder‹, Köln 2005.

Irina Liebmann: ›Wäre es schön? Es wäre schön! Mein Vater Rudolf Herrnstadt‹, Berlin 2008.

Werner Maser: ›Nürnberg – Tribunal der Sieger‹, München 1979.

Antonia Meiners: ›Wir haben wieder aufgebaut‹, München 2011.

Peter Merseburger: ›Der schwierige Deutsche‹, Kurt Schumacher. Stuttgart 1995.

Heiner Müller: ›Krieg ohne Schlacht‹, Köln 1992.

Kurt Piehl: ›Schieber, Tramps, Normalverbraucher. Unterwegs im Nachkriegsdeutschland‹, Frankfurt a.M. 1992.

Terence Prittie: ›Konrad Adenauer. Vier Epochen deutscher Geschichte‹, Frankfurt a.M. 1976.

Sven Reichardt, Malte Zierenberg: ›Damals nach dem Krieg‹, München 2008.

Curt Riess: ›Berlin Berlin. 1945–1953‹, Berlin 2002.

Richard Chaim Schneider: ›Wir sind da‹, Berlin 2000.

Carola Stern: ›Doppelleben‹, Reinbek 2004.

Thilo Vogelsang, ›Das geteilte Deutschland‹, 10. Auflage, München 1980.

Hans-Ulrich Wehler, ›Deutsche Gesellschaftsgeschichte, Bd. 4. Vom Beginn des Ersten Weltkriegs bis zur Gründung der beiden deutschen Staaten 1914–1949‹, München 2003.